한국 자전의 해제와 목록

저자 _ 박형익

이 책을 쓴 박형익은 프랑스 폴 발레리 대학교 언어학과에서 언어학 학사와 석사 과
정을 마치고 파리 7대학교 언어학과에서 『'주다' 동사 구문의 어휘 문법』으로 언어
학 박사 학위를 받았다.
1988년부터 현재까지 경기대학교 국어국문학과에 교수로 재직하고 있다. 한국사전
학회 회장(2009-2010)과 한국어학회 회장(2013-2014)을 역임하였다.
『한국어-프랑스어 상용 동사 사전』(1987, Université de Paris 7. CNRS, LADL), 『한국의
사전과 사전학』(2004, 월인), 『신어 사전의 분석』(2005, 한국문화사), 『심의린 편찬
보통학교 조선어사전』(2005, 태학사), 『언문 쥬희 보통문즈집』(2007, 박이정), 『한국
어문 규정의 이해』(2008, 공저, 태학사), 『한국 자전의 역사』(2012, 역락), 『사전론』
(2014, 공역, 부키) 등 사전학 관련 저서와 다수의 논문을 발표하였다.

한국 자전의 해제와 목록

인지
붙이는 곳

초판 인쇄 2016년 7월 19일
초판 발행 2016년 7월 27일

지은이 박형익
펴낸이 이대현
편 집 오정대
펴낸곳 도서출판 역락
　　　　 서울 서초구 동광로 46길 6-6 문창빌딩 2층
　　　　 전화 02-3409-2058(영업부), 2060(편집부)
　　　　 팩시밀리 02-3409-2059
　　　　 이메일 youkrack@hanmail.net
　　　　 역락 블로그 http://blog.naver.com/youkrack3888
　　　　 등록 1999년 4월 19일 제303-2002-000014호
I S B N 979-11-5686-347-2 93710

정 가 30,000원

＊파본은 구입처에서 교환해 드립니다.

한국 자전의 해제와 목록

박형익

역락

책을 내면서

한국 자전은 그 편찬의 역사가 짧지 않고 종류도 다양하지만, 지금까지 국내에서 출판된 자전의 해제나 목록은 부분적으로 소개되었을 뿐 아직 체계적으로 제시되지는 않았다.

그래서 필자는 자전을 직접 수집하면서 자전 목록을 작성하기로 하였다. 먼저 지금까지 국내에서 발행된 자전들을 수집해왔는데, 자전의 수집과 동시에 자전 목록 작업을 지속적으로 작성하면서 보완해 왔다.

지금은 잘 찾아볼 수 없는 1945년 이전에 발행된 자전들을 꾸준히 수집하여 왔고, 또 편찬된 자전들의 목록도 발행 시기별로 작성해 왔다. 오랜 기간 동안에 수집한 자전들이 수적으로 점차 만족할 만한 수준에 이르면서 『한국 자전의 역사』라는 제목을 붙여 2012년 역락에서 펴냈다.

이 책에서는 『한국 자전의 역사』와는 성격이 다른 자전 연구를 위한 기초적인 자료를 다루었다. 하나는 자전 해제이고, 다른 하나는 자전 목록이다. 자전 해제는 아주 간략하게 서지 사항을 중심으로 소개하였고, 자전 목록은 가능한 한 지금까지 한국에서 발행된 자전을 망라하여 소개하고자 노력하였다.

기초 자료로서 사용할 수 있도록 '한국 자전의 해제'에서는 한국 자전의 편찬 역사에서 중요한 위치를 차지하는 자전들과 베스트셀러였던 자전들을 아주 간략하게 설명하였다. 즉 자전의 사진을 1면에 수록하고, 해제 부분은 간략하게 제한하고자 하였는데, 다만 『전운옥편』처럼 이본이 많은 자전의 경우에는 예외적으로 해제 면수를 늘려 가능한 여러 종류의 이본을 열거하려고 노력하였다.

그리고 지금까지 발행된 자전들을 발행일 순서로 나열한 자전 목록을 제시하였다. 목록을 보완하기 위하여 국립중앙도서관에서 자전 발행일을 직접 확인하기도 하였는데, 확인 작업을 도와준 배현대 군의 고마움을 잊을 수 없다. 국립중앙도서관을 비롯한 국내 대부분의 도서관 홈페이지에는 도서가 발행된 연도만 제시해놓고 그것이 발행된 달이나 날짜는 적어놓지 않아 같은 해에 발행된 서로 다른 책들의 연관성을 조사하기 위한 작업이나 발행 시기별 목록을 작성하는 데에는 문제점이 있다. 아무튼 목록에서 자전이 누락되거나 발행일이 정확하게 제시되어 있지 않거나 독자들이 충분히 만족하지 못할 경우도 더러 만날 수도 있을 것이다. 이러한 부족한 점은 앞으로 이런 작업에 관심이 있는 분들이 보완해주길 기대한다.

끝으로 옛 자료의 수집 작업을 바탕으로 맺게 된 이 조그마한 기초적인 작업이 앞으로의 한자 사전 연구는 물론 한자어 사전이나 한자 및 한자어 사전과 관련된 여러 분야에 적절하게 활용될 수 있기를 기대한다.

2016년 7월 1일
퇴곡리 서재에서
박형익

차 례

제1부 **한국 자전의 해제**

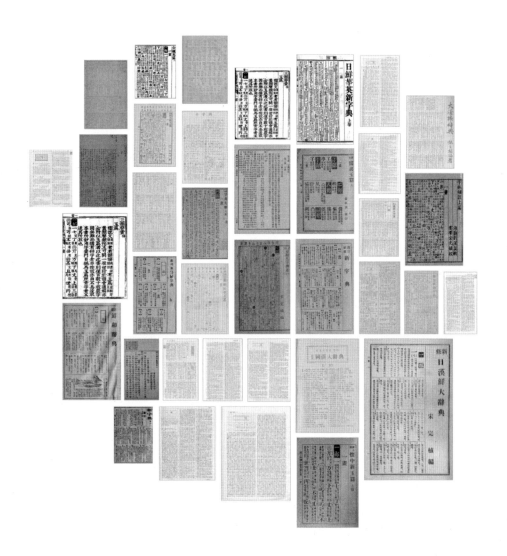

일러두기

1. 표제자의 발음, 정의 등의 정보가 기술된 한자 및 한자어 사전 가운데 한국 자전 편찬사에서 중요한 자리를 차지하거나 내용이 독특한 한국인이 편찬하여 국내에서 발행된 42종류의 한국 자전을 선택하여 간략하게 해제하였다. 표제자를 운서처럼 배열한 『옥휘운고(玉彙韻考)』(이경우, 1812) 등과 운서 그리고 국내에서 발행된 중국 책의 복각본이나 번각본 자전은 해제의 대상에서 제외하였다.

2. 자전이 발행된 시기의 순서대로 열거하여 해제하였다. 책명의 바로 뒤에는 편찬자와 초판이 발행된 연도를 제시하였다. 그리고 자전의 사진 밑에는 그 책의 소장자나 소장처를 제시한 다음 바로 뒤에는 그 소장본이 발행된 연도를 적었다. 따라서 사진 위의 자전 책명의 바로 뒤에 제시한 연도와 사진 밑의 소장처 바로 다음에 표시한 연도는 다를 수 있다. 즉 초판의 자전 사진이 아닌 경우에는 사진의 아래와 위에 제시한 두 연도가 다를 수밖에 없다.

3. 해제의 내용은 이본들의 목록, 소장처, 판수, 크기, 분량, 체재 비교 등과 영인본, 미시 구조의 특징, 다른 자전과의 관계 등에 관한 간략한 소개로 이루어져 있다. 자전 이본들의 발행 연월일을 '0000-00-00'처럼 차례대로 적었는데 그 시기를 정확하게 모르는 경우에는 '0'으로 표시하였다. 그런 다음 서명, 편저자명, 발행지, 발행소를 표시하였다. 그리고 < > 속에 책수, 판수, 소장처 등을 제시하였다.

1 『운회옥편(韻會玉篇)』

(최세진, 1537년 음력 12월 15일 이후)

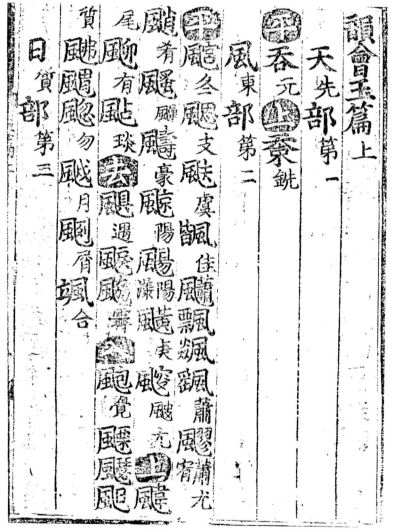

〈국립중앙도서관 소장본(1810)〉

최세진(崔世珍, 1473년~1542년)이 중국 원나라 운서 『고금운회거요(古今韻會擧要)』(웅충(熊忠), 1297)의 표제자를 편리하게 검색할 수 있도록 부수별로 4성으로 나누어 배열한 『운회옥편』은 한국인이 저술하여 국내에서 간행한 최초의 옥편으로 알려져 있다. 아래와 같은 이본이 있다.

① 1537-12-15(음력) 이후. 『운회옥편(韻會玉篇)』, 최세진(崔世珍). <2권 1책. 목판본. 일본의 존경각 문고(尊經閣文庫) 소장본인 을해자본(乙亥字本)을 원간본으로 추정한다.>

② 1810-00-00. 『운회옥편(韻會玉篇)』, 최세진. <2권 1책. 108장. 목판본. 중간본. 1면을 9행으로 나누어 1행에 17자를 배열하였다. 이 책의 크기는 가로 22.6센티미터, 세로 35.2센티미터이다. 판심1)은 대흑구2) 상하 흑어미3)로 되어 있다. 규장각, 국립중앙도서관, 일본의 궁내성과 도요문고(東洋文庫) 등에 소장되어 있다. 『고금운회거요(古今韻會擧要)』에 포함되어 있는 합질본은 규장각에 소장되어 있다. 1977년 국립중앙도서관에서 영인하여 발행하였다. 국립중앙도서관 홈페이지에서 원문을 볼 수 있다.>

'운회옥편 인(引)'의 끝부분에 '가정(嘉靖) 15년'에 썼다는 기록이 있는데, '가정'은 중국 명나라 세종 때의 연호로 1522년부터 1566년까지 사용하였다. 따라서 가정 15년은 1536년이므로, 최세진은 1536년에 '운회

---

1) 판심은 책의 중간에 접힌 가운데 부분으로 판구라고도 한다.
2) 판심의 중앙에 묵선이 있으면 흑구라고 하고, 묵선이 없으면 백구라고 한다. 흑구는 선의 굵기에 따라 대흑구, 소흑구, 세흑구, 사흑구로 구분한다.
3) 어미는 판심 중간에 있는 고기 꼬리처럼 생긴 문양을 가리킨다. 어미의 바탕이 흰색이면 백어미라고 하고, 어미의 바탕이 검은색이면 흑어미라고 한다. 어미의 수가 하나이면 단어미라고 하고, 둘이면 쌍어미라고 한다. 어미의 위치에 따라 상어미, 하어미, 상하 어미로 나눈다. 상하 어미는 상하 하향 어미와 상하 내향 어미로 나눈다. 어미에 꽃잎 문양이 있으면 화문 어미라고 하며, 화문의 수가 둘이면 이엽 화문 어미라고 하고, 셋이면 삼엽 화문 어미라고 한다.

옥편 인'을 쓴 것을 알 수 있다.

그리고 『조선왕조실록』권86 중종 32년(1537년) 12월 15일 기사에 최세진이 중종에게 『운회옥편』을 "만약 간행하도록 명령하신다면 글자를 상고하는 데에 도움을 줄 수 있을 것입니다(若命刊行 則庶有補於考字也)."라고 하니, 임금은 "최세진이 바친 『소학편몽(小學便蒙)』과 『운회옥편(韻會玉篇)』은 사람으로 하여금 쉽게 깨우칠 수 있게 하고, 어린아이들이 배우는 데에도 편리하게 하였으니, 최세진이 유념하여 글을 완성한 것은 진실로 가상하다. 특별히 술을 내려주고 안구마(鞍具馬) 한 필을 지급하고 첨지에 제수하라(崔世珍所進 小學便蒙及韻會玉篇 令人易曉 而亦便於童蒙之學 世珍之留意成書 誠爲可嘉 可別賜酒 給鞍具馬一匹, 除授僉知)."는 내용이 수록되어 있다.

따라서 최세진은 1537년 음력 12월 15일에 임금에게 완성된 원고를 바치면서 책으로 간행하면 좋겠다고 건의하였으니 『운회옥편』은 1537년 음력 12월 15일 이전에 원고가 완성되었음을 알 수 있다. 그리고 간기 없는 『운회옥편』 목판본이 현전하니, 『운회옥편』은 1537년 음력 12월 15일 이후에 인쇄되어 간행되었음을 짐작할 수 있다. 아무튼 이런 이유로 이 책의 간행 시기를 1536년과 1537년 둘로 제시하고 있다.[4]

최세진은 『고금운회거요』의 보편인 옥편이 없었으므로 이 책의 운목에 따라 수록된 표제자를 부수별로 다시 배열하여 검색하기 편리하게 편집하여 『운회옥편』을 만들었다. 따라서 '운회옥편'이라는 책명은 『고금운회거요』를 가리키는 '운회'와 운서의 보편을 가리키는 '옥편'을 사용하여 지은 것임을 알 수 있다.

---

4) 보통 전적의 경우 편찬 시기와 간행 시기를 정확하게 구분하지 않고 음력으로 표시한다. 1536년으로 제시한 것으로는 오구라 신페이(小倉進平, 1964: 532), 김윤경(1938/1954: 937), 최현배(1940/1961: 213), 유창균(1997: 159), 서병국(1973: 174), 전일주(2003: 82), 『한국민족문화대백과』, 『브리태니커 백과사전』 등이 있다. 1537년으로 적은 것으로는 박태권(1976: 74), 김민수(1997: 347), 안병희(2007: 47) 등이 있다.

상권은 '운회옥편 범례' 2장, '운회옥편 인' 2장, '운회옥편 부두 목록 상' 4장, 본문 40장으로 이루어져 있다. 하권은 '운회옥편 부두 목록 하' 7장, '운회 운모 목록' 4장, 본문 49장으로 이루어져 있다.

앞의 『운회옥편』 사진을 통해 구체적으로 설명해 보기로 하자. 사진에서 진한 큰 글씨로 인쇄되어 있는 '呑(탄), 颸(시), 飇(소)' 등이 표제자이다. 이 표제자를 역시 진한 큰 글씨로 인쇄되어 있는 '天部(천부), 風部(풍부), 日部(일부)' 등 339개의 부수로 분류하여 배열하였다. 표제자와 부수 명칭은 양각으로 인쇄되었는데, 4성을 표시하는 '平, 上, 去, 入'은 음각으로 인쇄되어 있다. 이것들은 각각 '평성, 상성, 거성, 입성'을 나타내는 약자인데, 이 순서대로 표제자들이 배열되어 있음을 알 수 있다. 예를 들면, '風部(풍부)'에는 평성 표제자 '颸(시), 颭(부), 飇(소)' 등과 상성 표제자 '颭(점)', 거성 표제자 '颶(구)', 입성 표제자 '颮(박)' 등을 차례대로 배열해놓았다.

그리고 각 표제자 바로 아래에 조금 작고 가는 글씨로 운목 글자를 제시해 놓았다. 표제자 '呑(탄)' 아래에 운목 글자 '元(원)'을 적어 놓았다. 그런데 '풍부(風部)'의 평성 표제자 '颸(시), 飇(소)' 등처럼 같은 평성에 여러 표제자가 나열되어 있는 경우는 『고금운회거요』에 제시되어 있는 운목 글자의 배열⁵⁾ 순서대로 처리한 것이다. 즉 운목 글자가 '支(지)'인

---

5) 『운회옥편』의 '운회 운모 목록'에는 『고금운회거요』의 운목과 마찬가지로 상평성 15자, 하평성 15자, 상성 30자, 거성 30자, 입성 17자 모두 합쳐 107자가 제시되어 있다. 평성의 30개 운목 글자들을 차례대로 제시하면 다음과 같다. 상평성 15자는 東, 冬, 江, 支, 微, 魚, 虞, 齊, 佳, 炭, 眞, 文, 元, 寒, 刪이고, 하평성 15자는 先, 蕭, 肴, 豪, 歌, 麻, 陽, 庚, 靑, 蒸, 尤, 侵, 覃, 鹽, 咸이다. 상성 30자는 董, 腫, 講, 紙, 尾, 語, 麌, 薺, 蟹, 賄, 軫, 吻, 阮, 旱, 潸, 銑, 篠, 巧, 皓, 哿, 馬, 養, 梗, 廻, 拯, 有, 寢, 感, 豏, 謙이다. 거성 30자는 送, 宋, 絳, 寘, 未, 御, 遇, 霽, 泰, 卦, 隊, 震, 問, 願, 翰, 諫, 霰, 嘯, 效, 號, 箇, 禡, 漾, 敬, 徑, 宥, 心, 勘, 勹(豊+盍 23획), 陷이다. 입성 17자는 屋, 沃, 覺, 質, 勿, 月, 曷, 黠, 屑, 藥, 陌, 錫, 職, 緝, 合, 葉, 洽이다. 이 107개 운목 글자의 배열 순서대로 같은 성(聲)에 속하는 표제자들을

표제자 '颸(시)'를 운목이 '肴(효)'인 표제자 '颸(소)' 앞에 배열해 놓았다.

따라서 표제자의 음과 뜻풀이는 기술하지 않고 표제자의 아래에 운목자만 제시해 놓은『운회옥편』은 한시의 압운을 맞추려 할 때에 각 한자의 운모 글자를 쉽게 찾아 볼 수 있도록 편집한 중국 한자의 운모 사전임을 알 수 있다.

『운회옥편』은 표제자의 운만 기술해 놓은 중국 한자의 운모 사전이지만, 표제자 약 10,000개를 부수별로 배열해 놓음으로써 분량이 많아 표제자를 검색하기 어려운『고금운회거요』의 색인으로도 활용할 수 있음을 확인할 수 있다.

배열하였다.

② 『삼운성휘보 옥편(三韻聲彙補 玉篇)』

(홍계희, 1751)

三韻聲彙補

玉篇

繼說文漢許慎撰者有韻譜南唐徐鍇撰有玉篇梁顧野王撰
蓋類聲類形不可闕一崔世珍於韻會通解亦
必附以玉篇者以此書則僅百數十板衆字
固無難而猶有僻字倉卒授攷亦自不易遂取
本書所鈔用字彙門目編爲玉篇庶索字者不
迷其所在也

一部
一畫

一 七 質 丁 庚 丌 支 万 職 下 禑 丈 養 上 漾 三 覃
丐 泰 丏 銑 不 物 尤 有 丑 有 丕 支 且 馬 世 霽 丙 梗

<국립중앙도서관 소장본(1751)>

홍계희(洪啓禧, 1703년~1771년)가 펴낸 『삼운성휘보 옥편(三韻聲彙補 玉篇)』은 운서 『삼운성휘(三韻聲彙)』에 수록되어 있는 표제자를 찾아보기 쉽게 만든 것인데, 이본으로는 아래와 같은 것들이 있다.

① 1751-00-00. 『삼운싱휘보 옥편(三韻聲彙補 玉篇)』, 홍계희. <1책. 원간본. 목판본. 신미(辛未) 계하(季夏) 운각(芸閣)[6] 개판(開板). 국립중앙도서관, 규장각, 장서각 등 소장>

② 1769-00-00. 『삼운성휘보 옥편(三韻聲彙補 玉篇)』, 홍계희. <중간본. 을축(己丑) 계추(季秋) 영영(嶺營) 개판(開板). 사주 쌍변. 반곽 21.3×15.2cm. 유계 3단 9행 14자. 소자 쌍행 28자. 상화문 어미. 고려대 도서관, 규장각, 박형익 교수 등 소장. 이 책은 1969년에 연세대학교 도서관과 2005년에 한국학중앙연구원에서 마이크로필름으로 제작하였으며, 국립중앙도서관에서 2002년 메타데이터(古朝41)로 구축하였다. 홍문각에서 2005년에 이 책을 영인하여 발행하였다.>

홍계희는 『삼운성휘(三韻聲彙)』 상하 2권 2책의 보편인 『삼운성휘보 옥편』 1책을 펴냈는데, 정충언(鄭忠彦)이 편찬을 도왔다. 『삼운성휘』에서 중국의 한자음은 『홍무정운(洪武正韻)』(악소봉(樂韶鳳) 외, 1375)을 따랐으며, 조선의 한자음은 『사성통해(四聲通解)』(최세진, 1517)에서 한글로 주음한 음을 따랐다. 『삼운성휘보 옥편』은 '옥편 목록' 4장과 본문 63장으로 이루어져 있다. 표제는 '三韻聲彙補'이고, 내제는 '三韻聲彙補 玉篇'이며, 판심제는 '三韻聲彙補'이다.[7] 표제자의 수는 이본에 따라 다른데, 12,965

---

6) 운각은 책의 인쇄를 담당한 교서관(또는 교서감)인데, 세조 때에 전교서로 개칭되었다가 성종 때에 교서관으로 환원되었다. 정조 때에는 규장각에 편입되어 규장각을 내각이라 하였고, 교서관을 외각이라고 하였다.

7) 전적의 표제는 겉표지의 왼쪽 상단부에 먹으로 쓴 책 제목인데 대부분 간략하게 줄인 책명이 적혀 있다(예: '論語諺解'를 '論解'로 적는다). 내제(수제)는 본문의 첫머리에 적혀 있

자를 수록한 것과 12,971자를 수록한 것이 있다. 『강희자전(康熙字典)』(진 정경(陳廷敬) 외, 1716)처럼 표제자를 부별로 나눈(예: 一部, ㅣ部 등) 다음 부 수를 제외한 획수와 운목의 순서에 따라 배열하였다.

는 책명을 가리키는데, 표제와는 달리 원래의 책명이 적혀 있다. 표제와 내제가 동일한 경 우도 있다.

③ 『전운옥편(全韻玉篇)』

(편자 미상, 1796년 8월 ~ 1800년 사이)

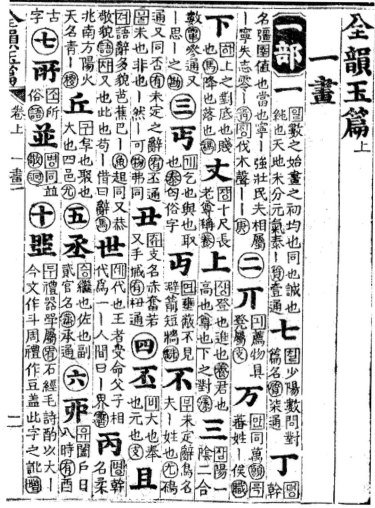

<박형익 교수 소장본(1906)>

이덕무(李德懋, 1741년~1793년)가 1796년에 편찬한 운서 『어정규장전운 (御定奎章全韻)』의 보편인 『전운옥편』의 이본은 아래와 같은 것들이 있다.

① 1796-08-00 ~ 1800-00-00 사이. 『전운옥편(全韻玉篇)』. <2권 2책. 정조 (재위 1776~1800) 때 간행된 원간본. 간행 시기 미상. 편찬자 미상. 목판본. 소장처 미상>

② 1818-00-00. 『전운옥편』. <이화여대 도서관 소장(411.32 전77)>

③ 1819-00-00. 『전운옥편』. <을묘(乙卯) 신간 춘방장판(春坊藏板). 규장 각, 서울대학교 중앙도서관, 서울대 농학도서관, 연세대 학술정보원, 전북대 중앙도서관, 한국학중앙연구원 도서 관 소장> <1879년에 간행된 을묘 신간 춘방장판도 있는 데, 을묘년을 1879년이 아닌 1819년으로 본 것이다.>

④ 1850-00-00. 『전운옥편』. <경술(庚戌) 중추(仲秋) 유동(由洞) 중간본. 국립중앙도서관 홈페이지에서 원문을 볼 수 있다. 경북 대 중앙도서관, 고려대 도서관, 규장각, 연세대 학술정보 원, 한국학중앙연구원 도서관 등 소장> <경기대 금화도 서관, 경북대 중앙도서관, 경상대 도서관, 고려대 도서관, 단국대 중앙도서관, 서울대 중앙도서관(고문헌 자료실 한적본(古 413.1 J46602)), 순천대 도서관, 영남대 도서관, 충북대 중앙도서관 등에는 경술년을 1850년이 아닌 1790 년으로 잘못 표시되어 있다.>

⑤ 1879-00-00. 『전운옥편』. <을묘(乙卯) 신간 춘방장판(春坊藏板). '춘 방(春坊)'은 세자의 교육을 담당했던 시강원(侍講院)의 별칭이며, 춘방본은 세자의 교육을 위하여 간행한 판본 이다. 국립중앙도서관 홈페이지에서 원문을 볼 수 있다. 경북대 중앙도서관, 경희대 중앙도서관, 한국학중앙연구 원 도서관 소장>

⑥ 1889-00-00. 『전운옥편』. <을축(乙丑) 신간. 20.1×13.1cm. 고려대 도 서관, 한국학중앙연구원 도서관 소장>

⑦ 1890-10-00. 『전운옥편』, 상해(上海): 문신서국 석인(文新書局石印). <1책. 광서(光緒) 경인(庚寅) 10월 간행본. 고종 27년. 석

인본(石印本). 19.5×13.4cm. 경북대 중앙도서관, 규장각, 서울대 중앙도서관, 박형익 교수 소장>

⑧ 1890-00-00. 『전운옥편』, 상해: 적산서국 석인(積山書局石印). <2권 2책. 19.3×13.0cm. 광서 16년. 국립중앙도서관, 경희대 중앙도서관, 서울대 중앙도서관 소장>

⑨ 1898-00-00. 『전운옥편』. <광무 2년. 무술(戊戌) 중추 간행본. 대구 신간본. 경북대 중앙도서관, 부산대학교 제1도서관, 연세대 학술정보원, 박형익 교수 등 소장> <경희대 중앙도서관에는 1800년으로 잘못 표시되어 있다.>

⑩ 1898-00-00. 『교정 전운옥편』. <2권 2책. 1면 11행. 무술년 겨울 간행 원간본. 신촌자(愼村子) 황필수(黃泌秀) 교정본. 총목+본문+후기. 경북대학교 중앙도서관, 고려대학교 도서관, 단국대 율곡기념도서관 소장> <고려대 도서관에는 1838년으로 잘못 표시되어 있다.>

⑪ 1899-00-00. 『전운옥편』. <을해(己亥) 국월(菊月)>

⑫ 1903-00-00. 『전운옥편』, 상해(上海): 문래국(文來局). <2권 1책. 광서 계묘 추맹(光緖癸卯秋孟). 19.5×13.4cm. 고려대 도서관, 박형익 교수 등 소장>

⑬ 1904-00-00. 『전운옥편』, <갑진(甲辰) 중추(仲秋) 완서(完西) 신간본. 경상대학교 도서관 소장>

⑭ 1905-00-00. 『전운옥편』. <을사(乙巳) 신간본. 완산 장판본. 국립중앙도서관 홈페이지에서 원문을 볼 수 있다.>

⑮ 1906-00-00. 『전운옥편』. <을묘(乙卯) 춘방 장판본을 병오(丙午)년에 간행한 완서(完西) 신간본. 상하 2권 2책. 상권 총목(總目) 5장+본문 70장. 하권 본문 77장. 박형익 교수 소장>

⑯ 1908-00-00. 『전운옥편』, 황성: 회동서관(滙東書舘). <1책. 76장. 융희 2년. 19.5×13.4cm. 서울대 중앙도서관, 박형익 교수 등 소장>

⑰ 1909-02-00. 『전운옥편』, 상해: 해문신서국(海文新書局).<융희 3년. 상하 2권 1책. 70+77쪽. 석인본. 19.5×13.4cm. 1면 10행. 박형익 교수 소장>

⑱ 1910-00-00. 『전운옥편』. <2권 2책. 경술(庚戌) 중추(仲秋) 유동(由洞)

중간(重刊). 목판본. 1면 10행. 경기대 중앙도서관, 박형익 교수 소장>

⑲ 1911-08-22. 『전운옥편』, 전주: 문명서관(文明書館). <초판. 을사 신간 완산 장판본. 편집 겸 발행자는 양완득(梁完德)> <1916-11-25(재판)>

⑳ 1911-08-22. 『전운옥편』, 전주: 서계서포(西溪書舖). <편집 겸 발행자는 탁종길(卓鍾佶). 국립중앙도서관 홈페이지에서 하권의 원문을 볼 수 있다. 전북대 중앙도서관, 박형익 교수 소장>

㉑ 1913-08-20. 『교정 전운옥편(校訂全韻玉篇)』, 경성: 신구서림(新舊書林). <2책. 1면 11행. 편집 겸 발행자는 지송욱(池松旭). 후기는 없다. 국립중앙도서관 홈페이지에서 원문을 볼 수 있다. 박형익 교수 하권 소장>

㉒ 1913-09-26. 『전운옥편』, 대구: 재전당서포(在田堂書舖). <무술 중추 대구 신간본을 다시 간행한 것이다. 편집 겸 발행자는 김기홍(金琪鴻). 국립중앙도서관 홈페이지에서 원문을 볼 수 있다. 경북대 중앙도서관 소장>

㉓ 1913-10-25. 『교정 옥편(校訂玉篇)』, 경성: 지물서책포(紙物書冊舖). <2책. 1면 12행. 편집 겸 발행자는 이종성(李鍾星). 후기는 없다. 박형익 교수 소장>

㉔ 1916-06-30. 『전운옥편』, 경성: 한남서림(翰南書林). <편집 겸 발행자는 백두용(白斗鏞). 박형익 교수 소장>

㉕ 1916-11-25. 『전운옥편』, 전주: 문명서관(文明書舘) <2책. ⑲의 재판. 편집 겸 발행자는 양완득(梁完得). 박형익 교수 소장>

㉖ 1917-00-00. 『전운옥편』, 경성: 한남서림(翰南書林). <2책. 편집 겸 발행자는 백두용(白斗鏞). 국립중앙도서관 홈페이지에서 원문을 볼 수 있다.>

㉗ 1918-02-20. 『교정 옥편(校訂玉篇)』, 경성: 회동서관(滙東書館). <2책. 1면 12행. 편집 겸 발행자는 고유상(高裕相). 후기는 없다. 박형익 교수 소장>

기타: 전라남도 영암에서 간행된 이본이 대구가톨릭대학교 중앙도서관에 소장되어 있다. 영인본으로는 『규장전운·전운옥편』(1991, 서광학술자료사), 『규장전운·전운옥편』(1993/1995/2000, 박이정), 『전운옥편·규장전운』(1998, 학민문화사), 『전운옥편』(1999/2000, 국립중앙도서관), 『전운옥편』(2003, 세종대왕기념사업회) 등이 있다.

정조(1777년~1800년 재위)의 명령으로 간행된 『전운옥편』은 근대적인 자전의 체제를 갖춘 부획 자전으로 항목 정보를 한글과 한자를 혼용하여 기술한 최초의 한국 목판본 한자 사전이다. 『어정규장전운(御定奎章全韻)』(이덕무, 1796)의 표제자를 쉽게 찾아보기 위해 만든 『전운옥편』은 운서의 보충편으로 발행한 조선의 마지막 목판본 옥편이다.

위와 같은 여러 종류의 이본들이 있으나 그 형식과 내용의 차이는 없다. 다만 황필수 교정본인 『교정 전운옥편』에서는 본문의 상단에 『전운옥편』의 표제자의 자형(字形)과 자음(字音)을 교정한 내용을 두주해 놓은 것이 『전운옥편』과 다르다. 『교정 전운옥편』은 내제가 '校訂全韻玉篇'인 1면 11행 판본과 내제가 '校訂玉篇'인 1면 12행 두 판본이 있다. 이 두 판본의 두주 개수가 다르다.8)

서문과 발문이 없어 초판의 정확한 편찬 시기와 편찬자를 정확하게 알 수 없다. 그런데 『어정규장전운』의 '어정규장전운의례(御定奎章全韻儀例)' 마지막 부분에 "이제부터 과거 시험에서 입성을 압운할 수 있게 되었다. 또 새로 지은 옥편이 있어 생생자와 정리자로 인쇄하여 널리 펴낸다(自今科試許押入聲增韻 而又有新定玉篇 以生生字整理字印頒)."라고 설명하였다. 이 내용에 따르면 과거 시험을 볼 때에 입성을 압운할 수 있게 되었고, 새롭게 지은 옥편이 있으며, 그 옥편을 1794년에 만든 생생자와 1796년에 만든 정리자로 인쇄하여 반포했다는 사실을 확인할 수 있다.

8) 두주는 본문 상단에 적는 주석을 가리킨다.

여기에서 '새로 지은 옥편'은 『어정규장전운』의 보편인 『전운옥편』으로 여겨진다. 따라서 『어정규장전운』의 초판이 1796년 가을(음력 8월)에 간행되었으므로 『전운옥편』의 초판은 1796년 가을 또는 그 이후에 간행되었음을 추측할 수 있다.[9] 이 두 책을 동시에 펴냈을 가능성도 배제할 수 없다.

위의 1906년에 발행된 『전운옥편』은 '전운옥편 총목'과 본문으로 이루어져 있는데, 본문은 '전운옥편 상'과 '전운옥편 하'로 나누어져 있다. 본문의 첫째 줄에 있는 내제는 '全韻玉篇 上'으로 표시되어 있으며, 내제의 오른쪽에는 '乙卯春坊藏板'이 적혀 있고, 왼쪽에는 '丙午完西新刊'이 적혀 있다. 판심제는 '全韻玉篇'이다.

모두 17획으로 분류하여, 상권에서는 1획부터 4획까지 배열하였으며, 하권에서는 5획부터 17획까지 배열하였다. 표제자는 214부로 나누었는데, 이러한 부(部)의 분류 방법은 청나라 강희제(康熙帝, 1661년~1772년) 때에 진정경(陳廷敬), 장옥서(張玉書) 등이 편찬한 『강희자전(康熙字典)』(1716)과 같으며, 그 배열 방법도 5획의 '玉(옥)'과 '玄(현)' 그리고 9획의 '飛(비)'와 '風(풍)'의 배열 순서가 바뀐 점을 제외하고 나머지는 동일하다.

이 자전에 선정된 표제자의 수는 모두 10,840개이다.[10] 『어정 규장전운』에는 13,345개로 차이가 난다.

『전운옥편』의 본문에서는 획(畫) 항목과 부를 표시한 다음 원 안에 획

---

9) 『어정규장전운』의 편찬 시기에 관해서는 이덕무의 『청장관 전서(靑莊館全書)』의 '연보(年譜)'와 『정조실록(正祖實錄)』 '20년 8월', 『홍제전서(弘齊全書)』 권165 '일득록' 등을 참고할 수 있다. 한편 전일주(2003: 35, 211)에서는 『전운옥편』이 1792년(정조 16년)에 간행된 것으로 제시하였고, 정경일(2008: 252)에서는 1796년 이후로 설명하였다.

10) 『어정규장전운』에 선정된 표제자는 모두 13,345개인데, 원(原)에 속하는 표제자는 10,946개, 증(增)에 속하는 표제자는 2,102개, 협(叶)에 속하는 표제자는 279개이다. 다른 운서에 수록된 표제자의 수는 다음과 같다. 『예부운략』은 9,596개, 『삼운통고』는 9,732개, 『삼운성휘』는 12,971개, 『화동정음』은 11,377개이다.

수를 표시하고(예: ㊂, ㊂, ㊃, ㊄ 등), 그 아래에 표제자, 발음 정보, 정의
정보, 용례 정보, 운자(韻字) 정보, 속음 정보, 통용자 정보 등을 세로 2행
에 기술하였다. 일(一)획 일(一)부에서 표제자 '일(一)'을 예로 들어 설명해
보기로 한다. 본문의 내용을 그대로 인용하면 다음과 같다.

一 ⬜일⬜數之始畫之初均也同也誠也純也天地未分元氣泰一-⬜質⬜壹通

   표제자 '一'의 발음은 네모 안에 한글로 '⬜일⬜'로 기술하였으며, 뜻풀이
는 '數之始(수지시)', '畫之初(획지초)', '均也(균야)', '同也(동야)', '誠也(성
야)', '純也(순야)', '天地未分元氣泰一(천지미분원기태일)'로 기술하였다. 그
리고 운자는 '質'로 표시하였으며, '壹(일)'이 통용자임을 제시하였다.11)
   『전운옥편』에서는 중국의 『강희자전』에서와 같이 운서의 반절법이
나 출전은 제시하지 않았으나, '畫之初(획지초)'를 제외한 나머지 뜻풀이
는 모두 『강희자전』과 동일하므로 『강자자전』을 참고하여 『전운옥편』
의 의미 정보를 기술하였음을 확인할 수 있다.
   『전운옥편』은 대부분 실제 생활에서 사용하는 한자들만 표제자로 선
정하였기 때문에 표제자의 수는 약 10,840개로 『강희자전』의 약 1/5밖
에 되지 않는다.
   『전운옥편』은 『강희자전』처럼 표제자를 17획으로 분류하여 214개 부
수로 배열하였다. 『전운옥편』의 본문에서는 획(畫)과 부(部)를 표시한 다
음 원 안에 획수를 표시하고(예: ㊂, ㊂, ㊃, ㊄ 등), 그 아래에 표제자를
제시한 다음 표제자의 발음, 정의, 용례, 운자(韻字), 속음, 통용자 등의

---

11) 『대한한 사전』(장삼식, 1979)에서는 '數之始'는 '한 일', '同也'는 '같을 일', '誠也'는 '정성
    스러울 일', '純也'는 '순전할 일'로 기술하였는데, '畫之初', '均也', '天地未分元氣泰一' 등
    의 뜻은 빠져 있다.

정보를 세로 2행에 기술하였다.

　위 사진의 일(一)획 일(一)부에서 표제자 '一'을 예로 들어 설명해보기로 한다. 표제자 '一'의 발음 정보는 네모 안에 한글로 '⑪'과 같이 기술하였으며, 정의 정보는 '數之始(수지시)', '畫之初(획지초)', '均也(균야)', '同也(동야)', '誠也(성야)', '純也(순야)', '天地未分元氣泰一(천지미분원기태일)'로 기술하였다. 그리고 운자 정보를 '質'로 표시하였으며, '壹(일)'이 통용자임을 제시하였다.

　『전운옥편』은 『국한문 신옥편(國漢文新玉篇)』(정익로 편(編), 1908), 『자전석요(字典釋要)』(지석영, 1909) 등 여러 자전뿐만 아니라 두 언어 사전인 『한영ᄌᆞ뎐』(언더우드, 1890) 등에도 영향을 주었다.

(정익로 편(編), 1908)

國漢文新玉篇

國漢文新玉篇

一部

一[일]호 數之始盡之初均也同也誠也 純也天地未分元氣泰一[質]壹通

七[칠]닐곱 少陽數間 對禰名[質]柒通

丁[뎡]장명 幹名 疆圉値也 當也 下

二[이] 具凳屬[支]物

丌[긔] 薦物

万[묵]일만 蕃姓 俟職

三[삼]석삼 陽一陰二合 數[覃]參通又同 思

丈[쟝]길장 十尺長[養]老尊稱

上[샹]웃 登也進也 也高也尊也下之對[漾]君

丏[면]빌개 乞也與也 壅蔽弋[銑]不見避箭短牆

弍[이]호[支]同一

不[불]아니 姓也[尤]未定辭鳥名夫 否

且[차]쓰 又也此也 荀[마]借曰辭[馬]

四[수]넉 大也元也

丐[개]빌개 取也[泰]勾俗字

丑[축]소 支名赤舊者[有]紐通 又手械

世[셰]인간 代也王者受命父子相代爲一人間曰界[霽]承通

丙[병]남녁 方陽火天名靑[梗]幹名柔兆南 楤

丕[비]클 大也[支]

永[영] 長也[梗]機也佐也[燕]

昄[유] 時[有]酉古字

丘[구]언덕 [尤]阜也聚也大也四邑

五[오]다숫 [語]所語

弍[삼]석삼 [三]

十[십]열 [緝]禮器聲屬[宥]石經毛詩酌以大斗周禮作豆盖此字之訛[增]

盟[밍]잔 今文作斗

並[병]아오를 竝[敬]同[迥]

亜[아] 次也[禡]相代爲一 [語]辭多貌芭蕉芭

丗[세]인간 相代爲一

永[영]너울 [冬]綴也[燕]承通

副貳官名

〈박형익 교수 소장본(1909)〉

정익로(鄭益魯, 1863년~1928년)가 국내 최초의 반양장본이자 연활자본으로 펴낸 근대 자전인 『국한문 신옥편』은 아래와 같이 발행되었다.

① 1908-11-06. 『국한문 신옥편(國漢文新玉篇)』, 정익로(鄭益魯, 편집 겸 발행자), 평양: 야소교서원(耶蘇敎書院). <초판. 서문 2쪽+총목 6쪽+본문 288쪽+음운 자휘 103쪽. 일본 요코하마(橫濱) 하정(下町) 81번지 '후쿠인 인쇄합자회사(福音印刷合資會社)'에서 인쇄. 세로 18.7센티미터. 가로 12.5센티미터. 융희 2년 11월 28일자 『황성신문』에 '신옥편 발행'이라는 제호 아래 평양 거주 야소교회 장로 정익로 씨가 각종 자전과 자휘를 참호(參互)하여 한자의 음의를 국문으로 해석 인행하였는데 실로 초학생도에게 자학상 편리를 공급함이더라는 내용의 기사가 게재되었다. 하강진 교수 소장>

② 1909-03-25. 『정정 국한문 신옥편(訂正國漢文新玉篇)』, 정익로 편(編), 평양: 야소교서원. <정정 재판. 본문 288쪽+음운 자휘 103쪽. 디지털 한글 박물관(http://www.hanguelmuseum.org)에서 원문을 볼 수 있다. 단국대 율곡기념도서관, 박형익 교수 소장>

③ 1910-10-00. 『정정 국한문 신옥편(訂正國漢文新玉篇)』, 정익로 편(編), 평양: 야소교서원. <3판>

④ 1911-08-15. 『정정 증보 신옥편 보유(訂正 增補 新玉篇補遺)』, 정익로 편(編), 평양: 야소교서원. <정정 증보 보유 초판. 서문 2쪽+총목 6쪽+본문 288쪽+보유 142쪽+음운 자휘 103쪽. 박형익 교수 소장.>

⑤ 1914-03-05. 『정정 증보 신옥편(訂正 增補 新玉篇)』, 정익로 편(編), 평양: 야소교서원. <정정 증보 보유 재판. 박형익 교수 낙장본 소장>

⑥ 1918-06-18. 『정정 증보 신옥편』, 정익로 편(編), 평양: 야소교서원. <정정 증보 보유 3판. 박형익 교수 낙장본 소장>

지금까지 근대적 편집 체계를 갖춘 최초의 연활자본 자전으로 알려진 1909년 7월 30일에 초판이 발행된 지석영의 『자전석요(字典釋要)』보다 9개월 정도 앞서 이 자전이 출판되었는데, 운서의 보편이 아닌 독립적인 자전으로 발행되기는 이 책이 처음이다.

　위의 사진에서 표제자의 훈과 음을 『천자문』처럼 한글로 적은(예: 一 흔[일]) 것을 알 수 있다. 그리고 표제자의 음과 뜻풀이는 『전운옥편』과 같은데, 표제자의 훈을 한글로 표기한 점만 다르다는 것도 알 수 있다. 따라서 앞으로 자전, 한자 초학서, 옥편의 한글로 적은 훈음을 비교하는 논의가 이루어져야 할 것이다.

⑤ 『자전석요(字典釋要)』

(지석영, 1909)

〈박형익 교수 소장본(1910)〉

지석영(池錫永, 1855년~1935년)이 편찬한 『자전석요』는 아래와 같이 20차례 이상 발행되었다.

① 1909-07-30. 『자전석요(字典釋要)』, 지석영(池錫永), 황성: 회동서관(滙東書館). <초판. 융희 3년. 동국대 도서관, 하강진 교수 소장>

② 1910-03-10. 『자전석요』, 지석영, 경성: 회동서관. <재판. 한국학중앙연구원 도서관, 박형익 교수 소장>

③ 1910-10-01. 『자전석요』, 지석영, 경성: 회동서관. <3판> <고려대 도서관, 국립중앙도서관, 박형익 교수 소장>

④ 1911-06-13. 『자전석요』, 지석영, 경성: 회동서관. <4판. 고려대 도서관, 건국대 도서관 소장>

⑤ 1911-11-25. 『자전석요』, 지석영, 경성: 회동서관. <5판. 연세대 도서관 소장>

⑥ 1912-03-29. 『자전석요』, 지석영, 경성: 회동서관. <6판. 서울대 도서관 소장> <고려대 도서관, 서울대 중앙도서관, 충남대 도서관 소장본은 발행 연도만 표시되어 있어 ⑦일지도 모르므로 발행 월일의 확인이 필요하다.>

⑦ 1912-10-07. 『자전석요』, 지석영, 경성: 회동서관. <7판. 하강진(2010: 691)에서는 이 책을 증보 초판으로 제시하였다.>

⑧ 1913-05-31. 『증보 자전석요(增補 字典釋要)』, 지석영(池錫永), 경성: 회동서관(滙東書館). <8판. 증보 초판. 서울대 중앙도서관 소장>

⑨ 1914-05-08. 『증보 자전석요』, 지석영, 경성: 회동서관. <9판>

⑩ 1915-03-12. 『증보 자전석요』, 지석영, 경성: 회동서관. <10판>

⑪ 1916-02-18. 『증보 자전석요』, 지석영, 경성: 회동서관. <11판. 이화여대 도서관 소장>

⑫ 1917-05-01. 『증보 자전석요』, 지석영, 경성: 회동서관. <12판. 국립중앙도서관 소장>

⑬ 1917-05-21. 『증보 자전석요』, 지석영, 경성: 회동서관. <13판. 국립중앙도서관 소장>

⑭ 1918-05-29. 『증보 자전석요』, 지석영, 경성: 회동서관. <14판. 국회
　　　　　　　　도서관 소장>

⑮ 1920-10-10. 『증정 부도 자전석요(增正 附圖 字典釋要)』, 지석영(池錫
　　　　　　　　永), 경성: 회동서관(滙東書舘). <15판. 증정 부도 초판.
　　　　　　　　경북대 도서관 소장>

⑯ 1925-06-20. 『증정 부도 자전석요』, 지석영, 경성: 회동서관. <16판.
　　　　　　　　서울대 중앙도서관, 세종대 도서관 소장>

⑰ 1928-06-10. 『증정 부도 자전석요』, 지석영, 경성: 회동서관. <17판.
　　　　　　　　서울대 중앙도서관, 세종대 도서관 소장>

⑱ 1929-00-00. 『증정 부도 자전석요』, 지석영, 경성: 영창서관. <고려대
　　　　　　　　도서관 소장. 하강진(2010)의 표에는 이 책이 없다.>

⑲ 1936-03-30. 『증정 부도 자전석요』, 지석영, 경성: 영창서관. <하강진
　　　　　　　　(2010)에서는 18판으로 표시했다.>

⑳ 1943-04-20. 『증정 부도 자전석요』, 지성주(池盛周), 경성: 영창서관.
　　　　　　　　<경희대 중앙도서관, 고려대 도서관, 부산대 제1도서관,
　　　　　　　　이화여대 도서관, 전남대 중앙도서관 소장>

㉑ 1949-08-20. 『증정 부도 자전석요』, 지석영, 서울: 영창서관. <재판.
　　　　　　　　강남대 도서관, 이화여대 도서관 소장>

㉒ 1950-02-28. 『증정 부도 자전석요』, 지석영, 서울: 영창서관. <3판.
　　　　　　　　동국대 중앙도서관, 연세대 학술정보원, 전북대 중앙도
　　　　　　　　서관 소장>

㉓ 1952-00-00. 『증정 부도 자전석요』, 지석영, 서울: 영창서관. <?판.
　　　　　　　　16+121+20장. 고려대 도서관 소장>

기타: 아세아문화사에서 1975년, 1976년, 1977년에 영인본을 펴냈다.

위 목록에서는 내용의 증보나 부도의 첨가는 고려하지 않고『자전석
요』의 발행일을 기준으로 삼아 차례대로 열거하면서 판수를 표시하였
다. 초판은 1909년(융희 3년) 7월 15일에 석인본으로 인쇄되어 그해 7월
30일에 발행되었다.

책의 크기는 가로 13cm, 세로 19.5cm이다. 재판의 분량은 저자 사진 1장, '자전석요 서(字典釋要序)' 1장, '자전석요 범례(字典釋要凡例)' 4장, '자전석요 목록(字典釋要目錄)' 7장, '자전석요 권상(字典釋要卷上)' 94장, '자전석요 권하(字典釋要卷下)' 122장, '발(跋)' 1장, 판권지 1장으로 이루어져 있는데, 판권지를 빼면 모두 230장이다. 그러나 8판에서는 목록을 5장으로 줄였으며, '검자(檢字)' 6장을 새롭게 첨가하였다. 그리고 15판부터는 이전 판에는 없었던 부도 20장을 덧붙였다.

서문의 내용은 변함이 없으나, 제목은 재판의 '자전석요 서(字典釋要序)'에서 8판과 15판에는 '자전석요 원서(字典釋要原序)'로 바뀌었다. 그리고 범례는 제목과 내용이 다르다. 1910년 재판에는 있는 '자전석요 범례(字典釋要凡例)'가 1913년 8판의 증보판에는 '증보 자전석요 범례(增補 字典釋要凡例)'로 바꾸어져 있고, 1920년 15판에는 '증정 부도 자전석요 범례(增正 附圖 字典釋要凡例)'로 '증정 부도'라는 표현이 첨가되어 있다. 범례의 내용도 조금씩 다른데, 재판의 '국문(國文)'은 8판과 15판에는 '언문(諺文)'으로 바꾸어져 있으며, 내용의 가감도 있다. 또 목록도 범례와 마찬가지로 재판에는 '자전석요 목록(字典釋要目錄)'으로 되어 있으나, 8판에는 '증보 자전석요 목록(增補字典釋要目錄)'으로 표시하였고, 15판에는 '증정 부도 자전석요 목록(增正 附圖 字典釋要目錄)'으로 바꾸었다.

그리고 재판의 본문 상단에는 아무 것도 없는데, 8판에는 해자(楷字)와 전자(篆字)를 본문의 상단에 제시하였다.

이 자전의 발행자는 고유상(高裕相)이며, 상해(上海) 주월기서국(周月記書局)에서 인쇄되었는데, 인쇄자는 교경산방(校經山房) 윤자석(侖子錫)이다. 15판은 박문관 인쇄소에서 인쇄되었다.

『자전석요』의 초판 발행일은 1909년(융희 3년) 7월 30일이다. 지석영이 1906년(광무 10년) 중추(음력 8월)에 서문을 쓰고 3년이나 지난 다음에

야 이 자전은 비로소 발행되었다. 이와 같이 서문을 쓴 시기와 발행일이 다른 것은 자연스러운 일이나, 이 자전의 서문을 쓴 시기를 초판의 발행일로 잘못 생각하여 이 자전이 최초의 근대적인 자전으로 널리 잘못 알려져 있다. 실제로 경기대 중앙도서관, 경희대 중앙도서관, 고려대 도서관, 국민대 성곡도서관, 단국대 퇴계기념도서관 등에는 1906년에 발행된 것으로 표시한 『자전석요』도 찾아볼 수 있는데, 이것은 발행 연도를 잘못 적은 것이다.

『자전석요』는 초판이 발행된 다음 약 7개월이 지난 1910년(융희 4년) 3월 10일에 재판이 발행되었으며, 1913년(대정 2년) 5월 31일에 8판이 발행되었는데, 이 8판은 증보판이다. 그리고 1920년(대정 9년) 10월 10일에 다시 증보판인 15판이 발행되었다. 재판, 3판, 15판 등 발행일이 다른 여러 가지 『자전석요』를 살펴보면, 이 자전의 초판에서 7판까지는 '범례'와 발문 바로 앞면에 '字典釋要'라고 적혀 있는데, 8판 증보판부터 14판까지는 '增補 字典釋要'라고 적혀 있고, 1920년(대정 9년) 10월 15일에 발행된 15판부터는 '增正附圖 字典釋要'라고 적혀 있다. 14판까지는 없었던 '부도'인 20장의 그림을 15판부터 붙인 것을 확인할 수 있는데, 『자전석요』는 1920년까지 2번의 증보가 이루어졌다.

우리는 운서의 보편인 자전을 가리키는 책명으로 '옥편'이라는 용어를 사용해 왔는데, 이 책에서 처음으로 '자전'이라는 용어를 책명으로 사용하였다.

『전운옥편』을 참고하여 편찬된 『자전석요』는 『증보 척독완편(增補尺牘完編)』(김우균 편(編), 1913)의 '자전', 『증보 자전대해(增補字典大解)』(이종정 편(編), 1913) 등에 영향을 주었으며, 국내 최초의 법률 경제 전문용어 사전인 『간명 법률 경제 숙어 사해(簡明 法律經濟熟語辭解)』(신문사 편집국 편(編), 1917)은 『자전석요』를 준거로 삼아서 한자음을 달았다.

(박중화 편찬, 1912)

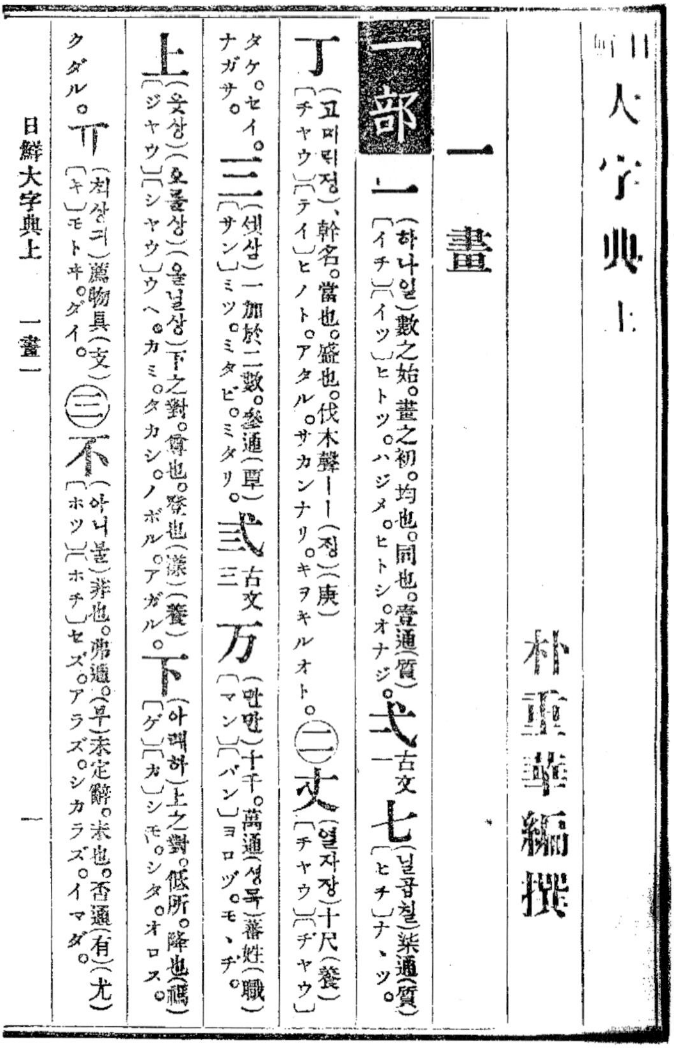

<박형익 교수 소장본(1912)>

박중화(朴重華, 생몰년 미상)가 편찬한 것을 1912년 5월 15일에 광동서국(光東書局)·보급서관(普及書舘)에서 발행한 이 자전은 초판으로 짐작된다. 이 자전의 발행자는 광동서국의 사장이었던 이종정(李鍾楨)이며, 인쇄자는 신창균(申昌均)이고, 휘문관(徽文舘)에서 인쇄하였다. 이 책은 국민대 성곡도서관, 박형익 교수 등에 소장되어 있다.

이 자전의 크기는 세로 19센티미터, 가로 12.5센티미터이다. 하드커버로 장정되어 있으며, 1면을 세로로 8행으로 나누어 본문을 기술하고 있다.

이 책은 속표지 1장, 서문 2쪽, '예언(例言)' 3쪽, '목차' 6쪽, '일선 대자전 상' 544쪽, '일선 대자전 하' 593쪽, '부록 국자(附錄國字)' 10쪽, 판권지 1장으로 이루어져 있다.

표제와 내제는 모두 '日鮮 大字典'이다. 1면에 8행씩 세로로 나누어 기술하였다. 표제자의 한국 훈과 음을 괄호 속에 넣어 한글로 제시하고(예: 하나일), 표제자의 뜻을 한자로 풀이하였다(예: 數之始). 그런 다음 표제자의 일본 문자로 일본 훈과 뜻을 기술하여 일본어를 학습할 수 있도록 하였다.

'부록 국자'에서 '국자'는 우리가 만들어서 사용하는 한자로 의미만 있고 음이 없는 것을 가리킨다. 그런데 우리는 한자의 훈과 음을 같이 붙여 읽으므로 '국자'들을 따로 모아 훈과 음을 붙여놓았다. 여기에는 나무, 고기, 자연 등을 가리키는 한자가 많다(예: 鰊 カズノコ。(청어알희) 靑魚卵; 辻 ッジ。(거리십) 十字街).

이 자전과 비슷하거나 동일한 내용을 지닌 자전들이 이후에 발행되었다. 예를 들면, 『한일선 대자전』(1918, 한성서관·이문당)은 『일선 대자전』(1912)의 내용에 중국 한자음을 첨가한 것에 지나지 않는다. 『일선 신옥편』(1921(초판), 1922(재판), 1923(3판), 1925(4판), 1927(5판), 신구서림)은 이 책과 내용이 동일하다. 『대증보 일선 신옥편』(1931(초판), 1932(재판/3판),

1933(4판), 1934(5판), 회동서관)은 『일선 신옥편』(1921)을 증보한 것이다. 『일선문 신옥편』(1939, 박문서관)도 『일선 대자전』(1912)의 내용와 거의 일치하며 '음고'를 부록으로 붙여놓은 차이만 있을 뿐이다.

7 『설문해자익징(說文解字益徵)』

(박선수, 1912)

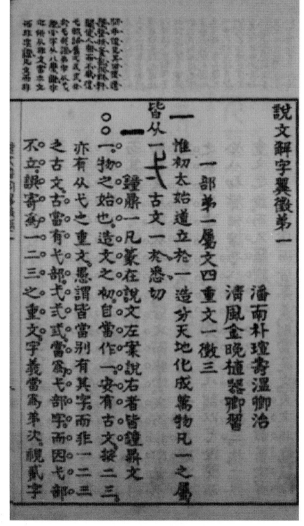

<국립중앙도서관 소장본(1912)>

『설문해자익징』은 1912년 광문사(光文社)에서 14권 6책 석판본으로 발행되었다. 이 책은 국립중앙도서관(한古朝40-7, 한古朝41-4, 古3011-12), 규장각, 계명대학교 도서관 등에 소장되어 있는데, 국립중앙도서관에서 원문을 볼 수 있다.

북학파와 개화파를 연결한 중심 인물이었던 조선의 실학자이자 고증학자 온경(溫卿) 박선수(朴瑄壽, 1821년~1899년)[12]는 1864년(고종 1년)에 증광 별시 문과에 장원으로 급제하였다. 그는 1865년 사간원 대사간, 1867년 암행어사, 1873년 대사간, 1874년 이조 참의, 1878년 예방 승지, 1883년 성균관 대사성, 1884년 공조 판서 등을 역임하였으며, 1894년에 형조 판서를 마지막 관직으로 마친 문신이었다. 이후에 『설문해자익징』의 원고 집필에 몰두하다가 1899년 80세로 별세하였다.

그는 중국 사람 허신(許愼)이 100년에 지은 중국 최초의 자서 『설문해자(說文解字)』[13]의 오류를 수정하고 미비한 내용을 보완하여 『설문해자익징』의 원고를 집필하였다. 이 원고는 그의 형 박규수(朴珪壽, 1807년~1876년)를 비롯한 여러 학자들의 토론과 자문을 거쳐 오랜 시간에 걸쳐 작성되었는데, 박선수의 이종 조카 김만식(金晚植, 1834년~1900년)[14]이 1905년 무렵에 이 원고의 교열을 마쳤다. 육당 최남선은 1912년에 자신이 운영했던 광문사에서 이 원고본을 6권으로 나누어 석인본[15]으로 발

---

12) 박선수는 실학자 박지원(1737년~1805년)의 손자이며, 박종채(1780년~1835년)의 아들이다. 또 그는 우의정을 지냈던 박규수(1807년~1876년)의 동생이다. 박선수는 그의 형 박규수의 영향을 많이 받은 것으로 알려져 있는데, 박규수는 실학과 개화 사상의 지도자였으며, 그의 문하에서 김옥균, 박영효, 유길준 등이 배출되었다.

13) 허신(許愼)과 『설문해자(說文解字)』에 관한 내용은 『한국 자전의 역사』(박형익, 2012)를 참고할 수 있다.

14) 김만식은 1883년 10월에 『한성순보(漢城旬報)』를 창간한 개화파였는데, 갑오개혁의 입안자로 참여한 김윤식의 사촌 형이다.

15) 석인본(또는 석판본)은 돌판(또는 석판)에 양각 또는 음각으로 글자를 새겨 인쇄한 책을 가리킨다. 양각의 경우에는 잉크를 글자의 표면에 바르고 인쇄하지만, 음각인 경우에는

행하였다.

이 책의 1권에는 박선수의 조카이자 제자였던 김윤식(金允植, 1835년~
1922년)[16]이 1911년과 1912년에 쓴 '설문해자익징 서(說文解字翼徵序)'가
각각 16쪽과 2쪽에 걸쳐 수록되어 있으며, 그리고 계속해서 '설문해자익
징 제1~제2'가 수록되어 있다. 그런데 이 책에는 범례, 목차 등은 없다.
서문에서는 박선수가 이 책을 저술한 동기와 출판 과정 등을 설명한 내
용을 찾아볼 수 있다. 즉 『설문해자』의 오류를 수정하고 보완함으로써
경학(經學)에 도움을 줄 수 있다는 생각에서 『설문해자익징』을 저술하게
되었다는 것이다. 또 1872년 중국 북경에 사신으로 갔을 때에 중국인 학
자 왕헌(王軒), 동대찬(董大燦), 오대징(吳大澄)에게 『설문해자익징』 초고를
보여주고 호평을 받았다는 내용으로 보아 1872년에 원고가 완성되지 않
았음을 알 수 있다. 게다가 그가 56세 때인 1876년에 그의 형 박규수는
별세하였는데, 형에게 자문을 계속 구했다고 했으니 이 책의 원고는
1876년에도 아직 완성되지 못했음을 짐작할 수 있다. 따라서 일생에 걸
쳐 집필하던 원고를 관직에서 물러난 1894년부터 집필에만 몰두하여 만
년에 원고를 완성하였음을 추측해 볼 수 있다.

잉크를 돌판에 붓은 다음에 표면을 닦아내고 홈에 남아 있는 잉크로 인쇄를 한다. 1883
년 박문국에 활판 인쇄 시설이 설치된 이후 1899년 무렵에 대한제국의 농상공부 인쇄국
이 설립되면서 석판 인쇄 시설을 처음으로 갖추게 되었다. 정부는 이 석판 인쇄 시설로
우표, 인지, 지폐, 증서 등을 인쇄하였는데, 1908년에는 광덕서관에서 석인본으로 『대가
법첩(大家法帖)』을 펴내기도 하였다. 그러나 석판 인쇄 시설은 일반 서적의 간행에는 별
로 활용되지 못하다가 1925년 무렵부터 100여 종류의 서적이 국내에서 석인본으로 발행
되었다. 일본이 만주를 침탈하면서 1930년대 만주에서 활발하게 석인본이 간행되었으며,
1945년 광복 이후에는 석인본 문집과 족보가 발행되어 그 명맥을 유지하였다.
16) 김윤식은 1874년 문과에 급제하였으며, 임오군란 때에 청나라에 파병을 요청하였다. 또
그는 갑신정변(1884) 때에 김홍집, 김만식과 함께 위안스카이에게 구원을 요청하여 일본
군을 물리쳤다. 그리고 그는 군국기무처 회의원으로 갑오개혁에 참여하였고, 외무 아문
대신을 지냈으며, 기호학회 회장, 홍사단 단장, 대동교 총회 총장 등을 역임하였다.

그리고 2권에는 '설문해자익징 제3∼ 제4', 3권에는 '설문해자익징 제5∼ 제6', 4권에는 '설문해자익징 제7∼ 제8', 5권에는 '설문해자익징 제9∼ 제11', 6권에는 '설문해자익징 제12∼ 제14'와 '설문해자 원서(說文解字原序)'가 수록되어 있다. 또 김윤식과 김만식이 각각 쓴 후기가 있다.

허신(許愼)이 『설문해자(說文解字)』를 지을 때에는 땅에 묻혀 있던 은나라와 주나라 때의 청동기 유물에 적혀 있는 명문(銘文)인 종정문(鐘鼎文)17)이 모두 발견되지 않아 한자의 원래 형태에서 그 의미를 찾아 기술하는 데에 어려움이 따랐다. 그래서 박선수는 『설문해자』의 이러한 결점을 수정하고 보완하기 위하여 한자의 자체(字體)가 가장 명확한 종정문을 토대로 고대 한자의 의미를 새롭게 이해하여 독자적인 방식으로 기술하려고 시도하였다.

박선수는 『설문해자익징』에서 『설문해자』의 14권에 540부로 배열된 표제자의 기술 순서를 그대로 따르면서, 다른 설명이 필요하다고 생각했던 부분에만 자신의 의견을 덧붙였다. 『설문해자』의 표제자의 숫자와 저자가 종정문을 통해 고증하여 보완한 표제자의 숫자는 별도로 명시하였다. 『설문해자익징』의 본문에는 이해를 돕기 위하여 사용한 많은 부호를 찾아볼 수 있으며, 본문 상단에는 표제자에 관하여 고증한 부분을 부연하여 설명한 내용이 적혀 있다.

이 책은 종정문 이전의 자료인 갑골문까지 활용하는 현재의 한자 의미의 기술 방법과 비교하면 한계점이 드러나지만 조선 후기의 문자학, 훈고학, 고증학 등의 수준을 가늠할 수 있는 자료가 될 수 있다는 점에서 가치를 지닌다.

---

17) 종정문은 명문(銘文) 또는 금문(金文)이라고도 하는데, 제기 등의 유물 표면에 제작자, 축사, 제작 목적, 선조에 관한 송덕, 제사, 소유자 등에 관한 내용을 고대 한자로 적은 것을 가리킨다.

(현공렴, 1913)

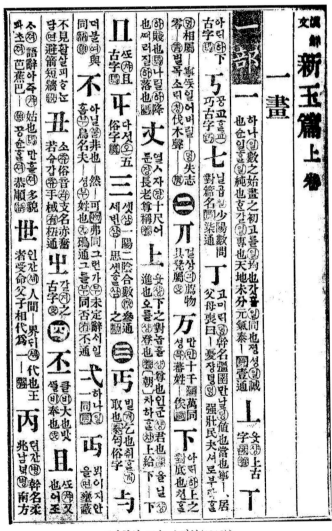

<박형익 교수 소장본(1918)>

『한선문 신옥편』은 여러 출판사에서 아래와 같이 발행되었다.

① 1913-02-25. 『한선문 신옥편(漢鮮文 新玉篇)』, 경성: 대창서원(大昌書院)·보급서관(普及書舘). <초판>

② 1914-09-22. 『한선문 신옥편』, 경성: 대창서원·보급서관. <①의 재판. 저작 겸 발행자는 현공렴. 단국대 도서관 소장>

③ 1916-11-30. 『한일선 신옥편(漢日鮮新玉篇)』, 경성: 광동서국·태화서관. <초판 저작 겸 발행자는 이종정(李鍾楨)> <1922-06-20(6판)>

④ 1917-03-10. 『한선문 신옥편』, 경성: 대창서원·보급서관. <①의 3판. 저작 겸 발행자는 현공렴>

⑤ 1917-03-20. 『부음고 한선문 신옥편』, 경성: 유일서관(唯一書舘)·중앙서관(中央書舘)·광문서시(廣文書市). <초판. 저작 겸 발행자는 정기성(鄭基誠). '음고'가 부록으로 수록되어 있다.> <1918-03-10(재판)>

⑥ 1917-08-08. 『부음고 한선문 신옥편(附音考 漢鮮文新玉篇)』, 보문관 편집부(寶文舘編輯部), 경성: 보문관(寶文舘). <초판. 438쪽. 저작 겸 발행자는 홍순필. 국립중앙도서관 소장> <고려대학교 민족문화연구소(1972: 96)에는 1917년 6월 4일 발행된 것으로 잘못 적어놓았다.> <1918-07-24(재판)>

⑦ 1918-03-10. 『부음고 한선문 신옥편』, 경성: 유일서관(唯一書舘)·중앙서관(中央書舘)·광문서시(廣文書市). <⑤의 재판. 저작 겸 발행자는 정기성(鄭基誠). 박형익 교수 하권 소장>

⑧ 1918-07-24. 『부음고 한선문 신옥편(附音考 漢鮮文新玉篇)』, 보문관 편집부(寶文舘編輯部), 경성: 보문관(寶文舘). <⑥의 재판. 196+242쪽. 저작 겸 발행자는 홍순필. 국민대 성곡도서관, 박형익 교수 소장>

⑨ 1918-08-18. 『한선문 신옥편』, 경성: 대창서원·보급서관. <①의 4판. 서문 2쪽+목록 5쪽+상권 본문 196쪽+하권 본문 242쪽. 저작 겸 발행자는 石田孝次郞. 박형익 교수 소장>

⑩ 1918-09-23. 『부음고 한선문 신옥편(附音考 漢鮮文 新玉篇)』, 경성: 회동서관(滙東書舘). <초판. 2+5+196+242쪽. 표제자를 가나다순으로 배열한 '음고'를 부록으로 붙여 초판으로

발행하였다. 이 책의 본문과 나머지 내용은 ①과 동일
하다. 대구가톨릭대 중앙도서관, 충남대 도서관 소장. '현
공렴 편'으로 되어 있다.> <1919-07-31(재판), 1922-04-30(3
판), 1922-05-07(4판), 1924-12-30(5판)>

⑪ 1919-05-00. 『증보 규장전운 한선문 신옥편』, 경성: 광동서국(光東書
局)·회동서관(滙東書舘)·신구서림(新舊書林)·유일서관(唯
一書舘). <196+242쪽. 저작 겸 발행자는 이종정(李鍾楨).
박형익 교수 소장>

⑫ 1919-06-25. 『한선문 신옥편』, 경성: 광동서국. <저작 겸 발행자는
이종정(李鍾楨)>

⑬ 1919-07-31. 『부음고 한선문 신옥편』, 경성: 대창서원·보급서관. <⑩
의 재판. 초판과는 달리 저작 겸 발행자는 일본식 이름
인 '石田孝次郎'으로 되어 있고, 발행소는 '회동서관'이
아닌 '대창서원·보급서관'으로 되어 있다.>

⑭ 1919-09-25. 『한선문 신옥편』, 경성: 동양출판사. <저작 겸 발행자는
石田孝次郎이다.>

⑮ 1920-11-15. 『한선문 신옥편』, 경성: ?.

⑯ 1921-06-20. 『회중 한선문 신옥편(懷中 漢鮮文新玉篇)』, 경성: 대창서
원·보급서관. <196+242쪽. 포켓판. 초판> <1922(재판?),
1923, 1926, 1927, 1930>

⑰ 1922-04-30. 『부음고 한선문 신옥편』, 경성: 대창서원·보급서관. <⑩
의 3판>

⑱ 1922-05-07. 『부음고 한선문 신옥편』, 경성: 대창서원·보급서관. <⑩
의 4판>

⑲ 1922-06-20. 『한일선 신옥편(漢日鮮新玉篇)』, 경성: 광동서국·태화서
관. <6판. 저작 겸 발행자는 이종정(李鍾楨). 박형익 교
수 소장> <③의 6판>

⑳ 1922-00-00. 『회중 한선문 신옥편(懷中 漢鮮文新玉篇)』, 경성: 대창서
원·보급서관. <⑯의 재판?>

㉑ 1923-00-00. 『부음고 한선문 신옥편(附音考 漢鮮文新玉篇)』, 보문관
편집부(寶文舘編輯部), 경성: 보문관(寶文舘). <⑥의 3
판?. 저작 겸 발행자는 홍순필(洪淳泌). 국민대 성곡도서

관 소장>

㉒ 1923-00-00.『회중 한선문 신옥편(懷中 漢鮮文新玉篇)』, 경성: 대창서
원·보급서관. <⑯의 3판?>

㉓ 1924-12-30.『부음고 한선문 신옥편』, 경성: 회동서관. <<⑩의 5판.
서문 2쪽+목록 5쪽+상권 본문 196쪽+하권 본문 242쪽+
음고 104쪽. 저작 겸 발행자는 현공렴(玄公廉). 박형익
교수 소장> <초판 발행일이 1918년 9월 22일로 잘못 되
어 있고, 서문은 1913년 2월에 쓴 것으로 되어 있다.>

㉔ 1926-00-00.『회중 한선문 신옥편(懷中 漢鮮文新玉篇)』, 경성: 대창서
원·보급서관. <⑯의 4판?>

㉕ 1927-00-00.「한선문 신옥편」, 경성: 보문사. <345쪽. 홍순필>

㉖ 1927-00-00.『회중 한선문 신옥편(懷中 漢鮮文新玉篇)』, 경성: 대창서
원·보급서관. <⑯의 5판?>

㉗ 1930-00-00.『회중 한선문 신옥편(懷中 漢鮮文新玉篇)』, 경성: 대창서
원·보급서관. <⑯의 6판?>

㉘ 1937-00-00.『한선문 신옥편』, 보문관 편집부, 경성: 보문관.

㉙ 1943-11-01.『국한문 신옥편』, 경성: 덕흥서림. <저작 겸 발행자는
김준환>

㉚ 1945-11-01.『한선문 신옥편(漢鮮文 新玉篇)』, 덕흥서림 편집부, 서울:
덕흥서림. <초판. 저작 겸 발행자는 김동진(金東縉)>
<1946(재판), 1947(3판), 1949(4판), 1950(5판, 6판), 1952(7
판), 1953(9판))>

㉛ 1946-11-25.『한선문 신옥편(漢鮮文 新玉篇)』, 덕흥서림 편집부, 서울:
덕흥서림. <㉚의 재판. 국립중앙도서관, 박형익 교수 소
장>

㉜ 1947-00-00.『한선문 신옥편(漢鮮文 新玉篇)』, 덕흥서림 편집부, 서울:
덕흥서림. <㉚의 3판>

이 자전의 서문 끝에는 '編者識'이라고 적혀 있고, 편자 이름은 없다. 표지,
내제 밑, 판권지에도 편자 이름은 찾아볼 수 없다. 그럼에도 불구하고 국립
중앙도서관 소장본은 발행자는 불명이고, '현공렴(玄公廉) 편'으로 되어 있다.

이 자전의 저작 겸 발행자는 대창서원 주인 현공렴이다. 송완식처럼 편저자가 출판사 사주인 경우도 가끔 볼 수 있지만, 당시의 편저자와 저작 겸 발행자를 구별한 출판 관행과 편저자가 현공렴으로 되어 있는 책을 찾아보기 어려운 이유로 현공렴을 이 자전의 편찬자로 보기는 어렵다. 편찬자 미상 또는 판권이나 저작권의 불확실성 등의 이유로 이 자전은 여러 출판사에서 발행된 것인지도 모른다.

이 자전은 서문 2쪽, 목록 5쪽, 상권 본문 196쪽, 하권 본문 242쪽으로 이루어져 있는데, 범례는 없다. 상권 목록에는 1획에서 4획까지, 하권 목록에는 5획부터 17획까지 열거되어 있다.

표제자의 훈과 음을 한글로 제시한 다음 한문으로 표제자의 뜻풀이를 기술하였다. 앞서 발행된 『국한문 신옥편』(1908), 『자전석요』(1909), 『일선 대자전』(1912)에서는 '一(일)'의 뜻풀이로 '한[일]' 또는 '[하나일]'만 제시하였는데, 이 자전에서는 '하나⑪', '고를⑪', '갓흘⑪', '정성⑪', '슌일홀⑪', '혼갈⑪' 등 6개의 뜻풀이를 기술하였다. 표제자의 음인 ⑪을 한자 초학서처럼 훈음이 결합된 방식으로 되풀이하여 제시하였다. 이 자전보다 앞서 발행된 다른 자전에서는 『전운옥편』처럼 뜻풀이를 한자로 표기하였는데(예: 數之始, 畫之初), 이 자전에서는 한글로 훈음을 제시한 다음 한자로 표기한 뜻을 덧붙였다(예: 하나⑪ 數之始, 畫之初; 고를 ⑪ 均也). 그리고 특히 '혼갈⑪ 專也'라는 뜻은 이 자전에서 처음으로 기술한 것으로 앞서 발행된 다른 자전에서는 찾아볼 수 없다.

이렇게 항목의 기술 방법은 개선되었지만, 이 자전의 형식은 1면을 세로 10행으로 나누어 기술하는 『전운옥편』이나 『국한문 신옥편』(정익로, 1908)을 그대로 따르고 있다. 한적본에서 그 유래를 찾아볼 수 있는 이러한 전통적인 자전의 형식은 『신자전(新字典)』(유근 외, 1915)에 와서야 비로소 본문을 가로 3단으로 나누어 기술하는 방법으로 변화한다.

⑨ 『증보 척독완편(增補尺牘完編)』 '자전'

(김우균 편(編), 1913)

第十章 文典便覽

第一節 字典

一 字典分部註釋

尺牘中에用典을初學이未易領會일식已於全編各節에隨其攷據之難解處호야一一註釋호야俾供其學習矣라然而編帙이旣涉冗長호야不能無猝乍間檢訂之艱일식更仿駢字類編에就文典首字編輯之例호고且効字典之分部註釋之法호야務欲瞭然於披閱호니此所謂簡而備호야庶乎纖悉而無憾耳라

畫一 一部

三(석삼)〇一陽二陰之數를下(아릭하)上之對홈이니라〇셋을合호야가리킬하降也라호니며陽關三重일不(부未定辭尤〈有〉否同碼〇아니上之對〇高也漾오룰上之對〇通홈이에롤니通호며 〇높을登홀홈成홀乾이셋上〇三陽啓泰泰卦이노坤上乾下滋長世說ㅣ에正니

月참勿셋을字홀 〇漢詩에所唱에曲出陽關無故人이라三遍을歌라〇按陽關三陽啓泰三升墨汁호며三都賦以三寸舌로强히百萬이太史公이

三疊陽關送別時唐王維詩에所唱西曲臥腹稿라攄思又語平君이삽毛史先生이記에每三侯字日史之記才라太上

三升墨汁호며三都賦이루라成호니三寸舌고唐王勃存者師라李師라見

月三作也라라卦而赋호며初成호야到韓荊州어見라

增補尺牘完編 文典便覽 二九七

下床魏言志陳去登不遠이라見라

라之十年三都相白上傳이니

不羈之才公이報任少卿書에僕이廣少也負不羈之才라

<박형익 교수 소장본(1913)>

'자전'이 부록으로 수록되어 있는 『척독완편』은 다음과 같은 것이 있다.

① 1913-09-30. 『증보 척독완편(增補尺牘完編)』, 김우균 편찬, 경성: 동문
　　서림(同文書林)·문명서관(文明書舘). <증보 5판. 단권. '제
　　10장 문전 편람(文典便覽)'에서 '제1절 자전'을 297쪽부터
　　349쪽까지 수록하였다. 경희대 중앙도서관, 원광대 중앙
　　도서관, 박형익 교수 소장>

② 1916-08-05. 『증보 자전 척독완편』, 김우균, 경성: 동문서림. <증보 6
　　판. '자전'을 책명에 첨가하였다. 단국대 퇴계기념도서관,
　　대구대 도서관, 이화여대 도서관, 박형익 교수 권3 소
　　장>

③ 1918-05-25. 『증보 자전 척독완편』, 김우균 편저, 경성: 동문서림.
　　<증보 7판. 1책. 권3 12쪽부터 51쪽까지 '자전'이 수록되
　　어 있다. 박형익 교수 소장>

④ 1919-00-00. 『증보 자전 척독완편』, 김우균 편저, 경성: 동문서림.

⑤ 1920-00-00. 『증보 자전 척독완편』, 김우균 편저, 경성: 동문서림.
　　<경북대 중앙도서관, 경희대 중앙도서관, 서울대 중앙
　　도서관, 숙명여대 도서관, 연세대 학술정보원 소장>

⑥ 1937-04-15. 『서찰 대방 최신 척독완편(書札 大方 最新尺牘完編)』, 영
　　창서관 편집부 편찬, 경성: 영창서관. <권3 13쪽부터 51
　　쪽까지 '자전'이 수록되어 있다. 1권 합본. 박형익 교수
　　소장>

　　『척독완편』은 『신찬 척독완편』, 『증보 척독완편』, 『증보 자전 척독
완편』, 『서찰 대방 최신 척독완편』 등의 책명으로 편찬된 여러 가지 편
지의 양식을 적어 놓은 편지투이다. 『척독완편』(1905/1908/1909/1912 등)의
저본은 1899년 최성학(崔性學)과 그의 제자들이 중국과 조선의 편지 예
문을 선별하여 수록한 필사본 6권 6책 『척독완편』(성균관대 존경각, 한국
학중앙연구원 소장)이다. 이 책의 내용을 김우균(또는 박정동)이 편집하여

박문사, 동문사 등에서 인쇄하여 펴낸 것이『척독완편』이다.

　증보 5판『증보 척독완편』부터 초학자들의 본문 내용의 이해를 돕기 위해 수록한 '자전'에는 '一部'에서 '龍部'까지 125부로 분류하여 각 부수에 속하는 표제자들을 나열하였다. 표제자의 훈과 음은 한글로(예: 上웃(샹)), 뜻풀이는 한자로 적었다(예: 下之對). 표제자가 포함되어 있는 한자어들의 뜻을 한글과 한자를 혼용하여 기술한(예: 上下床 言相去不遠也니 見魏志陳登傳이라) 것은 이 자전이 처음이다.

10 『증보 자전 대해(增補字典大解)』

(1913?)

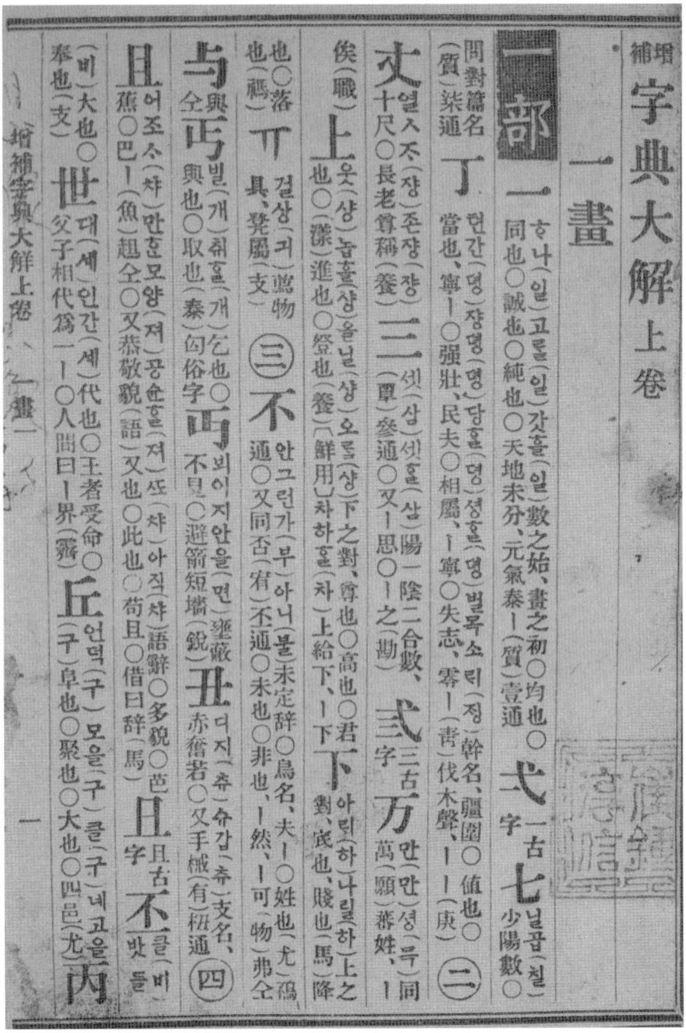

<연세대학교 학술정보원 소장본>

국립중앙도서관, 연세대학교 학술정보원, 성균관대 존경각, 박형익 교수(상권 분책) 소장본에는 모두 서문과 판권지가 없어 발행 시기와 편찬자 등에 관한 사항을 정확하게 확인할 수 없다. 다만 국립중앙도서관의 홈페이지에서 '자전 대해'를 검색하면, 1913년에 광동서국(光東書局) 사장 이종정(李鍾楨)이 편찬하여 광동서국에서 발행한 것으로 되어 있으며, 연세대학교 학술정보원 홈페이지에는 미상 또는 1910년에 이 책이 발행된 것으로 적어 놓았다. 그리고 성균관대학교 학술정보관(고서 서지 시스템) 홈페이지에서는 이 자전은 존경각 고서로 신연활자본 2권 2책인데, 1920년경에 간행된 것으로 적어 놓았는데, 이 설명은 정확하지 않은 것 같다.

이 책의 제목에 '증보'라는 표현을 사용된 것으로 미루어 『자전 대해(字典大海)』라는 한자 사전이 이전에 발행된 것으로 생각해 볼 수도 있지만 '자전 대해'라는 책은 현재 찾아볼 수 없다.

이 자전의 서문과 범례는 낙장인지 아니면 원래 없는 것인지 현재 확인할 수 없으며, 상하권 1책으로 목록 7쪽, 검자(檢字) 15쪽, 상권 260쪽, 하권 229쪽으로 이루어져 있다.

『증보 자전 대해』의 '목록'은 『일선 대자전』(박중화 편(編), 1912)의 '목차'와 똑같은데, '검자'가 새롭게 첨가되어 있는 것이 다른 점이다. '검자'라고 이름을 붙인 내용은 이 자전에서 처음으로 수록한 것으로 보인다. 이 자전의 '검자'에서는 'イ者屬 人部, リ者屬 刀部, ß者屬 阜部' 등을 나열한 다음에 각 획수에 속하는 부수자를 열거하였는데(예: [一畫部] 一丨丶丿乙亅), 각 부수자가 있는 페이지는 표시하지 않았다.

『증보 자전 대해』는 『일선 대자전』(박중화 편(編), 1912)의 표제자의 선정 방법을 참고한 것으로 볼 수 있는데, 미시 구조의 기술 방법에서 이 두 자전은 확연히 다르다. 『증보 자전 대해』에서는 표제자의 여러 가지 뜻과 동일한 발음(예: 一 ᄒᆞ나(일), 고롤 (일), 갓흘(일))을 중복하여 한글로 제시한 다음 한자로 적은 뜻풀이(예: 數之始, 均也, 同也)를 나열하였다. 그러나 『일선 대자전』에서는 표제자의 대표적인 훈과 음 하나만을 한글로 기술하고, 표제자의 일본어 훈과 음을 일본 문자로 대역해 놓았다.

11 『한일선 회중 신옥편(漢日鮮 懷中新玉篇)』

(박건회 편집, 1914)

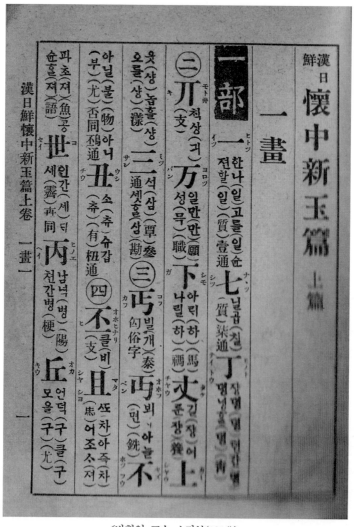

<박형익 교수 소장본(1914)>

책명에 '품속'이라는 뜻을 나타내는 '회중(懷中)'이라는 단어가 포함되어 있어 이 한자 사전은 휴대용임을 알 수 있다. 국내에서 처음으로 사용자가 가지고 다니기 편리하게 휴대용으로 제작된 것으로 추정되는 이 자전은 가로 10센티미터, 세로 15.5센티미터로 보통의 자전보다 크기가 훨씬 작다.

1914년에 발행된 이 책의 판권지에는 책의 판수에 관한 사항이 기록되어 있지 않고, 또 국립중앙도서관이나 국회도서관 등 다른 곳에서 이 책에 관한 정보를 찾아볼 수가 없지만, 이 책이 초판일 것으로 생각한다.

이 한자 사전은 1914년 7월 5일에 인쇄되었으며, 1914년 7월 10일에 발행되었다. 그리고 이 책의 편집자와 편집 겸 발행자는 박건회(朴健會)이고, 교열자는 송헌석(宋憲奭)이다. 경성의 조선복음인쇄소에서 인쇄하였는데, 인쇄자는 신창균(申昌均)이다. 발행소는 적혀 있지 않고, 발매소는 회동서관(滙東書舘)이다.

이 한자 사전은 속표지 1쪽, 서문 2쪽, 목록 10쪽, 본문 상편 233쪽, 본문 하편 310쪽, 음고(音考) 속표지 1쪽, 음고 목록 1쪽, 본문 155쪽, 판권지로 이루어져 있다.

속표지 제목은 '漢日鮮 懷中新玉篇 全 附 音考'이며, 내제는 '漢日鮮 懷中新玉篇'이다. 서문은 박건회가 국한문 혼용으로 썼다. 목록은 상편과 하편으로 나누어져 있다. 상편에는 1획부터 4획까지 배열하였고, 하편에는 5획부터 17획까지 배열하였다. 『전운운편』과 마찬가지로 214부로 나누었는데, 『전운옥편』과 비교하면 12획, 13획, 14획의 분류만 다르다. 한국 자전 가운데 처음으로 부록 '음고(音考)'를 붙여 놓았다. 목록에는 '가, 나, 다, 라, 마, 바, 사, 아, 자, 차, 카, 타, 파, 하'의 순서로 한자를 배열해 놓았다.

위의 그림에서 보듯이, 표제자의 왼쪽과 오른쪽에 일본어 훈과 음을

각각 적어 놓았다(예: イツ ― ヒトツ). 그리고 표제자의 의미와 발음을 『천자문』의 방식처럼 '한나(일)', '고를(일)', '슌전할(일)' 등과 같이 한글로 적어 열거하였는데, 표제자의 발음 '일'을 중복하여 제시하였다. 그리고 운자 '質(질)'과 통용자 '壹(일)'을 '(質)壹通'으로 표시하였다.

<박형익 교수 소장본(1915)>

『신자전』은 아래와 같이 여러 차례 발행되었다.

① 1915-12-05. 『신자전(新字典)』, 유근(柳瑾) 외 공편, 경성: 신문관(新文 館). <255장. 초판. 국립중앙도서관 원문 보기. 국립중앙 도서관, 박형익 교수 소장>

② 1918-03-10. 『신자전』, 유근 외 공편, 경성: 신문관. <재판. 국립국어 원, 박형익 교수 소장>

③ 1920-02-15. 『신자전』, 유근 외 공편, 경성: 신문관. <3판. 박형익 교 수 소장>

④ 1922-00-00. 『신자전』, 유근 외 공편, 경성: 신문관.

⑤ 1924-00-00. 『신자전』, 유근 외 공편, 경성: 신문관. <고려대, 동국대, 세종대 도서관 소장>

⑥ 1925-00-00. 『신자전』, 유근 외 공편, 경성: 신문관. <대구가톨릭대 중앙도서관 소장>

⑦ 1928-11-05. 『신자전』, 유근 외 공편, 경성: 신문관. <국립중앙도서관, 경북대 중앙도서관, 서울대 중앙도서관, 한국학중앙연 구원 소장>

기타: 영인본으로는 1947년(동명사), 1973년(고려대학교 아세아문제연구 소 육당 전집 편찬위원회 편), 1978년(발행처 불명. 국립중앙도서 관 소장), 1997(동양고전학회 편집부) 등이 있다. 고려대학교 아세 아문제연구소 육당 전집 편찬위원회에서 편찬하여 『육당 최남선 전집』 7로 발행한 영인본의 끝에는 『신자전』을 보충하고 교정한 『보정 신자전(補訂 新字典)』 원고의 일부가 첨부되어 있다.

이 자전의 크기는 가로 15.3센티미터이고, 세로 22.8센티미터이다. 『신 자전』에는 유근(柳瑾, 1861년~1921년)이 순전히 한자로만 쓴 '신자전서(新 字典序)'가 있고, 이 서문 뒤에 최남선(崔南善, 1890~1957)이 국한문 혼용 으로 쓴 '신자전서(新字典叙)'가 수록되어 있다. 이 두 서문을 쓴 시기는 을묘 중추로 1915년 음력 8월이다.

조선광문회의 동인(최남선으로 추정)이 유근에게 『한문 대자전(漢文大字典)』의 원고를 부탁하였다. 유근은 긍사(肯沙) 이인승(李寅承)과 원천(圓泉) 남기원(南基元)의 협조를 얻어 원고를 작성해 나갔다. 5년 가까운 시간이 흘러 『한문 대자전』의 원고를 완성하였으나, 원고 분량이 많아 급히 간행하기가 어려웠다. 그러나 조선광문회에서는 자전이 빨리 간행되기를 원했다. 그리하여 유근은 『한문 대자전』 원고 가운데 간이하고 긴요한 것을 선택하고 편집하여 '新字典'이라는 서명을 붙였다. 유근이 완성한 『한문 대자전』은 조선광문회의 사정으로 간행되지 못하고 대신에 축소판인 『신자전』이 경성의 신문관에서 1915년 12월에 간행되었다. 원고 분량과 간행 기간 등의 이유로 발행되지 못하고 원고의 상태로 남겨진 『한문 대자전』에 관한 내용은 지금까지 아무것도 알려지지 않고 있다.

조선광문회는 1910년 12월 초기에 발족되었고, 유근은 5년 가까이 걸려 원고를 완성하였다고 밝혔으므로 유근에게 『한문 대자전』의 원고를 부탁한 시기 또는 유근이 원고를 작성하기 시작한 때는 조선광문회가 발족한 직후로 산정할 수 있다.

『신자전』은 유근이 쓴 신자전 서(新字典序) 1장, 최남선이 쓴 신자전 서(新字典敍) 3장, 신자전 예(新字典例) 1장, 신자전 부수 목록(新字典部首目錄) 1장, 검자(檢字) 3장, 본문 권1 52장, 권2 67장, 권3 68장, 권4 59장 모두 255장의 분량으로 이루어져 있다. 표제와 내제는 모두 '新字典'이다.

부수 한자의 바로 밑에는 2개의 숫자가 나란히 표시되어 있다. 부수 한자 바로 아래의 오른쪽에 붙은 숫자는 권수를 나타내고, 왼쪽에 붙은 숫자는 장수를 나타낸다는 설명이 '新字典部首目錄'이라는 제목 밑에 있다.

여기에서는 『전운옥편』과 마찬가지로 17획으로 분류하여 214부로 나누었다. 각 획에 포함된 부수자도 동일하고 그것의 배열 방법도 같다. 다만 조선 속자부, 일본 속자부, 신자 신의부 3부를 마지막에 첨가하였다. '검자'에서는 각 획에 속하는 부수 바로 밑에 '조선, 일본, 신자'를 표시하였다. 이러한 방법은 이전의 자전에서는 찾아볼 수 없는 전혀 새로운 것인데, 속자나 신자를 부수 목록에서는 제외하였으나, 검자의 목록에는 포함시키고 있어 이 글자들의 배열 방법을 고민한 흔적을 엿볼 수 있다.

본문은 4권으로 나누어져 있는데, 모두 246장이다. 본문은 가로 3단으로 나누어 세로로 미시 정보를 기술하였다. 부수자의 미시 정보를 기술한 다음 칸을 나누어 획수를 표시한 다음 그 획수에 속하는 표제자를 나열하여 미시 정보를 기술하였다.

『신자전』에 수록된 표제자 수는 모두 13,321개인데, '조선 속자부(朝鮮俗字部)'에서는 획수별로 2획에서부터 24획까지 분류하여 107개의 표제자를 배열하였다. '쌉【답】水田논見公私文簿'처럼 발음은 한글로, 뜻풀이는 한글과 한자를 혼용하여 표기하였다.

'일본 속자부(日本俗字部)'에서는 25획을 제외하고 4획부터 26획에 포함되는 98개의 표제자들을 분류하고 배열하였다. '辻【ッジ】十字街, 네거리'와 같이 표제자의 발음 정보는 일본 문자로 기술하였으며, 정의 정보는 한자와 한글로 기술하였다. '신자 신의부(新字新義部)'에서는 5획~16획, 그리고 18획과 27획에 속하는 표제자 59개를 선정하였다.

『신자전』은 『강희자전(康熙字典)』을 저본으로 삼았는데, 표제자의 뜻풀이를 기술한 다음에 그 표제자가 쓰인 출처인 『중용(中庸)』, 『서전(書傳)』, 『맹자(孟子)』 등을 제시하고 예를 인용하였다. 예를 들면, 표제자 '一【일】'의 두 번째 뜻풀이와 용례를 '誠也정성[中庸]所以行之者-'로 기술하였다. 즉 뜻은 '誠也정성'이고, 용례의 출처는 '[中庸]'이고, 용례는 '所以行之者-'이다.

그리고 『신자전』에서는 표제자 '一'의 경우 표제자의 의미 정보를 기술한 다음 끝부분에 표제자가 포함되어 있는 한자어를 나열하고 그 뜻을 한국어로 대역해 놓은 것을 찾아볼 수 있다. 표제자 '一'에서 '第一 첫째'과 '一一 낫낫'이 그 예이다. 이러한 기술 방법은 『증보 척독 완편』 (1913)의 '자전'에서도 찾아볼 수 있지만, 『신자전』에서 다른 예는 찾아 보기 어렵다. 『모범 선화 사전』(정경철 외, 1928)에서는 본격적으로 표제 자로 시작하는 한자어를 부표제항으로 선정하였다. 이러한 방법은 『신 수 일한선 대사전』(송완식 편(編), 1937), 『한한 대사전』(동아출판사 사서부, 1963) 등에서 이어진다.

한편 서양 외래어를 한자로 표기한 표제자의 발음은 한글로 표시하 고, 어원은 영어 알파벳으로 제시하고, 뜻풀이는 한자로 기술하였다(예: 哩【마일】(Mile)又讀如英里).

『신자전』은 본문을 가로 3단으로 나누어 내용을 기술하였는데, 이러 한 자전 형식은 『전운옥편』 등 전통적인 자전에서 1면 10행 세로로 나 누는 방법과는 전혀 다른 새로운 것이다.

13 『일선화영 신자전(日鮮華英 新字典)』

(이온·김광순 공편(共編), 1917)

<박형익 교수 소장본(1917)>

이 책의 속표지에 따르면 이온(李瑥)과 김광순(金光淳)이 공동 편찬자이며, 교열자는 윤치호(尹致昊)와 현헌(玄櫶)이다. 판권지에는 편집자는 이온, 편집 겸 발행자는 김광순으로 되어 있다. 판수는 적혀 있지 않지만, 서문이 1917년 7월에 편자가 쓴 것으로 되어 있어 이 책이 초판임을 알 수 있다. 그런데 초판 이후의 판본을 찾아볼 수 없어 발행 현황은 정확하게 알 수 없다.

이 자전은 상권과 하권 합본인데, 상권은 232쪽, 하권은 304쪽 모두 536쪽의 분량으로 이루어져 있다.

속표지의 표제는 '日鮮華英新字典'이며, 내제는 '日鮮華英新字典 上卷', '日鮮華英新字典 下卷'이다.

모두 17획으로 분류하여, 권상에는 1획에서 4획까지 배열하였으며, 권하에서는 5획부터 17획까지 배열하였다. 모두 214부로 나누었는데 이러한 부(部)의 분류 방법은 『전운옥편』과 같은데, '鼎'을 13획이 아닌 12획으로 분류한 점만 다르다.

이 자전은 『일선 대자전(日鮮大字典)』(박중화, 1912)와 『한선문 신옥편(漢鮮文 新玉篇)』(1913, 대창서원·보급서관)을 참고하여 일본어 발음과 뜻, 중국어 발음, 영어 뜻풀이를 첨가하고, 부호 '○'를 사용하여 표제자의 의미를 구분하는 데에 사용한 『신자전』(유근 외 공편, 1915)의 방법을 반영하였다.

이 자전에서는 중국어, 일본어, 조선어의 순서로 기술한 『한일선 신옥편(漢日鮮 新玉篇)』(1916, 광동서국·태화서관)과는 달리 일본어, 조선어, 중국어, 영어의 순서로 기술하였다. 일본어 발음(예: 표제자 '一'의 오른쪽에 있는 'イチ', 왼쪽에 있는 'イツ')과 뜻(예: 표제자 '一'의 뜻풀이 '균(均)'의 오른쪽에 있는 'ヒトツ', '동(同)'의 오른쪽에 있는 'オナヅ')을 덧붙이고, 중국어 발음(예: .이.)을 제시하였으며, 끝으로 영어로 번역한 뜻풀이(One; the first.

a; an; the. Uniform; in a row. alike; same. Loyalty; devotion. Of a kind; consistently)를 별도의 공간에 제시하였다. 따라서 이 자전은 『한선문 신옥편』(1913, 대창 서원·보급서관), 『일선 대자전』(박중화, 1912), 『신자전』(유근 외 공편, 1915) 등을 참고하였으며, 이전의 자전과는 완전히 다른 항목의 기술 방법을 채택한 국내 최초의 다국어 학습용 자전임을 알 수 있다.

⑭ 『신정 의서 옥편(新訂 醫書玉篇)』
(김홍제, 1921)

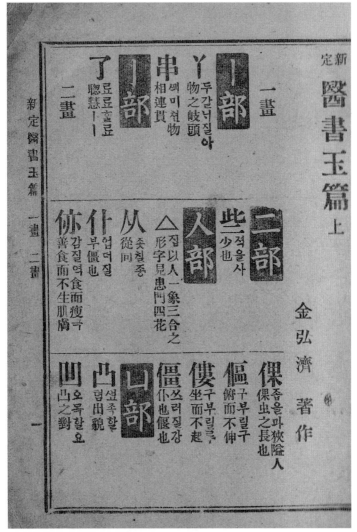

<박형익 교수 소장본(1929)>

『신정 의서 옥편』은 다음과 같이 발행되었다.

① 1921-01-25. 『신정 의서 옥편(新訂 醫書玉篇)』, 김홍제(金弘濟), 경성:
　　　　　　광동서국(光東書局). <82쪽. 저작 겸 발행자는 광동서국
　　　　　　의 대표 이종정(李鍾楨)이다. 인쇄자는 김중환(金重煥)이
　　　　　　며, 발매소는 태학서관(太學書舘)이다. 소장처 미상>
② 1929-03-18. 『신정 의서 옥편』, 김홍제(金弘濟), 경성: 동양대학당(東
　　　　　　洋大學堂). <82쪽. 저작 겸 발행자는 송경환(宋敬煥)이
　　　　　　다. 박형익 교수 소장>
③ 1944-06-15. 『신정 의서 옥편』, 명문당 편집부 편찬, 경성: 명문당(明
　　　　　　文堂). <82쪽. 김정청랑(金井淸郎)은 저작 겸 발행자이다.
　　　　　　1929년판과 내용이 동일하다. 국립중앙도서관에는 '소화
　　　　　　19년(1945)' 발행으로 잘못 되어 있다. 국립중앙도서관
　　　　　　소장>
④ 1963-06-05. 『수정 증보 의서 옥편(修正 增補 醫書玉篇)』, 동양의약서
　　　　　　적 편찬회, 서울: 학생사(學生社). <92쪽. 1929년판의 내
　　　　　　용을 수정하고 증보한 것이다. 경산대 도서관, 박형익 교
　　　　　　수 소장>

　이 책은 판권지에 판수에 관한 기록이 없어 ①이 초판인지 정확하게
알 수 없다. ①, ②, ③은 발행자와 인쇄자가 다르고, ③과 ④의 편자는
①과 ②의 편자와 다르다. 그러나 전체 내용은 모두 같다. 자전 ②의
크기는 가로 11.2센티미터, 세로 14.7센티미터이다. 서문, 범례, 부록은
없는데, 내제 바로 아래에 '金弘濟 著作'이 인쇄되어 있어, 이 책의 저자
가 '김홍제'임을 확인할 수 있다.
　목록과 본문의 부수가 다르다. 모두 152개의 부수로 나누었는데 이러
한 부(部)의 배열 방법은 대체로 『전운옥편』과 같다. 표제자는 모두
1,934개인데, 이들의 선정 기준은 '醫書玉篇'이라는 책명을 통해서 의서
를 볼 때에 자주 나오는 한자인 것으로 짐작할 수 있다. 약초와 관련된

'艹' 부에 속하는 한자가 232개로 제일 많으며, 대체로 표제자의 뜻풀이
는 하나만 기술하였다.

이 자전은 의서라는 한정된 특수한 분야의 책을 읽을 때에 편리하게
사용할 수 있도록 어려운 한자들을 표제자로 선정하여 편찬된 최초의
특수 한자 사전으로 휴대하기 편리하게 작은 크기로 제작되었다.

의서 자전으로는 아래와 같은 것도 있다.

1955-12-15. 『홍가 정진 비전 부의서 자전(洪家定診秘傳 附醫書字典)』,
        홍순승(洪淳昇) 저, 서울: 보문출판사. <98장+32장. 초판.
        부록으로 '의서 자해(醫書字解)' 32장을 붙여 놓았다. 표제
        와 내제는 '洪家定診秘傳 附 醫書字典'이지만, 본문의 부
        록 제목으로는 '醫書字解'로 되어 있다.>

15 『자림보주(字林補註)』

(유한익 집(輯), 1921)

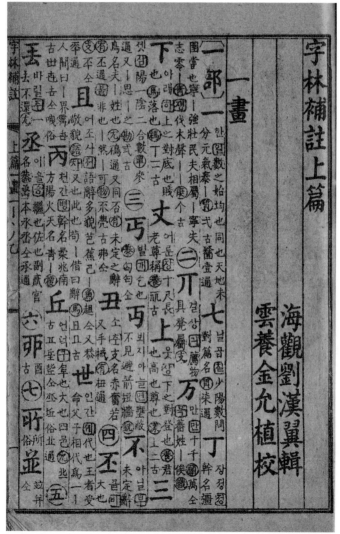

<박형익 교수 소장본(1924)>

『자림보주』의 이본으로는 다음과 같은 것들이 있다.

① 1921-09-10. 『자림보주(字林補註)』, 유한익(劉漢翼) 집(輯), 경성: 박경소
   (朴敬沼). <석인본. 동국대학교 중앙도서관 고서실 소장>
② 1922-06-01. 『자림보주』, 유한익 집(輯), 경성: 박경소. <판권지에는
   저작자와 발행자는 유한익으로 되어 있고, 발행소는 박
   경소로 되어 있다. 판수는 기록되어 있지 않다. 국립중
   앙도서관 원문 보기>
③ 1924-05-20. 『자림보주』, 유한익 집(輯), 경성: 대광서림(大廣書林).
   <박형익 교수 소장>

『자림보주』는 서예가 해관(海觀) 유한익(劉漢翼, 1844년~1923년)이 편집
한 자전이다. 1922년판의 판권지에는 저작자와 발행자는 유한익, 인쇄자
는 중국 상해 천경당서국(千頃堂書局), 인쇄소는 중국 상해 천경당 인쇄
소(千頃堂印刷所)로 되어 있다. 1924년에 발행된 자전의 판권지에는 원저
자는 유한익이고, 저작자는 유영상(劉永相)으로 되어 있다. 발행자는 박
건회(朴健會)이며, 인쇄한 곳은 중국 상해 천경당 인쇄소(千頃堂印刷所)이
다. 발행 겸 총발매소는 대광서림(大廣書林)이다. 교열은 김윤식(金允植,
1835~1922)이 맡았으며, 1916년 2월 상순에 민영휘(閔泳徽, 1852년~1935년)
가 발문을 썼다.

이 자전은 김윤식(金允植)이 쓴 '자림보주 서(序)' 2쪽, '자림보주 범례'
2쪽, '자림보주 목록' 4쪽, '자림보주 상편' 64장, '자림보주 하편' 71장,
책명을 적은 저자의 서예 작품 1장, '자림척기(字林摭奇) 목록' 6장, '자림
척기' 55장으로 이루어져 있다.

표제는 '字林補註'이고, 내제는 '字林補註 上篇'과 '字林補註 下篇'으로
되어 있다. 1924년 대광서림에서 발행한 책의 판권지에는 책명이 '無雙
字典大海 附字林摭奇'로 되어 있다.

『자림보주』에서는 18,177개의 표제자를 선정하여 214부로 나누었는데, 이러한 분류 방법은 『전운옥편』과 대부분 같은데, 동형의 부수자들도 제시하였다.

'자림척기 목록'에 한자의 모양을 분석하여 자형별로 58개 종류의 한자어와 한자가 분류되어 있는 점은 특기할 만하다.

16 『모범 선화 사전(模範 鮮和辭典)』
(정경철 외 공저, 1928)

<박형익 교수 소장본(1936)>

『모범 선화 사전』은 다음과 같이 발행되었다.

① 1928-03-20. 『모범 선화 사전(模範 鮮和辭典)』, 정경철(鄭敬哲)·민대호
(閔大鎬)·조남희(趙男熙) 공저, 경성: 동양서원(東洋書院).
<초판>

② 1928-00-00. 『모범 선화 사전』, 정경철·민대호·조남희 공저, 경성: 동
양서원. <재판>

③ 1933-04-28. 『모범 선화 사전』, 박문서관 편집, 경성: 박문서관(博文書
舘). <초판. 674+70쪽. 박문서관에서 처음 발행한 것으로
초판으로 되어 있다. 계명대 동산도서관 소장>

④ 1935-02-18. 『모범 선화 사전』, 박문서관 편집, 경성: 박문서관. <재
판. 대구가톨릭대 중앙도서관 소장>

⑤ 1936-05-10. 『모범 선화 사전』, 박문서관 편집, 경성: 박문서관. <3판.
674+96쪽. 1937년 3판도 있다. 서울대 중앙도서관, 인하
대 도서관, 박형익 교수 소장>

⑥ 1937-06-28. 『모범 선화 사전』, 박문서관 편집, 경성: 박문서관. <3
판>

⑦ 1940-07-10. 『모범 선화 사전』, 박문서관 편집, 경성: 박문서관. <4
판>

⑧ 1940-12-20. 『모범 선화 사전』, 경성: 박문서관. <5판. 국민대 성곡도
서관 소장>

⑨ 1944-07-22. 『증보 정정 모범 선화 사전(增補訂正 模範 鮮和辭典)』,
경성: 박문서관. <증보 정정판. 국립중앙도서관, 경희대
중앙도서관, 영남대 도서관, 장로회 신학대학교 도서관
소장>

정경철·민대호·조남희 공저로 동양서원에서 초판과 재판이 발행된 자
전이 그 내용과 책명은 바뀌지 않은 채 1933년 박문서관에서 편집한 것
으로 바뀌어 초판으로 발행되었다. 이렇게 발행된 까닭은 이 자전의 판
권이 민대호와 조남희가 1925년 8월에 인수한 동양서원에서 박문서관으

로 양도된 것으로 추측한다(『시대일보』 1925년 8월 28일자 참고).

『모범 선화 사전』은 가로 12.5cm이고, 세로 18cm인 양장본인데, 1924년 3월에 인쇄하기 시작하여, 1928년 3월 상순에 인쇄를 마쳤다. 겉표지 1쪽, 부수 색인 2쪽, 속표지 1장, 서문 3쪽, 범례 2쪽, '모범 선화 사전 특색' 2쪽, 본문 674쪽, '부음편(附音編)' 96쪽, 기타 23쪽, 판권지 1쪽으로 이루어져 있다. 앞뒤 겉표지의 안쪽 면과 그 다음 면에 동일한 부수 색인을 붙였다.

겉표지와 속표지의 표제는 모두 '모범 선화 사전(模範 鮮和辭典)'이다. 한자 사전의 책명에 '옥편'이나 '자전'이 아닌 '사전(辭典)'을 사용한 것은 이것이 처음이다. 여기서 '선화'라는 용어는 '조선어-일본어'의 의미를 나타내는데, 이 한자 사전이 두 언어 사전(이중어 사전)임을 강조하고 있다.

그런데 상위 표제항인 한자 표제자의 뜻풀이를 기술하기 위하여 이 자전에서 사용한 문자는 한글, 한자, 일본 글자 3개이다. 이 자전에서는 아래의 5개의 예에서 보듯이 하위 표제항으로 선정한 한자어의 뜻풀이는 한글과 한자를 혼용한 것, 한자만 사용한 것, 한글만 사용한 것, 또 영어로 번역한 것이 있다. 그리고 '平假名'처럼 일본어를 뜻풀이에 사용한 예는 일본에만 있는 일본 고유의 사항에 관련된 것으로 아주 드물게 있다. 따라서 책명에 사용한 '선화'라는 용어는 적절하게 선정한 것으로 보기는 어렵다.

한편 『모범 선화 사전』에서는 『증보 척독 완편』 '자전'(김우균 편(編), 1913)과 『신자전』(유근 외 공편, 1915) 등 이전의 자전과는 달리 본격적으로 상위 표제항으로 선정한 표제자로 시작하는 한자어들을 하위 표제항으로 제시하고 있어 기존의 자전처럼 사용할 수 있을 뿐만 아니라 한자어 사전으로도 활용할 수 있도록 하였다. 아래의 서문의 내용에서도 확인할 수 있듯이, 책명으로 '자전' 대신에 '사전'을 사용한 것은 자전으로 만 아니라 한자어를 하위 표제항으로 선정함으로써 한자어 사전으로도 활용할 수 있는 사서인 점을 강조하기 위한 것임을 알 수 있다.

서문에서는 표제자뿐만 아니라 표제자를 포함하는 2음절 이상의 한 자어들을 하위 표제항으로 선정한 이유를 설명하고, 자전으로 멈추지 않고 사서로서 사용할 수 있도록 만들었음을 강조하였다. 실제로 한자 표제자만 선정한 종래의 자전과는 달리 표제자로 시작하는 한자어를 하 위 표제항으로 선정함으로써 한자 사전과 한자어 사전을 합쳐 놓은 형 태를 갖춘 것이다.

범례에 따르면 상위 표제항은 약 8,000개이고 하위 표제항은 약 40,000개이다. 부수 배열은 『강희자전』과 『옥편』을 참고하여 결정했는 데, 부수 색인에는 221개의 부수를 선정하였다.

'모범 선화 사전의 특색'이라는 제목을 붙여서 내용, 삽도, 체재, 용지, 활자, 교정, 장정, 정가 등에 관하여 설명하였다. 820여 항의 분량으로 1,000여 종류의 삽도를 제시하였다. 활자 호수는 4호, 5호, 6호, 7호, 6포 인트 블랙 타입 등 4단조를 도입하여 조선의 간행물의 신기원을 만들었 다. 종이는 최고급 백양 42 근지(斤紙)를 사용했다. 한문은 모두 수영사 자체(秀英舍字體)로 새롭게 만들어 인쇄하였고, 조선문은 한충(韓冲)이 고 안한 것으로 인쇄하였다. 부수 색인은 앞표지의 뒷면과 바로 그 다음 면 에 제시하였다. 1면을 가로 7단으로 나누어 모두 14단에 걸쳐 획수와 부 수를 오른쪽에서 왼쪽으로 나열하였으며, 각 부수자의 아래에 해당 부 수자에 속하는 표제자가 수록되어 있는 페이지 수를 표시하였다. 겉표 지에 부수 색인을 붙이는 이런 방법은 이 자전에서 처음으로 시도된 것 으로 요즘의 한자 사전에서도 흔히 적용되는 것이다. 모두 221개의 부 수로 나누었는데 이러한 부수의 배열 방법은 대체로 『전운옥편』과 같다. 표제자를 우선 배열하고 미시 정보를 기술한 다음 그 왼쪽에 하위 표제항을 배열하였다. 하위 표제항과 용례들은 1920년대에 널리 사용했던 한자어들로 어휘의 역사나 어원 등을 연구할 때에나 사전과 자전을 편찬할 때에 귀중한 어휘 자료로 활용할 수 있을 것이다.

부록으로 '부음편(附音編)', '일본 국문', '영국 문자', '불문 발음', '독일국 문자', '로서아국 문자(露西亞國文字)', '희랍 문자', '범서 자체(梵書字體)', '에쓰페란토 문자', '기호 부첩(符牒)의 해석', '부첩용 한자 해석', '영어 약자의 해석', '만국 원자량 표', '중요 공식 일람표', '각종 발명과 발견', '각국 도량형 환산표', '신제 도량형 표', '각국 화폐 환산표', '이자 조견표', '복리 적산표', '연리 일보 환산표(年利日步換算表)', '세계 각지 표준시 비교표', '속도 비교', '만년산월표(滿年算月表)', '동서 기원 연표 급 만국 축제일 일람표', '만년 7요일 조견표', '열강 육군 세력 비교'를 붙여놓았다.

『한일선 회중 신옥편(부음고)』(1914), 『부음고 한선문 신옥편』(1918, 회동서관)처럼 한자의 발음별 색인인 '음편'을 부록으로 수록하였다.

⑰ 『포케트 일선 자전(日鮮字典)』
(문상당 편집부 편찬, 1928)

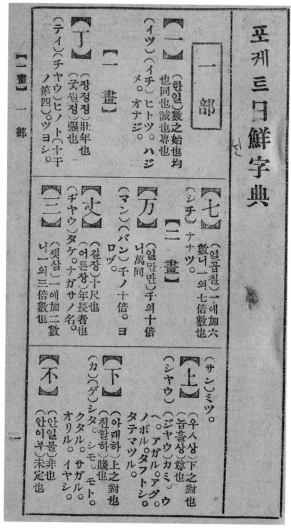

〈박형익 교수 소장본(1928)〉

『포케트 일선 자전』은 다음과 같은 두 책이 발행되었다.

① 1928-05-10. 『포케트 일선 자전(日鮮字典)』, 문상당 편집부 편찬(文尙堂 編輯部 編纂), 경성: 문상당(文尙堂). <박형익 교수 소장>
② 1939-00-00. 『회중 일선 자전(懷中 日鮮字典)』, 문상당 편집부 편찬, 경성: 문상당. <490쪽. 소장처 미상>

판권지에 따르면 저작 겸 발행자는 정경덕(鄭敬德)이고, 인쇄자는 김진호(金鎭浩)이며, 인쇄소는 기독교 창문사(基督敎彰文社)이고, 발행 겸 총발매소는 문상당이다. 판권지에 초판 발행일이 적혀 있지 않아 정확한 초판 발행일은 알 수 없으나, 1928년 이전에 발행된 동일한 책을 찾아볼 수 없어 이 자전이 초판일 것으로 짐작한다. 1939년에는 문상당에서 책명을 '포케트' 대신에 '회중'으로 바꾸어 『회중 일선 자전』으로 발행하였다.

이 포켓용 한자 사전은 크기가 가로 7.6센티미터, 세로 13.6센티미터이다. 이 자전은 겉표지, 부수 색인 2쪽, 속표지, 본문 400쪽, 부록 90쪽, 판권지 1장, 부수 색인 2쪽으로 이루어져 있다. 서문, 범례, 목차는 없으며, 겉표지의 앞뒤에 동일한 부수 색인이 있다. 본문 1면을 가로 3단으로 나누어 내용을 세로로 기술하였다.

이 자전은 『모범 선화사전』(정경철 외 공저, 1928)의 본문 내용 가운데 표제자로 시작하는 한자어와 그 기술 내용 즉 부표제항의 모든 내용은 제외한 다음 상위 표제항 다시 말하면 표제자의 미시 구조에 기술된 항목 정보만 선택하여 포켓판으로 편집한 것에 지나지 않는다. 다만 한자를 가나다 순서의 음절별로 나열한 부록 '음고'의 내용이 조금 다를 뿐이다.

이 자전에서 선정한 표제자는 약 5,740개이다. 표제자의 수는 4획, 6

획, 3획, 7획, 5획, 2획, 8획의 순서로 많다. 그리고 부수별로는 水(氵)(307개), 木(296개), 手(扌)(235개), 艸(230개), 心(忄)(217개), 口(182개), 糸(171개), 言(163개), 金(137개), 竹(107개), 肉(月)(106개), 辵(辶)(105개), 人(104개), 土(102개), 火(灬)(101개)의 순서로 표제자가 많다.

18 『최신 일선 대자전(最新 日鮮大字典)』

(송완식 편(編), 1935)

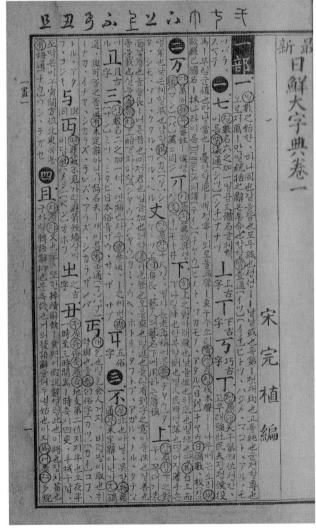

<박형익 교수 소장본(1935)>

송완식이 편찬한 『최신 일선 대자전』은 다음과 같이 발행되었다.

① 1935-01-19. 『최신 일선 대자전(最新 日鮮大字典)』, 송완식(宋完植)
편·이윤재(李允宰) 열, 경성: 동양대학당(東洋大學堂).
<502+66쪽. 초판. 덕성여대 도서관, 박형익 교수 소장>
② 1942-05-10. 『한화선 신옥편(漢和鮮新玉篇)』, 신태삼(申泰三) 편·이윤
재(李允宰) 열, 경성: 세창서관(世昌書舘)·삼천리서관(三千
里書舘). <①의 내용과 동일하다. 표지 서명은 바뀌었고,
편자는 세창서관 사장인 신태삼으로 되어 있다. 그러나
①처럼 내제는 '최신 일선 대자전'이고, '송완식 편'으로
되어 있다. 판수는 표시되어 있고, 표지가 검은 반양장
본과 붉은 반양장본 두 종류가 있다.>

표제자의 중국 발음과 표제자로 시작하는 한자어를 부표제항으로 첨
가한 증보판이 『신수 한일선 대사전』(송완식 편(編), 1937, 영창서관)과 『실
용 선화 대사전(實用 鮮和大辭典)』(영창서관 편찬, 1938, 영창서관. 저작 겸 발
행권 양수인 강의영)으로 발행되었다.

이 자전은 색인 2쪽, 편자가 쓴 서문 1쪽, 범례 2쪽, 검자 12쪽, 권1에
서 권3까지 분류되어 있는 본문 502쪽, 음고 66쪽, 판권지 1쪽 모두 586
쪽으로 이루어져 있다. 1935년 4월 5일에 발행된 도서 출판 전문 월간지
『신문화(新文化)』 2쪽의 오른쪽 하단에 이 책의 광고가 실려 있다. 초판
의 저작 겸 발행자는 『최신 백과 신사전』(1927)을 펴낸 송완식이고, 인
쇄자는 송경환(宋敬煥)이다.

이 자전에서는 표제자의 발음을 한글로 기술한 부분을 원 안에 넣어
표시한 다음(예: 一 ⑫), 한자로 표제자의 뜻을 기술하고(예: 數之始), 다시
한국어 뜻을 한글로 적었다(예: 한, 하나). 그리고 표제자가 포함된 단어
(예: 一一 낱낱, 第一 첫재, 萬一 만일 등)도 제시하였다. 이러한 기술 방법은

『신자전』(유근 외, 1915)에서도 찾아볼 수 있다. 표제자의 미시 정보를 일본어로 기술하여 덧붙여 놓았는데, 이러한 방법은 『일선 대자전』(박중화, 1912)의 일본어 정보의 기술 방법과 같은데, 미시 정보의 양에는 다소 차이가 있다. 이 자전의 특징은 몇몇 동식물을 나타내는 표제자(예: 魚, 鶴, 龜, 竹)에는 표제자가 가리키는 동식물의 그림을 제시하거나 표제자의 의미와 관련이 있는 그림(예: 權, 저울질, 저울 그림)을 그려 놓았다.

19 『한일선만 신자전(漢日鮮滿 新字典)』

(이명칠 편집, 1937)

<박형익 교수 소장본(1937)>

이 자전은 다음과 같이 발행되었다.

① 1937-03-07. 『한일선만 신자전(漢日鮮滿 新字典)』, 이명칠(李命七) 편집, 경성: 삼문사(三文社)·이문당(以文堂). <초판. 연세대, 단국대 도서관, 박형익 교수 등 소장>

② 1943-03-15. 『내선만한 동양 대사전(內鮮滿漢 東洋 大辭典)』, 경성: 삼문사서점(三文社書店). <편자는 표시되어 있지 않고, 저작 겸 발행인은 平山泰正이다. 내제는 '신자전(新字典)'이다. ①의 범례를 줄였으나, 본문은 그대로 수록하였다. 초판으로 표시되어 있다.>

③ 1944-07-20. 『내선만한 동양 대사전(內鮮滿漢 東洋 大辭典)』, 경성: 삼문사서점(三文社書店). <②의 재판>

④ 1956-00-00. 『한한화지 신자전(漢韓華支 新字典)』, 이명칠 편(編), 서울: 삼문사. <전남대 중앙도서관 소장>

표제자의 조선, 일본, 중국, 만주의 음과 운자를 제시한 다음 한자와 한글로 뜻풀이를 ●, ● 등으로 구분하여 기술해 놓은(예: ●數之始 한하나●同也같을●純也순일할) 자전이다. 표제자를 포함하고 있는 한자어를 제시하고 뜻풀이를 한글로 표기한 경우도 찾아볼 수 있다. 조선 음은 당시의 조선 현용 표준 발음을 따라 기술하였는데, 한글 맞춤법 통일안을 따라 표기하였다. 일본 음은 가명자(假名字)로 기술하였는데 한음(漢音)을 우선 적고 오음(吳音)을 다음에 적었으며, 특히 관용음(慣音), 통속음(通音), 이음(異音) 등을 구분하여 제시하였다. 중국 음으로 북평 관어 음을 주음자모와 한글로 기술하였는데, 사성도 표시하였다. 성모와 운모의 철자법 일람표를 제시해 놓았다. 그리고 만주 음 즉 산동(山東) 방언 음이 북평 관어 음과 다른 경우에만 『滿』으로 표시하여 제시하였다(예: 下 [하] [カ·ゲ][ㄒ一ㄚ 사④滿햐]). 운자는 『규장전운』에 따라 '東, 冬, 江, 支···' 등의 대표 운자를 제시하여 사성을 분석하게 하였다.

이윤재(李允宰)는 한글을, 문세영(文世榮)은 화음(華音)과 만음(滿音)을 감수한 이 자전은 수부(首部) 색인 2쪽, 범례 16쪽, 본문 704쪽으로 이루어져 있다. 이 책은 『강희자전(康熙字典)』, 『중화 신자전(中華新字典)』, 『사원(辭源)』과 국내 자전 등을 참고하여 뜻풀이를 하였으며, 각국의 새로운 한자를 더하여 모두 2만 한자를 수록하였다.

20 『신수 일한선 대사전(新修 日漢鮮 大辭典)』

(송완식 편(編), 1937)

<박형익 교수 소장본(1937)>

이 한자 사전은 다음과 같이 발행되었다.

① 1937-11-27. 『신수 일한선 대사전(新修 日漢鮮 大辭典)』, 송완식(宋完植) 편(編), 경성: 영창서관. <초판. 저작 겸 발행권 양수인은 강의영(姜義永)이다. 속표지에는 영창서관 편찬으로 되어 있다. 박형익 교수 소장>

② 1938-01-07. 『실용 일선 대사전(實用 日鮮大辭典)』, 영창서관 편(編), 경성: 영창서관. <①과 동일한데, 서명과 편자만 바꾸었다. 판수가 표시되어 있지 않다.>

③ 1938-03-06. 『실용 선화 대사전(實用 鮮和大辭典)』, 송완식 편(編), 경성: 영창서관. <초판. ①의 내용을 일부 수정하고 '외래어 사전'을 삭제하여 범례 1쪽, 음고 색인 45쪽, 본문 685쪽 분량으로 발행하였다.>

④ 1940-11-28. 『실용 선화 대사전(實用 鮮和大辭典)』, 송완식 편(編), 경성: 영창서관. <③의 재판>

⑤ 1943-03-25. 『실용 내선 대사전(實用 內鮮大辭典)』, 송완식 편(編), 경성: 영창서관. <판수가 표시되어 있지 않다. 편자가 속표지에는 '大山治永'으로 되어 있으며, 본문 첫째 면에는 '송완식'으로 되어 있다. 내용은 ③과 동일하다.>

⑥ 1946-10-02. 『최신판 실용 국한 대사전(最新版 實用 國漢大辭典)』, 송완식 편(編), 서울: 영창서관. <①과 동일하다. 본문의 첫째 면에는 '신수 국한문 대사전(新修 國漢文大辭典)'이라는 내제가 있고, '송완식 편'으로 표시하였다.>

이 책은 하드커버로 되어 있는 겉표지 뒷면과 그 다음 첫째 면의 1쪽에 부수 색인이 있으며, 속표지 1쪽, 서문 1쪽, 범례 2쪽, 음고(音考) 색인 55쪽, 본문 847쪽, 외래어 사전 34쪽, 판권지 1쪽으로 이루어져 있다.

속표지에는 '영창서관 편찬'으로 적혀 있으나, 본문의 첫째 면에는 내제 '新修 日韓鮮大辭典'과 함께 '宋完植編'으로 인쇄되어 있으며, 판권지에는 강의영(姜義永)이 저작 겸 발행권 양수인으로 되어 있다. 그리고 편자는 1937년 9월에 쓴 이 책의 서문에서 1924년에 『최신 백과 신사전(百科新辭典)』(1927, 동양대학당)을 편술하고, 1929년에 『최신 일선 대자전(最新 日鮮大字典)』(1935, 동양대학당)을 편찬하고 이어서 『신수 일한선 대사전(新修 日漢鮮 大辭典)』(1937, 영창서관)을 편술한다고 하였다.[18]

『신수 일한선 대사전』(송완식 편(編), 1937)은 『최신 일선 대자전』(송완식 편(編), 1935)의 내용에 표제자로 시작하는 한자어들을 부표제항으로 선정하여 뜻풀이를 첨가한 것이다. 예를 들면, 표제항 '一'의 부표제항으로 '一派(일파), 그리고 『최신 일선 대자전』에는 없는 표제자의 중국 발음을 제시하였다(예: 一 [이] 【일】 數之始한). 따라서 『신수 일한선 대사전(新修 日漢鮮 大辭典)』은 송완식이 『최신 일선 대자전』(1935, 동양대학당)을 수정하고 증보하여 초판으로 발행한 것임을 알 수 있다.

'범례'에서는 다음과 같은 점을 설명하였다. 첫째, 현대에 필요한 한자 12,000자를 선정하여 자세하게 뜻풀이를 하고, 이것과 관련되어 있는 고사, 예의, 문물, 제도, 숙어, 신어, 과학 술어 등을 집록하여 간단하게 뜻풀이를 하였다. 둘째, 『강희자전』에 준거하여 표제자를 배열하였으며, 일본, 조선, 중국의 속자와 신자도 수집하여 수록하였다. 셋째, 운자와 한음(漢音), 조선 음, 일본 음을 괄호 속에 넣어 제시하였으며, 조선어학회의 한글 맞춤법에 따라 한글을 표기하였다. 넷째, 현재 통용되고 있는 외래어는 부록으로 수록하였는데, 원어 정보를 제시하였다.

---

18) 송완식의 『최신 백과 신사전』(1927, 동양대학당)에 관한 자세한 내용은 박형익(2015)를 참고할 수 있다. 그런데 『최신 백과 신사전』과 『최신 일선 대자전』(1935)은 편자가 사주였던 동양대학당에서 발행되었지만, 『신수 일한선 대사전』(1937)은 동양대학당이 아닌 영창서관에서 발행되었는데, 저작 겸 발행권 양수인으로 영창서관 사주인 강의영으로 되어 있고, 또 속표지에는 '영창서관 편찬'으로 되어 있다. 이러한 점들은 이해하기가 쉽지는 않지만 아마도 당시 동양대학당의 운영에 어려운 점이 있었거나 출판사의 인지도, 판매 방법 등의 현실적인 이유에서 일어난 일로 추측한다.

이 사전에서는『최신 일선 대자전』과는 달리 '일선(日鮮)' 대신에 '일한선(日漢鮮)'을, '대자전(大字典)' 대신에 '대사전(大辭典)'을 표지 서명에 사용했다. 내제를 '신수 한일선 대사전'으로 표기한 것도 있다. 또 표제자의 중국 음을 한글로 제시하였으며(예: 一 [이]), 표제자로 시작하는 한자어를 하위 표제항으로 배열하여 그 음을 한글로 적고, 국한문 혼용으로 뜻풀이를 기술하였다(예: 一派 イッパ(일파)或主義思想을같이하는무리의分黨). 이러한 변화로『신수 일한선 대사전』은『모범 선화 사전』(1928, 동양서원; 1933, 박문서관)과 유사한 형태를 갖추게 되었다.

몇몇 표제자의 미시 정보를 비교해 보면『신수 일한선 대사전』에서 한자와 한글로 기술해 놓은 뜻풀이 정보는『모범 선화 사전』(정경철 외 공저, 1928)보다 더 풍부하고 상세하다. 표제자 '一'을 예로 들면 다음과 같다.

> 『모범 선화 사전』: 數之始也, 均也, 同也, 誠也, 專也. <일본어 부분은
> 생략>
> 『신수 일한선 대사전』: 數之始 한, 하나, 同也 같을, 一一 낮낮, 誠也
> 정성, 純也 순전할, 專也 오로지, 統括之辭 왼통, 或
> 然之辭 만일, 第一 첫재, 或也 어느. <일본어 부분은
> 생략>

또 하위 표제항으로 제시한 표제자를 포함하고 있는 한자어도 훨씬 다양하게 제시하였음을 쉽게 확인할 수 있다. 예를 들면,『신자전』에서는 표제자 '一'을 포함하는 한자어 '第一 첫째'와 '一一 낫낫' 두 개를 선정하였다. 그런데『모범 선화 사전』(1928)에서는 표제자로 시작하는 한자어들을 하위 표제항으로 선정하여 뜻풀이를 해놓았는데, 표제자 '一'의 경우 '一一, 一日, 一目, 一刻如三秋, 一寸光陰不可輕' 등 모두 113개

한자어와 숙어를 선정하였다. 그리고 『신수 일한선 대사전』에서는 표제자 '一'의 경우 표제자로 시작하는 한자어와 숙어는 모두 '一派, 一應, 一人一黨主義, 一寸光陰不可輕' 등 모두 168개를 선정하였다.

그런데 이러한 내용의 우수함에도 불구하고 『신수 일한선 대사전』은 당시에 독자들의 인기를 누리고 판수를 거듭하여 발행된 『모범 선화 사전』(8판)보다 더 적은 발행 판수(6판)에 그치고 말았다. 이러한 이유는 출판사가 임의로 서명과 편자의 이름을 자주 변경함으로써 독자들의 신뢰를 얻지 못한 데에서도 찾아볼 수 있을 것이다.

한국 자전 편찬사에서 차지하는 『신수 일한선 대사전』의 위상뿐만 아니라 송완식이 이 자전 이전에 펴낸 『최신 백과 신사전』의 사전 편찬사에서 차지하고 있는 위상도 살펴보아야 할 것이다. 또 이 두 사전의 편찬자인 송완식에 관한 연구, 그리고 송완식의 사전을 발행한 두 출판사 동양대학당과 영창서관에 관한 면밀한 조사도 필요할 것이다.

21 『육서심원(六書尋源)』

(권병훈, 1940)

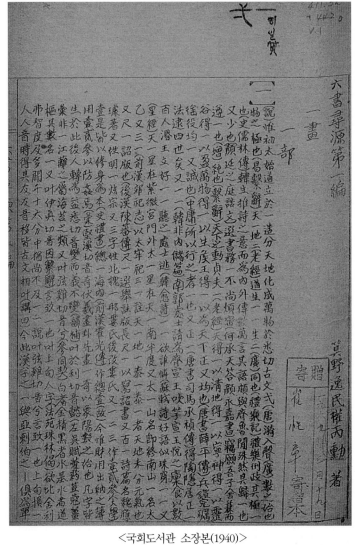

<국회도서관 소장본(1940)>

『육서심원』의 원고는 권병훈(權丙勳, 1864년~1940년)이 1909년에 작성하기 시작하여 1933년에 완성하였다. 이 원고는 중동중학교 교장이자 『육서심원』의 출판자인 최규동(崔奎東, 1882년~1950년)의 재정적 도움을 받아 1940년 2월 20일에 30책, 전체 9,568쪽의 등사본(유인본)으로 발행되었다. 국회도서관 홈페이지 등에서 원문을 볼 수 있다.

초고의 명칭은 '예보(藝譜)'였던 『육서심원』의 1책과 2책은 수상(首上)과 수하(首下)라고 하였다. 그리고 1책부터 27책에는(모두 4,383장) 『강희자전(康熙字典)』에 근거하여 1획부터 17획 한자까지 배열하였다. 그러나 214부로 나눈 『강희자전』과는 달리 207부로 나누어 약 7~9만 개의 표제자를 수록하였으며(권덕주 편저, 2005: 81, 102), 마지막 1책은 색인 부수목록이 수록되어 있는 보편이다.

『육서심원』은 모두 30부가 발행되었는데, 저자와 출판자가 각각 15부씩 나누어 가졌다. 이 책은 국립중앙도서관, 국회도서관, 서울대, 고려대, 연세대, 동국대, 대전대 등에 기증되었다. 그리고 국립대만대학(최규동의 아들 최성장(崔性章)의 기증본), 런던 대학, 하버드 대학, 그리고 파리와 일본의 대학 등의 도서관에도 기증되었다. 영인본으로는 아세아문화사(1976), 경인문화사(1983) 등이 있다.

정인보(鄭寅普, 1893년~1950년)는 『육서심원』의 서문을 썼다. 그는 서문에서 『육서심원』 '범례'에서 찾은 두 가지 특징을 지적하였는데, 하나는 문자에는 뜻이 없는 췌획(贅畫)이 있다는 점이고, 또 다른 하나는 글자에는 숨은 뜻이 있다는 것이다. 그리고 그는 『육서심원』의 문자로써 문자를 증거하는 방법은 독창적인 것이라고 설명하였다. 『육서심원』은 형성자를 정리하여 이것을 모아 축적한 것으로 문자학 연구에 도움을 준다는 점에서 학문적인 가치를 찾을 수 있다(권덕주 편저, 2005: 55).

『육서심원』에서 『규장전운(奎章全韻)』을 참고하여 표제자의 자형, 음,

의미를 기술한 예를 찾아볼 수 있다(권덕주 편저, 2005: 123). 본문 상단에는 표제자 일부분의 전문(篆文)과 한글로 기술한 음(위에는 중국 음을 제시하고, 아래에는 한국 음을 제시하였다.)이 있으며, 운목을 표시한 경우도 있다.

㉒ 『회중 국한 신옥편(懷中國漢新玉篇)』

(문세영, 1946)

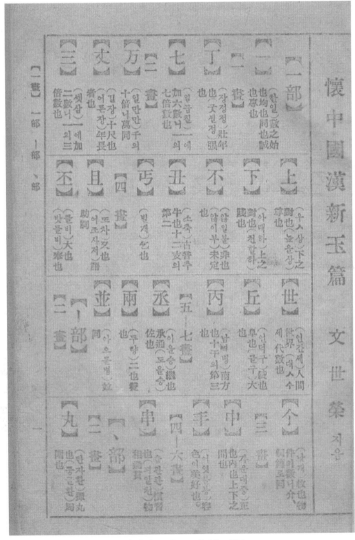

<박형익 교수 소장본(1946)>

이 한자 사전은 다음과 같이 발행되었다.

① 1946-05-10. 『회중 국한 신옥편』, 문세영 지음, 서울: 동화당 서점(東和堂書店). <초판. 박형익 교수 소장>

② 1947-00-00. 『회중 국한 신옥편』, 문세영 지음, 서울: 동화당 서점(東和堂書店). <국립중앙도서관 소장>

③ 1949-12-25. 『수정 증보 신옥편(修正增補 新玉篇)』, 문세영 저, 서울: 장문사(壯文社). <수정 증보 초판. 서언 2쪽+부수 색인 2쪽+본문 198쪽+음고 61쪽>

④ 1950-00-00. 『수정 증보 신옥편(修正增補 新玉篇)』, 문세영(文世榮) 편(編), 서울: 장문사(壯文社). <2+2+198+61쪽. 가톨릭대학교 성심 교정 도서관 소장>

⑤ 1951-00-00. 『수정 증보 신옥편』, 문세영 편(編), 서울: 장문사. <6판. 이화여자대학교 도서관 소장>

⑥ 1952-00-00. 『수정 증보 신옥편』, 문세영 편(編), 서울: 장문사.

⑦ 1953-00-00. 『수정 증보 신옥편』, 문세영 편(編), 서울: 장문사. <고려대학교 도서관 소장>

⑧ 1955-10-20. 『수정 증보 신옥편』, 문세영 편(編), 서울: 장문사. <11판. 부경대학교 도서관 소장> <수정 증보 11판>

⑨ 1957-02-20. 『수정 증보 신옥편』, 문세영 편(編), 서울: 장문사. <63판. 2+2+198+61쪽. 박형익 교수 소장>

⑩ 1959-01-20. 『수정 증보 신옥편』, 문세영 편(編), 서울: 장문사. <71판. 판권지에는 11판으로 잘못 인쇄되어 있다.>

⑪ 1961-10-31. 『수정 증보 신옥편』, 문세영 편(編), 서울: 장문사. <수정 증보 86판>

①은 가로 13cm, 세로 14.8cm 크기의 휴대용 양장본 자전으로 제작되었다. 이 자전은 목차 3쪽, 본문 145쪽, '음고(音考)' 54쪽으로 이루어져 있다.

초판 ①에는 머리말이 없지만, 수정 증보판 초판 ③에는 2쪽 분량의 서언(머리말)이 있다. 수정 증보판의 머리말에서는 늘 사용하는 필요한 한자들만 수집하여 간단하고 명료하게 훈석(뜻풀이)을 베풀었다고 설명하였다.

표제자의 뜻과 음은 작은 괄호 속에 제시하였으며, 뜻풀이를 한자와 한글을 혼용하여 기술하였다(예: 【七】 (일곱칠)―에加六數니 ―의 七倍數也).

이 조그마한 자전은 1961년에 86판이 발행될 만큼 많은 독자의 사랑을 받았다. 그 이유로는 휴대하기 편리한 크기로 제작하였으며, 표제자는 생활에 꼭 필요한 한자만을 선정하였고, 그리고 뜻풀이는 간단하고 분명하게 한글과 한자로 기술하였으며, 또 가격(35원)도 저렴하였다는 점 등을 꼽을 수 있을 것이다.

게다가 『한일선 회중 신옥편』(1914, 회동서관), 『포케트 일선 자전』(1928, 문상당) 이후로 휴대용 자전을 찾아보기 어려운 상황에서 이 자전이 발행됨으로써 1940년대 후반에 『상용 한자집』(소양학술연구회 편(編), 1945), 축소판 『신자전』(조선광문회, 1947), 『학습 자전』(은홍, 1947), 『옥편 겸용 한한 사전』(대한사서간행회, 1948), 『획수로 찾는 실용 옥편』(신삼수, 1949) 등 소형 휴대용 자전의 발행이 활발하게 이루어지는 계기가 마련되었다. 이 자전 이외에도 문세영이 편찬한 자전으로는 『모범 대자전(模範大字典)』(1944, 대동인서관), 『국한문 신옥편』(1949, 세창서관) 등이 있다.

『조선어 사전』(1938)의 편찬자로 널리 알려진 문세영(1895년~1952년?)이 저술한 이 자전은 포켓판으로 발행되었다. 문세영은 6·25 전쟁이 발발된 1950년 7월경에 서울 집에서 가족과 이별한 다음 소식이 끊어졌다고 알려져 있다. 그리고 1951년 9월 25일에 초판이 발행된 『순전한 우리말 사전』(문연사)의 머리말을 1950년(단기 4283년) 첫여름에 썼다. 이 두 가지 사실로 미루어 1950년 이후의 문세영의 행방은 정확하게 알 수 없음을 짐작할 수 있다.

63판을 참고하여 이 자전의 특징을 살펴보도록 한다. 이 자전은 서언 2쪽, 음부 색인 2쪽, 본문 198쪽, 음부 61쪽으로 이루어져 있다.

문세영은 서언에서 한자어의 중요성을 강조하면서, 항상 사용하는 필요한 한자만을 수집하여 간단하고 명료하게 훈석을 베풀었다고 설명하였다.

표제자는 괄호 속에 넣고, 그 훈과 음을 한글로 적었다(예: (一). (한일)). 그런 다음 표제자의 뜻을 한자로 적었다(예: 數之始也, 均也, 同也, 誠也, 專也).

23 『(옥편 겸용) 한한 사전(玉篇兼用 漢韓辭典)』

(대한사서간행회 편(編), 1948)

<박형익 교수 소장본(1949)>

이 한자 사전은 다음과 같이 발행되었다.

① 1948-09-05. 『(옥편 겸용) 한한 사전(玉篇兼用 漢韓辭典)』, 대한사서
   간행회(大韓辭書刊行會) 편(編), 서울: 수문관(修文舘).
   <초판>
② 1948-10-08. 『(옥편 겸용) 한한 사선』, 대한사서간행회 편(編), 서울:
   수문관. <재판>
③ 1948-11-01. 『(옥편 겸용) 한한 사전』, 대한사서간행회 편(編), 서울:
   수문관. <3판>
④ 1949-12-10. 『(옥편 겸용) 한한 사전』, 대한사서간행회 편(編), 서울:
   수문관. <4판. 인쇄 상태가 좋지 않아 서문의 끝에 분명
   하게 읽어 볼 수 없는 부분이 있는 점에 대해 사과하는
   '사과 말씀'을 별도로 붙여 놓았다. 박형익 교수 소장>
⑤ 1951-00-00. 『(옥편 겸용) 신수 국한 사전(新修國漢辭典)』, 대한도서
   간행회 편(編), 서울: 백조사(白鳥社). <495쪽. 국립중앙
   도서관 소장>

기타: 1954년과 1955년 1월 20일에 발행된 것도 있다.

이 사전은 가로 10.7cm, 세로 15.6cm의 포켓판 양장본으로 제작되었는
데, 초판이 발행된 다음 3개월도 지나지 않아 3판이 발행될 만큼 독자의
인기를 끌었다. 이 한한 사전은 속표지 1쪽, 서문 2쪽, 범례 2쪽, 본문
490쪽, 판권지 1쪽으로 이루어져 있다.

이 사전에서는 현대에 있어서 가장 필요로 하는 약 1만 개의 한자를
표제자로 선정하였다. 그리고 표제자의 발음 정보를 한글로 적어 제시
하고 뜻풀이를 기술한 다음 표제자의 뜻에 해당하는 영어 단어를 한글
로 적은 발음 정보와 함께 알파벳으로 표기해 놓았다(예: (一) 【일】 數之
始한.하나 同也같을 ――낱낱 誠也정성 專也오로지 或然之辭만일 第一첫째 或也
어느 (質)壹通 One(원)). 또 표제자로 시작하는 한자어들을 하위 표제항으

로 선정해 놓았다.

　이러한 항목 정보의 배열 방식은『신수 일한선 대사전』(송완식 편(編),
1937, 영창서관)에서 일본어를 삭제하고 대신에 영어를 첨가한 것과 동일
하다. 게다가 두 사전은 하위 표제항뿐만 아니라 그 뜻풀이도 동일한 것
이 많다. 특히 1면을 가로 4단으로 나누어 편집한 것도 같아 사전의 형
식적인 면에서도 일치한다. 따라서 이 한한 사전은『신수 일한선 대사
전』(송완식 편(編), 1937)을 참고하여 만들었음을 알 수 있다.

24 『신자원(新字源)』

(오한근 편(編), 1950)

<박형익 교수 소장본(1950)>

이 자전은 다음과 같이 발행되었다.

① 1950-06-01. 『신자원(新字源)』, 오한근(吳漢根) 편(編), 서울: 사서출판사(辭書出版社). <초판. 2+18+994+38쪽. 국립중앙도서관, 박형익 교수 소장>

② 1951-12-15. 『신자원』, 오한근 편(編), 서울: 사서출판사. <재판. 국회전자도서관, 박형익 교수 소장>

③ 1953-00-00. 『신자원』, 오한근 편(編), 서울: 사서출판사. <994+38쪽. 국립중앙도서관 소장> <축소판도 발행되었다. 498쪽>

④ 1954-00-00. 『신자원』, 오한근 편(編), 서울: 사서출판사. <국회전자도서관 소장>

⑤ 1956-04-20. 『신자원』, 오한근 편(編), 서울: 사서출판사. <8판, 소장처?>

⑥ 1967-00-00. 『신자원』, 오한근 편(編), 서울: 숭문사(崇文社). <994+38쪽. 국립중앙도서관, 국회전자도서관 소장>

『신자원』은 가로 9.7센티미터, 세로 17센티미터의 크기로, 이전에 발행된 자전보다 표제자를 편리하게 검색할 수 있도록 만들어졌다. 이 자전은 부수 색인이 앞뒤 겉표지의 안쪽 1면과 속지 1면에 인쇄되어 있으며, 부수 명칭 1쪽, 속표지 1쪽, 범례 1쪽, 1948년 3월 1일에 편자가 쓴 서언 1쪽, 검자 18쪽, 본문 993쪽, 육서해(六書解) 1쪽, 음고 38쪽, 판권지 1쪽, 운자표(韻字表) 1쪽으로 이루어져 있다.

범례에서는 다음과 같은 내용을 설명하였다. 첫째, 실용을 위주로 하여 보통 교육에 필요한 한자 10,800여 개를 표제자로 선정하여 상세하고 적절한 뜻풀이를 하였다. 그리고 고사, 숙어, 성구, 인명, 지명, 서명 등도 수록하는데 한글 맞춤법에 따라 표기하였다. 둘째, 표제자의 형태와 배열 등은 『강희자전(康熙字典)』에 의거하였으나 현대에 사용하지 않는 사자(死字), 폐자(廢字) 또는 이것과 비슷한 한자 등은 제외하고, 검색의 불편함을 덜기 위해 현재 신문이나 잡지 등에 사용하고 있는 속자와 약자를 불문하고 모두 표제자로 등재하였다. 셋째, 외국어, 범어 등을 번역한 한자는 원음을 제시하기 위해 원어를 표시하였다. 넷째, 표제자가 둘 이상의 음을 가지고 있는 경우에는 ①, ②, ③ 등의 원문자로 구별하였고, 음 아래에 운자를 제시하였다. 다섯째, 운자는 네모 안에 넣고 각 모서리에 권발(圈發)을 붙여 사성을 표시하였다. 여섯째, 표제자의 원음을 먼저 기술하고 첫소리로 발음될 때에 변하는 음을 괄호에 넣어 제시하였다(예: 냐(야), 녀(여), 뇨(요), 뉴(유), 니(이) 등). 일곱째, 표제자의 음이 단어 안에 놓이는 위치에 따라 변하는 경우에는 원음을 먼저 제시한 다음 변음을 제시했다(예: 뇨(-堯), 요(堯-)). 마지막으로 검색에 편리하도록 획수별로 분류한 '검자'와는 별도로 표제자를 가나다순으로 배열한 '음고'를 부록으로 붙였다.

오한근(吳漢根, 1908년~1974년)은 서적의 편집, 출판, 수집과 서점 경영 등에 종사하였다. 특히 그는 585종류의 신문을 수집한 신문 수집가로 널리 알려졌으며, 잡지 수집가이자 연구가인 백순재(白淳在, 1927~1979)와 쌍벽을 이루었다(정진석, 2011, 2015). 그는 신문뿐만 아니라 『불설 아미타경 언해(佛說阿彌陀經諺解)』(1464), 『청파극담(靑坡劇談)』, 조선 후기 작자 미상의 단편 소설집 『삼설기』 상중하 3책, 『언해 관음경 아미타경』, 작자 미상의 조선 고전 소설 『정수정전』 등의 소장자로 알려졌으며, 1948년에 조선진서간행회(朝鮮珍書刊行會)를 설립하여 『청구영언(靑丘永言)』(김천택 편(編), 1948), 『열녀 춘향 수절가(烈女春香守節歌)』(1949) 등을 간행하기도 하였다.

이 자전의 본문은 1면을 가로 4단으로 나누어 미시 정보를 세로로 기술하였다. 표제자 '一'을 예로 인용해 보자.[19]

---

19) 여기에서는 세로로 적지 않고 가로로 바꾸어 적었다.

【一】일 質 弌은 古字 壹과 通用 한。하나(數之始)。순전할(純)。오로지(專)。　같을(同)。온통(統括)。만약(萬若)。첫째(第一)。낱낱(一一)。
　　【一家】일가 ㊀집안。㊁同姓 同本의 親族。㊂自家의 主張。[晋書]常謂, 左氏 是−書。

　표제자는 '【一】'처럼 괄호 속에 넣어 표시하였다. 그런 다음 발음 정보 '일'과 운자 '圎'을 제시하고, 표제자의 옛 형태 '弌'과 통용 한자 '壹'을 열거하였다. 그리고 '한。하나(數之始)'처럼 표제자의 뜻을 한글로 먼저 기술한 다음 괄호 속에 한자로 그 뜻을 다시 적었다.

　『신자원』의 이러한 미시 정보의 기술 방식은 앞에서 소개한 『신수 일한선 대사전』(송완식 편(編), 1937, 영창서관)과 차이가 난다. 즉 『신수 일한선 대사전』과는 달리 『신자원』에서는 일본어 정보를 기술하지 않았으며, 또 운자, 표제자의 옛 형태, 통용 한자를 열거하였으며, 한글로 적은 뜻을 먼저 제시한 다음 괄호 속에 한자로 다시 적었다. 다만 본문 1면을 가로 4단으로 나누어 편집한 방법은 동일하다.

　한편 이 자전에서는 『모범 선화 사전』(정경철 외 공저, 1928)과 『신수 일한선 대사전』(송완식 편(編), 1937), 『(옥편 겸용) 한한 사전』(대한 사서 간행회 편(編), 1948)에서처럼 표제자로 시작하는 한자어들을 부표제항으로 선정하고 뜻풀이를 기술해 놓았다.

　그런데 이 네 가지 사전에서 한자어 부표제항의 배열 순서는 동일하지 않다. 『모범 선화 사전』에서는 음절수별로 '一一, 一日, 一目, 一心, 一系, 一入, 一切, 一周, 一旦, 一員 (⋯중략⋯) 一目散, 一生涯, 一周忌 (⋯중략⋯) 一目瞭然, 一喜一悲, 一刻如三秋, 一寸光陰不可輕' 등의 순서로 열거하였다. 『신수 일한선 대사전』에서는 음절 수별로 '一派, 一應, 一縷, 一禁, 一洞, 一等, 一色, 一手, 一襲, 一一, 一價, 一流 (⋯중략⋯) 一息耕, 一時金, 一神敎 (⋯중략⋯) 一間斗屋, 一擧兩得 (⋯중략⋯) 一事不再

理, 一國一票主義, 一人一黨主義, 一寸光陰不可輕' 등의 순서로 열거하였다. 『옥편 겸용 한한 사전』에서는 '一一, 一派, 一再, 一向, 一理, 一等, 一角, 一式, 一定 (…중략…) 一回忌, 一世紀 (…중략…) 一間斗屋, 一擧兩得 (…중략…) 一擧, 一目 (…중략…) 一寸光陰不可輕' 등으로 나열하였다. 『신자원』에서는 '一家, 一刻, 一刻如三秋, 一刻千金, 一間斗屋, 一個, 一箇, 一擧, 一擧手一投足, 一擧兩得, 一擧一動, 一去無消息, 一去一來, 一件, 一擊, 一見, 一計' 등으로 배열하였다. 즉 『신자원』에서는 부표제항으로 선정한 한자어를 음절수별이 아닌 가나다 순서로 배열하였는데, 검색에 편리한 이러한 배열 방법을 처음으로 채택한 점은 『신자원』의 장점으로 꼽지 않을 수 없다.

표제자 '一'의 경우 『모범 선화 사전』(1928)에서는 113개, 『신수 일한 선 대사전』에서는 168개, 『(옥편 겸용) 한한 사전』에서는 123개, 『신자원』에서는 177개의 부표제항을 선정하였다.

(김혁제 저, 1952)

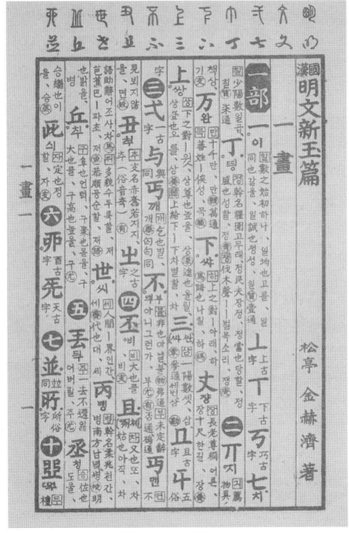

<박형익 교수 소장본(1958)>

① 1952-02-28. 『국한 명문 신옥편(國漢明文新玉篇)』, 김혁제(金赫濟) 저, 서울: 명문당(明文堂). <초판. 3+581+76쪽. 포켓판> <1958-04-01(8판)>

② 1952-10-30. 『국한 명문 신옥편(國漢明文新玉篇)』, 김혁제(金赫濟) 저, 서울: 명문당(明文堂). <초판> <1954-04-02(?판), 1956-00-00(5판. 3+581+76쪽. 국립중앙도서관 소장), 1957-00-00(수성 증보 11판. 3+581+99쪽. 국립중앙도서관 소장), 1960-10-20(수정 증보 11판?. 3+24+581+99쪽), 1960-10-30(12판), 1961-11-30(13판), 1965-00-00(수정 증보 12판?. 743+182쪽. 국립중앙도서관 소장), 1967-03-30(21판. 3+24+743+182쪽), 1971-00-00(수정 증보 25판. 국립중앙도서관 소장), 1972-10-30(22판?), 1975-01-10(28판), 1979-00-00(국립중앙도서관 소장), 1997-00-00(743+317쪽. 국립중앙도서관 소장), 2003-01-25(46판. 3+743+341쪽)>

이 자전은 가로 10.4센티미터, 세로 15.2센티미터의 포켓판 크기(①)와 가로 12.8센티미터, 세로 18.3센티미터의 크기(②) 두 종류로 발행되었다. 이 자전에는 부수 색인이 앞뒤 겉표지의 안쪽 1면과 속지 1면에 인쇄되어 있으며, 부수 명칭 1쪽, 속표지 1쪽, 범례 3쪽, 검자 11쪽, 본문 581쪽, 한글 자휘(음고) 76쪽, 판권지 1쪽, 운자표(韻字表) 1쪽으로 이루어져 있다. 이러한 체계는 『신자원』(오한근, 1950)과 유사하다.

신자와 속자도 표제자로 선정하였고, 표제자의 글자체는 『강희자전(康熙字典)』에 의거하였는데, 표제자의 전서체와 초서체를 본문 상단에 제시하였다. 또 표제자의 중국 음과 한국 음을 사각형에 한글로 적었는데, 표제자가 쓰이는 위치에 따라 변하는 음도 기술하였다. 『어정규장전운』, 『삼운통고』 등을 참고하여 표제자 음의 고저를 표시하였다.

그리고 뜻풀이를 한자로 적은 다음 한글로 표기하였으며, 운자와 통용자를 제시하였다(예: 一 이 圓 數之始初 하나, 일 均也 고를, 일 同也 같을,

일 誠也 정성, 일 質壹通). 『신자원』(1950)과 비교하면 이 자전에서는 표제자의 미시 정보의 분량이 훨씬 줄어들었으며, 한글보다는 한자로 뜻풀이를 기술한 것을 먼저 제시함으로써 한자를 잘 알고 있는 독자들의 편의를 제공하려는 의도가 엿보인다. 이 자전은 내용보다는 가격(『신자원』(1950)은 2,500원이고, 이 책은 1,400원이다.)이나 휴대의 편리성 등으로 많은 판수를 거듭한 것으로 보인다.

『최신 국한 대사전(最新 國漢大辭典)』

(사전편찬회 편(編), 1954)

〈박형익 교수 소장본(1954)〉

이 사전은 다음과 같이 발행되었다.

① 1954-02-15. 『(최신) 국한 대사전(最新 國漢大辭典)』, 사전편찬회 편
(編), 서울: 문연사(文硏社). <초판> <1954-04-15(재판),
1955-02-25(3판), 1955-12-25(사서편찬회 편. 삼문사(三文
社) 발행. 4판. 665쪽. 판권지에는 초판 발행일이 1954년
1월 22일로 잘못 표시되어 있다. 국립중앙도서관 소장),
1957-03-25(삼문사 발행. 5판), 1959-00-00(6판?)>
② 1955-01-20. 『(최신) 국한 사전(最新 國漢辭典)』, 사전편찬회 편(編),
서울: 삼문사(三文社). <초판. 포켓판. 가로 9.6센티미터,
세로 14.6센티미터>
③ 1956-02-20. 『최신 콘사이스 국한 사전(最新 콘사이스 國漢辭典)』, 사
전편찬회 편(編), 서울: 삼문사. <판수 없음. 1+1+463+33
쪽. 가로 8.9센티미터, 세로 15.3센티미터>

이전에 발행된 자전들은 모두 우철 제본으로 되어 있는데, 이 책은
좌철 제본이다. 본문은 세로로 2단을 나누어 우리 자전 가운데 처음으
로 가로쓰기를 하였으며, 크기는 가로 12.7센티미터, 세로 18.2센티미터
이다.

1955년에는 삼문사에서 내용은 동일하나 표지에는 편자가 사전편찬
회로 되어 있으나 판권지에는 사서편찬회로 되어 있는 포켓판을 발행하
였다. 출판사는 문연사(등록 1951년 6월 29일. 등록 193호. 출협 115호)에서
삼문사(등록 1950년 11월 1일. 등록 32호. 출협 10호)로 바뀌었고, 편자도 사
전편찬회에서 사서편찬회(辭書編纂會)로 바뀌었고, 또 발행인도 권주원(權
週遠)에서 신태화(申泰和)로 바뀌었다.

①은 부수 색인이 앞뒤 겉표지의 안쪽 1면과 속지 1면에 인쇄되어 있
으며, 부수 명칭 1쪽, 속표지 1쪽, 정인승(鄭寅承)이 쓴 '소개 말씀' 1쪽,
범례 2쪽, 부수 음고 색인 57쪽, 본문 665쪽, 판권지 1쪽으로 이루어져

있다. 내제에는 '최신 국한 대사전'의 앞에 '신철자법에 의한'이라는 수식어가 붙어져 있다.

표제자의 뜻풀이를 한글로 적고 한자어를 예로 제시하였다. 그리고 표제자로 시작하는 한자어들을 부표제항으로 선정하여 뜻풀이를 해놓았다. 부표제항은 한자로 먼저 적은 다음 괄호 속에 음을 한글로 적었는데, 가나다 순서로 배열하지는 않았다.

27 『학생 한한 자전(學生漢韓字典)』

(김경탁 편(編), 1955)

〈박형익 교수 소장본(1955)〉

이 자전은 가로 10.4센티미터, 세로 17.7센티미터의 크기로 제작되었다. 그리고 부수 색인이 앞뒤 겉표지의 안쪽 1면과 속지 1면에 인쇄되어 있으며, '편집 대의(編輯大意) 2쪽, 본문 376쪽, 판권지 1쪽으로 이루어져 있다. 본문을 가로 3단으로 나누어 세로쓰기를 하였다. 판권지에 판수가 적혀 있지 않지만, 이 책 이외에 달리 발행된 것을 찾아볼 수 없어 이 초판인 것으로 보인다.

편자인 한학자이자 동양 철학자 김경탁(金敬琢, 1906년~1970년)은 1938년부터 경성 상업실천학교, 봉천 남만공업학교, 배재학교 등에서 가르쳤으며, 1949년부터는 고려대학교 철학과 교수로 재직하였다. 저서로는 『훈민정음을 통하여 본 생성학적 역(易)의 사상』, 『중국 철학 개론』 등이 있으며, 중고등 한문 교과서 『중등 한문 독본(中等漢文讀本)』과 『고등 한문 독본(高等漢文讀本)』 권1~6을 1947년부터 1961년까지 동방문화사와 동국문화사에서 펴냈다.

이 자전의 '편집 대의'에서 밝힌 내용을 요약하면 다음과 같다. 첫째, 초등학교, 중고등학교, 대학교의 학생들을 위해 이 자전을 편찬하였다. 둘째, 표제자는 약 5,000자를 선정하였다. 셋째, 각 표제자의 품사(명사, 형용사, 동사, 전치사, 부사, 조사)를 제시하고 예를 들었다. 넷째, 국어 사전과 연관을 짓기 위하여 어미에는 '-다'를 붙였다. 표제자 '一'을 예로 인용하면 다음과 같다.

> 一 (일) (名) 하나. 처음으로 세는 수인데, 모든 물건의 낱개를 다 一이라함. (形) 한 (例) 一人(한사람), 一家(한집) ○ 같다. 同字의 뜻 (例) 及其成功一也(그 성공하는데 미쳐서는 같다). (副) 一心一意(한마음한뜻) ○ 온통. 통털어 하는 말 (例) 一切, 一概 ○ 만약. 萬若의뜻 (例)萬一, 一旦. (動) 하나로되다. 통일하는뜻 (例) 南北統一.

이 자전은 학생용으로 편찬되었는데, 책명에 '학생'을 쓴 경우와 품사를 제시하는 방법은 이전의 자전에서는 찾아볼 수 없다. 그런데 이 책의 초판 이후에 발행된 자전을 찾아볼 수 없어 이 책으로 절판된 것으로 보인다. 이 책은 학생들이나 일반 독자들에게 별로 호평을 받지는 못하였다.

28 『국한 최신 홍자 옥편(國漢 最新弘字玉篇)』

(홍자출판사 편집부 편(編), 1958)

<박형익 교수 소장본(1958)>

이 자전은 다음과 같이 발행되었다.

① 1958-12-25. 『국한 최신 홍자 옥편(國漢 最新弘字玉篇)』, 홍자출판사 편집부 편(編), 서울: 홍자출판사(弘字出版社). <초판. 박형익 교수 소장>

② 1960-02-15. 『국한 최신 홍자 옥편(國漢 最新弘字玉篇)』, 홍자출판사 편집부 편(編), 서울: 홍자출판사(弘字出版社). <재판>

③ 1960-08-30. 『국한 최신 홍자 옥편(國漢 最新弘字玉篇)』, 홍자출판사 편집부 편(編), 서울: 홍자출판사(弘字出版社). <수정 3판> <1961-01-30(4판), 1961-04-10(5판), 1962-10-25(6판), 1962-12-30(7판), 1963-03-25(8판), 1964-02-25(9판), 1964-10-25(10판), 1968-04-10(18판), 1973-07-01(25판)>

④ 1984-01-05. 『최신 홍자 옥편』, 홍자출판사 편집부 편(編), 서울: 홍자출판사. <초판. 2+16+637+168+122+3쪽>

⑤ 1989-04-10. 『최신 홍자 옥편』, 홍자출판사 편집부 편(編), 서울: 민중서림. <초판 3쇄. 2+16+637+168+122+3쪽> <1994-02-10 (초판 8쇄)>

⑥ 1997-01-06. 『최신 홍자 옥편』, 홍자출판사 편집부 편(編), 서울: 민중서림. <수정판> <2006-01-10(수정판 10쇄. 18+941쪽), 2008-01-10(수정판 12쇄)>

이 자전의 초판 크기는 가로 13센티미터, 세로 18.7센티미터이다. 그리고 범례 3쪽, 검자 14쪽, 본문 637쪽, 한글 자휘(음고) 101쪽, 판권지 1쪽, 운자표 1쪽으로 이루어져 있다. 본문은 세로로 11칸으로 나누어 세로쓰기를 하였다.

이러한 형식은 『신자원』(오한근, 1950)과 유사하고, 『국한 명문 신옥편』(김혁제, 1952)과 동일하다. 또 이 자전의 범례 내용도 『국한 명문 신옥편』과 거의 유사하다.

2만 여개의 표제자를 선정하였는데, 고자, 신자, 속자, 약자 등도 표제자로 선정하였다. 표제자의 글자체와 배열 방법은『강희자전』에 의거하였으며, 표제자의 전서체와 초서체를 본문 상단에 제시하였다. 그리고 표제자의 음을 한글로 적었는데, 표제자가 쓰이는 위치에 따라 변하는 음을 표시하였다.

게다가 다음과 같은 미시 정보의 기술 방법도 동일하다. 즉 표제자의 중국 음을 한글로 표시한 다음 한국 음을 사각형에 한글로 적어 넣었다. 그리고 한자로 뜻풀이를 적은 다음 해당 한국어를 한글로 표기하였다. 뜻풀이에 이어서 운자를 동그라미 안에 넣어 표시하고 통용자를 제시하였다. 그런데 표제자로 시작하는 한자어들은 부표제항으로 선정하지는 않았다.

또 이 자전은『국한 명문 신옥편』(김혁제, 1952)과 미시 정보의 내용도 동일한 것이 많다(예: 丙(병), 丫(아), 山(산), 必(필), 纇(유) 등). 그런데 몇몇 표제자의 미시 정보가 다른 경우도 찾아볼 수 있다(예: 一, 土 등).

『국한 명문 신옥편』(김혁제, 1952)의 '부수 색인'에는 '口(구) 35쪽, 土(토) 64쪽, 士(사) 60쪽, 夕(석) 60쪽, 夂(치) 61쪽, 大(대) 61쪽, 女(여) 73쪽' 부수의 순서로 배열되어 있다. 그런데 '검자'에는 이것과는 다르게 '口(구), 土(토), 士(사), 夂(치), 夕(석), 大(대), 女(여)'의 순서로 배열되어 있다.

게다가 본문에는 이 둘과 다르게 '口(구) 38쪽, 士(사) 60쪽, 夕(석) 60쪽, 夂(치) 61쪽, 大(대) 61쪽, 土(토) 64쪽, 女(여) 73쪽' 부수의 순서로 배열되어 있다. '부수 색인'에서 '土(토) 64쪽'가 '大(대) 61쪽'의 뒤에 놓여야 할 것이므로 독자들이 자전을 검색하는 데에 불편할 수밖에 없었을 것이다.

1960년 3판에서는 본문은 그대로 두고 '한글 자휘(음고)'를 147쪽으로 증보하였을 뿐이다. 1968년 18판에서도 '한글 자휘(음고)'는 167쪽으로 늘리고, 122쪽 분량의 '6서통 자전(六書通字典)'과 3쪽의 '고문 상형 문자 등의 일례(古文象形文字等의一例)'를 덧붙였을 뿐이었다.

그럼에도 불구하고 이 자전이 판수를 거듭하여 발행된 이유는 위의 예에서 살펴보듯이 많이 사용하는 몇몇 한자(예: 一, 土, 女, 鼎)들의 뜻풀이가 『국한 명문 신옥편』(김혁제, 1952)보다 훨씬 상세하게 기술되어 있는 점과 자전의 크기가 더 큰 형태로 발행되어 읽기가 편하다는 점에서 찾을 수 있을 것이다.

이 자전의 구체적인 장단점을 찾기 위해서는 표제자의 배열 순서와 뜻풀이 기술 방법의 보다 더 세밀한 분석이 필요하다.

29 『새 자전(새字典)』

(김민수 편(編), 1961)

새 字 典

一

一 일[illegible] i¹ (通)壹 ①하나·한. *~번(番)·기(其)~. ②첫째. *제(第)~·~급(級). ③날. *~~. ④같다. ⑤온·온통. *~체(切)·~가(家)·~국(國). ⑥오로지. *~미(味)·~의(意). ⑦순전하다. ⑧정성. ⑨만약. *만(萬)~·~단(旦). ⑩고르다. *균(均)~. ⑪한일변[部首名].

❶ **丁** 정(넝)[illegible]¹⁻¹⁰ ting¹ [illegible]¹¹ chêng¹ ①고무래. ②네째 천간(天干). ③장정. *성(盛)~·장(壯)~. ④부림군. *가(家)~·원(園)~·병(兵)~. ⑤백정. ⑥당한다·만난다. *~우(憂). ⑦외롭다. *영(零)~. ⑧누숫소리[漏聲]. *~동(東). ⑨성(姓). ⑩서로 부딕힌다. *~녕(寧). ⑪나무 베는 소리.

丂 교 巧(107면)의 古字.

七 칠[illegible] ch'i¹ (通)柒 ①일곱. *~번(番)·기(其)~. ②글체 이름[文體名]. *~승(乘).

丄 상 上(1면)의 古字.

丅 하 下(1면)의 古字.

❷ **万** ❶만[illegible] wan⁴ (通)萬 일만[一千]. ❷묵(목)[illegible] mo⁴ 성[著姓]. *~기(俟).

丈 장(쟝)[illegible] chang⁴ ①길[人身長]. ②열 자. ③장부(~夫). ④어른. *존(尊)~·춘부(春府)~·선(先)~. ⑤장인·장모. *악(岳)~. ⑥아내. *~가처(家妻).

三 삼[illegible]¹ san¹ sa¹ [illegible]² san⁴ (通)参 ①셋·세. *~번(番)·기(其)~. ②세 번·이따금[~思]. ③좋여러 사람. *~인(人)

上 ❶상(샹)[illegible]¹⁻³ shang⁴ [illegible]⁴⁻⁶ shang³ ①웃·위·꼭대기. *산(山)~. ②높다[尊]. *~객(客). ③임금. *~감(監). ④오른다. *~승(昇). ⑤올린다. *~서(書). ⑥이른다[到任]. ❷차[illegible] 치하한다.

下 하[illegible]¹⁻³ hsia⁴ [illegible]⁴⁻⁸ (別)丅 ①아래. *~층(層). ②밑. *~단(段). ③낮다·천하다 *~시(視). ④내린다. *~우(雨). ⑤떨어진다. ⑥항복한다. ⑦낮은 체한다. *~천(賤)·~정(情). ⑧써서 없어진다[費].

丌 기(긔)[illegible] chi¹ ①책상. ②걸상.

丒 차 且(1면)의 古字.

❸ **不** ❶불[illegible] pu⁴ (通)弗 아니·아니다·못한다. *~경(敬). ❷부[illegible]¹⁻² fou¹ [illegible]³ fou³ ①이넌가. ②새 이름[夫~]. (通)[illegible] ③성(姓). ④그르다.

与 여 與(374면)의 略·俗字.

丏 면[illegible] mien³ ①가린다·가리어 보이지 않는다. ②살막이담[避箭短墻].

丐 개[illegible] kai⁴ ①빈다·달란다. ②거지·비렁뱅이. *~걸(乞). ③빌린다. ④취(取)한다.

丑 ❶축(츄)[illegible] ch'ou³ ①소[牛]. *~보(寶). ②둘째 지지(地支). *을(乙)~. ③축시(~時). ④수갑·조막손이. ⑤맺는다. (通)紐 ❷추(츄) 사람 이름. *공손(公孫)~.

丈 장 丈(1면)의 俗字.

丒 축 丑(1면)의 俗字.

兮 혜 兮(23면)의 俗字.

❹ **且** ❶차(챠)[illegible] ch'ieh³ ①글 허두 낸다. ②문득. ③아

<박형익 교수 소장본(1961)>

이 자전은 다음과 같이 발행되었다.

① 1961-05-20.『새 자전(새字典)』, 김민수(金敏洙) 편(編), 서울: 동아출
   판사(東亞出版社). <초판. 12+658쪽. 국립중앙도서관, 박
   형익 교수 소장>
② 1962-00-00.『새 자전』, 김민수 편(編), 서울: 동아출판사. <재판>
③ 1972-00-00.『새 자전』, 김민수 편(編), 서울: 성문각(成文閣). <12+658쪽.
   국립중앙도서관 소장>

이 자전은 편자와 그의 가백이 박문출판사(博文出版社)에서 자전 청탁
을 받고 원고를 집필하다가 6·25 전쟁으로 중단하였다. 전쟁으로 출판
사는 불에 타고, 집필했던 원고는 편자가 바뀌어 문연사에서『최신 국
한 대사전』(사전 편찬회 편(編), 1954)로 발행된 비상식적인 일이 있었다.
이런 시련을 극복하고 편자는 새롭게 자전의 원고를 집필하였는데,
1959년 겨울에 기본 카드의 작성에 착수하여 1960년 여름에 완성하였
고, 또 가을에 원고 교정 작업을 마치고 출판사에 넘겨 1961년에『새 자
전』이 발행되었다. 동아출판사에서는 자전으로는 처음으로 이 책을 발
행하였다.

이 자전은 크기는 가로 10.5센티미터, 세로 17.2센티미터인데, 머리말
4쪽, 이 자전의 사용법 8쪽, 본문 588쪽, 자음 색인 51쪽, 총획 색인 19쪽
으로 이루어져 있다.

『전운옥편』(1796),『국한문 신옥편』(정익로 편(編), 1908),『자전석요』(지
석영 편(編), 1909),『신자전』(유근 외, 1915),『한일선만 신자전』(이명칠 편
(編), 1937),『신자원』(오한근 편(編), 1950)에서 표제자로 수록한 모든 한자
와 약자, 속자, 국자, 신자 등 23,558자를 표제자로 선정하였다.

표제자는『강희자전(康熙字典)』에 따라 214부로 나누어 배열하였다.

그리고 부수를 뺀 나머지 획수에 따라 번호를 매겨 획수가 적은 순서대로 표제자를 배열하였다. 표제자의 음을 한글로 표기하고, 운자와 현대 중국음을 주음 부호로 제시하였다. 그리고 표제자와 같은 뜻을 가진 동자를 '同'으로, 표제자와 뜻이 통하는 통자를 '通'으로, 표제자와 글자 모양은 비슷하나 전혀 뜻이 다른 별자를 '別'로 각각 나타낸 다음 표제자의 뜻과 용례를 나열하였다.

30 『국한 최신 대자원(國漢 最新 大字源)』
(홍자출판사 편집부 편(編), 1963)

<박형익 교수 소장본(1963)>

홍자출판사 편집부에서 편찬한 이 자전은 다음과 같이 발행되었다.

① 1963-01-05. 『국한 최신 대자원(國漢最新大字源)』, 홍자출판사 편집부(弘字
出版社編輯部) 편(編), 서울: 홍자출판사(弘字出版社). <초판.
4+28+1, 162+122+3쪽. 국방전자도서관, 박형익 교수 소장>
<1963-02-05(재판), 1963-02-20(3판), 1965(4판), 1965-10-25(5
판. 국립중앙도서관 소장), 1967-00-00(?판. 대구가톨릭대
학교 중앙도서관 소장), 1968-12-10(?판. 국회도서관 소장),
1972-00-00(?판), 1973-00-00(10판. 국립중앙도서관 소장)>
② 1979-00-00. 『국한 최신 대자원(國漢最新大字源)』, 홍자출판사 편집부
(弘字出版社編輯部) 편(編), 서울: 문천사(文泉社). <국립
중앙도서관 소장>
③ 1984-01-05. 『국한 최신 대자원(國漢最新大字源)』, 홍자출판사 편집부(弘
字出版社編輯部) 편(編), 서울: 민중서림(民衆書林). <초판.
4+28+1,216+122+3쪽. 국립중앙도서관 소장> <1986-00-00(용
인대학교 도서관 소장), 1988-01-10(초판 4쇄), 2001-00-00(?
판), 2004-01-10(?판)>

이 자전은 서문 2쪽, 범례 2쪽, 검자 28쪽, 본문 942쪽으로 이루어져
있다. 또 부록으로 '이자 동의 일람(異字同義一覽)'이 943쪽부터 1,016쪽까
지, '반대어 사전'이 1,017쪽부터 1,162쪽까지 수록되어 있다. 그리고 '육
서통자전(六書通字典)' 122쪽, '고문 상형문자 등의 일례(古文象形文字等의
一例)' 3쪽으로 이루어져 있다. 1984년판부터는 '자음 색인' 54쪽이 '반대
어 사전' 다음에 첨가되었다.

1963년 2월 7일자 『동아일보』 1면 하단 광고에는 이 자전이 출간 3일
만에 매진되었으며, 3판을 인쇄를 돌입했다는 내용을 찾아볼 수 있다.
실제로 이 자전은 1963년 2월에 재판과 3판이 발행되었을 만큼 많은 독
자들의 호응을 받았다.

이 자전의 본문에서는 표제자의 음을 한글로 표기한 다음에 일본어와 영어 단어로 대역하여 일본 문자와 알파벳으로 표기하였다.

이 자전은 특별히 지적할 만한 장점은 가지고 있지 않지만, 부록으로 붙인 이자 동의 일람, 반대어 사전, 표제자 일부의 6가지 서체를 표로 나열한 것 등 자전 사용자에게 편리함을 제공하는 내용이 수록되었기 때문에 인기가 많았던 것 같다.

31 『한한 대사전(漢韓大辭典)』
(동아출판사 사서부, 1963)

<박형익 교수 소장본(1963)>

『한한 대사전』은 다음과 같이 발행되었다.

① 1963-02-15. 『한한 대사전(漢韓大辭典)』, 동아출판사 사서부(東亞出版 社辭書部), 서울: 동아출판사. <초판. 23+1,544+127쪽. 양 주동·민태식·이가원 책임 감수. 책등의 책명은 '동아 한한 대사전'으로 되어 있다. 국립중앙도서관, 국회도서관, 박 형익 교수 소장>

② 1964-01-15. 『한한 대사전』, 동아출판사 사서부, 서울: 동아출판사. <재판>

③ 1964-12-15. 『한한 대사전』, 동아출판사 사서부, 서울: 동아출판사. <개 정 3판. 28+1,544+127쪽. 양주동·민태식·이가원 책임 감수>

④ 1965-05-10. 『한한 대사전』, 동아출판사 사서부, 서울: 동아출판사. <4판>

⑤ 1965-10-01. 『한한 대사전』, 동아출판사 사서부, 서울: 동아출판사. <5판>

⑥ 1966-12-10. 『한한 대사전』, 동아출판사 사서부, 서울: 동아출판사. <6판>

⑦ 1968-00-00. 『한한 대사전』, 동아출판사 사서부, 서울: 동아출판사. <국회도서관 소장>

1982-00-00. 『한한 대사전』, 동아출판사 한한 대사전 편찬부 편(編), 서 울: 동아출판사. <92+2,220+112쪽. 국립중앙도서관 소장>

1985-00-00. 『한한 대사전』, 동아출판사 한한 대사전 편찬부 편(編), 서울: 동아출판사. <국립중앙도서관 소장>

1987-00-00. 『한한 대사전』, 동아출판사 편집국 편(編), 서울: 동아출판 사. <3판> <1989-00-00, 1991-00-00, 1992-00-00, 1994-00-00, 1995-00-00, 1996-00-00>

1997-00-00. 『한한 대사전』, 두산 동아 사전 편찬실 엮음, 서울: 두산 동아. <92+2,220+112쪽. 국립중앙도서관 소장>

1998-00-00. 『한한 대사전』, 두산 동아 사전 편찬실 엮음, 서울: 두산 동아. <국립중앙도서관 소장>

1999-00-00. 『한한 대사전』, 두산 동아 사전 편찬실 엮음, 서울: 두산 동아. <국립중앙도서관 소장> <2000-00-00>

이 한한 사전에는 표제자 10,000여 개와 하위 표제항으로 한자어과 고사 숙어 등 19만여 개를 선정해 놓았다. 중고등 학생, 대학생들이 활용할 수 있도록 편집한 한자 사전이다.

이 한한 사전에서는 『강희자전』의 부수 순서대로 표제자를 배열하였는데, 필요한 부수 'ㄟ, 井' 등을 추가하였다. 원래의 부수가 아닌 부수에서도 표제자를 원래의 부수에서 검색할 수 있도록 제시하였다. 예를 들면, 표제자 '及(급)'은 원래 '又' 부의 2획에서 찾아야 하는데, 'ノ' 부의 3획에서 찾았다면 '又' 부의 2획에서 찾아보라는 안내를 '3【及】 → 又 2(250)'처럼 제시하였다.

이 사전은 머리말 2쪽, 일러두기 6쪽, 검자 15쪽, 본문 1544쪽, 부록 127쪽으로 이루어져 있다. 『최신 국한 대사전(最新 國漢大辭典)』(사전편찬회 편(編), 1954)에 이어 본문은 2단으로 나누어 항목 정보를 가로로 기술하였다.

1950년대에 많이 애용되었던 『신자원』처럼 표제자로 시작하는 한자어를 하위 표제항으로 선정하였고, 선정한 한자어들을 가나다 순서로 배열하였다. 그런데 『신자원』에 수록된 표제자로 시작하는 한자어보다 이 사전에서 선정한 한자어는 수적으로 훨씬 많다.

표제자 'ㅡ'로 시작하는 한자어는 2자 한자어부터 8자 숙어까지 수록되어 있다.

2자: [一家 일가], [一行 일행]
3자: [一年生 일년생], [一進會 일진회]
4자: [一擧兩得 일거양득], [一喜一悲 일희일비]
5자: [一刻如三秋 일각 여삼추], [一年生草本 일년생 초본]
6자: [一擧手一投足 일거수 일투족], [一般均衡理論 일반균형 이론]
7자: [一般相對性理論 일반상대성 이론]
8자: [一犬吠形百犬吠聲 일견폐형 백견폐성]

이 한자어들을 신무라 이즈루(新村出)의 『광사원(広辞苑)』(1955, 암파서림 (岩波書店))과 『국어 대사전』(이희승, 1961)에 수록되어 있는 한자어 표제 항과 비교해 보면 흥미로울 것이다.

(장삼식 편저, 1964)

〈박형익 교수 소장본(1997)〉

이 사전은 다음과 같이 발행되었다.

① 1964-12-05. 『대한한 사전(大漢韓辭典)』, 장삼식(張三植) 편저, 서울: 성문사(省文社). <초판. 4+3+2+115+1,852+128쪽. 국립중앙도서관 소장> <1965-02-01(재판. 국립중앙도서관 소장), 1968-06-15(3판. 국립중앙도서관 소장), 1971-11-01(4판), 1972-04-25(5판), 1973-03-25(6판), 1974-04-30(7판), 1980-00-00(?판. 법원도서관 소장)>

② 1975-03-10. 『대한한 사전(大漢韓辭典)』, 장삼식(張三植) 편저, 서울: 박문출판사(博文出版社). <수정 초판. 4+3+116+1,852+128쪽. 국립중앙도서관 소장> <1977-05-15(수정 재판. 한국학중앙연구원 도서관 소장), 1980-00-00(?판. 법원도서관 소장)

③ 1979-00-00. 『대한한 사전(大漢韓辭典)』, 장삼식(張三植) 편저, 서울: 삼영출판사(三榮出版社). <2,209쪽. 금오공과대학 도서관> <1985-00-00(신정판. 한국과학기술원 도서관 소장), 1989-00-00(?판. 경주대학교 도서관 소장)>

④ 1979-06-05. 『대한한 사전(大漢韓辭典)』, 장삼식(張三植) 편저, 서울: 진현서관(進賢書館). <초판. 국립중앙도서관 소장><1981-04-05(중판. 국방전자도서관 소장), 1982-00-00(?판. 서울대 중앙도서관 소장), 1987-00-00(?판. 서울대 국어국문학과 자료실 소장)>

⑤ 1983-00-00. 『대한한 사전(大漢韓辭典)』, 장삼식(張三植) 편저, 서울: 집문당(集文堂). <2,000쪽. 국립중앙도서관 소장> <1985-00-00(?판)>

⑥ 1987-00-00. 『대한한 사전(大漢韓辭典)』, 장삼식(張三植) 편저, 서울: 교육서관(敎育書館). <개정 증보판. 2,209쪽. 국립중앙도서관 소장> <1990-02-01(1,840쪽)>

이 사전의 편자 장삼식은 유열의 제자였다는 기사를 찾아볼 수 있다(박태열, 2014년 11월 12일자 『국제신문』 31면 '인문학 칼럼').

이 사전의 원고는 1960년에 완성되었으며, 4여 년의 조판 작업을 거쳐 약 13년 만인 1964년에 이『대한한 사전』이 간행되었다. 이 사전은 서문 4쪽, 범례 3쪽, 부수 색인 116쪽, 본문 1,852쪽, 자음 색인 128쪽으로 이루어져 있다.

표제자는 주로『강희자전(康熙字典)』(殿版)을 이용하여 채록하였는데,『설문해자(說文解字)』,『옥편(玉篇)』,『집운(集韻)』,『광운(廣韻)』,『자휘(字彙)』,『정자통(正字通)』,『중화 대자전(中華大字典)』등에서도 수집하였다. 표제자의 자형은『대한화 사전(大漢和辭典)』을 바탕으로『강희자전』과 대조하여 바른 자형을 가려내어 선택하였다.

표제자는『강희자전』의 배열 순서에 따라 214부로 나누어 획수별로 나누었으며, 각 표제자 밑에 배열 순서대로 숫자 '1, 2, 3' 등으로 일련 번호를 적어 놓았다. 따라서 이 사전에는 표제자 41,388자가 선정되어 있음을 쉽게 알 수 있고, 또 이것을 검색 기준으로 활용하고 있다. 표제자로 시작하는 한자어와 숙어 등의 부표제항은 획수 순서대로 배열하지 않고 검색하기 편리하게 가나다 순서로 배열하였다.

당시의 표기법에 따라 표제자의 음을 한글로 표기하여 괄호 속에 넣어 제시하였다.『집운』과『광운』등의 반절을 이용하여 모든 표제자에 반절을 기재하여 음운 연구에 도움이 될 수 있도록 하였다. 예를 들면, 위의 그림에서 '一 (일) (集韻) 益悉切'이라는 부분을 찾아볼 수 있다. 이것은 표제자 '一'의 음을『집운(集韻)』에서 '益悉切(익실절)'로 제시했음을 나타낸다. 즉 '益(익)'의 앞의 반절 [이] 음과 '悉(실)'의 뒤의 반절 [ㄹ] 음, 이 둘을 합친 음 [일]이 표제자 '一'의 음이라는 것을 나타낸 것이다. 그리고 널리 사용되는 표제자는 현대 중국어의 발음을 웨이드식 발음 기호법에 따라 제시했다. 표제자의 운은 □ 안에 문자로 표시하고, 사성은 □ 둘레에 작은 권점을 붙여 표시하였다.

우리만 사용하는 한자는 '[國字]'라고 표시하고, 중국이나 일본에서만 사용하는 한자인 경우에는 각각 '[中字]'와 '[日字]'로 표시하였다. 그리고 우리만 사용하는 한자 발음의 경우에는 '[國音]'이라고 표시하였다.

부표제항으로 선정한 한자 어휘의 뜻은 기존의 자전들을 활용하여 쉽고 간결하게 풀이하였으며, 설명을 돕기 위한 도표나 원전의 삽도 등을 수록하였다. 그리고 경우에 따라 출처를 밝힌 용례, 유의어, 반의어 등도 제시하였다.

이 한자 사전을 바탕으로 본문의 내용을 가감하여 크기가 작은 것으로 만든 자전이 뒤이어 발행되었다. 장삼식 편저로 발행된 자전은 다음과 같은 것들이 있다.

1966-01-20. 『성문 한한 사전(省文 漢韓辭典)』, 장삼식 편(編), 서울: 성문사. <포켓판. 4+32+1,082+31쪽. 초판> <1967-02-10(재판)>

1972-00-00. 『대자원(大字源)』, 이가원·장삼식 편(編), 서울: 유경출판사. <1,802+61쪽>

1972-00-00. 『실용 신자원(實用 新字源)』, 장삼식 편(編), 서울: 유경출판사. <12+45+895+53쪽. 1972년 초판> <1974-00-00> <1976-00-00, 1978-00-00, 1981-00-00, 1982-00-00, 집문당>

1974-00-00. 『상해 한자 대전(詳解漢字大典)』, 장삼식·이가원 공저, 서울: 박문출판사. <수정 증보판. 1,802쪽>

1972-00-00. 『실용 신옥편』, 장삼식 편(編), 서울: 유경출판사. <521쪽>

1972-00-00. 『포키트 신자원』, 장삼식 편저, 서울: 유경출판사. <342쪽>

1976-00-00. 『실용 대옥편』, 장삼식 편저, 서울: 집문당. <1,155쪽> <1980-00-00, 1983-00-00, 1984-00-00>

1976-00-00. 『실용 신자원』, 장삼식 편(編), 서울: 집문당. <45+895+53쪽>

1976-00-00. 『상용 한자 사전』, 장삼식 편저, 서울: 집문당. <591+28쪽> <1978-00-00, 1980-00-00>

1979-00-00. 『명문 한한 사전』, 장삼식 편(編), 서울: 명문당. <1,082쪽> <1987-00-00>

1982-00-00. 『실용 신옥편』, 장삼식 편저, 서울: 집문당. <513쪽>
　　　　　<1984-00-00. 521쪽>

1984-09-01. 『대자원』, 장삼식 편(編), 서울: 집문당. <1,858쪽>

1985-00-00. 『실용 한자 중사전』, 장삼식 편(編), 서울: 교학사. <16+44+895+53
　　　　　쪽> <2000-00-00>

1985-06-25. 『실용 대옥편(축소판)』, 장삼식 편(編), 서울: 교학사. <초
　　　　　판. 859쪽> <2008-00-00. 2000-01-30(15쇄. 859쪽. 세로쓰기),
　　　　　2011-01-30(859쪽), 2013-01-30(859쪽. B6)>

1985-00-00. 『실용 한자 소사전』, 장삼식 편(編), 서울: 교학사. <578쪽>
　　　　　<1991-01-01(?판. 578쪽), 2003-01-25(?판. 578쪽)>

1985-00-00. 『학습 한자 사전』, 장삼식 편(編), 서울: 교학사. <591+28
　　　　　쪽> <2002-00-00>

1987-00-00. 『실용 중옥편』, 장삼식 편(編), 서울: 교학사. <521쪽>

1988-00-00. 『대자원 한한 대사전』, 장삼식, 서울: 삼성출판사. <2,232쪽>
　　　　　<1989-11-01, 1990-00-00, 1991-00-00, 1992-00-00>

1988-00-00. 『한자 대사전』, 장삼식 편(編), 서울: 교학사. <1,918쪽>

1992-01-01. 『최신 한한 대사전』, 장삼식 편저, 서울: 범우사. <B5.
　　　　　49+1,212+59쪽>

1993-06-01. 『한일영중 한한 대사전』, 장삼식, 서울: 학원출판공사.
　　　　　<1,802쪽>

1996-05-25. 『한중일영 한한 대사전』, 장삼식, 서울: 교육출판공사.
　　　　　<1,802쪽>

2003-04-14. 『한+ 한자 대사전』, 장삼식 편(編), 서울: 성안당. <1,802쪽>

33 『콘사이스 상용 옥편』
(동아출판사 사서부 편(編), 1965)

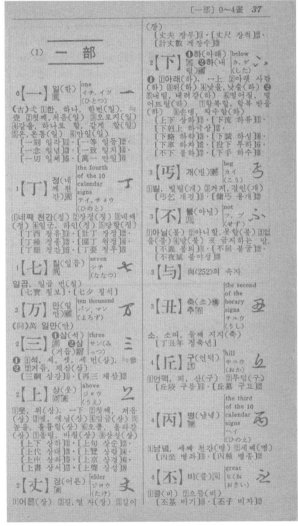

<박형익 교수 소장본(1966)>

이 포켓판 자전은 다음과 같이 발행되었다.

① 1965-12-15. 『콘사이스 상용 옥편(常用玉篇)』, 동아출판사 사서부 편
(編), 서울: 동아출판사. <초판. 340쪽>
② 1966-02-01. 『콘사이스 상용 옥편(常用玉篇)』, 동아출판사 사서부 편
(編), 서울: 동아출판사. <재판. 340쪽. 국립중앙도서관
소장>
③ 1966-05-10. 『콘사이스 상용 옥편(常用玉篇)』, 동아출판사 사서부 편
(編), 서울: 동아출판사. <3판>
④ 1966-12-05. 『콘사이스 상용 옥편(常用玉篇)』, 동아출판사 사서부 편
(編), 서울: 동아출판사. <4판>
⑤ 1968-00-00. 『콘사이스 상용 옥편(常用玉篇)』, 동아출판사 사서부 편
(編), 서울: 동아출판사. <?판. 경희대 중앙도서관 소장>
⑥ 1970-10-25. 『콘사이스 상용 옥편(常用玉篇)』, 동아출판사 사서부 편
(編), 서울: 동아출판사. <?판>

이 자전은 머리말 2쪽, 일러두기 2쪽, 검자 32쪽, 본문 270쪽, 자음 색
인 34쪽으로 이루어져 있다.

표제자의 의미는 번호 '①, ②, ③' 등을 붙여 구분하였다(예: 一. ①한,
하나, 한번(일). 늑홅 ②첫째, 처음(일) ③오로지(일) ④같을, 하나로, 할, 같게 할
(일) ⑤온, 온통(일) ⑥만일(일)).

표제자를 포함하고 있는 한자어를 뜻풀이 없이 괄호 속에 넣어 나열
하였는데, 표제자의 의미가 여럿인 경우에는 해당하는 뜻의 번호를 붙
여 놓았다(예: [一刻 일각]①).

이러한 기술 방식은 크기가 같고 책명만 다른 『콘사이스 활용 옥편』
(동아출판사 사서부 편(編), 1965/1968)에서도 동일한데, 다만 내용을 증보하
고, 표제자를 포함하고 있는 한자어나 한자구를 부표제항으로 설정하여
뜻풀이를 해놓은 점만 다르다.

게다가 『콘사이스 활용 옥편(活用玉篇)』(동아출판사 사서부 편(編), 1965), 『동아 현대 활용 옥편(東亞 現代活用玉篇)』(동아출판사 편집부 편(編), 1972), 『동아 신활용 옥편(東亞 新活用玉篇)』(동아출판사 편집국 편(編), 1988)과도 형식적인 면은 동일하고 내용만 증보한 것이다.

(1) 『콘사이스 활용 옥편(活用玉篇)』

1965-03-01. 『콘사이스 활용 옥편(活用玉篇)』, 동아출판사 사서부 편(編), 서울: 동아출판사. <480쪽. 초판> <1966-02-15(3판), 1966-05-20(4판), 1967-02-10(5판), 1968-02-10(480쪽. 6판. 서강대학교 도서관, 박형익 교수 소장), 1970-10-25(판수 없음), 1971-00-00(480쪽. ?판. 서강대학교 도서관 소장)

(2) 『동아 현대 활용 옥편(東亞 現代活用玉篇)』

① 1972-10-15. 『동아 현대 활용 옥편(東亞 現代活用玉篇)』, 동아출판사 편집부 편(編), 서울: 학습연구사. <초판. 600쪽. 국립중앙도서관 소장> <1974-00-00(서울여자대학교 도서관 소장), 1980-00-00(국립중앙도서관 소장), 1982-00-00(고려대학교 도서관 소장), 1984-00-00(수원가톨릭대학교 도서관 소장)>

② 1987-02-16. 『동아 현대 활용 옥편(東亞 現代活用玉篇)』, 동아출판사 편집부 편(編), 서울: 동아출판사. <600쪽. 개정판. 3판. 연세대학교 학술정보원 소장>

③ 1991-00-00. 『동아 현대 활용 옥편(東亞 現代活用玉篇)』, 동아출판사 편집국 편(編), 서울: 동아출판사. <655쪽. 개정 증보판. 한국해양대학교 도서관>

④ 1994-00-00. 『동아 현대 활용 옥편(東亞 現代活用玉篇)』, 동아출판사 편집국 편(編), 서울: 동아출판사. <856쪽. 개정 증보 3 판. 성균관대학교 중앙학술정보관> <1995-00-00(국립중 앙도서관 소장), 1997-00-00, 1998-00-00(서울대학교 중앙 도서관 소장), 1999-00-00(국립중앙도서관 소장)>

⑤ 2001-00-00. 『동아 현대 활용 옥편(東亞 現代活用玉篇)』, 이병관 집필, 두산동아 사서편집국 엮음, 서울: 두산동아. <6+952쪽. 제 4판> <2002-00-00(국립중앙도서관 소장), 2004-00-00, 2006- 00-00, 2010-00-00(국립중앙도서관 소장), 2011-00-00(한국 외국어대학교 도서관 소장)>

(3) 『동아 신활용 옥편(東亞 新活用玉篇)』

① 1975-01-15. 『동아 신활용 옥편(東亞 新活用玉篇)』, 동아출판사 편집부 편(編), 서울: 동아출판사. <540쪽. 초판. 고려대학교 도서 관 소장> <1979-00-00(서울시립대학교 도서관 소장), 1982-00-00(8판. 연세대학교 학술정보원 소장), 1987-00-00 (13판. 국민대학교 성곡도서관 소장)>

② 1988-00-00. 『동아 신활용 옥편』, 동아출판사 편집부 편(編), 서울: 동 아출판사. <개정 증보판. 576쪽. 국립중앙도서관 소장> <1995-00-00(경기대학교 금화도서관 소장)>

③ 2000-01-10. 『동아 신활용 옥편』, 두산동아 사서편집국 편(編), 서울: 두산동아. <제2판 4쇄. 8+728쪽> <2003-00-00(부경대학 교 도서관 소장), 2005-00-00(서울시립대학교 도서관 소 장), 2008-00-00(국립중앙도서관 소장), 2009-00-00>

이 자전 이외에도 '활용 옥편'이라는 책명을 가진 자전을 이상사, 명 문당, 홍자출판사, 대성출판사, 민중서림, 광신출판사, 금성출판사, 민성 사, 금성서관, 은광사, 동화사, 예림 출판사, 청암출판사, 삼성서관, 학력개발사, 윤미디어, 혜원출판사, 장원교육, KG 북플러스, 태서출판사, 학이사 등에서 발행하였다. 특히 한서출판 사서부에서 발행한『콘사이스 활용 옥편』(1965)는 (1)『콘사이스 활용 옥편』(동아출판사 사서부 편, 1965)와 내용이 동일하다.

1965-02-25.『콘사이스 활용 옥편(活用玉篇)』, 한서출판 사서부 편(編), 서울: 한서출판사. <초판> <1973-00-00(480+19쪽. 호서대학교 중앙도서관 소장), 1974-05-20(15판. 박형익 교수 소장)>

34 『한한 대자전(漢韓大字典)』

(민중서관 편집부 편(編), 1966)

<박형익 교수 소장본(1967)>

이 자전은 다음과 같이 발행되었다.

① 1966-10-10. 『한한 대자전(漢韓大字典)』, 민중서관 편집부(民衆書舘編
    輯部) 편(編), 서울: 민중서관(民衆書舘). <초판. 6+1,490
    쪽. 이상은(李相殷) 감수> <1967-07-07(초판 3쇄. 국립중앙
    도서관, 박형익 교수 소장), 1981-12-01(17쇄), 1986-01-15(20
    쇄), 1991-01-10(26쇄), 1995-01-10(29쇄)>
② 1997-05-25. 『한한 대자전』, 민중서관 편집부 편(編), 서울: 민중서관.
    <2판 1쇄. 2,526쪽> <1998-01-10(2판 2쇄), 2000-01-10(2판
    4쇄)>
③ 2009-01-10. 『한한 대자전』, 민중서관 편집부 편(編), 서울: 민중서관.
    <3판. 3+5+2,926쪽> <2010-01-10(3판 3쇄)>

이 자전의 크기는 가로 13.5센티미터, 세로 19.1센티미터이다. 머리말
2쪽, 감수의 말 1쪽, 일러두기 3쪽, 본문과 검자, 자음 색인 1,490쪽으로
이루어져 있다.

이 자전은 표제자 약 13,000개의 의미를 기술하고, 그 의미별로 용례
정보와 출처를 제시한 점이 특징이다. 위의 그림에서 '『擧-而廢百』≪孟
子≫'라고 용례와 출처를 제시한 방법은 『신자전』(유근 외 공편, 1915)에
서도 찾아볼 수 있다. 그런데 이 자전에서는 표제자의 뜻풀이를 『신자
전』(유근 외 공편, 1915)보다 훨씬 더 자세하게 기술하였다. 즉 표제자의
의미를 먼저 '㊀, ㊁, ㊂'으로 구분한 다음에 '㉠, ㉡, ㉢'으로 하위분류
하여 의미를 기술하였다. 예를 들면, 표제자 '一'의 의미는 '한일(하나일),
하나로 할 일, 첫째 일, 온통 일, 낱낱 일, 한 번 일, 만일 일, 오로지 일,
모두 일, 어느 일, 어조사 일' 등 11가지로 나누어 기술하였는데, '㊀'에
서는 다시 '㉠수의 처음, ㉡단독(단지, 하나), ㉢처음(근본), ㉣순전(순수),
㉤같음(동일), ㉥전일' 등 6가지로 의미를 나누어 기술하였다.

한편 민중서관에서는 1967년 7월 1일에 『신자해(新字海)』 초판을 발행하였다. 『신자해』는 『한한 대자전』의 부표제항인 한자어와 한자구(숙어) 약 10만 개를 모두 삭제하고, 표제자 약 5,000개를 첨가한 한자 사전이다. 『신자해』는 서문 2쪽, 범례 6쪽, 검자 39쪽, 본문 953쪽으로 이루어져 있는데, 1979년 1월 5일에 8판이 발행되었다.

35 『민중 포켓 한자 사전(民衆 포켓 漢字辭典)』
(민중서관 편집국 편(編), 1973)

<박형익 교수 소장본(1989)>

이 한자 사전은 다음과 같이 발행되었다.

> 1973-02-05. 『민중 포켓 한자 사전(民衆 포켓 漢字辭典)』, 민중서관 편집국
> 편(編), 서울: 민중서관. <초판. 1,369쪽. 고려대 도서관 소장>
> <1978-00-00, 1980-00-00, 1981-12-01(14쇄), 1989-01-10(19쇄. 박
> 형익 교수 소장), 1994-00-00>
> 1997-00-00. 『엣센스 실용 한자 사전(實用漢字辭典)』, 민중서림 편집국
> 편(編), 서울: 민중서림. <1,369쪽. 국립중앙도서관 소장>
> <1998-00-00, 1999-01-10(29쇄판. 국립중앙도서관 소장)>
> 2001-00-00. 『엣센스 실용 한자 사전(實用漢字辭典)』, 민중서림 편집국
> 편(編), 파주: 민중서림. <국립중앙도서관 소장> <2002-00-
> 00, 2003-00-00(국립중앙도서관 소장)>
> 2006-01-10. 『엣센스 실용 한자 사전(實用漢字辭典)』, 민중서림 편집국
> 편(編), 파주: 민중서림. <초판 26쇄. 국립중앙도서관 소장>
> <2010-00-00, 2011-00-00, 2013-01-10, 2014-01-10, 2015-00-00>

1면을 가로 3단으로 나누어 세로쓰기를 한 이 포켓 자전은 앞에서 살펴본 『한한 대자전』(1966, 민중서관)에서 표제자의 뜻풀이 뒤에 제시한 용례와 출처를 모두 삭제하고, 부표제항 가운데 몇몇을 선택하여 등재한 것이다. 그리고 표제자의 기원을 설명한 '자원'과 표제자의 정자, 약자, 속자 등을 설명한 '주의'를 새롭게 첨가하였다.

이 사전의 크기는 가로 10.3센티미터, 세로 17.7센티미터이며, 머리말 1쪽, 일러두기 7쪽, 본문과 부록 그리고 색인 1,369쪽으로 이루어져 있다.

이 사전은 중고등학교 학생용으로 펴낸 것인데, 1972년 문교부에서 제정한 중학교 한문 교육용 기초 한자 900자, 고등학교 한문 교육용 기초 한자 900자, 부수자 214자, 생활에 필요한 한자 약 2,000자 모두 약 4,000개의 표제자와 한자어와 숙어 25,000개를 수록하였다.

1997년판은 책명만을 '엣센스 실용 한자 사전'으로 바꾸어 발행한 것이다.

36 『표준 신교육 한자 사전(標準 新敎育漢字辭典)』
(교학사 사서부 편(編), 1974)

(1) 一 部

[一] 音 一(한일) 劃 1-0 畫
한 일 ⊕ i¹ 英 one 日
イチ. イツ. ひとつ.
意 ①한. 하나(壹과 통용). ②
하나로 함. ③첫째. ④온통.
⑤낱낱. ⑥한 번. ⑦만일. ⑧
오로지. ⑨모두. ⑩어느.

一家[일가] ①한 채의 집. ②한 가
정. ③동족의 일컬음. いっか
一家見[일가견] 통 ⊂일가언(一家
言). いっかけん
一家言[일가언] ①한 파(派)의 언
론(言論). ↔공론(公論). ②하
나의 견식(見識)있는 언론·견
해. 통일가견(一家見).
一刻[일각] ①1 주야의 100분의 1.
②짧은 시간(時間). いっこく
一角[일각] ①한 모퉁이. ②한 개
의 뿔. ③중국 화폐의 단위. 대
원(大元)의 10분의 1. いっかく
一擧[일거] ①한 번 일을 일으킴.
②단번. 단숨. いっきょ
一擧一動[일거일동] 하나의 동작.
いっきょいちどう
一去無消息[일거무소식] 한 번 간
뒤로는 아무런 소식이 없음.
一擧兩得[일거양득] 한 가지로 두
가지 이익을 봄. 통일석이조(一
石二鳥). いっきょりょうとく
一件[일건] 하나의 사건. いっけん
一擊[일격] 한 번 침. いちげき
一見[일견] 한번 봄. 언뜻 봄. い
っけん　　　　　「(百獻).
一頃[일경] 면적의 단위. 통백무
一考[일고] 한 번 생각하여 봄. い
っこう
一曲[일곡] ①한 굽이. ②음악의
한 곡조. ③한 모퉁이에 치우쳐
전체에 통하지 않음. いっきょく
一貫[일관] ①하나로 꿰뚫음. ②
끝까지 변함이 없음. いっかん
一括[일괄] 한데 묶음. いっかつ
一口[일구] ①한 입. 소리를 같이

함. ②칼 한 자루. ③한 사람.
一金[일금] 금액 위에 붙여 쓰는
말. いっきん
一期[일기] ①일생(一生). ②어떤
한 시기를 몇에 나눈 그 하나 또
는 그 첫째. いっき
一騎當千[일기당천] 한 사람이 천
사람을 당해냄. 아주 셈의 비유.
いっきとうせん
一年之計[일년지계] 1년간에 할 일
의 계획. いちねんのけい
一念[일념] ①한결 같은 마음. ②
깊이 생각에 잠김. ③불교에서
는 아주 짧은 시간을 이름. い
一怒[일노] 한 번 성냄. 「ちねん
一旦[일단] ①어느 날 아침. 어느
날. ②한 번. いったん
一當百[일당백] 하나가 백을 당함.
一大[일대] 어떤 명사 위에 붙어
굉장한 뜻을 나타냄. いちだい
一同[일동] 어느 단체나 모임의 전
체의 사람들. いちどう
一覽[일람] ①한 번 봄. ②한 번
보아서 상황을 알 수 있게 한
것. 예一表(표). いちらん
一例[일례] ①한 가지의 비유. ②
한결 같음. ③한 날. 통전례(前
例). いちれい
一路[일로] ①곧장 가는 길. ②똑
바로 어디까지나. いちろ
一理[일리] ①한 가지의 이치(理
致). ②같은 이치. いちり
一利一害[일리일해] 이로움이 있
는 반면에 해로움도 있음. いち
りいちがい
一脈[일맥] 한 줄기. いちみゃく
一泊[일박] 하룻밤을 묵음. いっ
ばく　　　　　　「いっぱん
一般[일반] ①같은 모양. ②보통.
一方[일방] 한편. 한쪽. いっぽう
一別[일별] 한번 이별함. 이별함.
いちべつ「아내. いちふい·いちさい
一夫一妻[일부일처] 한 남편에 한
絲不亂[일사불란] 차례가 바로
잡혀 조금도 어지러움이 없음.
いっしふらん
一死一生[일사일생] 죽는 일과 사
는 일. いっしいっしょう

〈박형익 교수 소장본(1983)〉

이 사전은 다음과 같이 발행되었다.

1974-02-10. 『표준 신교육 한자 사전(標準 新教育漢字辭典)』(교학사 사서
부 편(編), 서울: 교학사(敎學社). <857쪽. 초판. 국립중앙도
서관 소장> <1983-01-25(8판), 1985-01-25(10판), 1996-01-25(16
쇄), 2008-00-00(국립중앙도서관 소장), 2013-01-25>

이 포켓 사전의 크기는 가로 9.9센티미터, 세로 16.7센티미터인데, 머
리말 1쪽, 일러두기 3쪽, 본문과 부록 853쪽 모두 857쪽으로 이루어져
있다.

이 사전은 중고등 학교 학생의 한자와 한문 공부를 돕기 위하여 펴낸
것이다. 이 사전에서는 중고등학교 한문 교육용 기초 한자 1,800자, 부
수자 214자, 한문 교과서에 수록된 한자 405자, 그밖에 필요한 한자 217
자 모두 2,636자와 약자 등을 표제자로 수록하였으며, 숙어와 인명 등
약 35,000개의 어휘를 수록하였다. 중학교용, 고등학교용, 한문 교과서에
나온 한자, 일상생활에 필요한 한자를 각각 다른 4가지 괄호로 묶었다.

그리고 부록으로 한국의 성씨 일람표, 부수 명칭 일람표, 약자와 속자
등의 일람표, 총획 색인, 자음 색인을 수록하였다.

부수는 다른 자전과는 달리 실제 자형에 따라 검색하도록 하였다. 예
를 들면, 좌부 방(阝)은 언덕 부 변(阜)에서 찾아보게 한 것이 아니라 좌
부 방(阝)을 부수 색인에 제시하였다.

표제자로 시작하는 한자어와 숙어 등을 부표제항으로 선정하고 그것
을 한자음의 가나다 순서에 따라 배열하였다. 음이 같을 경우에는 둘째
글자의 획수가 적은 것부터 차례대로 배열하였다. 표제자로 끝나는 한
자어도 별도로 모아 끝부분에 나열하였는데, 뜻풀이는 하지 않았다.

표제자의 부와 획을 제시하고, 이어서 표제자의 훈과 음을 구분하여

적은 다음 중국어, 영어, 일본어로 대역한 어휘를 제시하였다. 특히 일본어의 경우는 훈과 음을 다 적어 놓았다. 그런 다음 표제자의 뜻풀이를 기술하였다.

37 『동아 현대 한한 사전(現代漢韓辭典)』

(동아출판사 편집국 편(編), 1980)

<박형익 교수 소장본(1997)>

이 사전은 다음과 같이 발행되었다.

① 1980-01-01. 『동아 현대 한한 사전』, 동아출판사 편집국 편(編), 서울: 동아출판사. <815쪽. 초판. 국립중앙도서관 소장> <1983-00-00, 1986-00-00>
② 1994-00-00. 『동아 현대 한한 사전』, 동아출판사 편집국 편(編), 서울: 동아출판사. <959쪽. 개정판> <1995-00-00, 1996-00-00, 1997-01-10(959쪽. 개정판. 17쇄)>

이 사전의 크기는 가로 9.4센티미터, 세로 17센티미터이다. 이 사전은 머리말 2쪽, 일러두기 5쪽, 본문 719쪽, 부록으로 한문 교육용 기초 한자 24족, 총획 색인 27족, 자음 색인 33쪽, 훈 색인 133쪽, 찾기 어려운 한자 부수 4쪽, 중국 간체자 표 9쪽, 운자 표와 중국어 주음 부호와 한글 대조표 2쪽 모두 959쪽으로 이루어져 있다. 다른 자전에는 없는 훈 색인이 부록으로 수록되어 있는 점을 대표적인 특징으로 꼽을 수 있다.

표제자는 문교부에서 공표한 중고등학교 한문 교육용 기초 한자 1,800자, 각종 교과서에 수록된 한자, 한문 고전의 독해에 필요한 한자, 약자와 속자 등 모두 5,679자를 수록하였다. 표제자로 시작하는 약 5만 개의 한자어와 숙어 등을 부표제항으로 선정하였다.

부수는 『강희자전』에 따랐으며, 부수자 'ㅓ, ㆆ' 등은 '人, 阜'이 아닌 실제 자형을 부수 색인표와 부수 명칭에 제시하였다. 부수자의 자원을 기술하고, 그 부수에 속하는 표제자를 획수가 적은 순서대로 배열하였다.

표제자의 훈과 음을 한글로 적고, 운자의 사성은 권점으로 표시하였다. 그런 다음 중국 주음 부호와 한어 병음 자모와 현대 중국음의 사성을 제시하고, 일본 음은 가타카나로 훈은 히라가나로 표기하였다. 문교부에서 공표한 중고등학교 한문 교육용 기초 한자 1,800자의 표제자는 붉은 색의 괄호 속에 넣고, 행서 필순을 제시하였다. 그리고 소전, 고문, 초서 등의 서체를 제시한 다음 표제자의 뜻풀이를 하였고 각 뜻풀이의 용례를 제시하였다. 표제자로 시작하는 한자어나 숙어 등을 가나다 순서로 배열하고 뜻풀이를 하였다. 표제자로 끝나는 어휘는 별도로 모아 끝 부분에 나열하였다.

38 『뉴 에이스 한한 사전(New ace 漢韓辭典)』

(금성출판사 사서부 편(編), 1989)

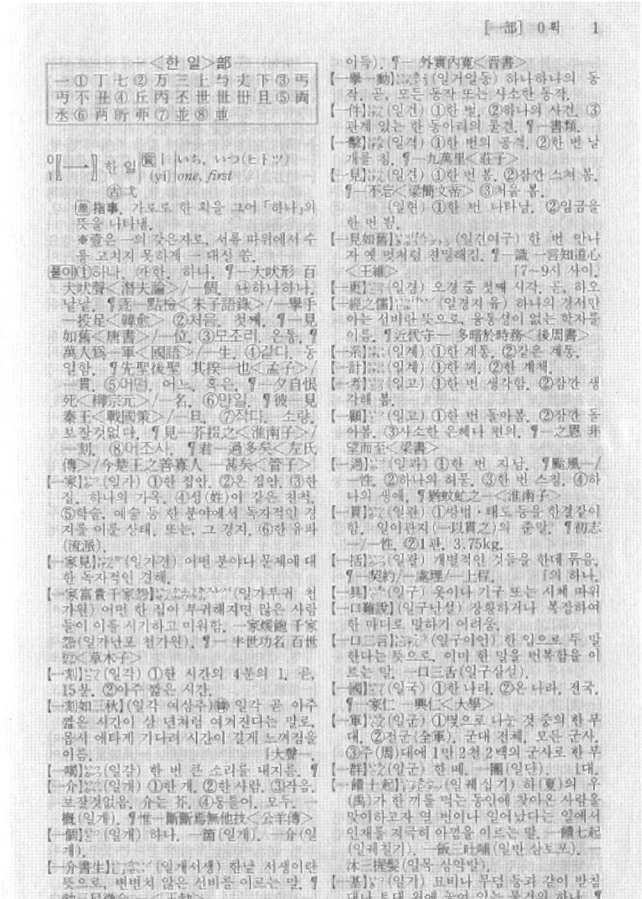

<박형익 교수 소장본(1992)>

이 사전은 다음과 같이 발행되었다.

① 1989-01-25.『뉴 에이스 한한 사전(New ace 漢韓辭典)』, 금성출판사
　　　사서부 편(編), 서울: 금성출판사. <6+1,978쪽. 초판. 국립
　　　중앙도서관 소장> <1991-01-01, 1992-01-10(3쇄), 1993-00-
　　　00, 1994-01-00, 1996-12-01>
② 1996-12-01.『뉴 에이스 한한 사전』, 운평어문연구소 편(編), 서울: 금
　　　성출판사. <1,978쪽. 조두현 감수. 1쇄> <1997-00-00,
　　　2000-01-10, 2002-01-01, 2004-00-00, 2005-00-00, 2006-01-10,
　　　2008-00-00, 2009-01-10(19쇄. 6+1, 978쪽)>

이 사전의 크기는 가로 11.3센티미터, 세로 17.3센티미터인데, 머리말
2쪽, 일러두기 3쪽, 부수 명칭 1쪽, 본문 1,978쪽으로 이루어져 있다.

표제자는 부수 순서로 배열하였는데, 같은 부수에서는 획수 순서로,
또 같은 획수 안에서는 음의 ㄱㄴㄷ순으로 배열하였다. 부수가 시작하
는 첫머리에 그 부수에 속하는 표제자를 모두 열거함으로써 부수를 알
면 표제자를 편리하게 검색할 수 있도록 하였다.

표제자의 훈음을 한글로 적고, 사성을 표시한 운자와 중국어와 중국
음을 제시하였다. 그리고 표제자의 일본 음은 히라카나로, 훈 또는 훈과
같은 뜻의 일본어를 가타가나로 적고, 표제자의 영어 대역어를 제시하
였다. 또 자원을 설명하고, 뜻풀이를 기술하였다.

그리고 부표제항으로 표제자로 시작하는 한자어를 선정하였는데, ㄱ
ㄴㄷ순으로 배열하였다. 음이 같은 경우에는 획수가 적은 한자어를 앞
에 배열하였고, 음이 둘 이상일 경우에는 많이 사용하는 한자어를 먼저
배열하였다. 현실음이 본음과 다를 때에는 현실음을 제시하고 그 관계
를 '현실음←본음'으로 표시했다. 부표제항 다음에 일본 음을 달았는데,
음독되는 한자어는 히라카나로 적고, 훈독되는 것은 가타카나로 적었다.

그런 다음 한글로 음을 제시하고 뜻풀이를 기술하였다. 고사성어의 경우 단순한 뜻풀이에 그치지 않고 그 유래를 자세히 설명하여 자의를 정확하게 이해하는 데에 도움이 되도록 하였다. 표제자로 끝나는 한자어는 별도로 모아 끝부분에 열거하였다.

39 『한국 한자어 사전(韓國漢字語辭典)』

(단국대학교 동양학연구소 편(編), 1992)

〔一部〕 0획 一

一 部

一 한 일

1

<박형익 교수 소장본(권1, 1992)>

단국대학교 동양학연구소에서 편찬한『한국 한자어 사전』은 모두 4권으로 다음과 같이 발행되었다.

1992-09-20. 『한국 한자어 사전(韓國漢字語辭典)』권1, 단국대학교 동양
학연구소 편(編), 서울: 단국대학교 출판부. <초판. 1,174쪽.
국립중앙도서관 소장> <1993-00-00, 1995-00-00, 1997-00-00>

1993-12-30. 『한국 한자어 사전(韓國漢字語辭典)』권2, 단국대학교 동양
학연구소 편(編), 서울: 단국대학교 출판부. <초판. 1,154쪽.
국립중앙도서관 소장> <1995-00-00>

1995-03-31. 『한국 한자어 사전(韓國漢字語辭典)』권3, 단국대학교 동양
학연구소 편(編), 서울: 단국대학교 출판부. <초판. 1,060쪽.
국립중앙도서관 소장> <1997-00-00. 1,045쪽>

1996-11-03. 『한국 한자어 사전(韓國漢字語辭典)』권4, 단국대학교 동양
학연구소 편(編), 서울: 단국대학교 출판부. <초판. 1,132쪽>
<1996-11-03(국립중앙도서관 소장), 1997-00-00>

1996-00-00. 『한국 한자어 사전』1~4, 단국대학교 동양학연구소 편(編),
서울: 단국대학교 출판부. <별책 부록 포함 5책 1세트. 초
판. 4,481쪽> <2002-06-30>

『한국 한자어 사전』은 단국대학교 동양학연구소에서 1977년 11월에 편찬 계획을 수립하여 1978년부터 편찬 사업을 시작한『한한 대사전(漢韓大辭典)』의 작업의 일부로 이루어진 것이다. 1992년부터 1996년까지 약 4년의 기간 동안 약 4,550쪽 분량을 4권으로 분책하여 모두 완간하였다.

이 한자어 사전의 크기는 가로 19센티미터, 세로 25.5센티미터이며, 표제자 5,174개와 우리만 사용했던 89,705개의 한자어가 부표제항으로 수록되어 있다. 수록된 한자어 가운데 이두는 1,427개, 구결은 349개, 차자어는 2,699개로 모두 합쳐 4,475개이다(박찬규, 2012).

이 사전에서는 약 3,500여 책의 한국 고문헌에서 찾은 어휘를 바탕으

로 일반 한자와 한국 고유 한자를 주표제항으로 선정하였고, 또 중국과 일본에서 발행된 자전과 사전에 수록되어 있지 않은 한자어 등을 부표제항으로 선정하였다. 우리 고문헌을 독해하는 데에 도움이 되는 일반어, 제도어, 전문용어, 인명, 지명, 서명, 자호, 이두, 동식물명, 성구, 속담 등을 선별하여 부표제항으로 수록하였다. 그리고 한자로 사물 이름, 의성어, 의태어 등을 한국어처럼 표기한 단어도 차자어로 보아 수록하였다. 이러한 표제자와 한자어의 선정 방법은 다른 기존의 자전에서 찾아볼 수 없는 특징으로 꼽을 수 있다.

이 한자어 사전에서는 한자를 주표제항으로 배열하고, 그 한자로 시작하는 한자어 등을 부표제항으로 배열하였다. 즉 기존의 대부분의 한국 자전에서처럼 주표제항인 표제자는 『강희자전(康熙字典)』에 따라 214 부수의 순서로 배열하였고, 표제자 아래에 부표제항으로 표제자로 시작하는 한자어와 한자구 등을 배열하였다. 각 부수에 속하는 표제자는 획수 순서로 배열하되, 동일 획수의 표제자는 음에 따라 가나다순으로 배열하였다. 획수와 음이 같은 경우에는 부표제항의 수가 많은 순서대로 배열하였다. 그런데 표제자로 시작하는 부표제항을 가나다순으로 배열하지 않고, 둘째 음 또는 셋째 음의 가나다 순서에 따라 배열하였다. 예를 들면, 표제자 '不 아니 불(부)'의 아래에 '【不粧弓 불장궁】, 【不在此限 부재차한】, 【不正名色 부정명색】'의 순서로 배열하였다. 그리고 둘째 음이나 셋째 음이 같을 경우에는 획수가 적은 순서로 배열하였다. 예를 들면, '內間 내간'을 '內簡 내간'의 앞에 배열하였다. 이두, 구결, 차자어 등은 일반 한자어와 함께 한자음에 따라 배열하였다. 또 부표제항의 파생어나 합성어는 따로 모아 반 각 안으로 들여서 가나다순으로 분할 배열을 하였다.

표제자의 음은 현재 통용하고 있는 것을 취했고, 본음과 속음이 함께 쓰이는 경우에는 현재 널리 사용되는 음을 적은 다음 괄호 속에 속음을 표시하였다(예: 召 부를 소(조)). 우리가 만들어 사용한 고유 한자와 우리만 쓰는 음과 뜻을 가진 표제자는 한글로 적은 음 바로 앞에 별표(*)를 붙이고(예: 乫 *갈), 음은 같고 뜻만 다르게 쓰는 표제자에는 별표를 붙이지 않았다(예: 乙 을 <吏讀> 을, 를. 목적격 조사로 쓰인다). 이두, 구결, 차자어는 고유의 독음을 적었다(예:【古沙 코사】,【不冬 안들】). 부표제항의 첫 한자의 음이 둘인 경우에는 ①, ②로 구분하였다(예:【去乃 ①거나 ②커나】). 한자어의 현재 발음이 본음과 다른 경우는 화살표로 표시하고 그 음을 적었다(예:【白魚 백어 → 뱅어】).

표제자가 고유 한자인 경우는 '國字'를 붙였고, 옛날부터 사용해 온 한자 가운데 우리만 쓰는 뜻을 지닌 한자는 '國義'를 표시하였고, 이두로 쓰이는 한자는 '吏讀'로 표시하였다. 부표제항이 불교어, 차자어, 이두어, 구결인 경우에만 각각 '佛, 借, 吏, 口'를 사각형에 넣은 약호로 표시하고 이것 이외의 약호는 사용하지 않았다.

표제자의 뜻은 대표적인 것만 제시하였다. 그리고 '七, 万, 三' 등처럼 중국 한자와 같은 뜻을 사용되는 표제자는 뜻풀이를 하지 않고 표제자로 시작하는 한자어만 뜻풀이를 하였다.

동의어의 경우는 뜻풀이를 하나의 어휘만 기술하고 다른 어휘는 뜻풀이를 기술한 어휘와 같다고 표시하였다(예:【代口免賤 대구면천】 "代口贖身"과 같다. 【代口贖身 대구속신】 공노비가 다른 사람을 관아에 들여 보내어 자기를 대신하게 하고, 양민이 되는 일. 代口免賤.). 고유어와 동의 관계에 있는 한자어, 차자어 등의 부표제항은 뜻풀이 대신에 해당 고유어로 대역하였다(예:【去番 거번】 지난번). 부표제항의 뜻풀이를 한 다음 한자로 적은 동의어와 참고어를 제시한 경우도 있다(예:【出六 출륙】 벼슬이 6품에 오름. 陞六. "參上"을 참고하라).

일부 표제자와 표제자로 시작하는 한자어나 한자구 등의 뜻풀이를 기술한 다음 그것이 쓰인 출처와 용례를 제시하였는데(예: 【一道文記 일도문기】한 통의 문서. <<續大典 5, 刑典, 聽理>> 或一道文記內, 田民並付, 則勿爲分掌並聽理), 작성된 시기의 순서에 따라 용례를 배열하였다. 다만 인명, 지명, 악곡 등은 전거만 밝히고 예문은 인용하지 않았다. 이와 같이 우리 고문헌에서 찾은 용례를 출처와 함께 제시한 점은 다른 한국 자전에서 찾아볼 수 없는 이 한자어 사전의 장점이다.

그리고 옛날에 사용했던 각종 기구, 사물 가운데 현재 이해하기 어려운 것들은 삽화를 첨부하였다.

(남광우 편(編), 1995)

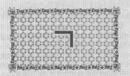

가	1	가

加 더할 가 가~ 加減 加工 加味 加算 加重
~가~ 雪上加霜 走馬加鞭
~가 累加 增加 參加 添加 追加
강平{東6：17b} 가{救蘭3：8／宣小1：7} 가{宣論2：19 懇吐文‧宣論2：20 諺解文 假｝가‧한‧야} 더울가{類合下45b} 더을가{倭解下32a} 가平{三聲下12} 回 增也益也著也誠也也{全玉上10b} 더을가益也也重疊也上也陵也施也著也{字類下47b} 더힐가{兒學上9a} (加)回 增也더할가{釋要上11b} (가)益也增也더할{論語}又何~焉陵也{論語}吾亦欲無~詩人重疊딥셜戀{新字1：16a}

伽 절 가 가~ 伽藍 伽陀琴
~가~ 僧伽寺
광平{東6：24b} 가{六祖中72‧供養20} 가平{三聲下10} 回 僧居~藍異獸摩~人面鳥頻~茄通{全玉上3b} 승가가僧居~藍異獸摩~{字類上5b} (伽)僧居~藍異獸가{釋要上3b} (가)~藍僧居절‧중의집{楚書}僧~藍今浮屠所居也回 茄通{新字1：5b}

架 시렁 가 가：~ 架空 架橋 架上 架設
~가~ 開架式 高架道路
~가 書架 十字架
‧강去{東6：18a} 가{宣孟2：18} 실‧에：가又造屋曰~又棚也{訓蒙比叡中7b} 가{訓蒙東大‧尊經‧東國中14a} 실에가{類合上24b} 시렁가{倭解上33a} 가去{三聲下12} 回 代也棚也起屋置~衣~{全玉上49a} 겨라가代也棚屋置~衣~{字類上90b} 시렁가{兒學上9b} (架)回 棚也시렁가，起屋집세울가@ {釋要上63b} (가)代也所以擧物者가라~ 강상을，棚也사다리也，衣~緂榠，屋~실렁@ {新字2：29b}

枷 칼 가 가~ 伽鎖
~가 連枷 足枷
강平{東6：17b}‧강去{東6：18a} 가{宣小2：50}‧갈가俗呼長~闌@ {訓蒙比叡中8a} {訓蒙東大‧尊經‧東國中15a} 가平{三聲下12} 回 項械也又打穀具連~枷通{全玉上49a} 칼가項械又枷通도리에{字類下51b} (枷)回 項械也又枷通칼가@ {釋要上46a} (가)~連枷打穀具들이개@ {新字2：29a}

茄 가지 가 茄子 茄皮紫
강平{東6：17b} 가지가俗呼~子又呼落酥{訓蒙比叡上7a} {訓蒙東大‧尊經‧東國上30a} 가지가{類合上11a} 가쥐{倭解下5a} 가平{三聲下9} 가平{三聲下14} 回 芙蕖草藥名五~@ 菜名~子{全玉上29b} 가지가菜名~子又가芙蕖草藥名五~{字類下51b} 가지가{兒學上5b} (茄)回 菜名~子가지가@ {釋要上46a} 芙蕖莖련줄기가{西京賦}蒂倒～紅藁井，五～藥名오가피回 (가)~子菜名가지{王褒僮約}別～披蕙絮{新字3：50a}

迦 석가 가 ~가 釋迦
강平{東6：17b} 가{六祖上97} 가平{三聲下9} 回 佛號釋~@ {全玉下51a} 석가가釋~{字類上65a} (迦)回 佛號釋~부처일홈가{*}@ {釋要下83b} (가)釋~佛號부처일의이름{文中子}齋戒修而梁國亡非釋~之罪也@ {新字4：18b}

哿 가 할 가
‧강上{東6：17b} 가{宣孟2：18} 가上{三聲下9} 回 可也嘉也{全玉上15a} 옳을가可也嘉也{字類下58a} (哿*)回 可也가 할가@ {釋要上17a} (가)可也을을{詩}~矣富人，嘉也아름다을@ {新字1：22b}

笳 갈잎피리 가 가~ 笳管 笳苗
~가 胡笳
강平{東6：17b}‧초‧덕가胡~{訓蒙比叡中15b} {訓蒙東大‧尊經中32a} 초덕가{訓蒙東國} 초김가{倭解上43b} 가平{三聲下12} 胡~似篥葉無孔又吹卷蘆葉~{全玉下51b} 호가가胡~似篥葉無孔又초김가捲蘆葉吹之按今以號笛胡~而有孔與孔不全{字類下36a} (笳)回 吹卷蘆葉갈닙피리가@ {釋要下23b} (가)胡~는子，최김{史記}胡人捲蘆葉吹之故謂之胡~@ {新字3：26a}

枷 도리깨 가
강平{東6：17b} 도리깨가俗呼連~{訓蒙比叡中9a} {訓蒙東大‧尊經‧東國中17b} 도리채가{倭解下3a} 가平{三聲下12} 回 打穀具枷~{全玉下24a} 도리깨가連~打穀具枷也{字類下7a} 도리채가{兒學上11b} (°枷)回 打穀具枷~도리채가@ {釋要下37b} (가)連~打穀具들이개@ {新字3：40a}

袈 가사 가 가~ 袈裟
平{月印上20} 가{六祖上28} 가사가{訓蒙比叡中12a} {訓蒙東大中24a} 가‧사가{訓蒙尊經‧東國}

<박형익 교수 소장본(1995)>

1995년 11월 15일에 인하대학교 출판부에서 초판을 발행한 이 자전에 선정된 표제자는 7,352개로 초학서, 언해 문헌, 기존의 자전에 수록되어 있는 실용 한자, 중고등학교 한문 교육용 한자 1,800자, 북한 교육용 3,000자 등을 참고하여 수집한 것이다.

이 자전의 크기는 가로 18.7센티미터, 세로 25.6센티미터인데, 서문 4쪽, 범례 6쪽, 본문 641쪽, 부록으로 자음 색인, 참고 문헌 해제 등 283쪽, 모두 10+927쪽의 분량으로 이루어져 있다.

표제자의 음을 기준으로 가나다순으로 표제자를 배열하였다. 다른 자전의 경우 첫 표제자는 '一'로 시작하는데, 이 자전은 '加 더할 가'로 시작한다.

표제자의 자형이 여럿인 경우에는 전래 문헌에 따라 표준 자형을 제시하였으며, 널리 통용되는 자형은 괄호 속에 넣어 같은 한자임을 나타냈다(예: 豐 (豊)). 동일한 의미와 음을 가지고 있으면서 자형이 다른 한자는 표준자나 본자로 생각되는 표제자를 검색하도록 했다.

표제자의 훈은 전통적인 것을 선택하였으며(예: 地 따 지), 지나치게 수구적인 것은 현대화하였다(예: 會 모들 회 → 모일 회). 그리고 표제자의 대표적인 훈만 제시하면서 사용 빈도수를 고려하였다.

표제자의 널리 통용되는 음을 표준음으로 설정하였으며, 하나의 표제자가 여러 가지 음을 가진 경우에는 전래 문헌의 자해에 따라 대표음을 선택했다. 표제자의 장음(상성)은 ':'로 표시하였으며(예: 間 사이 간:), 표제자가 장음 또는 된소리로 발음되거나 이음을 가진 경우에는 각각의 한자어 용례를 제시하였다(예: 간~ 間隔, 間隙; 간: ~ 間食, 間接; ~간 可否間, 空間; (~깐) 庫間, 門間).

표제자의 뜻풀이는 전래 문헌의 원전에서 인용하였으며, 『자류주석』, 『자전석요』, 『신자전』의 뜻풀이를 전재하였다. 인용 문헌은 간행된 순서대로 나열하였다. 인용한 문헌은 운서류(『동국정운』, 『삼운성휘』, 『전운옥편』), 자학서류(『훈몽자회』, 『신증 유합』, 『석봉 천자문』, 『왜어유해』, 『아학편』), 자전류(『자류주석』, 『자전석요』, 『신자전』), 그리고 다수의 언해 문헌이다.

41 『교학 대한한 사전(敎學 大漢韓辭典)』

(대한한사전 편찬실 편(編), 1998)

1 00001

一 部

(한 일 부)

〔一部〕 0 一

<박형익 교수 소장본(1998)>

이가원과 안병주가 감수하고, 대한한사전 편찬실에서 편찬하여, 교학사에서 1998년 9월 10일에 초판을 발행하였고. 2014년에는 9쇄를 발행하였으며, 2015년 2월 2일에는 10쇄를 발행하였다.

이 한한 사전에서는 표제자로 37,823자를 선정하였다. 이 자전의 크기는 가로 18.7센티미터, 세로 25.7센티미터인데, 범례 6쪽, 본문 3,952쪽, 별책 색인 455쪽으로 이루어져 있다.

중국이나 일본의 자전에 수록되어 있지 않은 한자도 출전이 확실한 것은 표제자로 선정하였다. 우리만 사용하는 한자와 우리가 사용하는 일본 한자도 표제자로 선정하였다(예: 働(동)).

표제자의 자형은『강희자전(康熙字典)』에 따랐는데, 다른 자전과 다른 경우에는 육서의 원리나 역사적인 변천 과정을 고려하여 결정하였다. 그리고 표제자는『강희자전』에 따라 214부수로 나누어 획수별로 배열하였는데, 획수가 같은 표제자는 음의 가나다 순서로 배열하였다.

표제자의 아래에 자전에 수록된 순서대로 00001부터 37823까지 고유 번호를 매겨 놓았다. 표제자의 왼쪽 윗부분에는 그 부수 안에서의 획수를 표시하였고, 아랫부분에는 총획수를 표시하였다.

표제자의 오른쪽에는 표제자의 한국 음, 반절, 중국 음, 일본 음을 차례대로 제시하였다. 한국 음은 관용음과 본음을 한글로 표기하였고, 중국 음은 주음 부호와 알파벳으로 적은 대륙식 표기로 나타내었고, 일본 음은 가타가나로 적었다.

표제자의 변천 과정을 나타내기 위해 전자, 초서, 본자, 고자, 약자, 속자, 위자의 순서로 나열하였다.『설문해자(說文解字)』에 따라 표제자의 형성 원리를 상형, 지사, 회의, 형성로 구분하여 제시하였다.

표제자의 훈과 음을 한글로 적고, 뜻풀이를 하였는데, 풀이한 뜻으로 사용된 용례를 출처와 함께 인용하였다. 표제자로 시작하는 한자어와 한자구를 부표제항으로 가나다 순서로 배열하였는데, 여기에는 고사성어, 격언, 시문의 성구, 불교 용어, 학술어, 동식물명, 인명, 지명, 책명, 관직명, 연호 등도 포함되어 있다. 간략한 뜻풀이를 기술하였고, 용례를 출처와 함께 제시하였다.

42 『한한 대사전(漢韓大辭典)』

(단국대 동양학연구소 편(編), 1999～2008)

〔一部〕 0획 一 1

一 部

일 質 ③《漢韻》於悉切 yī

<박형익 교수 소장본(1999)>

이 『한한 대사전』은 다음과 같이 발행되었다.

1999-03-25. 『한한 대사전(漢韓大辭典)』 1, 단국대 동양학연구소, 서울:
단국대학교 출판부. <1,440쪽. 국립중앙도서관 소장>
<2000-00-00(국회도서관 소장)>

1999-12-01. 『한한 대사전(漢韓大辭典)』 2, 단국대 동양학연구소, 서울:
단국대학교 출판부. <1,360쪽. 국립중앙도서관 소장>
<2000-00-00(국회도서관 소장)>

2000-08-01. 『한한 대사전(漢韓大辭典)』 3, 단국대 동양학연구소, 서울:
단국대학교 출판부. <1,308쪽. 국립중앙도서관, 국회도서관
소장>

2001-08-31. 『한한 대사전(漢韓大辭典)』 4, 단국대 동양학연구소, 서울:
단국대학교 출판부. <1,330쪽. 국립중앙도서관 소장>

2002-07-01. 『한한 대사전(漢韓大辭典)』 5, 단국대 동양학연구소, 서울:
단국대학교 출판부. <1,391쪽. 국립중앙도서관, 국회도서관
소장>

2003-07-21. 『한한 대사전(漢韓大辭典)』 6, 단국대 동양학연구소, 서울:
단국대학교 출판부. <1,307쪽. 국립중앙도서관, 국회도서관
소장>

2004-07-21. 『한한 대사전(漢韓大辭典)』 7, 단국대 동양학연구소, 서울:
단국대학교 출판부. <국립중앙도서관 소장> <2006-00-00
(국회도서관 소장), 2008-10-28(국회도서관 소장)>

2005-07-10. 『한한 대사전(漢韓大辭典)』 8, 단국대 동양학연구소, 서울:
단국대학교 출판부. <2007-00-00(국립중앙도서관 소장),
2008-10-28(국회도서관 소장)>

2006-01-31. 『한한 대사전(漢韓大辭典)』 9, 단국대 동양학연구소, 서울:
단국대학교 출판부. <국립중앙도서관 소장> <2007-00-00(국
회도서관 소장)>

2007-02-20. 『한한 대사전(漢韓大辭典)』 10, 단국대 동양학연구소, 서울:
단국대학교 출판부. <국립중앙도서관 소장> <2008-10-28(국
회도서관 소장)>

2007-02-20. 『한한 대사전(漢韓大辭典)』 11, 단국대 동양학연구소, 서울:

단국대학교 출판부. <국립중앙도서관 소장> <2008-10-28(국
회도서관 소장)>

2007-02-20. 『한한 대사전(漢韓大辭典)』 12, 단국대 동양학연구소, 서울:
단국대학교 출판부. <국립중앙도서관 소장> <2008-10-28(국
회도서관 소장)>

2008-10-28. 『한한 대사전(漢韓大辭典)』 13, 단국대 동양학연구소, 서울:
단국대학교 출판부. <국립중앙도서관, 국회도서관 소장>

2008-10-28. 『한한 대사전(漢韓大辭典)』 14, 단국대 동양학연구소, 서울:
단국대학교 출판부. <국립중앙도서관, 국회도서관 소장>

2008-10-28. 『한한 대사전(漢韓大辭典)』 15, 단국대 동양학연구소, 서울:
단국대학교 출판부. <국립중앙도서관, 국회도서관 소장>

2008-10-28. 『한한 대사전(漢韓大辭典)』 색인, 단국대 동양학연구소, 서
울: 단국대학교 출판부. <초판. 785쪽. 국립중앙도서관, 국
회도서관 소장>

『한한 대사전』은 1999년부터 2008년까지 별책 색인을 포함하여 모두
16권이 발행되었다. 『한한 대사전』에서는 전거와 예문이 있는 한자와
한자 어휘만을 수록하는 것을 원칙으로 하였다. 표제자로 한국, 중국,
일본에 현존하는 한자 53,667자를 선정하였고, 부표제항으로 수록한 어
휘는 420,269개인데, 『한국 한자어 사전』(단국대 동양학연구소 편(編), 1992)
의 표제자 5,174자와 89,705개의 어휘도 고려하면 이 숫자는 더 늘어난
다. 이 대사전은 표제자 약 23,000자와 약 37만 개의 어휘를 수록한 중
국의 『漢語大詞典』(1992) 12권, 표제자 약 5만 자와 약 40만 개의 어휘를
선정한 타이완 중국학술원의 『中文大辭典』(1973) 10권, 표제자 49,000자
와 약 40만 개의 어휘를 등재한 일본의 『大漢和辭典』(모로하시 데쓰지(諸
橋轍次), 1955) 12권을 능가하는 세계 최대의 한자 및 한자어 사전이다.

그런데 이 『한한 대사전』에서는 『한국 한자어 사전』에 수록된 한국
고유 한자와 어휘는 모두 제외하여 수록하지 않았다. 따라서 두 사전을

따로 검색해야 하는데, 이 두 사전의 내용을 합쳐서 사전 이용자가 찾아야 할 한자가 한국 고유어 한자인지 아닌지를 미리 판단하여 검색해야 하는 수고를 덜어 주어야 할 것이다. 게다가 한 부수에 속하는 표제자들을 동일한 책에서 검색할 수 없어 두 권을 찾아보아야 하는 불편함이 있다. 예를 들면, '木(목)' 부수에 속하는 표제자는 ⑥의 1,059쪽부터 ⑦의 710쪽까지 두 권에 나뉘어 수록되어 있다. '木(목)' 부수자를 뺀 나머지 획수가 3인 표제자 '杏(행)'은 ⑥의 1,304쪽에 등재되어 있고, '木(목)' 부수자를 뺀 나머지 획수가 4인 표제자 '杰(걸)'은 ⑦의 1쪽에 등재되어 있다. 사전 이용자는 부수자를 뺀 나머지 획수가 4 이상인 한자는 ⑥에서 찾아야 하는지 ⑦에서 찾아야 하는지를 모르기 때문에 두 책을 다 찾아보아야 하는 것이다. 이러한 문제점이 발행하는 이유는 부수자를 기준으로 분책하지 않고 적당한 분량(권1은 1,440쪽, 권2는 1,360쪽, 권3은 1.308쪽 등)으로 나누어 분책하였기 때문이다. 그리하여 책등에 표시해 놓은 부수자가 두 권에 각각 이중으로 제시되어 있다. 그리고 '한한 대사전 부수표'와 '부수 색인'에는 '木 ⑥ 1059'로만 표시되어 있어 사전 이용자는 ⑥에서 찾을 수밖에 없다. '木 ⑥ 1059'는 '木 ⑥ 1059~⑦ 710'으로 고쳐야 한다. 이 경우처럼 같은 부수에 속하는 표제자가 분책으로 분리된 것으로는 口(② 1098~③ 491)와 手(⑤ 948~⑥ 223)가 더 있다.

또 부표제항으로 표제자로 시작하는 한자어, 한자구 등을 수록하였는데, 표제자의 음이 둘 이상일 경우에 부표제항의 첫째 한자의 음과는 상관없이 둘째 한자의 음의 가나다순에 따라 배열함으로써 한자어를 검색할 때에 어려움을 더하고 있다. 예를 들면, '樂劇 악극, 樂山樂水 요산요수, 樂園 낙원, 樂章 악장'의 순서로 배열해 놓아 이용자가 부표제항을 쉽게 검색하기 어렵다. 또 부표제항의 하위 표제항을 다시 설정하고, 파생어들을 구분하여 별도로 배열하여 검색하기에 불편하다. 예를 들면,

'何爲 하위, 何爲者 하위자, 何瑋 하위, 何謂 하위, 何謂然 하위연'으로 배열하였다.

　표제자의 자형은 명조체 해서를 기본 자형으로 삼았는데, 표제자의 자형을 선정하는 데에 어려움이 있는 경우에는 한자가 만들어진 원리인 자원(字源)과 역사성을 기본적으로 적용하였다. 만약 통용 한자의 자형과 혼동이 생길 수 있는 경우에는 편의성에 따라 표제자의 자형을 선택하였다.

　표제자의 왼쪽에 획수를 표시하고 오른쪽에 표제자의 고자체를 제시하였다. 그런 다음 표제자의 음을 한글로 적고, 반절과 로마자로 표기한 중국어 발음 등을 제시하였다. 표제자의 한국 음은 운서, 자전, 경서 언해본 등의 한자음을 참고하여 표준음과 관용음으로 나누었다. 한국 음으로 기술된 적이 없는 표제자의 음은 반절로 적은 음을 추정하여 제시하였다. 표제자의 음을 알 수 없는 경우는 '음 미상'으로 표시하였다.

　그리고 『설문해자(說文解字)』 등에 수록된 자원을 인용하고, 표제자의 뜻풀이를 기술한 다음, 용례를 출처와 함께 제시하였다. 표제자의 뜻풀이는 본자(本字)에서만 하였다. 고자, 속자, 약자, 와자(訛字), 와자(譌字), 주문(籒文) 등은 본자와의 관계만을 표시하였다. 본자와 속자가 같이 사용되는 경우에는 속자에 속하는 어휘는 모두 본자에서 나열하여 뜻풀이를 하였다.

제 2 부 한국 자전의 목록

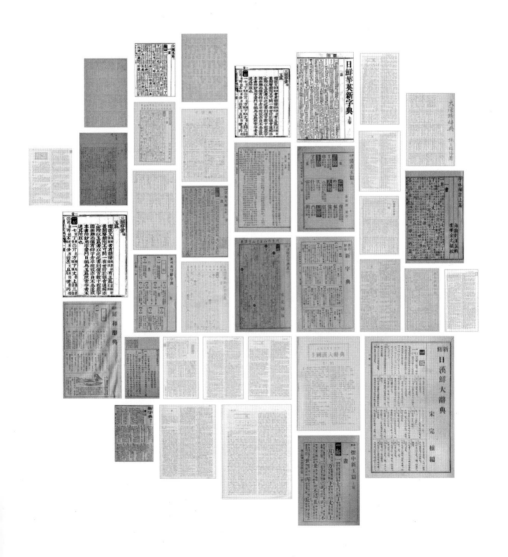

1. 자전의 선정 방법

우리나라에서 발행된 자전들의 목록을 작성하는 것은 한국 자전 편찬의 역사를 기술하는 기초적인 자료를 구축하는 준비 작업이며, 자전을 한국어학의 자료로 활용할 수 있도록 하는 기초적인 작업이다. 이뿐만 아니라 한국 자전의 목록 작성은 중국과 일본의 자전들과 한국 자전을 비교할 수 있는 기초 작업이며, 한국 서지학 연구의 밑거름이 될 수 있을 것이다.

자전은 한자 하나를 표제자로 선정하여 부수별로 배열하고, 표제자의 발음(음), 의미(훈, 석), 자형, 어휘 차원의 한자어 용례 정보 등을 기술한 한자 사전이다.

그런데 『음운반절휘편(音韻半切彙篇)』 등과 같이 부수별로 배열하지 않고 한자의 한국 발음을 한글로 적은 것을 음절별로 가나다 순서로 배열한 경우도 있다.

여기에서 다루는 자전의 기준은 한자 1자를 표제자로 선정하고, 그 한자의 발음 정보나 뜻풀이를 기술한 경우에만 한정하였다. 한자로 표기한 한자어와 이것을 한글로 적은 대역 사전이나 『국한회어』 등처럼 한글로 표기한 한국어를 한자로 표기한 대역 사전은 한국 자전과의 관련성을 살펴보기 위해 참고 자료로 선정하였으나 아래의 자전 목록에서는 제외하였다. 1909년 6월 2일부터 1909년 9월 16일까지 『대한민보』 '이훈각비'의 제호로 연재된 것도 제외하였다.

일본에서 발행된 『明治字典』 또 1909년과 1915년에 일본 漢字統一會에서 편찬하여 泰東同文局에서 발행한 『同文新字典』에도 표제자의 음을 일본 문자와 한글로 표기해 놓았다. 이것들도 목록에서 제외하였다.

1884-05-00 ~ 1887-07-00. 『明治字典』, 東京: 大成舘. <유길준이 한국 음
    을 한글로 달았다.>
1909-00-00. 『同文新字典』, 漢字統一會, 東京: 泰東同文局. <1915-00-00>
1938-00-00. 『新修 韓和大字典』, 小柳司氣太 著, 東京: 博文舘. <2,082쪽.
    고려대 세종학술정보원 소장>

그리고 외국인이 국내에서 편찬한『상용 한자 숙어 자전(常用漢字熟語
字典)』(1939)는 스나이더(Snyder, L. H.; 신애도(申愛道))가 저술하여 조선기독
교서회에서 발행하였다. 영어 책명은 '*Handy dictionary note book: collection of
Chinese characters in common use*'이며, 315+45쪽의 분량으로 이루어져 있다.
이 책은 감리교 신학대학교 도서관, 연세대 학술정보원 등에 소장되어
있다. 이것도 목록에 포함시키지 않았다.

그리고 두 언어 사전(이중어 사전), 인명 사전, 서체 사전 등의 서명에
'자전'이라는 용어가 사용되었는데(예:『한불자전』,『인명용례자전』,『서체
자전』,『서도 자전』 등), 이런 경우는 모두 제외하고 단지 한자 사전인 자
전만 포함하였다.

아래와 같은 북한과 중국에서 발행된 자전은 목록에 포함시키지 않았다.

1947-00-00. 『신옥편 합본(合本) 표준말 모음』, 북조선 문학 동맹 함경남
    도 위원회 편(編), ?: 북조선 문학 동맹 함경남도 위원회.
    <82+42쪽. 국립중앙도서관 소장>
1989-11-01. 『새옥편』, 과학원 고전연구소 편(編), 평양: 과학원출판사.
    <879+117쪽. 1963년 초판을 서울 탑출판사에서 1989년에 영
    인본으로 발행하였다. 국립중앙도서관 소장. 심경호 해설>
1990-00-00. 『한자말사전』 상권·하권, 사회과학원 언어학연구소 사전연
    구실 편(編), 서울: 경원문화사. <상권 1,005쪽. 하권 1,096
    쪽. 서울 경원문화사 영인본. 고려대 세종학술정보원 소장>
1991-00-00. 『한자말사전』 상권·하권, 조선사회과학원 언어학연구소 편

찬, 조선교육도서출판사 문학편집부 편집, 흑룡강: 조선교육
도서출판사. <2,101쪽. 고려대 중앙도서관 소장>

1994-00-00. 『상견 착별자 교정 자전(常見錯別字校正字典)』, 장명일(張明
一)·송기문(宋紀文) 편(編), 북경: 동북조선민족교육출판사(東
北朝鮮民族教育出版社). <636쪽. 국립중앙도서관 홈페이지
에서 원문을 볼 수 있다.>

1994-00-00. 『한자말사전』 상권·하권, 사회과학원 언어학연구소 사전연
구실 편(編), 서울: 백산자료원. <상권 1,005쪽. 하권 1,096
쪽. 서울 백산자료원 영인본. 고려대 중앙도서관 소장>

1998-06-00. 『신화 자전(수정본)』, 김재연 외, 연길: 연변대학출판사.

2000-00-00. 『학생용 옥편』, 윤주일·조병석·박종원 등 편(編), 평양: 교육
도서출판사. <600쪽. 고려대 세종학술정보원 소장>

2005-00-00. 『속성 한자 학습 자전』, 김동주·김주현 집필, 평양: 백과 사
전 출판사. <391쪽. 국립중앙도서관 소장>

경유겸(景惟謙)이 1651년에 펴낸 『전운편람(篆韻便覽)·전자옥편(篆字玉篇)』[20]
과 김진흥(金振興)이 1675년에 펴낸 『전해심경(篆海心鏡)』[21] 등과 같은 자
형 자전과 『동몽선습 옥편(童蒙先習玉篇)』, 『소학옥편(小學玉篇)』(이재완(李
在完) 편), 『명심보감 옥편(明心寶鑑玉篇)』 등 필사본 자전은 제외하였다.[22]

---

20) 이 책은 목판본 전자(篆字) 자전인데, 1권 1책으로 이루어져 있다. 장서각 소장본은 1면이
7행 12자로 모두 77장이고, 국립중앙도서관 소장본은 1면이 7행 16자로 모두 53장으로
이루어져 있는 간행 시기가 미상인 후쇄본이다.
21) 5권 2책으로 이루어진 이 책은 목판본으로 고려대, 규장각, 연세대 등에 소장되어 있다.
22) 박상균(1986: 10-15)에서는 『전운편람·전자옥편』과 『전해심경』 등을 해제하였는데, 『전해
심경』은 내용이 소략한 『전운편람·전자옥편』의 결점을 해결한 것이라고 하였다. 그리고
『전해심경』은 표제자를 옥근체(玉筋體)로 표기하여 사성별로 배열하고 표제자의 아래에
횡서체(橫書體)를 붙였으므로 전서의 대전이라고 이를 만하다고 설명하였다.

2. 자전 목록

자전 목록을 제시한 것으로는 다음과 같은 것이 있다.

김세익, 1993, 『사전과 같이 하는 생활』, 서울: 보성사.

김혈조, 1999, 중국 공구서의 현황과 그 특징, 『인문연구』 20-2, 영남대 인문과학연구소.

노옥순, 1994, 『참고 봉사와 참고 정보원』, 서울: 이화여자대학교 출판부.

민병수, 1996, 『한국 한문학 개론』, 서울: 태학사.

박온자, 1994, 『한국 참고 정보 자료 해제(1970~1993): 인문·사회과학 편』, 서울: 한국도서관협회.

박준식, 2003, 『참고정보원』, 서울: 태일사.

신숙원·이숙자, 1998, 『학술 정보 활용법』, 서울: 서강대학교 출판부.

심경호, 2003, 『한학 연구 입문』, 서울: 이회.

심경호, 2007, 『한학 입문』, 서울: 황소자리.

양기정, 2011, 한국고전번역원 출간 한문 번역 관련 공구서 현황과 과제, 『2011년 하반기 정기학술대회 발표 논문집: 동아시아 한문 번역 관련 공구서 현황과 과제』, 서울: 한국고전번역원.

이기백, 1984, 『한국사 신론』, 서울: 일조각.

이동철, 2009, 현대 중국 공구서의 현황, 『2009년 하계 학술 대회: 한자 문화권의 사전과 공구서』, 서울: 고려대 한자한문연구소.

이동철, 2011, 한국에서 한문 번역 관련 공구서의 현황과 과제, 『민족문화』 38, 서울: 한국고전번역원. 53-131.

최은주·배순자·남영준, 2011, 『인문사회과학 주제정보원』, 서울: 한국도서관협회.

한상완·노영희, 2004, 『인문과학과 예술의 핵심 지식정보원』, 서울: 연세대학교 출판부.

朝鮮史研究會 編, 2011, 『朝鮮史研究入門』, 名古屋: 名古屋大學出版會. 460-492.

홈페이지: 국립중앙도서관, 국회도서관, 고려대 중앙도서관, 서울대 중앙도서관

여기에서는 국내에서 발행한 자전, 옥편, 한자어 사전 등의 책명이 붙은 것으로 표제자의 발음이나 뜻을 한글로 표기한 것들을 우선 목록에 열거하였다.

그리고 국내에서 편찬한 운서의 보편으로 표제자의 미시 정보를 한글로 적지 않은 『운회옥편(韻會玉篇)』(최세진, 1536)과 『삼운성휘보 옥편(三韻聲彙補玉篇)』(홍계희, 1751)이 있다. 목판본으로 편찬된 이 옥편들은 모두 목록에 포함시켰다.

또 『증보 척독 완편』(김우균, 1913)의 297쪽에서부터 349쪽까지 "자전(字典)"이 수록되어 있다. 그리고 『보통학교 조선어사전』(심의린, 1930)에도 "보통학교 한자 자전"이 부록으로 붙여져 있다. 부록으로 붙여진 이 자전들도 목록에 포함시켰다.

한편 『제오유(製五遊)』(심유진 저, 심래영 편(編), 1792)와 같은 인쇄본이 아닌 필사본도 목록에 포함시켰다. 그러나 『普通學校 國語讀本學習の友』(1925) 등과 같은 몇몇 한자의 의미와 음을 나열해놓은 초등학교 참고서나 교과서 그리고 『명심보감』 등의 단행본의 부록으로 붙여 놓은 한자 색인은 제외하였다. 또 한자가 아닌 2음절 이상의 한자어를 한글 음절별로 단순하게 나열해 놓은 『언문(言文)』(지석영, 1909) 등도 이 목록에 포함시키지 않았다.[23]

---

23) 『역대 문법 대계』 3-12와 『한밭교육』에 영인본이 실려 있다.

3. 목록 작성 방법

목록은 아래의 예와 같이 작성하였다.

> 1908-11-06. 『국한문신옥편(國漢文新玉篇)』, 정익로(鄭益魯), 평양: 야소
> 교서원(耶穌教書院). <초판> <1909-03-25(정정 재판, 박형익
> 교수 소장), 1911-08-15(보유 초판, 박형익 교수 소장),
> 1914-03-05(보유 재판), 1918-06-18(보유 3판)>

즉 발행 연도(예: 1908-11-06.), 책명(예: 『국한문신옥편(國漢文新玉篇)』), 저
자명(예: 정익로(鄭益魯)), 발행 장소(예: 평양:), 발행소(예: 야소교서원(耶穌教
書院)), 판수 사항과 소장처(예: <초판> <1909-03-25(정정 재판, 박형익 교수 소
장), 1911-08-15(보유 초판, 박형익 교수 소장), 1914-03-05(보유 재판), 1918-06-18(보
유 3판)>)의 순서로 나열하였다. 그런데 발행 월일을 알 수 없거나 아예
없는 경우에는 '0'으로 표시하였다(예: 1536-00-00. 『운회옥편(韻會玉篇)』, 최
세진).

초판의 경우 '<초판>'을 표시하였다(예: 1908-11-06. 『국한문신옥편(國漢
文新玉篇)』, 정익로(鄭益魯), 평양: 야소교서원(耶穌教書院). <초판>). 판수를 거
듭하여 중판으로 발행된 자전들은 그 내용이 동일한 것이라도 모두 열
거하여 중판 발행일을 적고 괄호 속에 중판 내용과 소장처를 표시했다.
그리고 증보판, 정정판, 부도판 등을 구별하여 표시하였다(예: 1909-03-25
(정정 재판, 박형익 교수 소장)).

한편 책명, 저자명, 발행소가 원래 한자로 적혀 있는 경우에는 이것들
을 한글로 먼저 적은 다음에 괄호 속에 한자로 적었다.

이와 같은 방법으로 지금까지 필자가 조사한 자전들을 발행된 시기별

로 열거한 다음 < > 안에 서지 사항과 소장처 등을 간략하게 제시하였다. 그런데 이 목록은 완전히 폐쇄된 것이 아니라 개방된 것이므로 완전히 고정되어 있지는 않다. 앞으로 이 목록에서 미처 열거하지 못한 자전들이 발견되면 이 목록에 포함시켜야 하는 것은 당연한 일이다. 여기에서 빠진 자전들은 그리 많지 않을 것으로 생각하지만, 이 목록에 없거나 우리들이 현재 찾아보기 어려운 1945년 이전에 발행된 자전들을 찾아서 보완하는 작업은 지속적으로 이루어져야 할 것이다.

국립중앙도서관과 한국교육학술정보원(RISS) 홈페이지에서 검색한 결과도 반영하였는데, 책이 발행된 월과 날짜가 모두 없고 발행 연도만 적혀 있어 같은 해에 발행된 자전들을 순서대로 배열하는 데에는 도움을 얻을 수 없었다. 게다가 분량이나 저자에 관한 내용도 없는 경우나 잘못 표시된 경우도 있고, 또 동일한 책이 서로 다르게 표시되어 있어 불편하였다. 예를 들면, 한국교육학술정보원에서는 『문교부 선정 교육 한자 대사전』(호호사, 1979)의 경우 5번이나 중복하여 나열하였다.

특히 서문, 범례, 목차 등의 면수는 기입하지 않고 단순히 본문의 면수만 적어놓은 경우가 많았으나 도서관에 가서 직접 대출 신청을 하여 하나하나 확인하지는 못해 실제의 면수와는 다른 경우도 피할 수 없었다. 게다가 동일한 해에 다시 발행된 경우에는 발행 연도만으로 어떤 책인지 구별할 수 없었으므로 책명의 가나다 순서로 배열하였다.

이러한 부족한 점들은 앞으로 도서관 홈페이지의 목록 작성의 표준화 작업에 따라 개선 작업이 이루어진다면 보다 정확한 자전 목록을 얻을 수 있을 것이다.

4. 한국 자전의 목록

1414-00-00. 『대광익회옥편(大廣益會玉篇)』, 고야왕(顧野王) 편. <30권. 복각
본. 중국의 광근서당(廣勤書堂)에서 발행한 책을 태종 14년에
국내에서 복각한 것이다. 국내에는 현전하지 않고, 일본인 오
구라 신페이(小倉進平)와 가나자와 쇼사부로(金澤庄三郞)가 소
장하였다고 알려져 있다.>

1429-03-00. 『신편직음예부옥편(新編直音禮部玉篇)』. <2권 1책. 목판본. 선
덕(宣德) 4년 을유 3월 간행. 충청도 보은현 개판본. 표제는
'신편직음예부옥편 상하(新編直音禮部玉篇 上下)'인데, 권두에
'신간배자예부옥편목록(新刊排字禮部玉篇目錄)'이 수록되어 있
다. 그리고 '신편직음예부옥편 권상(新編直音禮部玉篇卷上)'으
로 시작하여 '신편유취예부옥편 권상(新編類聚禮部玉篇卷上)'
으로 끝나고, '신편유취예부옥편 권하(新編類聚禮部玉篇卷下)'
로 시작하여 '신편유취개정예부옥편 권하(新編類聚改正禮部玉
篇卷下)'로 끝나 상하권의 내제가 모두 다르게 인쇄되어 있다.
고려대 중앙도서관에 낙장본이 소장되어 있으며, 홈페이지에
서 원문을 볼 수 있다.>

1455-00-00 ～ 1468-00-00. 『대광익회옥편(大廣益會玉篇)』, 고야왕(顧野王) 편.
<을해자 복각본. 중국 책을 세조(재위 1455년~1468년) 때에

1455년에 만든 을해자로 복각한 것이다. 규장각, 고려대 중앙
도서관 소장>

1464-00-00. 『신편직음예부옥편(新編直音禮部玉篇)』, 정도(丁度) 찬.<갑신
복각본. 『예부운략』의 색인으로 권말에 첨부되어 있다.>

1494-00-00. 『대광익회옥편(人廣益會玉篇)』, 고야왕(顧野王) 편. <을해자 복
각본. 고려대 중앙도서관 소장>

1513(1573?)-00-00. 『신편직음예부옥편(新編直音禮部玉篇)』. <갑신 복각본
을 재복각한 계유본이다.>

1537-12-00 이후. 『운회옥편(韻會玉篇)』, 최세진(崔世珍). <2권 2책. 목판본.
초간본. 『고금운회거요(古今韻會擧要)』의 색인. 국립중앙도서
관 홈페이지에는 2권 1책 '한귀古朝41-127'과 2권 2책 '일산貴
3134-2' 모두 1536년(중종 31년) 발행으로 되어 있는데, 둘 다
원문을 볼 수 있다. 국립중앙도서관, 고려대 중앙도서관 소
장> <1810년 중간본(1책. 108장. 서울대학교 중앙도서관 소
장), 간행 시기가 미상인 판본도 있다.>

1537-00-00. 『대광익회옥편(大廣益會玉篇)』, 고야왕(顧野王) 편. <목판본. 7
권 3책. 김해부 신간. 김경(金璟)이 발문을 썼다. 국립중앙도서
관 홈페이지에서 원문을 볼 수 있다. 국립중앙도서관, 규장각,
고려대 중앙도서관 소장>

1615-00-00. 『신편직음예부옥편(新編直音禮部玉篇)』, 정도(丁度) 찬. <도주
(청도) 만력본. 박경전(朴慶傳)과 박경윤(朴慶胤)이 간행하였다.
『예부운략』의 색인이다. 고려대 도서관 소장>

1658-00-00. 『신편직음예부옥편(新編直音禮部玉篇)』, 정도(丁度) 찬. <기성
(평양)본. 『예부운략』의 색인이다. 고려대 도서관 소장>

1664-00-00. 『초학자훈증집(初學字訓增輯)』, 이식(李植). <3권 1책. 목판본.
이식(李植, 1584~1647)이 1639년에 편찬하였는데, 그의 아들
이단하(李端夏)가 전라감사 조구석(趙龜錫)의 도움으로 1664년

에 간행하였다. 한자 초학자를 위하여 한자의 뜻을 쉽게 풀이한 책이다. 국립중앙도서관에서 원문을 볼 수 있다. 장서각, 규장각, 고려대 도서관 소장>

1674-00-00. 『신편직음예부옥편(新編直音禮部玉篇)』, 정도(丁度) 찬. <목판본. 경성부본(鏡城府本). 기성본(箕城本)의 번각본으로 추정. 고려대 중앙도서관 소장>

1679-00-00. 『신간배자예부옥편(新刊排字禮部玉篇)』 <목판본. 4권 1책. 도주 중간본. 영동(永同) 박동전(朴東傳) 발행. 국립중앙도서관 소장(古3134-24)>

1718-00-00. 『신편직음예부옥편(新編直音禮部玉篇)』, 정도(丁度) 찬. <목판본. 기성(箕城) 중간본. 고려대 도서관, 충북대 도서관 소장>

1769-00-00. 『삼운성휘보 옥편(三韻聲彙補 玉篇)』, 홍계희(洪啓禧). <1751년에 김재로(金在魯)가 서문을 쓰고, 홍계희(1703년~1771년)가 발문을 썼다. 홍계희는 『삼운통고』, 『사성통해』, 『홍무정운』 등을 참고하여 『삼운성휘』 2책과 보편인 옥편 1책을 만들었다. 목판본. 국립중앙도서관 소장>

1792-00-00. 『제오유(製五遊)』, 심유진(沈有鎭) 저, 심래영(沈來永) 편. <필사본. 102장. 크기는 세로 30.3센티미터, 가로 20.2센티미터이다. 조선 후기의 문신 심유진(沈有鎭, 1723년~1786년?)의 저술이다. 6예 가운데 제5인 서(書)와 자의(字意)에 관하여 설명하였다. 발문을 쓴 심래영(沈來永)은 아버지인 심유진이 이 책을 완성하지 못했음을 토로하였다. 미완성된 이 책에서는 표제자를 자형이 아닌 음별로 분류하였다. 국립중앙도서관 소장>

1796-00-00 이후. 『전운옥편(全韻玉篇)』. <2권 2책. 편자는 미상이다. 초간본의 간행 시기는 정확하게 알 수 없으나 1796년 이후로 추정한다. 고려대 중앙도서관 홈페이지에는 경술 유동 중간본의 경술을 1790년으로 보고 이 해에 발행된 것으로 표시하였다. 양

장본 한자 사전이 발행되기 이전에 가장 많이 사용한 자전이다. 국립중앙도서관 홈페이지에서 원문을 볼 수 있다.> <1818-00-00, 1819-00-00, 1828-00-00, 1835-00-00, 1838-00-00(『교정 전운옥편』), 1846-00-00(『어정시운』), 1850-00-00, 1851-00-00, 1860-00-00, 1865-00-00, 1885-00-00, 1887-00-00, 1889-00-00, 1890-00-00, 1898-00-00, 1898-00-00(『교정 전운옥편』), 1903-00-00, 1904-00-00, 1905-00-00, 1906-00-00, 1908-00-00, 1909-02-00, 1910-00-00, 1911-08-22(문명서관), 1911-08-22(서계서포). 1913-08-20(『교정 전운옥편』), 1913-09-26, 1913-10-25(『교정 옥편』), 1914-00-00, 1915-00-00, 1916-06-30, 1916-11-25, 1917-06-30, 1918-02-20(『교정 옥편』), 1919-00-00, 1929-01-29(『교정 옥편』) 등> <2003-00-00(세종대왕 기념사업회 영인본)>

1810-00-00. 『운회옥편(韻會玉篇)』, 최세진(崔世珍). <2권 1책. 목판본. 중간본. 고려대 중앙도서관 소장>

1812-00-00. 『옥휘운고(玉彙韻考)』, 이경우(李景羽). <77장. 목판본. 국립중앙도서관 소장>

1818-00-00. 『전운옥편(全韻玉篇)』. <이화여대 도서관 소장>

1819-00-00. 『전운옥편(全韻玉篇)』. <기묘(己卯) 신간본. 춘방장판(春坊藏板). 국립중앙도서관, 규장각, 서울대 농학도서관, 연세대 학술정보원, 전북대 중앙도서관 소장>

1828-00-00. 『전운옥편(全韻玉篇)』. <무자(戊子) 중간본>

1835-00-00. 『전운옥편(全韻玉篇)』. <을미(乙未) 중간본>

1838-00-00. 『교정 전운옥편(校訂全韻玉篇)』, 황필수(黃泌秀) 교정(校訂). <2권 2책. 목판본. 무술(戊戌) 신간본. 고려대 중앙도서관 소장> <1898-00-00, 1913-08-20, 1913-10-25, 1918-02-20>

1843-00-00. 「육서경위(六書經緯)」, 『이계집』 권10, 홍양호(洪良浩). <『이아(爾雅)』와 『석명(釋名)』처럼 일상에서 흔히 사용하고 있는 한

자 1,700여 자의 뜻을 풀이하였다. 국립중앙도서관, 규장각 등
소장>

1849-00-00. 『옥성합부(玉聲合部)』. <1권 1책. 『옥편(玉篇)』과 『운통(韻通)』
을 합부하여 엮은 책이다. 고려대 중앙도서관 소장>

1850-00-00. 『전운옥편(全韻玉篇)』. <2권 2책. 경술(庚戌) 중추(仲秋) 유동(由
洞) 중간본. 국립중앙도서관, 고려대 중앙도서관 소장>

1851-00-00. 『전운옥편(全韻玉篇)』. <신해(辛亥) 중간본>

1857-00-00. 『옥휘운고(玉彙韻考)』, 이경우(李景羽). <목판본. 한국학중앙연
구원 장서각 소장>

1860-00-00. 『전운옥편(全韻玉篇)』. <경신(庚申) 중간본>

1865-00-00. 『전운옥편(全韻玉篇)』. <을축(乙丑) 신간 완산 장판>

1885-00-00. 『전운옥편(全韻玉篇)』. <을유(乙酉) 포동 중간본>

1887-00-00. 『전운옥편(全韻玉篇)』. <정해(丁亥)>

1887-00-00. 『초학문』, 허전(許傳).

1889-00-00. 『전운옥편(全韻玉篇)』. <기축(己丑) 신간본. 고려대 도서관, 규
장각 소장>

1890-10-00. 『전운옥편(全韻玉篇)』, 상해(上海): 해문신서국(海文新書局). <광
서(光緒) 16년 경인(庚寅) 시월(十月) 발행 석인본(石印本). 국립
중앙도서관, 규장각, 박형익 교수 소장>

1898-00-00. 『전운옥편(全韻玉篇)』. <무술(戊戌) 중추(仲秋) 대구 신간본. 목
판본. 연세대 학술정보원, 박형익 교수 등 소장>

1898-00-00. 『교정 전운옥편(校訂全韻玉篇)』. <무술년 겨울 신촌자(愼村子)
황필수(黃泌秀) 교정 중간본. 국립중앙도서관, 고려대 중앙도
서관 등 소장>

1903-00-00. 『전운옥편(全韻玉篇)』, 상해: 문래국(文來局). <2권 1책. 고려대
중앙도서관, 연세대 학술정보원 등 소장>

1904-00-00. 『전운옥편(全韻玉篇)』. <갑진(甲辰) 중추 완서(完西) 신간본. 국

립중앙도서관, 경상대 도서관 소장>

1905-00-00. 『전운옥편(全韻玉篇)』 상.하. <을사(乙巳) 신간 완산 장판(完山藏板). 국립중앙도서관 홈페이지에서 원문을 볼 수 있다. 박형익 교수 소장>

1906-00-00. 『전운옥편(全韻玉篇)』. <1819년 기묘(己卯) 춘방장판을 병오(丙午)년에 다시 펴낸 완서(完西) 신간본. 박형익 교수 소장>

1908-11-06. 『국한문 신옥편(國漢文新玉篇)』, 정익로(鄭益魯), 평양: 야소교서원(耶穌教書院). <초판. 융희 2년 발행본. 하강진 교수 소장> <1909-03-25(재판), 1911-08-15(정정 증보 보유 초판), 1914-03-05(정정 증보 보유 재판), 1918-06-18(정정 증보 보유 3판)>

1908-00-00. 『전운옥편(全韻玉篇)』, 경성: 회동서관(滙東書館). <서울대 중앙도서관, 박형익 교수 소장>

1909-02-00. 『전운옥편(全韻玉篇)』, 상해: 해문신서국(海文新書局). <융희 3년 발행. 상하 2책. 석인본(石印本). 박형익 교수 소장>

1909-03-25. 『정정 국한문 신옥편(訂正 國漢文新玉篇)』, 정익로(鄭益魯), 평양: 예수교서원(耶穌教書院). <재판. 정정(訂正)판. 서문 2+총목 6+본문 288+음운 자휘 103쪽. 판권지에 발행소는 '대한 평양 관동 상우 야소교서원(大韓平壤貫洞上隅 耶穌教書院)'으로 되어 있다. 또 편집 겸 발행자는 '한국 평양부 관동 상우 정익로(韓國平壤府貫洞上隅 鄭益魯)'로 되어 있다. 그리고 인쇄소는 '일본 횡빈시 산하정 81번지(日本橫濱市山下町八十一番地) 복음 인쇄 합자회사(福音印刷合資會社)'로 되어 있다. 단국대 율곡기념도서관, 박형익 교수 표지 개장, 속표지 낙장본 소장> <1908-11-06(초판)>

1909-07-30. 『자전석요(字典釋要)』, 지석영, 경성: 회동서관(滙東書館). <초판. 강릉원주대 중앙도서관, 고려대 도서관, 단국대 퇴계기념도서관, 동국대 도서관, 성균관대 중앙학술정보관, 연세대 학

술정보원 소장> 1910-03-10(재판), 1910-10-01(3판), 1911-06-13(4판), 1911-11-24(5판), 1912-03-29(6판), 1912-10-07(7판. 증보판), 1913-05-31(8판. 증보판), 1914-05-08(9판. 증보판), 1915-03-12(10판. 증보판), 1916-02-18(11판. 증보판), 1917-05-01(12판. 증보판), 1918-05-29(14판. 증보판), 1920-10-15(15판. 증정 부도판), 1925-06-20(16판. 증정 부도판), 1928-06-10(17판. 증정 부도판), 1936-03-30(18판. 증정 부도판), 1943-04-20(초판), 1949-08-20(재판), 1950-02-28(3판), 1952-00-00(영창서관 발행) <아세아문화사 영인본>

1909-00-00. 『당옥편(唐玉篇)』, 경성: 유일서관(唯一書舘).

1909-00-00. 『신옥편(新玉篇)』, 경성: 현공렴(玄公廉, 발행 겸 발매자).

1910-03-10. 『자전석요(字典釋要)』, 지석영(池錫永), 경성: 회동서관(滙東書舘). <재판. 디지털한글박물관에서 원문을 볼 수 있다. 국립중앙도서관, 한국학중앙연구원 소장> <1909-07-30(초판)>

1910-10-01. 『자전석요(字典釋要)』, 지석영(池錫永), 경성: 회동서관(滙東書舘). <3판. 국립중앙도서관, 박형익 교수 소장> <1909-07-30(초판)>

1910-00-00. 『전운옥편(全韻玉篇)』. <2권 2책. 편찬자 미상. 목판본. 경술(庚戌) 중추(仲秋)에 간행된 유동(由洞) 중간본>

1911-06-13. 『자전석요(字典釋要)』, 지석영(池錫永), 경성: 회동서관(滙東書舘). <4판. 건국대 도서관, 고려대 도서관 소장> <1909-07-30(초판)>

1911-08-15. 『정정 증보 신옥편(訂正 增補 新玉篇)』, 정익로(鄭益魯), 평양: 예수교서회(耶蘇敎書院). <명치 44년 정정 증보 보유 초판. 서문 2+총목 6+본문 288+정정 증보 신옥편 보유 142+음운 자휘 103쪽. 하드커버. '訂正 增補 新玉篇'이라는 표제와는 달리 내제는 '國漢文新玉篇'이다. 재판의 본문 뒤에 142쪽의 '정정

증보 신옥편 보유(訂正 增補 新玉篇補遺)'를 첨부하여 다시 초
판으로 발행하였다. 속표지에는 '예수교서회간인'으로 되어 있
고, 판권지에는 '평양 관동 상우(平壤貫洞上隅) 야소교서원(耶
穌敎書院)'이 발행소로 되어 있다. 편집 겸 발행자는 정익로(鄭
益魯)이다. 인쇄소는 '횡빈시 산하정 81번지(橫濱市山下町八十
一番地) 복음인쇄합자회사(福音印刷合資會社)'이다. 박형익 교
수 소장> <1914-03-05(재판)>

1911-08-22. 『전운옥편(全韻玉篇)』, 양완득(梁完德), 전주: 문명서관(文明書
館).

1911-08-22. 『전운옥편(全韻玉篇)』, 탁종길(卓鍾佶), 전주: 서계서포(西溪書
鋪). <상·하 2책. 초판. 목판본. 하(下)는 국립중앙도서관 홈페
이지에서 원문을 볼 수 있다.> <1916-11-25(재판)>

1911-11-24. 『자전석요(字典釋要)』, 지석영(池錫永), 경성: 회동서관(滙東書
館). <5판. 연세대 학술정보원 소장> <1909-07-30(초판)>

1911-00-00. 『한일 대자전(韓日大字典)』. <『매일신보』 광고 참고>

1911-00-00. 『한일조선문 쌍해 신정 옥편(漢日朝鮮文雙解新訂玉篇)』. <『매
일신보』 광고 참고>

1912-02-03. 『한일조선문 상해 신옥편(漢日朝鮮文 詳解 新玉篇)』, 송헌석(宋
憲奭)·남궁준(南宮濬) 공저, 경성: 동양서원(東洋書院)·유일서관
(唯一書舘). <4+6+10+406+522쪽. 13×9센티미터. 수진본. 양
장본. 발행자는 민준호(閔濬鎬)이다. 『매일신보』 1912년 2월
29일자에 이 자전의 광고를 찾아볼 수 있다.>

1912-03-29. 『자전석요(字典釋要)』, 지석영(池錫永), 경성: 회동서관(滙東書
館). <6판. 서울대 중앙도서관 소장> <1909-07-30(초판)>

1912-05-15. 『일선 대자전(日鮮大字典)』, 박중화(朴重華) 편(編), 경성: 광동
서국(光東書局)·보급서관(普及書舘). <서문 2+예언 3+목차 6+
상권 본문 544+하권 본문 591+부록 국자 10쪽. 하드커버. 판

권지에 초판 발행일과 판수가 기록되어 있지 않다. 이 자전의
서문은 1912년 5월 6일에 편자가 직접 썼다. 그런데 1909년 11
월 30일에 광동서국에서 재판을 발행한『정선 일어 대해(精選
日語大海)』(박중화)의 판권지 뒷면의 광고에『일선 대자전』의
정가가 2원으로 소개되어 있다. 따라서 1909년 11월 30일 이
전에 이미『일선 대자전』이 발행되었다고 말할 수도 있다. 그
러나 이 광고가 앞으로 발행할 책에 관한 내용일 수도 있고,
또 서문을 쓴 시기를 감안한다면 이 책이 초판일 가능성이 높
다. 표제자의 음과 뜻을 조선어와 함께 일본어로 기술한 최초
의 자전이다. 국민대 성곡도서관, 박형익 교수 소장>

1912-10-07. 『자전석요(字典釋要)』, 지석영(池錫永), 경성: 회동서관(滙東書
館). <7판. 증보판> <1909-07-30(초판)>

1912-00-00. 『설문해자익징(設文解字益徵)』, 박선수(朴瑄壽), 경성: 광문사
(光文社). <14권 6책. 석판본. 박지원의 손자이자 박규수의 동
생인 박선수(1823년~1899년)가 지었다. 김만식(金晩植, 1834
년~1900년)이 교열하고, 김윤식(金允植)이 서문을 썼다. 이 책
은 조선(1432~1896) 말기 또는 1905년경에 완성하였다고 전
해지나 1912년에 최남선이 운영했던 광문사에서 발행되었다.
허신(許慎)의『설문해자』의 단점을 수정하고 보완하였다. 국
립중앙도서관 홈페이지에서 원문을 볼 수 있다. 국립중앙도서
관, 규장각, 서울대 도서관 등 소장>

1912-00-00. 『증보 자전 대해(增補字典大海)』, 이종정(李鍾楨), 경성: 광동서
국(光東書局). <7+260+229쪽. 국립중앙도서관, 연세대 학술정
보원 국학자료실, 성균관대 존경각 소장> <이 책의 발행일은
국립중앙도서관에는 1913년, 연세대 학술정보원에는 미상 또
는 1910년, 성균관대 고서서지시스템에는 1920년경으로 적혀
있다.『매일신보』광고 참고>

1913-02-25. 『한선문 신옥편(漢鮮文 新玉篇)』, 현공렴(玄公廉), 경성: 대창서
원(大昌書院)·보급서관(普及書舘). <초판. 이 자전은 회동서관
에서 발행한 『한선문 신옥편』(현공렴, 1918(초판)/1922(4판)/1924(5
판))과 동일하다. 그리고 이 책과 『회중 한선문 신옥편(懷中 漢
鮮文新玉篇)』(현공렴, 1921)과 내용은 같지만 판형을 포켓판으로
바꾸고 책명에 '회중'을 덧붙였다. 박형익 교수 소장>
<1914-09-22(재판), 1917-03-10(3판), 1918-08-18(4판)>

1913-05-31. 『자전석요(字典釋要)』, 지석영(池錫永), 경성: 회동서관(滙東書舘).
<8판. 증보판. 서울대 중앙도서관 소장> <1909-07-30(초판)>

1913-08-20. 『교정 전운옥편(校訂全韻玉篇)』 상·하, 지송욱(池松旭, 편집 겸
발행자), 경성: 신구서림(新舊書林). <2권 2책. 목판본. 상 50장.
하 54장. 국립중앙도서관 소장> <지송욱이 금광서림(金光書
林)에서 발행한 『수진 상해 한일선 신옥편(袖珍 詳解 漢日鮮新
玉篇)』, 『회중 한선문 신옥편(懷中漢鮮文 新玉篇), 『회중 한일
선 신자전(懷中漢日鮮 新字典)』 등의 자전도 있다.>

1913-09-26. 『전운옥편(全韻玉篇)』, 김기홍(金琪鴻) 편(編), 대구: 재전당서포
(在田堂書舖). <목판본. 2권 2책. 무술(1898년) 중추 대구 신간
본을 다시 펴낸 것이다. 국립중앙도서관 소장>

1913-09-30. 「자전」, 『증보 척독 완편(增補 尺牘完編)』, 김우균(金雨均), 경
성: 동문서림(同文書林)·문명서관(文明書舘). <297쪽에서부터
349쪽까지 "자전(字典)"이 수록되어 있다. 박형익 교수 소장>

1913-10-25. 『교정 옥편(校訂玉篇)』 상·하, 경성: 지물서책포(紙物書冊舖).
<목판본. 권상 2+46장. 권하 49장. 편집 겸 발행자는 이종성
(李鍾星)이다. 국립중앙도서관, 박형익 교수 소장. 국립중앙도
서관 홈페이지에서 원문을 볼 수 있는데, 『교정 옥편(校訂玉
篇)』 하(下) '한고조41-3-11'에서는 '이종황(李鐘皇) 편 1912년
발행'으로 잘못 적혀 있다.>

1914-03-05. 『정정 증보 신옥편(訂正 增補 新玉篇)』, 정익로(鄭益魯), 평양: 야소교서원(耶蘇教書院). <보유 재판. 판권지에 발행소는 '평양 관동 상우 야소교서원(平壤貫洞上隅 耶穌教書院)'으로 되어 있으며, 인쇄소는 '횡빈시 산하정 104번지 복음인쇄합자회사'로 되어 있다. 박형익 교수 낙장본 소장>

1914-05-08. 『자전석요(字典釋要)』, 지석영(池錫永), 경성: 회동서관(滙東書舘). <9판. 증보판> <1909-07-30(초판)>

1914-07-10. 『한일선 회중 신옥편(漢日鮮 懷中 新玉篇)』, 박건회(朴健會) 편집, 경성: 회동서관(滙東書舘). <233+310+155쪽. 포켓판. 박형익 교수 소장>

1914-09-22. 『한선문 신옥편(漢鮮文新玉篇)』, 현공렴(玄公廉), 경성: 대창서원(大昌書院)·보급서관(普及書舘). <재판. 단국대 율곡기념도서관, 단국대 퇴계기념도서관 소장>

1914-00-00. 『전운옥편(全韻玉篇)』.

1914-00-00. 『한언문 회중 신자전(漢諺文 懷中新字典)』. <『매일신보』 광고 참고>

1915-03-12. 『자전석요(字典釋要)』, 지석영(池錫永), 경성: 회동서관(滙東書舘). <10판. 증보판> <1909-07-30(초판)>

1915-12-05. 『신자전(新字典)』, 유근 외 공편, 경성: 신문관(新文舘).[24] <초판. 동국대 중앙도서관, 서울대 중앙도서관, 연세대 학술정보원, 이화여대 도서관 소장> <1918-03-10(재판), 1920-02-15(3판), 1924-11-05(4판), 1928-11-05(5판), 1947, 1960> <1973(고대 아세아문제연구소 영인본), 1978(조용승 영인본), 1997(동양고

---

24) 고려대학교 민족문화연구소(1972: 88)에는 조선광문회에서 편찬한 『신자전』 문고판(498쪽)이 1915년 3월 8일에 신문관에서 발행되었다고 적어놓았다. 그러나 이 축판(縮版) 『신자전』은 정해(丁亥)년 1947년 3월 8일에 최남선이 서문을 쓴 자전을 가리킨다. 이 자전은 '축판 신자전 서(縮版新字典叙)' 2쪽, '검자(檢字)' 6쪽, 본문 498쪽으로 이루어져 있다.

전학회 편집부 영인본)>

1915-00-00. 『전운옥편(全韻玉篇)』.

1916-02-18. 『자전석요(字典釋要)』, 지석영(池錫永), 경성: 회동서관(滙東書舘).
    <11판. 증보판. 이화여대 도서관 소장> <1909-07-30(초판)>

1916-06-30. 『전운옥편(全韻玉篇)』, 백두용(白斗鏞), 경성: 한님시림(翰南書
    林). <박형익 교수 소장>

1916-11-25. 『전운옥편(全韻玉篇)』, 양완득(梁完得), 전주: 문명서관(文明書
    舘). <재판. 박형익 교수 소장>

1916-11-30. 『한일선 신옥편(漢日鮮新玉篇)』, 경성: 광동서국(光東書局)·태학
    서관(太學書舘). <초판. 발행자는 이종정(李鍾楨)> <1922-06-20(6
    판, 박형익 교수 소장)>

1917-03-10. 『한선문 신옥편(漢鮮文新玉篇)』, 현공렴(玄公廉), 경성: 대창서
    원(大昌書院)·보급서관(普及書舘). <3판>

1917-03-20. 『부음고 한선문 신옥편(附音考 漢鮮文新玉篇)』, 경성: 한성서관
    (漢城書舘). <『한선문 신옥편』(현공렴, 1913/1914/1917)과 본문
    내용은 동일하며, 부록인 '음부'만을 첨부하였는데, 이 '음부'는
    『한일선 신옥편』(이종정, 1916/1922)의 '음부'와 동일하다. 이
    책은 내용에 새로운 부분이 없음에도 불구하고 판권지에는 초
    판으로 되어 있으며, 1918-03-10(재판)도 발행되었다. 그리고 『
    한선문 신옥편』(현공렴, 1918)의 내용과 동일하다.>

1917-05-01. 『자전석요(字典釋要)』, 지석영(池錫永), 경성: 회동서관(滙東書舘).
    <12판. 증보판. 국립중앙도서관 소장> <1909-07-30(초판)>

1917-05-21. 『자전석요(字典釋要)』, 지석영(池錫永), 경성: 회동서관(滙東書
    舘). <13판> <1909-07-30(초판)>

1917-08-08. 『한선문 신옥편(漢鮮文新玉篇)』, 보문관 편집부(寶文舘編輯部),
    경성: 보문관(寶文舘).[25] <초판. 438쪽. 국립중앙도서관 소장>
    <1918-07-24(재판. 196쪽+242쪽. 박형익 교수 소장), 1923-00-00

(국민대 성곡도서관 소장)>

1917-08-13. 『일선화영 신자전(日鮮華英 新字典)』, 이온(李瑥)·김광순(金光淳) 공편, 경성: 신구서림(新舊書林).26) <초판. 232+304쪽. 금광서 림(金光書林)에서 이 책을 다시 펴냈다. 박형익 교수 소장>

1917-10-15. 『부음운 수진 신옥편(附音韻袖珍新玉篇)』, 경성: 신구서림(新舊 書林)·공진서관(共進書館). <158+140쪽. 가로 9.5센티미터, 세 로 13.4센티미터 크기의 수진본(포켓판). 저작 겸 발행자는 지 송욱(池松旭)이다. 박형익 교수 소장>

1917-06-30. 『전운옥편(全韻玉篇)』 상·하, 경성: 한남서림(翰南書林). <2권 2 책 목판본. 편집 겸 발행자는 백두용(白斗鏞)이다. 국립중앙도 서관 홈페이지에서 원문을 볼 수 있다.>

1918-02-20. 『교정 옥편(校訂玉篇)』, 경성: 회동서관(滙東書館). <편집 겸 발 행자는 고유상(高裕相)이다. 경상대 도서관 소장>

1918-03-10. 『부음고 한선문 신옥편(附音考 漢鮮文新玉篇)』, 경성: 한성서관 (漢城書館). <재판. 하권 242쪽+음부 104쪽. 저작자는 정기성 (鄭基誠)이고, 발행자는 민병숙(閔丙肅)이다. 박형익 교수 하권 소장>

1918-03-10. 『신자전(新字典)』, 유근 외 공편, 경성: 신문관(新文舘). <재판. 경북대 중앙도서관, 대구가톨릭대 중앙도서관, 성균관대 중앙 학술정보관 소장> <1915-12-05(초판)>

1918-05-29. 『자전석요(字典釋要)』, 지석영(池錫永), 경성: 회동서관(滙東書 舘). <14판. 증보판. 국회도서관 소장> <1909-07-30(초판)>

1918-06-18. 『정정 증보 신옥편(訂正 增補 新玉篇)』, 정익로(鄭益魯), 평양:

---

25) 고려대학교 민족문화연구소(1972:96)에는 이 자전이 1917년 6월 4일에 발행된 것으로 제 시했지만, 이 자전의 초판 발행일은 1917년 8월 8일이다.

26) 고려대학교 민족문화연구소(1972:90)에는 이 자전이 1917년 7월에 발행된 것으로 제시하 였는데, 7월은 이 책의 서문을 쓴 시기이다. 이 자전의 발행일은 1917년 8월 13일이다.

야소교서원(耶穌敎書院). <보유 3판. 판권지에 인쇄소는 '횡빈
시 산하정 104번지 복음인쇄합자회사(橫濱市山下町百0四番地
福音印刷合資會社)'로 되어 있다. 박형익 교수 낙장본 소장>

1918-07-24. 『한선문 신옥편(漢鮮文新玉篇)』, 보문관 편집부(寶文舘編輯部)
저, 경성: 보문관(寶文舘). <재판. 196쪽+242쪽. 저작 겸 발행
자는 '경성부 안국동 6번지 홍순필(洪淳泌)'이다. 국민대 성곡
도서관, 박형익 교수 소장> <1923-00-00(국민대 성곡도서관
소장)>

1918-08-18. 『한선문 신옥편(漢鮮文新玉篇)』, 石田孝次郎, 경성: 대창서원(大
昌書院)·보급서관(普及書舘). <242+104쪽. 4판. 石田孝次郎은
현공렴의 일본식 개명이다. 대구가톨릭대 중앙도서관, 충남대
도서관, 박형익 교수 소장>

1918-08-30. 『한일선 대자전(漢日鮮大字典)』, 경성: 한성서관(漢城書舘)·이문
당(以文堂). <서문 1쪽+목록 5쪽+ 본문 한일선 대자전 상 323
쪽+ 한일선 대자전 하 488쪽. 서문은 무오 7월에 송헌석(宋憲
奭)이 썼다. 저작 겸 발행자는 이종정(李鍾楨)이다. 인쇄소는
조선복음인쇄소(朝鮮福音印刷所)이다. 박형익 교수 소장>

1918-09-23. 『한선문 신옥편(漢鮮文新玉篇)』, 경성: 회동서관(滙東書舘). <초
판. 2++5+196+242쪽. 현공렴(玄公廉)> <1919-07-31(재판),
1922-04-30(3판), 1922-05-07(4판, 박형익 교수 소장), 1924-12-30(5
판, 박형익 교수 소장)> <4판에는 초판 발행일이 1918-09-23으
로 되어 있으나, 5판에는 초판 발행일이 1918-09-22로 되어 있
다. 4판에는 초판부터 4판의 발행일이 모두 명시되어 있으나,
5판에는 초판과 5판의 발행일만 적혀 있다. 여기에서는 4판에
서 제시한 초판 발행일을 따르기로 한다. 5판에서는 그 이전
판본에 없는 104쪽 분량의 부록인 '음부'를 덧붙였다. 이 자전
은 이것보다 앞서 발행된 『한선문 신옥편』(대창서원·보급서관,

1913/1917), 『부음고 한선문 신옥편』(유일서관·중앙서관·광문서
시, 1917/1918), 『한선문 신옥편』(회동서관, 1924)의 내용과 동
일하다.>

1919-01-16. 『일선 신옥편(日鮮 新玉篇)』, 경성: 보문관(寶文舘). <초판. 『일
선 대자전』(박중화, 1912)의 내용과 대부분 동일하다. 저작 겸
발행자는 홍순필(洪淳泌)이다. 단국대 율곡기념도서관, 박형익
교수 소장>

1919-05-00. 『증보 규장전운 한선문 신옥편(增補奎章全韻 漢鮮文新玉篇)』,
경성: 광동서국(光東書局)·회동서관(滙東書舘)·신구서림(新舊書林)·
유일서관(唯一書舘). <196+242쪽. 『한선문 신옥편』(현공렴, 1913)
의 내용과 같다. 국민대 성곡도서관, 박형익 교수 소장>

1919-06-25. 『한선문 신옥편(漢鮮文新玉篇)』, 이종정(李鍾楨), 경성: 이종정.

1919-07-31. 『한선문 신옥편(漢鮮文新玉篇)』, 경성: 대창서원(大昌書院)·보급
서관(普及書舘). <『한선문 신옥편(현공렴, 1918)의 재판이다. 저
작 겸 발행자는 '현공렴'에서 '石田孝次郎'로 개명하였으며, 발
행소는 회동서관이 아닌 대창서원과 보급서관으로 바뀌었다.>

1919-09-25. 『한선문 신옥편(漢鮮文新玉篇)』, 경성: 동양출판사(東洋出版社).
<저작 겸 발행자는 石田孝次郎이다. 104쪽 분량의 '가나다 音
部'가 부록으로 붙어 있다.>

1919-00-00. 『전운옥편(全韻玉篇)』.

1920-02-15. 『신자전(新字典)』, 유근 외 공편, 경성: 신문관. <3판. 고려대
도서관 소장>

1920-10-10. 『자전석요(字典釋要)』, 지석영, 경성: 회동서관. <15판. 증정 부
도판. 박형익 교수 소장> <1909-07-30(초판)>

1920-11-15. 『한선문 신옥편(漢鮮文新玉篇)』, 경성: ?.

1921-01-25. 『신정 의서 옥편(新訂 醫書玉篇)』, 김홍제(金弘濟), 경성: 광동
서국(光東書局). <82쪽. 판권지에 판수에 관한 기록이 없어 초

판 발행일을 정확하게 확인할 수 없으나, 이 책이 초판인 것으로 추정한다.> <1929년 3월 18일 동양대학당과 1944년 6월 15일 명문당(明文堂)에서 발행한 것이 있는데, 내용과 크기 그리고 분량은 모두 같다. 명문당에서 발행한 책의 속표지에는 '明文堂編輯部編纂'으로 되어 있는데, 본문 1쪽에는 '金弘濟 著作'으로 되어 있다.>

1921-06-20. 『회중 한선문 신옥편(懷中 漢鮮文新玉篇)』, 경성: 대창서원(大昌書院)·보급서관(普及書舘). <196+242쪽. 현공렴(玄公廉). 이 자전은 『한선문 신옥편』(1913, 대창서원·보급서관)과 내용은 동일하며, 판형만 포켓판으로 바꾸어 책명에 '회중'을 첨가하였다.>

1921-08-10. 『부음고(附音考) 일선문 신옥편(日鮮文新玉篇)』, 심의갑(沈宜甲) 편찬, 경성: 신구서림(新舊書林)·박문서관(博文書舘)·덕흥서림(德興書林)·영창서관(永昌書舘). <초판> <1922-04-13(재판), 1923-11-15(3판), 1925-04-03(4판. 224+328+98쪽. 신구서림 발행. 저작 겸 발행자는 심의갑이다. 내제는 '일선 신옥편'으로 되어 있다. 내용은 『일선 대자전』(박중화, 1912) 및 『일선 신옥편』(보문관 편집부, 1919)와 동일하다. 박형익 교수 소장), 1927-05-06(5판. 박형익 교수 소장)>

1921-08-10. 『한일선 신옥편(漢日鮮新玉篇)』, 정기성(鄭基誠), 경성: 대창서원(大昌書院). <328+104쪽. 초판. 박형익 교수 소장> <1922-04-13(재판), 1923-11-15(3판)>

1921-09-10. 『자림보주(字林補註)』, 유한익(劉漢翼) 집(輯), 상해(上海): 천경당서국(千頃堂書局). <초판. 석인본. 발행소는 박경소(朴敬沼)이다. 동국대학교 중앙도서관 고서실 소장> <1922-06-01(판수가 없다. 국립중앙도서관 홈페이지에서 원문을 볼 수 있다.), 1924-05-20(대광서림 발행. 박형익 교수 소장)>

1922-04-13. 『한일선 신옥편(漢日鮮新玉篇)』, 정기성(鄭基誠), 경성: 대창서원(大昌書院). <재판>

1922-04-30. 『한선문 신옥편(漢鮮文新玉篇)』, 경성: 대창서원(大昌書院)·보급서관(普及書舘). <3판. 저작 겸 발행자는 石田孝次郎이다.>

1922-05-07. 『한선문 신옥편(漢鮮文新玉篇)』, 경성: 대창서원(大昌書院)·보급서관(普及書舘). <4판. 저작 겸 발행자는 현공렴(玄公廉)이다.>

1922-05-13. 『한일선 신옥편(漢日鮮 新玉篇)』, 경성: 대창서원(大昌書院)·보급서관(普及書舘). <초판. 포켓판. 상권 224쪽+하권 328쪽+음부 104쪽. 저작 겸 발행자는 현공렴(玄公廉)이다. 하드커버. 속표지에는 발행일이 '대정 10년 7월'로 되어 있다. 그러나 판권지에는 '대정 11년 5월 13일 초판 발행'으로 되어 있으며, 책명도 표제와 내제와는 다르게 '회중 일선문 신옥편(懷中日鮮文新玉篇)'으로 인쇄되어 있다. 내용은 『일선 대자전』(박중화, 1912)와 『일선 신옥편(日鮮新玉篇)』(보문관 편집부, 1919)와 동일하다. 박형익 교수 소장>

1922-06-20. 『증정 부음 한일선 신옥편(增訂 附韻 漢日鮮新玉篇)』, 이종정(李鍾楨) 편집(編輯), 경성: 광동서국(光東書局)·태화서관(太華書舘). <연세대 학술정보원(1926년 발행으로 잘못 표시되어 있다.), 박형익 교수 소장> <1916-11-30(초판). 조선도서주식회사(朝鮮圖書株式會社)에서 발행한 6판도 있다. 신구서림(新舊書林)에서도 발행하였다.>

1922-00-00. 『일선문 회중 신자전(日鮮文 懷中新字典)』, 경성: ?. <서문 1쪽+목록 8쪽+상권 196쪽+하권 ?쪽+음고 ?쪽. 포켓판. 서문은 '대정 11년 5월에 저자가 썼다. 박형익 교수 낙장본 소장>

1923-05-13. 『일선 회중 신옥편(日鮮懷中新玉篇)』, 현공렴(玄公廉), 경성: 영창서관(永昌書舘). <초판. 『일선 대자전』(박중화, 1912)와 『일선 신옥편』(보문관 편집부, 1919)의 내용과 동일한데, 판형을 포

켓판으로 바꾸어 책명에 '회중'을 첨가하였다.> <1926-06-14(재판), 1927-11-25(3판), 1930-02-20(4판. 박형익 교수 소장)>

1923-11-15. 『한일선 신옥편(漢日鮮新玉篇)』, 정기성(鄭基誠), 경성: 대창서원(大昌書院). <1921-08-10의 3판>

1923-00-00. 『한선문 신옥편(漢鮮文新玉篇)』, 경성: 보문관(寶文舘). <저작 겸 발행자는 홍순필이다. 국민대 성곡도서관 소장> <1917-08-08(초판), 1918-07-24(재판)>

1924-05-20. 『자림보주(字林補註)』, 유한익(劉漢翼), 경성: 대광서림(大廣書林). <64+71+55쪽. 박형익 교수 소장>

1924-11-05. 『신자전(新字典)』, 유근 외 공편, 경성: 신문관(新文舘). <4판. 단국대 퇴계기념도서관, 동국대 중앙도서관, 세종대 도서관 소장>

1924-12-30. 『한선문 신옥편(漢鮮文新玉篇)』, 경성: 회동서관(滙東書舘). <242쪽. 5판. 저작 겸 발행자는 현공렴(玄公廉)이다. 이 책에는 초판과 5판 발행일만 적혀 있는데, 초판 발행일이 1918년 9월 23일 아닌 1918년 9월 22일로 잘못 적혀 있다. 서문은 1913년 2월에 쓴 것으로 되어 있다. 박형익 교수 소장>

1924-00-00. 『한선문 신옥편 부음고(漢鮮文新玉篇 附音考)』, 박문서관(博文書舘) 편(編), 경성: 박문서관(博文書舘). <196+242+103쪽. 광신대 도서관, 대구가톨릭대 중앙도서관 소장>

1925-05-30. 『증보 상해 신옥편(增補 詳解 新玉篇)』, 경성: 박문서관(博文書舘). <증보판. 저작 겸 발행자는 노익형(盧益亨)이다. 발행일과 인쇄일만 적혀 있고 판수는 적혀 있지 않다. 단국대 퇴계기념도서관 소장> <1927-07-30>

1925-06-20. 『자전석요(字典釋要)』, 지석영(池錫永), 경성: 회동서관(滙東書舘). <16판. 증정 부도판. 서울대 중앙도서관, 세종대 도서관 소장> <1909-07-30(초판)>

1925-09-30. 『한일선 대자전(漢日鮮大字典)』, 홍순필(洪淳泌), 경성: 조선도
　　　　　서주식회사(朝鮮圖書株式會社)·박문서관(博文書舘). <재판>

1926-03-15. 『일선 신옥편(日鮮 新玉篇)』, 홍순필(洪淳珌) 저(著), 경성: 보문
　　　　　관(寶文舘)·조선도서주식회사(朝鮮圖書株式會社, 발매소). <초
　　　　　판> <1927-06-20(재판). 판권지에는 발행소는 없고 발매소가
　　　　　있으며, 대동인쇄주식회사에서 인쇄했다는 기록이 있다. 속표
　　　　　지에 '洪淳泌 著'로 되어 있다. 저작 겸 발행자도 홍순필이
　　　　　다.> <1941년 6월 25일 성문당 서점(盛文堂書店)에서 다시 초
　　　　　판으로 발행하였다.>

1927-06-20. 『일선 신옥편(日鮮新玉篇)』, 홍순필(洪淳泌) 저(著), 경성: 보문관
　　　　　(寶文舘)·조선도서주식회사(朝鮮書株式會社). <1926-03-15(초판)>

1927-07-30. 『증보 상해 신옥편(增補 詳解 新玉篇)』 경성: 박문서관(博文書
　　　　　舘). <195+242+70쪽. 저작 겸 발행자는 노익형(盧益亨)이다.
　　　　　판권지에는 초판 발행일은 없고, 인쇄일과 발행일만 적혀 있
　　　　　다. 표제는 '附音考 漢鮮文新玉篇'인데, 속표지의 표제는 '增補
　　　　　詳解 新玉篇'이고, 본문이 시작되는 1쪽의 내제는 '新玉篇'이다.
　　　　　판권지에는 책명이 '增補 詳解 新玉篇'으로 인쇄되어 있다. 경
　　　　　상대 도서관, 서울대 중앙도서관, 박형익 교수 소장>

1927-00-00. 『일선문 신옥편(日鮮文新玉篇)』, 경성: 박문서관(博文書舘).
　　　　　<398쪽. 경기대 중앙도서관 소장>

1927-00-00. 『한선문 신옥편(漢鮮文新玉篇)』, 경성: 보문관(寶文舘). <저작
　　　　　겸 발행자는 홍순필(洪淳泌)이다.>

1928-02-30. 보통학교 한자 자전(普通學校 漢字字典), 『보통학교 조선어 사
　　　　　전(普通學校 朝鮮語辭典), 심의린(沈宜麟), 경성: 이문당(以文
　　　　　堂). <재판. 1925년 10월 20일에 발행된 초판에는 없었던 자전
　　　　　을 새롭게 첨부하였다.>

1928-03-20. 『모범 선화 사전(模範 鮮和辭典)』, 정경철(鄭敬哲, 저작자)·조남

희(趙男熙, 저작자)·민대호(閔大鎬, 저작 겸 발행자) 공저, 경성: 동양서원(東洋書院). <판권지에는 판수가 적혀 있지 않다. 동양서원에서 초판과 재판이 발행되었다. 1928년 3월 상순에 인쇄를 마친 것으로 보아 이 책이 초판일 것으로 추정하며, 재판 발행일은 확인되지 않았다.> <1933년부터 박문서관에서 편집한 것으로 바뀌어 초판으로 발행되었다. 1937년에서 1940년까지 발행된 책의 판수는 정확하게 표시되어 있지 않다. 1933-04-28(초판. 박문서관. 계명대 동산도서관 소장), 1935-02-28(재판. 가톨릭대 중앙도서관 소장), 1936-05-10(3판. 서울대 중앙도서관, 박형익 교수 소장), 1937-06-28(5판의 판권지에는 3판으로 되어 있다.), 1940-07-10(5판의 판권지에는 4판으로 되어 있다.), 1940-12-20(5판. 국민대 성곡도서관, 박형익 교수 소장), 1944-00-00(국립중앙도서관 소장)>

1928-05-10. 『포케트 일선 자전(日鮮字典)』, 문상당 편집부 편찬, 경성: 문상당(文尙堂). <400+90쪽. 판권지에 초판 발행일이 적혀 있지 않다. 1928년 이전에 발행된 책이 발견되지 않아 이 책이 초판일 것으로 추측한다. 『회중 일선 자전(懷中 日鮮字典)』(정경덕, 1939)의 내용과 동일하다. 박형익 교수 소장>

1928-06-10. 『증정 부도 자전석요(增訂附圖 字典釋要)』, 지석영(池錫永), 경성: 회동서관(滙東書舘). <17판. 증정 부도판. 서울대 중앙도서관, 세종대 도서관 소장> <1909-07-30(초판)>

1928-10-20. 『증보 상해 한일선 신옥편(增補 詳解 漢日鮮 新玉篇)』, 영창서관 편집부(永昌書舘 編輯部) 편찬(編纂), 경성: 영창서관(永昌書舘). <232+309+106쪽. 저작 겸 발행자는 강의영(姜義永)이다. 『일선 신옥편(日鮮 新玉篇)』(1926, 보문관)과 내용이 동일하다. 연세대 학술정보원, 박형익 교수 소장>

1928-11-05. 『신자전(新字典)』, 유근(柳瑾) 외 공편, 경성: 신문관(新文舘)·박

문서관(博文書舘)·신구서림(新舊書林). <5판. 편집 겸 발행자는 최남선(崔南善)이다. 국립중앙도서관, 단국대 퇴계기념도서관, 덕성여대 도서관, 동국대 중앙도서관, 세종대 도서관, 연세대 학술정보원 소장>

1929-01-29. 『교정 옥편(校訂玉篇)』 상하. <목판본. 2권 2책. 충남대 도서관 소장>

1929-03-18. 『신정 의서 옥편(新訂 醫書玉篇)』, 김홍제(金弘濟), 경성: 동양 대학당(東洋大學堂). <82쪽. 박형익 교수 소장> <1921-01-25 (광동서국 발행), 1944-06-15(명문당 발행), 1963-06-05(학생사 발행)>

1929-00-00. 『수정 일선 대자전(修正 日鮮大字典)』, 경성: ?. <상권 ?쪽+하 권 328쪽+음부 ?쪽>

1929-00-00. 『용감수경(龍龕手鏡)』, 행균(行均) 집(集), 경성: 경성제대 법문 학부(京城帝大法文學部). <영인본. 국립중앙도서관 홈페이지에 서 원문을 볼 수 있다. 박형익 교수 소장> <1975-00-00(아세아 문화사 영인본)>

1930-04-10. 보통학교 한자 자전(普通學校 漢字字典), 『보통학교 조선어 사 전(普通學校 朝鮮語辭典)』, 심의린(沈宜麟), 경성: 이문당(以文 堂). <3판. 박형익 교수 소장>

1930-00-00. 『한일선 신옥편(漢日鮮 新玉篇)』, 현공렴(玄公廉) 편(編), 경성: 영창서관(永昌書館). <4판. 국립중앙도서관 소장>

1931-11-30. 『일선 신옥편 부음고(日鮮 新玉篇 附音考)』, 회동서관 편집부 (滙東書舘編輯部) 편(編), 경성: 회동서관(滙東書舘). <초판. 저 작 겸 발행자는 고유상(高裕相)이다.> <1932-07-30(재판. 대증 보판. 5(목록)+323(상권)+328(하권)+104(음부)쪽. 박형익 교수 소장), 1932-12-20(3판), 1933-10-30(4판), 1934-06-10(5판)>

1931-00-00. 『일선 신옥편(日鮮 新玉篇)』, 영창서관 편집부(永昌書舘編輯部)

편찬, 경성: 영창서관(永昌書館).

1932-00-00. 『대증보 일선 신옥편(大增補 日鮮新玉篇)』, 경성: 회동서관(滙東書館). <증보판. 고려대 중앙도서관 소장>

1933-04-28. 『모범 선화 사전(模範 鮮和辭典)』, 경성: 박문서관(博文書館). <초판. 저삭 겸 발행사는 노익형(盧益亨)이다. 정경철 외(1928)과 내용이 동일하나 '가나다 音考' 부분만 다르다. 계명대 동산도서관 소장> <1935-02-28(재판), 1936-05-10(3판, 박형익 교수 소장), 1937-06-28(5판의 판권지에는 3판으로 인쇄되어 있으나 4판으로 보인다.), 1940-07-10(5판. 5판의 판권지에는 4판으로 인쇄되어 있다.), 1940-12-20(5판으로 인쇄되어 있으나, 6판으로 보인다.>

1934-09-10. 『증보 상해 한선문 부음고 신옥편(增補 詳解 漢鮮文附音考新玉篇)』, 강의영, 경성: 영창서관(永昌書館). <242+66쪽. 박형익 교수 소장>

1935-01-19. 『최신 일선 대자전(最新 日鮮大字典)』, 송완식(宋完植), 경성: 동양대학당(東洋大學堂)·이문당(以文堂). <502+66쪽. 초판. 1935년 4월 5일에 발행된 도서 출판 전문 월간지 『신문화(新文化)』 2면의 오른쪽 하단에 이 책의 광고가 실려 있다. 덕성여대 도서관, 박형익 교수 소장>

1935-02-28. 『모범 선화 사전(模範 鮮和辭典)』, 경성: 박문서관(博文書館). <1933-04-28의 재판. 저작 겸 발행자는 노익형(盧益亨)이다.>

1935-03-20. 『일선 신옥편 부음고(日鮮 新玉篇 附音考)』, 영창서관 편집부(永昌書館編輯部) 편찬, 경성: 영창서관(永昌書館). <309+106쪽. 초판. 편집 겸 발행인은 강의영(姜義永)이다.『증보 주해 한일선 신옥편(增補 註解 漢日鮮新玉篇)』으로 책명을 바꾸어 다시 발행하였다. 박형익 교수 소장> <1939-01-14(재판), 1940-10-30(3판)> <『증보 주해 한일선 신옥편(增補 註解 漢日鮮新玉篇)』으

로 다시 발행되었다.>

1935-04-25. 『한일선 신옥편(漢日鮮新玉篇)』, 박문서관 편집부(博文書館編輯部) 편찬(編纂), 경성: 박문서관(博文書館). <초판. 5+267+403+70쪽. 대구가톨릭대 중앙도서관, 영남대 도서관, 박형익 교수 소장> <1938-00-00>

1936-03-30. 『자전석요(字典釋要)』, 지석영(池錫永), 경성: 회동서관(滙東書 館). <18판. 증정 부도판> <1909-07-30(초판)>

1936-05-10. 『모범 선화 사전(模範 鮮和辭典)』, 박문서관(博文書館) 편집(編 輯), 경성: 박문서관(博文書館). <3판. 서울대 중앙도서관, 박형 익 교수 소장>

1937-03-07. 『한일선만 신자전(漢日鮮滿 新字典)』, 이명칠(李命七) 편집, 경 성: 삼문사(三文社)·이문당(以文堂). <704쪽. 사중어 자전. 한글 은 이윤재(李允宰)가 감수하였고. 화음(華音)과 만음(滿音)은 문 세영(文世榮)이 감수하였다. 표제어의 만주 음을 기술하였는데, '범례'에서 만주 음의 표기 규정을 제시하였다. 단국대 율곡기 념도서관, 연세대 학술정보원, 충남대 도서관, 한국해양대 도 서관 소장> <1943-03-15(초판. 삼문사 서점), 1944-07-20(재판. 삼문사 서점), 1956-00-00(『한한화지 신자전』, 삼문사)>

1937-06-28. 『모범 선화 사전(模範 鮮和辭典)』, 박문서관 편집, 경성: 박문 서관(博文書館). <4판. 저작 겸 발행자는 노익형(盧益亨)이다.>

1937-11-27. 『신수 한일선 대사전(新修 漢日鮮大辭典)』, 송완식(宋完植) 편 (編), 경성: 영창서관. <속표지에는 '영창서관 편찬'으로 되어 있고, 본문 1쪽의 내제 옆에는 '송완식 편'으로 되어 있다. 34 쪽 분량의 외래어 사전이 부록으로 수록되어 있다. 내제는 책 에 따라 '新修 日漢鮮大辭典' 또는 '新修 漢日鮮大辭典'으로 표 기되어 있다. 『한화선 신옥편』(1942, 영창서관), 『실용 국한 대 사전』(1946, 영창서관)과 내용이 동일하다. 박형익 교수 소장>

1937-00-00. 『한선문 신옥편(漢鮮文新玉篇)』, 보문관 편집부(寶文舘編輯部), 경성: 보문관(寶文舘). <195+104쪽. 한성대 도서관 소장>

1938-01-07. 『실용 일선 대자전(實用 日鮮大字典)』, 영창서관(永昌書舘) 편(編), 경성: 영창서관(永昌書舘). <847+34쪽. 박형익 교수 소장>

1938-03-06. 『실용 선화 대사전(實用 鮮和大辭典)』, 송완식(宋完植) 편(編), 경성: 영창서관(永昌書舘). <초판> <1940-11-28(재판. 683쪽. 국립중앙도서관에서 원문을 볼 수 있다. 국립중앙도서관, 박형익 교수 소장)>

1938-11-15. 『한화선 신자전(漢和鮮新字典)』, 임규(林圭), 경성: 이문당(以文堂).

1938-11-16. 『실용 선화 대사전(實用 鮮和大辭典)』, 송완식(宋完植) 편(編), 경성: 영창서관(永昌書舘).

1938-00-00. 『한일선 신옥편(漢日鮮新玉篇)』, 박문서관 편집부(博文書舘編輯部) 편(編), 경성: 박문서관(博文書舘). <1935-04-25(초판)>

1939-01-14. 『일선 신옥편(日鮮新玉篇)』, 경성: 영창서관(永昌書舘). <재판. 저작 겸 발행자는 강의영(姜義永)이다.>

1939-01-15. 『부음고 일선문 신옥편(附音考 日鮮文新玉篇)』, 심의갑(沈宜甲) 편찬(編纂), 경성: 박문서관(博文書舘). <초판. 328+96쪽. 저작 겸 발행자는 노익형(盧益亨)이다. 속표지에 '심의갑 편찬'으로 인쇄되어 있는 것도 있고, '노익형(盧益亨) 편찬'으로 인쇄되어 있는 것도 있다. 연세대 학술정보원, 영남대 도서관, 박형익 교수 소장>

1939-00-00. 『회중 일선 자전(懷中日鮮字典)』, 문상당 편집부(文尙堂編輯部) 편찬(編纂), 경성: 문상당(文尙堂). <『포케트 일선 자전』(1928) 의 내용과 동일하다.>

1940-02-20. 『육서심원(六書尋源)』, 권병훈(權丙勳), 경성: 중동학교. <30권.

등사본. 자전과 자학을 겸한 책이다. 한자의 구성 원리와 법칙을 분석하였다. 표제자 89만 여개를 수록하였다. 국회도서관 홈페이지에서 원문을 볼 수 있다. 아세아문화사(1976), 경인문화사(1983) 영인본>

1940-03-15. 『선화 신사전(鮮和新辭典)』, 이정섭(李鼎燮) 엮음, 경성: 조선어연구회(朝鮮語研究會).

1940-07-10. 『모범 선화 사전(模範鮮和辭典)』, 박문서관(博文書舘) 편집(編輯), 경성: 박문서관(博文書舘). <4판. 저작 겸 발행자는 노익형(盧益亨)이다.> <1933-04-28(초판)>

1940-10-30. 『증보 상해 일선 신옥편(增補 詳解 日鮮新玉篇)』, 경성: 영창서관(永昌書舘). <1935-03-20의 3판. 편집 겸 발행인은 강의영(姜義永)이다. 박형익 교수 소장>

1940-11-08. 『대증보 한일선 신옥편 부음고(大增補 漢日鮮新玉篇 附音考)』, 덕흥서림 편집부(德興書林 編輯部) 편찬, 경성: 덕흥서림(德興書林). <323+328+56쪽. 박형익 교수 소장>

1940-11-28. 『실용 선화 대사전(實用 鮮和大辭典)』, 송완식(宋完植) 편(編), 경성: 영창서관(永昌書舘). <재판. 683쪽. 국립중앙도서관 홈페이지에서 원문을 볼 수 있다.>

1940-12-20. 『모범 선화 사전(模範鮮和辭典)』, 박문서관(博文書舘) 편집(編輯), 경성: 박문서관(博文書舘). <1933-04-28의 5판. 674+96+20+16쪽. 저작 겸 발행자는 노익형(盧益亨)이다. 박형익 교수 소장>

1941-06-25. 『국한 신옥편(國漢新玉篇)』, 경성: 성문당서점(盛文堂書店). <초판. 5+261+416+32쪽. 저작 겸 발행자는 鈴平琦炳이다. 박형익 교수 소장>

1942-05-10. 『한화선 신옥편(漢和鮮新玉篇)』, 송완식(宋完植) 편(編), 경성: 세창서관(世昌書舘). <502+66쪽. 교열자는 이윤재(李允宰)이다. 발행일이 1942년 5월 20일인 것도 있다. 이 책의 속표지에는

책명은 '漢和鮮新玉篇'으로 되어 있고, 신태삼(申泰三) 편(編),
이윤재(李允宰) 열(閱)로 인쇄되어 있다. 그런데 본문 첫 장에
는 내제는 '最新 日鮮大字典'으로 되어 있고, '송완식(宋完植)
편'으로 되어 있다. 박형익 교수 소장>

1942-10-30. 『내신 신자전(內鮮新字典)』, 경성: 성문당서짐(盛文堂書店).
<저작 겸 발행자는 西源宗壽이다.>

1942-11-20. 『내선 신옥편(內鮮新玉篇) 부음고(附音考)』, 영창서관 편집부(永昌
書舘 編輯部) 편찬(編纂), 경성: 영창서관(永昌書舘). <232+309+
106쪽. 편집 겸 발행인은 大山治永이다. 연세대 학술정보원 상
권, 박형익 교수 소장>

1943-03-15. 『신자전(新字典)』, 경성: 삼문사 서점(三文社書店). <704쪽. 표
제는 '내선만한 동양 대사전(內鮮滿漢東洋大辭典)'으로 되어 있
다. 편집 겸 발행인은 平山泰正이다. 박형익 교수 소장>

1943-03-25. 『실용 내선 대사전(實用 內鮮大辭典)』, 경성: 영창서관(永昌書
舘). <685쪽. 편집 겸 발행인은 大山治永(강의영)이다. 박형익
교수 소장>

1943-04-20. 『증정 부도 자전석요(增正 附圖 字典釋要)』, 지성주(池盛周), 경
성: 영창서관. <초판. 내제는 '增正 附圖 字典釋要'이나 판권지
에는 책명이 '增補附圖字典釋要'로 인쇄되어 있다. 고려대 도
서관, 경희대 중앙도서관, 부산대 부산캠퍼스 제1도서관, 이화
여대 도서관, 전남대 중앙도서관 소장> <1909-07-30(초판)>

1943-11-01. 『국한문 신옥편(國漢文新玉篇)』, 경성: 덕흥서림(德興書林). <저
작 겸 발행자는 김준환(金駿煥)이다.>

1943-00-00. 『언한문 부음고 신옥편(諺漢文附音考 新玉篇)』, 경성: 영창서관
(永昌書舘). <편집 겸 발행인은 大山治永(강의영)이다.>

1944-02-20. 『증보 화선 신옥편 부음고(增補和鮮新玉篇 附音考)』, 서원성,
경성: 박문서관(博文書舘). <336+96쪽. 박형익 교수 소장>

1944-05-15. 『모범 대자전(模範 大字典)』, 문세영(文世榮) 저(著), 경성: 대동 인서관 출판부(大東印書舘出版部). <4+12+601+80쪽. 속표지 에는 '대동인서관(大東印書舘) 발행(發行)'으로 인쇄되어 있다. 고려대 도서관, 단국대 퇴계기념도서관, 세종대 도서관, 박형 익 교수 소장>

1944-05-18. 『강희자전 표준 신옥편 부음고(康熙字典標準 新玉篇 附音考)』, 남창서관 편집부 찬편(南昌書舘編輯部纂編), 경성: 남창서관(南 昌書舘). <4+12+601+32쪽. 저작 겸 발행자는 남창희(南昌熙) 이다. 박형익 교수 소장>

1944-06-15. 『신정 의서 옥편(新定 醫書玉篇)』, 명문당 편집부(明文堂 編輯 部) 편찬, 경성: 명문당(明文堂). <82쪽. 국립중앙도서관 소장. 국립중앙도서관 홈페이지에는 이 책의 발행 연도가 '昭和 19(1945년)'으로 잘못 적혀 있다.>

1944-07-20. 『증보 정정 모범 선화 사전(增補訂正 鮮和辭典)』, 박문서관 출 판부(博文書舘出版部) 편(編), 경성: 박문서관(博文書舘). <3+2+1+682+96+13+20+8쪽. 판수가 적혀 있지 않다. 국립 중앙도서관, 영남대 도서관, 박형익 교수 소장>

1945-11-01. 『국한문 신옥편(國漢文 新玉篇)』, 서울: 덕흥서림(德興書林). <초판. 5+196+242+58쪽. 저작 겸 발행자는 김동진(金東縉)이 다. 부산대 제1도서관 소장> <1946-11-25, 1947-12-25, 1948-00-00, 1949-05-20(4판), 1950-01-30(5판), 1950-04-15(6판), 1952-01-05(7 판), 1953-06-20(9판)>

1946-05-10. 『회중 국한 신옥편(懷中國漢新玉篇)』, 문세영(文世榮) 지음, 서 울: 동화당서점(東和堂書店). <포켓판. 3+145+54쪽. 박형익 교 수 소장>

1946-10-02. 『실용 국한 대사전(實用 國漢大辭典)』, 송완식(宋完植) 편(編), 서울: 영창서관(永昌書舘). <2+55+847+34쪽. 본문 1쪽의 내제

는 '新修 國漢文大辭典'이며, 판권지에는 책명이 '國漢大辭典'
으로 인쇄되어 있다. 『신수 한일선 대사전』(송완식 편(編),
1937)과 내용이 동일하다. 가톨릭대 성심교정 도서관, 국민대
성곡도서관, 명지대 용인도서관, 서울대 중앙도서관, 원광대
중앙도서관, 박형익 교수 소장>

1946-11-25. 『한선문 신옥편(漢文解新玉篇)』, 덕흥서림(德興書林) 편집부(編
輯部) 편찬(編纂), 서울: 덕흥서림(德興書林). <5+196+242+58
쪽. 선장본. 판권지에는 책명이 '國漢文新玉篇'으로 되어 있다.
국립중앙도서관, 가톨릭대 성심교정 도서관, 경북대 중앙도서
관, 단국대 율곡기념도서관, 부경대 도서관, 서울과기대 도서관,
한국학중앙연구원 도서관, 박형익 교수 소장> <1945-11-01(초
판)>

1947-01-20. 『학습 자전(學習字典)』, 은홍 선생 편(恩弘先生編), 서울: 우신상
사 출판부(宇信商事出版部). <4+164쪽. 포켓판. 표제는 '學習字
典'이고, 책등의 책명은 '學生日用字典'이다. 박형익 교수 소장>

1947-08-20. 『신자전(新字典)』, 유근(柳瑾) 외 공편, 서울: 동명사(東明社).
<2+498쪽. 하드커버. 크기는 세로 18.5센티미터, 가로 13.2센
티미터이다. 최남선(崔南善)이 정해(丁亥, 1947년) 3월 8일에 쓴
'縮版新字典叙'가 수록되어 있다. 판권지에는 책명이 '大版 新
字典'으로 인쇄되어 있다. 저작 겸 발행자는 최남선이다. 가톨
릭대 중앙도서관, 강남대 도서관, 고려대 도서관, 국민대 성곡
도서관, 단국대 퇴계기념도서관, 청주대 도서관, 박형익 교수
등 소장>

1947-09-20. 『신자전(新字典)』, 유근(柳瑾) 외 공편, 서울: 신문관. <2+498쪽.
국립중앙도서관 소장>

1947-12-25. 『한선문 신옥편(漢鮮文 新玉篇)』, 덕흥서림(德興書林) 편집부(編
輯部) 편찬(編纂), 서울: 덕흥서림(德興書林). <5+242+58쪽. 이

화여대 도서관 소장> <1945-11-01(초판)>

1947-00-00. 『회중 국한 신옥편(懷中國漢新玉篇)』, 문세영(文世榮) 편(編), 서
울: 동화당서점(東和堂書店). <3판. 145+54쪽. 국립중앙도서관
소장>

1948-09-05. 『옥편 겸용 한한 사전(玉篇兼用 漢韓辭典)』, 대한사서간행회(大
韓辭書刊行會), 서울: 수문관(修文舘). <초판. 490쪽. 가톨릭대 중
앙도서관, 박형익 교수 소장> <1948-10-28(재판), 1948-11-01(3
판), 1949-12-10(4판)>

1948-00-00. 『한선문 신옥편(漢鮮文 新玉篇)』, 덕흥서림(德興書林) 편집부(編
輯部) 편찬(編纂), 서울: 덕흥서림(德興書林). <서울대 중앙도서
관 소장> <1945-11-01(초판)>

1949-03-31. 『획수로 찾는 실용 옥편(實用玉篇)』, 대구: 철야당서점(哲也堂
書店). <1+59쪽. 포켓판. 12.6×9센티미터. 편집 겸 발행인은
신삼수(申三洙)이다.> <1949-12-05(4판)>

1949-05-20. 『국한문 신옥편(國漢文新玉篇)』, 서울: 덕흥서림(德興書林). <4판.
242+58쪽. 편집 겸 발행인은 김동진(金東縉)이다. 내제는 '漢鮮
文新玉篇'이다. 국립중앙도서관 소장> <1945-11-01(초판)>

1949-08-20. 『증정 부도 자전석요(增正附圖 字典釋要)』, 지석영(池錫永), 서
울: 영창서관(永昌書館). <재판. '자전석요 원서' 1장+'증정 부
도 자전석요 범례' 4장+'검자' 6장+'증정 부도 자전석요 목록'
5장+'증정 부도 자전석요 상' 94장+'증정 부도 자전석요 하'
121장+부도 20장. 발행권자는 영창서관 출판부이다. 강남대 도
서관, 이화여대 도서관, 박형익 교수 소장> <1950-02-28(3판. 하
드커버. 판권지에는 '저작 겸 발행권 소유 영창서관'이 적혀
있다.)>

1949-10-05. 『국한문 신옥편(國漢文新玉篇)』, 문세영(文世榮) 저(著), 서울: 세
창서관(世昌書舘). <초판. 3+12+270+66쪽. 본문 첫 페이지의

내제는 '國漢文 實用新玉篇'이고, '文世榮 撰'으로 되어 있다.
가톨릭대 중앙도서관, 박형익 교수 소장> <1953-06-30(5판)>

1949-10-05. 『국한문 실용 신옥편(國漢文實用新玉篇)』, 송완식(宋完植) 편
(編), 서울: 학림사(동화당서점).

1949-12-05. 『(획수로 찾는) 실용 옥편(實用玉篇)』, 대구: 칠야딩시점(哲也堂
書店). <4판. 박형익 교수 소장>

1949-12-25. 『신옥편(新玉篇)』, 문세영(文世榮) 저(著), 서울: 장문사(壯文社).
<초판, 이화여대 도서관 소장> <1950-00-00(수정 증보판),
1951-08-10(5판), 1955-10-20(11판), 1957-02-20(63판), 1959-01-20
(수정 증보 71판. 판권지에는 11판으로 잘못 인쇄되어 있다.),
1961-10-31(86판)>

1949-00-00. 『국한영 실용 사전(國漢英 實用辭典)』, 대양출판사 편집국(大洋
出版社) 편(編), 서울: 대양출판사(大洋出版社). <543쪽. 국립중
앙도서관 소장>

1950-01-30. 『국한문 신옥편(國漢文新玉篇)』, 서울: 덕흥서림(德興書林). <5판.
편집 겸 발행인은 김동진(金東縉)이다.> <1945-11-01(초판)>

1950-02-28. 『증정 부도 자전석요(增正 附圖 字典釋要)』, 지석영(池錫永), 서
울: 영창서관(永昌書舘). <3판. 하드커버. 판권지에는 '저작 겸
발행권 소유 영창서관'이 적혀 있다. 고려대 도서관, 동국대
중앙도서관, 연세대 학술정보원, 전북대 중앙도서관 소장>
<1909-07-30(초판)>

1950-03-20. 『회중 신옥편(懷中新玉篇)』, 서울: 영창서관(永昌書舘). <재판>

1950-04-15. 『국한문 신옥편(國漢文新玉篇)』, 덕흥서림 편집부(德興書林 編
輯部), 서울: 덕흥서림(德興書林). <6판. 58+242쪽. 저작 겸 발
행자는 김동진(金東縉)이다. 경희대 중앙도서관, 계명대 동산
도서관, 단국대 퇴계 기념 도서관, 목원대 도서관, 조선대 도
서관, 충북대 도서관, 박형익 교수 소장> <1945-11-01(초판)>

1950-06-01. 『신자원(新字源)』, 오한근(吳漢根) 편(編), 서울: 사서출판사(辭書出版社). <초판. 2+18+994+38쪽. 국립중앙도서관, 서울대 중앙도서관, 광주교대 도서관, 박형익 교수 소장> <1951-12-15, 1953-05-15, 1954-00-00, 1956-04-20(8판. 1951년 12월 15일 발행본의 8판 재판), 1967-00-00(숭문사)>

1950-07-30. 『전주 삽도 국한일 신옥편(箋洲揷圖 國漢日 新玉篇)』, 서울: 세창서관(世昌書舘). <신태삼(申泰三)>

1950-00-00. 『국한 명문 신옥편(國漢 明文新玉篇)』, 김혁제(金赫濟) 저(著), 서울: 명문당(明文堂). <237+581쪽. 충북대 도서관 소장>

1950-00-00. 『수정 증보 신옥편(修正增補 新玉篇)』, 문세영(文世榮) 편(編), 서울: 장문사(壯文社). <2+198+61쪽. 가톨릭대 중앙도서관 소장>

1950-00-00. 『한한 사전(漢韓辭典)』, 사서출판사 편집부(辭書出版社編輯部), 서울: 사서출판사(辭書出版社). <1,375쪽. 국방전자도서관 소장>

1951-08-10. 『수정 증보 신옥편(修正增補 新玉篇)』, 문세영(文世榮) 편(編), 서울: 장문사(壯文社). <5판>

1951-10-10. 『국한 실용 신식 옥편(國漢 實用 新式玉篇)』, 백상기(白象基) 편저(編著), 서울: 삼성사(三省社). <150쪽. 발행자는 이기선(李起先)이다. 포켓용 자전. 실용 한자 5,000자 수록. 국립중앙도서관 소장>

1951-12-15. 『신자원(新字源)』, 사서출판사 편집부(辭書出版社編輯部) 편(編), 서울: 사서출판사(辭書出版社). <2+18+994+38쪽. 국회도서관, 경기대 중앙도서관, 계명대 동산도서관, 광주교대 도서관, 부산교대 도서관, 서울대 중앙도서관, 이화여대 도서관, 전북대 중앙도서관, 박형익 교수 등 소장> <1950-06-01(초판)>

1951-00-00. 『국한문 신옥편(國漢文新玉篇)』, 세창서관 편집부(世昌書館編輯部) 편(編), 서울: 세창서관(世昌書舘). <242+66쪽. 경북대 중앙

도서관, 경희대 중앙도서관, 충북대 도서관 소장> <1952-12-30, 1966-00-00>

1951-00-00. 『옥편 겸용 신수 국한 사전(玉篇兼用 新修國漢辭典)』, 대한도서간행회(大韓圖書刊行會) 편(編), 서울: 백조사(白鳥社). <495쪽. 국립중앙도서관 소장>

1951-00-00. 『중한 신옥편(中漢新玉篇)』, 윤시중(尹時重), 서울: 동문사(同文社).

1951-00-00. 『회중 신옥편(懷中新玉篇)』, 사홍, 서울: 대동문화사.

1952-01-05. 『국한문 신옥편(國漢文新玉篇)』, 서울: 덕흥서림(德興書林). <196+242+59쪽. 김준환(金駿煥). 대구가톨릭대 중앙도서관, 성결대 도서관 소장>

1952-02-28. 『국한 명문 신옥편(國漢明文新玉篇)』, 김혁제(金赫濟) 저(著), 서울: 명문당(明文堂). <초판. 313쪽. 소형판. 크기만 다르고 내용이 동일한 대중소 3종류의 판형이 있는데, 판형을 일일이 구분하지 않고 한꺼번에 제시하였다. 15.1×10센티미터(중형판. 3+581+76쪽). 18.2×12.4센티미터(대형판. 743+241쪽?). 연세대 학술정보원, 전남대 중앙도서관, 한남대 도서관 소장> <1952-10-30(수정 증보(修正增補) 재판), 1954-00-00(3판), 1955-10-25(4판), 1955-11-15, 1956-10-30(5판), 1957-10-30(6판), 1958-04-01, 1959-00-00, 1960-10-20, 1960-10-30, 1961-00-00, 1962-00-00, 1963-00-00, 1965-10-15, 1967-03-30, 1968-00-00, 1969-00-00, 1970-00-00, 1971-00-00, 1973-00-00, 1974-11-05(수정 증보 27판), 1975-01-10, 1975-07-25(수정 증보 28판), 1976-06-20(수정 증보 29판), 1977-00-00, 1979-06-25, 1979-10-30, 1981-00-00, 1982-02-01, 1983-00-00, 1984-00-00, 1985-02-25, 1986-00-00, 1988-00-00, 1989-00-00, 1991-00-00, 1992-00-00, 1994-07-00, 1996-00-00, 1997-07-01, 2000-00-00, 2001-01-10, 2003-01-25, 2004-00-00, 2006-01-00, 2008-01-10, 2011-01-01>

1952-08-30. 『국한영중일 신옥편(國漢英中日 新玉篇)』, 신태삼(申泰三) 편(編), 서울: 세창서관(世昌書舘). <537+165쪽. 경상대 도서관, 부산대 제1모서관, 서강대 도서관, 연세대 학술정보원, 전남대 중앙도서관 소장>

1952-08-30. 『전초삽도 국한문 신옥편(篆艸揷圖 國漢文新玉篇)』, 세창서관 편집부, 서울: 세창서관(世昌書舘). <407+66쪽. 신태삼(申泰三). 안동대 도서관 소장>

1952-10-30. 『국한 명문 신옥편(國漢明文新玉篇)』, 김혁제(金赫濟) 저(著), 서울: 명문당(明文堂). <재판. 3+11+581+76쪽. 초판에는 없는 '검자(檢字)' 11쪽을 새롭게 첨가하였다. 18.2×12.4센티미터(중형판). 국립중앙도서관, 박형익 교수 등 소장> <1952-02-28(초판)>

1952-12-30. 『국한문 신옥편(國漢文新玉篇)』, 세창서관 편집부(世昌書舘編輯部), 서울: 세창서관(世昌書舘). <242+66쪽. 가톨릭대 중앙도서관, 강남대 도서관, 건국대 상허기념도서관, 부산대 부산 캠퍼스 제1도서관, 충북대 도서관 소장>

1952-00-00. 『국한 신옥편(國漢新玉篇)』, 문창문화사(文昌文化社) 편(編), 서울: 문창문화사(文昌文化社). <452쪽. 국립중앙도서관 소장>

1952-00-00. 『신옥편(新玉篇)』, 문세영(文世榮), 서울: 장문사(壯文社).

1952-00-00. 『신자원(新字典)』, 대영당 편집부(大榮堂編輯部), 대구: 대영당(大榮堂).

1952-00-00. 『신자전(新字典)』, 서울: 사서출판사(辭書出版社). <994쪽. 광주교대 도서관 소장>

1952-00-00. 『알기 쉬운 회중 옥편(懷中玉篇)』, 문창사 편집부(文昌社編輯部) 편(編), 서울: 문창사(文昌社). <190쪽. 국립중앙도서관 소장>

1952-00-00. 『자전석요(字典釋要)』, 지석영(池錫永), 서울: 영창서관. <고려대 도서관 소장> <1909-07-30(초판)>

1952-00-00. 『최신 옥편(最新玉篇)』, 명성출판사 편집부(明星出版社編輯部),

서울: 명성출판사(明星出版社).

1952-00-00. 『한자 사전(漢字辭典)』, 대조사 편집부(大造社編輯部), 서울: 대
　　　　　조사(大造社).

1953-05-15. 『신자원(新字源)』, 사서출판사 편집부(辭書出版社編輯部) 편(編),
　　　　　서울: 사서출판사(辭書出版社). <국립중앙도서관, 계명대 동산
　　　　　도서관, 서울대 중앙도서관, 충북대 도서관 소장> <1950-06-01
　　　　　(초판)>

1953-06-10. 『(최신판) 국한 명해 신옥편(國漢 明解新玉篇)』, 장문사 편집부
　　　　　(壯文社編輯部) 편(編), 서울: 장문사(壯文社). <198+87쪽>

1953-06-20. 『국한문 신옥편(國漢文新玉篇)』, 덕흥서림 편집부(德興書林編輯
　　　　　部) 편(編), 서울: 덕흥서림(德興書林). <9판. 국립중앙도서관 홈
　　　　　페이지에는 '한선문 신옥편(漢鮮文新玉篇)'으로 되어 있다. 저
　　　　　작 겸 발행자는 김준환(金駿煥)이다. 국립중앙도서관, 숙명여
　　　　　대 도서관, 박형익 교수 소장> <1945-11-01(초판)>

1953-06-30. 『국한문 신옥편(國漢文新玉篇)』, 문세영(文世榮) 찬(撰), 서울:
　　　　　세창서관(世昌書舘). <3판. 270+66쪽>

1953-00-00. 『수정 증보 신옥편(修正增補 新玉篇)』, 문세영(文世榮) 찬(撰),
　　　　　서울: 장문사(壯文社). <고려대 중앙도서관 소장>

1953-00-00. 『회중 국한 신옥편(懷中國漢新玉篇)』, 문연사 편집부(文硏社編
　　　　　輯部) 편(編), 서울: 문연사(文硏社). <490쪽. 국립중앙도서관
　　　　　소장>

1954-01-22. 『최신 국한 대사전(最新國漢大辭典)』, 사서편찬회(辭書編纂會)
　　　　　편(編), 서울: 삼문사(三文社). <초판. 665쪽. 국립중앙도서관, 국회
　　　　　도서관 등 소장> <1954-04-15(재판), 1955-02-25(3판), 1955-12-25(4
　　　　　판), 1957-03-25(5판)>

1954-02-10. 『국한 신옥편(國漢 新玉篇)』, 김혁제(金赫濟) 저(著), 서울: 명문당
　　　　　(明文堂). <초판. 263쪽. 국립중앙도서관 소장> <1955-02-10(4

판), 1959-04-01, 1960-00-00, 1964-02-20>

1954-02-15. 『최신 국한 대사전(最新國漢大辭典)』, 사전편찬회(辭典編纂會 ; 문연사 편집부) 편(編), 서울: 문연사(文硏社). <초판. 665+57쪽. 국회도서관 등 소장> <1955-00-00, 1957-03-25(5판)>

1954-04-15. 『최신 국한 대사전(最新國漢大辭典)』, 사서편찬회(辭書編纂會) 편(編), 서울: 삼문사(三文社). <재판> <1954-01-22(초판)>

1954-09-15. 『표준 국한영 사전(國漢英辭典)』, 사전간행회(辭典刊行會) 편(編), 서울: 문성각(文星閣). <1+1+502쪽. 국립중앙도서관, 경북대 중앙도서관, 동국대 중앙도서관, 부경대 도서관, 서울대 농학도서관, 전북대 중앙도서관, 진주교대 도서관 등 소장>

1954-00-00. 『국한 명문 신옥편(國漢 明文新玉篇)』, 김혁제(金赫濟) 저(著), 서울: 명문당(明文堂). <3판. 3+11+581+76쪽. 인하대 도서관 소장> <1952-02-28(초판)>

1954-00-00. 『신옥편(新玉篇)』, 대문사 편집부(大文社編輯部), 서울: 대문사(大文社). <160쪽>

1954-00-00. 『신옥편(新玉篇)』, 문세영(文世榮) 편(編), 서울: 장문사(壯文社). <258쪽. 국립중앙도서관 소장>

1954-00-00. 『신자원(新字源)』, 사서출판사 편집부(辭書出版社編輯部) 편(編), 서울: 사서출판사(辭書出版社). <국회도서관 소장> <1950-06-01 (초판)>

1954-00-00. 『최신 국한 대사전(最新 國漢大辭典)』, 사전편찬회(辭典編纂會) 편(編), 서울: 문명사(文明社). <665쪽. 국립중앙도서관, 가톨릭 관동대 중앙도서관, 덕성여대 도서관, 부경대 도서관, 부산대 제1도서관, 제주교대 도서관 소장>

1954-00-00. 『최신 옥편(最新玉篇)』, 김성균, 서울: 홍교사(弘敎社).

1954-00-00. 『표준 국한영 사전(標準 國漢英辭典)』, 사전간행회(辭典刊行會) 편(編), 서울: 삼문사(三文社). <502쪽. 국회도서관 소장>

1954-00-00. 『한한 옥편(漢韓玉篇)』, 김진복, 서울: 중앙출판사. <180쪽>

1954-00-00. 『한한 사전(漢韓辭典)』, 사서출판사 편집부(辭書出版社編輯部), 서울: 사서출판사(辭書出版社). <1,325쪽>

1955-01-20. 『최신 국한 사전(最新 國漢辭典)』, 사전편찬회(辭典編纂會), 서울: 삼문사(三文社). <초판>

1955-02-10. 『국한 신옥편(國漢 新玉篇)』, 김혁제(金赫濟) 저(著), 서울: 명문당(明文堂). <4판. 263쪽. 광주교육대 도서관 소장> <1954-02-10(초판)>

1955-02-25. 『최신 국한 대사전(最新國漢大辭典)』, 사서편찬회(辭書編纂會) 편(編), 서울: 삼문사(三文社). <3판> <1954-01-22(초판)>

1955-05-15. 『학생 한한 자전(學生漢韓字典)』, 김경탁(金敬琢) 편(編), 서울: 동국문화사(東國文化社). <376쪽. 국립중앙도서관, 고려대 중앙도서관 소장>

1955-06-01. 『최신 국한 자전(最新 國漢字典)』, 장문사 편집부(壯文社編輯部) 편(編), 서울: 장문사(壯文社). <초판> <1956-02-10(재판. 260+113쪽)>

1955-10-20. 『수정 증보 신옥편(修正 增補 新玉篇)』, 문세영(文世榮) 편(編), 서울: 장문사(壯文社). <11판. 부경대 도서관 소장>

1955-10-25. 『국한 명문 신옥편(國漢 明文新玉篇)』, 김혁제(金赫濟) 저(著), 서울: 명문당(明文堂). <4판. 3+11+581+76쪽. 부산교대 도서관, 부산대 제1도서관, 한국외대 서울도서관, 한양대 중앙도서관 소장> <1952-02-28(초판)>

1955-11-15. 『국한 명문 신옥편(國漢 明文新玉篇)』, 김혁제(金赫濟) 저(著), 서울: 명문당(明文堂). <5판. 부산교육대 도서관, 부산대 부산캠퍼스 제1도서관, 한국외대 서울캠퍼스 도서관, 한양대 중앙도서관, 박형익 교수 소장> <1952-02-28(초판)>

1955-12-15. 『홍가 정진 비전 부 의서 자전(洪家定診秘傳 附醫書字典)』, 홍순승(洪淳昇) 저, 서울: 보문출판사(寶文出版社). <98장+32장.

초판. 부록으로 '의서 자해(醫書字解)' 32장을 붙여 놓았다. 표제와 내제는 '洪家定診秘傳 附 醫書字典'이지만, 본문의 부록 제목으로는 '醫書字解'로 되어 있다.>

1955-12-25. 『최신 국한 대사전(最新國漢大辭典)』, 사서편찬회(辭書編纂會) 편(編), 서울: 삼문사(三文社). <4판. 665쪽. 국립중앙도서관, 충북대 도서관 소장> <1954-01-22(초판)>

1955-00-00. 『국한 신옥편(國漢新玉篇)』, 계문출판사 편집부(啓文社出版社編輯部) 편(編), 서울: 계문출판사(啓文出版社). <257쪽. 국립중앙도서관 소장>

1955-00-00. 『국한영 실용 사전(國漢英實用辭典)』, 김익달(金益達) 편(編), 서울: 대양출판사(大洋出版社). <666쪽>

1955-00-00. 『신옥편(新玉篇)』, 임표(林豹), 서울: 사서출판사(辭書出版社). <1,056쪽>

1955-00-00. 『최신 국한 대사전(最新國漢大辭典)』, 사전편찬회(辭典編纂會) 편(編), 서울: 문연사(文硏社). <665쪽. 경희대 중앙도서관, 고려대 도서관, 공주대 도서관, 광주교대 도서관, 부경대 도서관, 전남대 중앙도서관, 전북대 중앙도서관, 한국학중앙연구원 도서관 소장> <1954-02-15(초판)>

1955-00-00. 『회중 옥편(懷中玉篇)』, 희문사 편집부, 서울: 한미문화사. <140쪽>

1956-02-10. 『최신 국한 자전(最新國漢字典)』, 장문사 편집부(壯文社編輯部) 편(編), 서울: 장문사(壯文社). <재판>

1956-02-20. 『한한화지 신자전(漢韓華支 新字典)』, 사전편찬회(辭典編纂會) (또는 이명칠(李命七) 편(編), 서울: 삼문사(三文社). <16+704+57쪽. 국립중앙도서관, 가톨릭대 중앙도서관, 강남대 도서관, 경상대 도서관, 고려대 도서관, 공주대 도서관, 단국대 퇴계기념도서관, 서울대 중앙도서관, 전남대 중앙도서관 등 소장>

1956-03-30. 『한한 사전(漢韓辭典)』, 사서출판사 편집부(辭書出版社編輯部)
편(編), 서울: 사서출판사(辭書出版社). <초판. 24+1,375쪽. 국
립중앙도서관, 국회도서관, 고려대 중앙도서관, 목원대 도서
관, 이화여대 도서관, 충북대 도서관 등 소장> <1960-00-00,
1961-05-10, 1965-00-00>

1956-04-20. 『신자원(新字源)』, 사서출판사 편집부(辭書出版社編輯部) 편(編),
서울: 사서출판사(辭書出版社). <8판. 1951년 12월 15일 발행본
의 8판 재판 인쇄> <1950-06-01(초판)>

1956-10-25. 『국한 명문 신옥편(國漢 明文新玉篇)』, 김혁제(金赫濟) 저(著),
서울: 명문당(明文堂). <6판. 3+11+581+76쪽. 국립중앙도서
관, 한국외대 서울캠퍼스 도서관 소장> <1952-02-28(초판)>

1956-00-00. 『국한영 실용 사전(國漢英 實用辭典)』, 대양출판사 편집국(大洋
出版社編輯局) 편(編), 서울: 대양출판사(大洋出版社). <666쪽.
국회도서관 소장>

1956-00-00. 『용어 자원(用語字源)』, 권기환(權琦煥) 저(著), 서울: 보문당(普
文堂). <94쪽. 국립중앙도서관, 장로회신학대 도서관 소장>

1956-00-00. 『최신 국한 대사전(最新國漢大辭典)』, 사서편찬회(辭書編纂會)
편(編), 서울: 문연사(文硏社). <665쪽>

1956-00-00. 『한한 초문 신자전(漢韓草文 新字典)』, 이명칠(李命七) 편(編),
서울: 삼문사(三文社). <16+704+57쪽. 국립중앙도서관 소장>

1956-00-00. 『한한화지 신자전(漢韓華支 新字典)』, 이명칠(李命七) 편(編), 서
울: 삼문사(三文社). <16+704+57쪽. 국방전자도서관, 전남대
중앙도서관 소장>

1957-02-20. 『수정 증보 신옥편(修正 增補 新玉篇)』, 문세영(文世榮) 편(編),
서울: 장문사(壯文社). <63판>

1957-03-25. 『최신 국한 대사전(最新國漢大辭典)』, 사서편찬회(辭書編纂會)
편(編), 서울: 삼문사(三文社). <5판. 665쪽. 국립중앙도서관 소

장> <1954-01-22(초판)>

1957-09-15.『국한 송정 신자원(國漢 松亭新字源)』, 김혁제(金赫濟) 저(著),
　　　　　서울: 명문당(明文堂). <재판>

1957-10-30.『수정 증보 명문 신옥편(修訂增補 明文新玉篇)』, 김혁제(金赫濟) 저
　　　　　(著), 서울: 명문당(明文堂). <수정 증보 초판(7판). 3+24+581+99
　　　　　쪽. 국립중앙도서관, 국회도서관, 경희대 중앙도서관, 광주교육
　　　　　대 도서관, 군산대 도서관, 단국대 퇴계기념도서관, 대구가톨
　　　　　릭대 중앙도서관, 서울대 중앙도서관, 성균관대 중앙학술정보
　　　　　관, 숙명여대 도서관, 연세대 학술정보원 소장> <1952-02-28
　　　　　(초판), 1960-02-20(수정 증보 12판)>

1957-00-00.『국한문 신옥편(國漢文新玉篇)』, 세창서관 편집부(世昌書舘編輯
　　　　　部) 편(編), 서울: 세창서관(世昌書舘).

1958-02-25.『상용 한자 사전(常用漢字辭典)』, 성학사 편집부(誠學社編輯部),
　　　　　서울: 성학사(誠學社).

1958-03-26.『알기 쉬운 실용 한문 사전(實用漢文辭典)』, 창신문화사 편집
　　　　　부(昌信文化社編輯部) 편(編), 서울: 창신문화사(昌信文化社).
　　　　　<1+9+222+30쪽>

1958-04-01.『수정 증보 명문 신옥편(修訂增補 明文新玉篇)』, 김혁제(金赫濟)
　　　　　저(著), 서울: 명문당(明文堂). <수정 증보 8판. 3+11+581+76
　　　　　쪽. 박형익 교수 소장> <1952-02-28(초판)>

1958-08-26.『알기 쉬운 상용 한자 사전(常用漢字辭典)』, 창신문화사 편집
　　　　　부(昌信文化社編輯部) 편(編), 서울: 창신문화사(昌信文化社).

1958-12-10.『국한 표준 신옥편(國漢 標準新玉篇)』, 남창희(南昌熙) 편(編),
　　　　　서울: 창문사(彰文社). <238쪽>

1958-12-25.『국한 최신 홍자 옥편(國漢 最新弘字玉篇)』, 홍자출판사 편집부
　　　　　(弘字出版社編輯部) 편(編), 서울: 홍자출판사(弘字出版社). <초
　　　　　판. 3+14+637+147쪽. 1984년 1월 5일 민중서림 (民衆書林)에

서 '국한' 대신에 '수정 증보'를 붙여 초판『수정 증보 최신 홍자 옥편(修正 增補 最新弘字玉篇)』을 2+16+637+168+122+3쪽 분량으로 발행하였다. 본문 내용은 그대로 유지하고 부록 등의 내용을 가감하였다. 고려대 중앙도서관, 단국대 퇴계기념도서관, 서울내 중앙도서관, 연세대 학술정보원 소장> <1959-00-00, 1960-02-15(재판), 1960-08-30(수정 3판), 1961-01-30(수정 4판), 1961-04-10(수정 5판), 1962-10-25(수정 6판), 1962-12-30(수정 7판), 1963-03-25(수정 8판), 1964-02-25(수정 9판), 1964-10-25(수정 10판), 1965-00-00, 1966-00-00, 1967-00-00(수정 16판), 1968-04-10(수정 18판), 1969-00-00, 1970-00-00, 1971-00-00, 1972-00-00, 1973-01-25, 1973-07-01(수정 25판), 1974-00-00, 1975-00-00, 1976-00-00, 1977-00-00, 1978-00-00, 1979-11-30(문천사), 1983-00-00, 1984-01-05(민중서림 초판), 1985-00-00, 1986-00-00, 1987-00-00(초판 2쇄), 1988-00-00, 1989-04-10(초판 3쇄), 1990-02-00(초판 4쇄), 1991-01-10(초판 5쇄), 1992-00-00(초판 6쇄), 1993-00-00(초판 7쇄), 1994-01-10(초판 8쇄. 18+941쪽), 1995-00-00, 1996-00-00, 1997-01-06(수정판), 1998-00-00, 1999-01-10(대판), 2000-00-00, 2002-00-00, 2003-00-00, 2004-00-00(8쇄), 2005-01-10, 2006-01-10(수정판 제10쇄. 18+941쪽), 2007-00-00(제11쇄), 2008-01-10(수정판 12쇄. 941쪽), 2009-00-00(초판 24쇄), 2010-00-00, 2011-01-10(15쇄. 대판), 2013-01-10, 2014-00-00, 2015-01-10(대판)>

1958-00-00. 『국한 신자원(國漢新字源)』, 김혁제(金赫濟) 저(著), 서울: 명문당(明文堂). <263쪽. 성균관대 중앙학술정보관 소장>

1958-00-00. 『국한영중일 신옥편(國漢英中日 新玉篇)』, 신태삼(申泰三) 편(編), 이윤재(李允宰) 교열(校閱), 서울: 세창서관(世昌書舘). <진주교대 도서관 소장>

1958-00-00. 『최신 일선 대자전(最新 日鮮大字典)』, 서울: 세창서관(世昌書舘).

1959-01-15. 『국한 모범 신옥편(國漢 模範新玉篇)』, 서울: 숭문사(崇文社). <초판> <1959-02-01(중판)>

1959-01-20. 『수정 증보 신옥편(修正 增補 新玉篇)』, 문세영(文世榮) 편(編), 서울: 장문사(壯文社). <수정 증보 71판. 판권지에는 11판으로 잘못 인쇄되어 있다.>

1959-02-01. 『국한 모범 신옥편(國漢模範新玉篇)』, 서울: 숭문사(崇文社). <중판> <1959-01-15(초판)>

1959-04-01. 『국한 신옥편(國漢 新玉篇)』, 김혁제(金赫濟) 저(著), 서울: 명문당(明文堂). <263쪽. 국립중앙도서관 소장> <1954-02-10(초판)>

1959-04-01. 『수정 증보 명문 신옥편(修訂增補 明文新玉篇)』, 김혁제(金赫濟) 저(著), 서울: 명문당(明文堂). <1952-02-28(초판)>

1959-07-25. 『수정 증보 국한문 신옥편(修正增補 國漢文新玉篇)』, 윤남우(尹南祐) 편(編), 서울: 동문사(東文社). <239쪽. 저작 겸 발행인은 윤시중(尹時重)이다. 국립중앙도서관 소장>

1959-07-25. 『증보 수정 신옥편(增補修正新玉篇)』, 윤남우(尹南祐) 편(編), 서울: 대조사(大造社).

1959-00-00. 『국한 자전』, 대조사 편집부(大造社編輯部) 편(編), 서울: 대조사(大造社). <232쪽. 대구가톨릭대 중앙도서관 소장>

1959-00-00. 『국한 최신 홍자 옥편(國漢 最新弘字玉篇)』, 홍자출판사 편집부(弘字出版社編輯部) 편(編), 서울: 홍자출판사(弘字出版社).

1959-00-00. 『최신 국한 대사전(最新 國漢大辭典)』, 사전편찬회(辭典編纂會) 편(編), 서울: 삼문사(三文社). <2+665쪽. 강원대 도서관, 경기대 중앙도서관, 서울시립대 도서관 등 소장>

1960-02-15. 『국한 최신 홍자 옥편(國漢 最新弘字玉篇)』, 홍자출판사 편집부(弘字出版社編輯部) 편(編), 서울: 홍자출판사(弘字出版社). <재판>

1960-02-20. 『국한 명문 신옥편(國漢 明文新玉篇)』, 김혁제(金赫濟) 저(著), 서울: 명문당(明文堂). <수정 증보 12판. 범례 3쪽+검자 24쪽

+본문 581쪽+한글 자휘 76쪽+변사(辨似) 7쪽+속자 11쪽+상용 한자약자 5쪽. 박형익 교수 소장> <1957-10-30(수정 증보 초판)>

1960-08-30. 『국한 최신 홍자 옥편(國漢 最新弘字玉篇)』, 홍자출판사 편집부(弘字出版社編輯部) 편저(編著), 서울: 홍지출판시(弘字出版社). <수정 3판. 14+637+146쪽. 국립중앙도서관 소장>

1960-10-20. 『수정 증보 명문 신옥편(修訂增補 明文新玉篇)』, 김혁제(金赫濟) 저(著), 서울: 명문당(明文堂). <수정 증보 11판. 3+24+581+99쪽. 국립중앙도서관, 박형익 교수 소장> <1958-04-01(수정 증보 8판)과는 달리 판권지에 1957-10-30(수정 증보 초판)의 11판으로 표시하였다.> <1952-02-28(초판)>

1960-10-30. 『수정 증보 명문 신옥편(修訂增補 明文新玉篇)』, 김혁제(金赫濟) 저(著), 서울: 명문당(明文堂). <수정 증보 12판. 3+24+581+237쪽. 국립중앙도서관, 강원대 도서관, 건국대 상허기념도서관, 서울대 중앙도서관, 전남대 중앙도서관 소장> <1952-02-28(초판), 1957-10-30(수정 증보 초판)>

1960-11-20. 『국한 장문 신옥편(國漢 壯文新玉篇)』, 신태희(申台熙), 서울: 장문사(壯文社). <103쪽>

1960-00-00. 『국한 신옥편(國漢 新玉篇)』, 김혁제(金赫濟) 저(著), 서울: 명문당(明文堂). <263쪽. 국립중앙도서관에는 '국한 송정 신옥편(國漢 松亭新玉篇)'으로 되어 있다. 국립중앙도서관 소장> <1954-02-10(초판)>

1960-00-00. 『국한 송정 신자전(國漢松亭新字典)』, 김혁제(金赫濟) 저(著), 서울: 명문당(明文堂). <566쪽. 국립중앙도서관 소장>

1960-00-00. 『국한영 신자전(國漢英 新字典)』, 문광사 편집부(文光社編輯部), 서울: 문광사(文光社).

1960-00-00. 『송정 신자전(松亭新字典)』, 김혁제(金赫濟) 저(著), 서울: 명문

당(明文堂). <3+17+566쪽. 국립중앙도서관 소장>

1960-00-00. 『신자전(新字典)』, 유근(柳瑾) 외 공편(編), 서울: 신문관(新文舘).
<2+498쪽. 대구교대 도서관, 순천대 도서관 소장>

1960-00-00. 『최신 국한 자전(最新國漢字典)』, 장문사 편집부(壯文社編輯部)
편(編), 서울: 장문사(壯文社). <16+363쪽. 숙명여대 도서관 소
장>

1960-00-00. 『학습과 옥편을 겸한 상용 이천 자 단기 완성(學習과 玉篇을
兼한 常用二千字 短期完成)』, 임명균(林明均) 편저, 서울: 성문
사(省文社). <188쪽. 국립중앙도서관 소장>

1960-00-00. 『한한 사전(漢韓辭典)』, 사서출판사 편집부(辭書出版社編輯部)
편(編), 서울: 사서출판사(辭書出版社). <'신자원'을 개제한 것
이다. 국회도서관, 가천대 중앙도서관, 공주대 도서관, 동국대
중앙도서관, 숭실대 도서관, 전남대 중앙도서관, 전북대 중앙
도서관 소장> <1956-03-30(초판)>

1961-01-30. 『국한 최신 홍자 옥편(國漢 最新弘字玉篇)』, 홍자출판사 편집
부(弘字出版社編輯部) 편(編), 서울: 홍자출판사(弘字出版社). <4
판. 광주교대 도서관, 상명대 천안캠퍼스 도서관, 장로회신학
대 도서관, 제주대 중앙도서관 소장>

1961-02-15. 『국한 모범 신옥편(國漢模範新玉篇)』, 신태화(申泰和) 편(編), 서
울: 삼문사(三文社). <국립중앙도서관 소장>

1961-03-15. 『신자전(新字典)』, 어문각 편집부(語文閣編輯部) 편(編), 서울:
어문각(語文閣). <2+10+384쪽. 문고판. 국립중앙도서관, 계명
대 동산도서관, 홍익대 중앙도서관 소장>

1961-04-10. 『국한 최신 홍자 옥편(國漢 最新弘字玉篇)』, 홍자출판사 편집부
(弘字出版社編輯部) 편(編), 서울: 홍자출판사(弘字出版社). <수정
5판>

1961-04-25. 『국한 최신 표준 신옥편(國漢 最新標準新玉篇)』, 편집부, 서울:

경향출판사(京鄉出版社). <462쪽. 포켓판. 박형익 교수 소장>

1961-05-20. 『새자전(새字典)』, 김민수(金敏洙) 편(編), 서울: 동아출판사(東亞出版社). <초판. 12+658쪽. 국립중앙도서관, 박형익 교수 소장> <1962-00-00, 1972-00-00(성문각)>

1961-10-31. 『수정 증보 신옥편(修正增補 新玉篇)』, 문세영(文世榮) 편(編), 서울: 장문사(壯文社). <86판>

1961-11-20. 『국한 장문 신옥편(國漢壯文新玉篇)』, 신태희(申台熙) 편(編), 서울: 장문사(壯文社). <581쪽. 국립중앙도서관 소장>

1961-11-20. 『최신 국한 자전(最新 國漢字典)』, 장문사 편집부(壯文社編輯部) 편(編), 서울: 장문사(壯文社). <260+103쪽>

1961-12-25. 『국한 문창 신옥편(國漢文昌新玉篇)』, 문창사 편집부(文昌社 編輯部) 편(編), 서울: 문창사(文昌社). <572쪽. 국립중앙도서관, 서울과기대 도서관 소장>

1961-00-00. 『국한영중일 신옥편(國漢英中日新玉篇)』, 신태삼(申泰三) 저(著), 서울: 세창서관(世昌書舘). <국립중앙도서관 소장>

1961-00-00. 『국한일 신옥편(國漢日新玉篇)』, 신태삼(申泰三) 편(編), 서울: 세창서관(世昌書館). <568쪽. 국립중앙도서관 소장>

1961-00-00. 『수정 증보 명문 신옥편(修訂增補 明文新玉篇)』, 김혁제(金赫濟) 저(著), 서울: 명문당(明文堂). <3+24+581+237쪽. 가톨릭관동대 중앙도서관, 경인교육대 인천캠퍼스 도서관, 고려대 중앙도서관, 광주교대 도서관, 동국대 중앙도서관, 진주교대 도서관, 한국외대 서울캠퍼스 도서관, 한밭대 도서관, 한신대 중앙도서관, 호서대 중앙도서관 소장> <1952-02-28(초판)>

1961-00-00. 『한한 사전(漢韓辭典)』, 임표(林豹) 편(編), 서울: 사서출판사(辭書出版社). <24+1,374쪽. 순천대 도서관 소장> <1956-03-30(초판)>

1962-01-30. 『국한 최신 홍자 옥편(國漢 最新弘字玉篇)』, 홍자출판사 편집부(弘字出版社編輯部) 편(編), 서울: 홍자출판사(弘字出版社).

<2+12+278+67쪽. 고려대 중앙도서관 소장>

1962-06-20. 『실용(實用) 포켓 신옥편(新玉篇)』, 강철원 편(編), 서울: 진문출
판사(眞文出版社).

1962-08-25. 『국한 신옥편(國漢新玉篇)』, 김송규(金松圭) 편(編), 서울: 계문
출판사(啓文出版社). <257쪽>

1962-09-07. 『신화 국한 자전(信和 國漢字典)』, 이종수 편(編), 서울: 신화문
화사(信和文化社). <초판. 표제자 28,000여 자를 수록하였다.>
<1964-06-30(4판. 17+727+150쪽)>

1962-10-25. 『국한 최신 홍자 옥편(國漢 最新弘字玉篇)』, 홍자출판사 편집부
(弘字出版社編輯部) 편(編), 서울: 홍자출판사(弘字出版社). <수정
6판. 강남대 도서관, 경기대 중앙도서관, 경북대 중앙도서관,
고려대 도서관, 대전대 도서관, 동아대 도서관, 선문대 중앙도
서관, 전남대 도서관, 전북대 중앙도서관, 충남대 도서관, 충북
대 도서관 등 소장>

1962-12-30. 『국한 최신 홍자 옥편(國漢 最新弘字玉篇)』, 홍자출판사 편집부
(弘字出版社編輯部) 편(編), 서울: 홍자출판사(弘字出版社). <수정
7판>

1962-12-00. 『한글 주해 명심보감 부 옥편(한글 註解 明心寶鑑 附 玉篇)』,
향민사 편집부, 대구: 향민사(鄕民社). <81쪽>

1962-00-00. 『국한 송정 신자전(國漢 松亭新字典)』, 김혁제(金赫濟) 저(著),
서울: 명문당(明文堂). <국립중앙도서관 소장>

1962-00-00. 『상용 천삼백자 신자전(常用 千三百字新字典)』, 문원사 편집부
(文苑社 編輯部) 편(編), 서울: 문원사(文苑社). <219쪽. 국립중
앙도서관 소장>

1962-00-00. 『새자전(새字典)』, 김민수(金敏洙) 편(編), 서울: 동아출판사(東
亞出版社). <건국대 상허기념도서관, 경북대 중앙도서관, 고려
대 도서관 등 소장> <1961-05-20(초판)>

1962-00-00. 『송정 신자전(松亭新字典)』, 김혁제(金赫濟) 저(著), 서울: 명문당(明文堂). <재판. 국립중앙도서관 소장>

1962-00-00. 『수정 증보 명문 신옥편(修訂增補 明文新玉篇)』, 김혁제(金赫濟) 저(著), 서울: 명문당(明文堂). <수정 증보 17판. 3+24+743+182쪽. 성균관대 중앙학술성보관 소장> <1952-02-28(초판)>

1963-01-05. 『국한 최신 대자원(國漢最新大字源)』, 홍자출판사 편집부(弘字出版社編輯部) 편(編), 서울: 홍자출판사(弘字出版社). <초판> <1963-02-05(재판), 1963-02-20(3판. 4+28+1162+50+122+3쪽), 1965-10-25(5판)>

1963-02-15. 『송정 신자전(松亭新字典)』, 김혁제(金赫濟) 저(著), 서울: 명문당(明文堂). <수정 증보 초판. 3+17+566쪽. 국립중앙도서관 소장> <1965-03-30(수정 증보 4판), 1966-09-30(수정 증보 8판. 3+17+566쪽)>

1963-02-15. 『한한 대사전(漢韓大辭典)』, 명문당 사서부(明文堂辭書部) 편(編), 서울: 명문당(明文堂). <초판. 28+1,544+127쪽. 양주동(梁柱東)·민태식(閔泰植)·이가원(李家源) 책임 감수> <1965-10-01(개정 5판), 1971-00-00, 1972-00-00, 1973-10-05(수정 증보 9판), 1975-00-00, 1978-00-00, 1981-00-00, 1987-00-00, 1991-01-01, 1993-00-00, 1994-00-00>

1963-02-15. 『한한 대사전(漢韓大辭典)』, 동아출판사 사서부(東亞出版社辭書部) 편(編), 서울: 동아출판사(東亞出版社). <초판. 23+1,544+127쪽. 양주동(梁柱東)·민태식(閔泰植)·이가원(李家源) 감수(監修). 국립중앙도서관, 국회도서관, 고려대 중앙도서관, 공주대 도서관, 단국대 퇴계기념도서관, 서울과기대 도서관, 진주교대 도서관, 한서대 도서관, 한양대 중앙도서관, 홍익대 중앙도서관, 박형익 교수 소장> <1964-01-15(재판), 1964-12-15(개정 3판), 1965-05-10(4판), 1965-10-01(5판), 1966-12-10(6판), 1968-00-00,

1982-00-00, 1985-00-00, 1987-00-00, 1989-00-00, 1991-00-00, 1992-00-00, 1994-00-00, 1995-00-00, 1996-00-00, 1997-00-00, 1998-00-00, 1999-00-00>

1963-02-20. 『(많이 쓰이는 수에 따른) 옥편을 겸한 생활 펜글씨 백과』, 대한출판사 편집부 편(編), 서울: 대한출판사. <82쪽>

1963-02-20. 『국한 최신 대자원(國漢最新大字源)』, 홍자출판사 편집부(弘字出版社編輯部) 편(編), 서울: 홍자출판사(弘字出版社). <3판>

1963-03-25. 『국한 최신 홍자 옥편(國漢 最新弘字玉篇)』, 홍자출판사 편집부(弘字出版社編輯部) 편(編), 서울: 홍자출판사(弘字出版社). <수정 8판. 경북대 중앙도서관, 경인교육대 인천 도서관, 한국외대 서울 도서관, 한국학중앙연구원 도서관 소장>

1963-06-05. 「수정 증보 의서 옥편(醫書玉篇)」, 동양의약서적편찬회(東洋醫藥書籍編纂會) 편(編), 서울: 학생사(學生社). <4+92쪽. 대구한의대 학술정보관, 한양대 중앙도서관, 박형익 교수 소장>

1963-09-07. 『신화 국한 자전(信和國漢字典)』, 이종수 편(編), 서울: 신화문화사(信和文化社). <초판> <1964-06-30(4판)>

1963-10-20. 『수정 증보 국한 명문 신옥편(修訂增補 國漢明文新玉篇)』, 김혁제(金赫濟) 저(著), 서울: 명문당(明文堂). <3+24+743+182쪽. 전남대 중앙도서관 소장> <1952-02-28(초판)>

1963-00-00. 『학습과 옥편을 겸한 상용 3천 자 단기 완성(學習과 玉篇을 兼한 常用三千字 短期完成)』, 임명균(林明均) 편저(編著), 서울: 성문사(省文社). <271쪽. 국립중앙도서관 소장>

1963-00-00. 『학습과 옥편을 겸한 문교부 빈도수에 따른 상용 2천 자 단기 완성(學習과 玉篇을 兼한 文敎部 빈도수에 의한 常用二千字 短期完成)』, 임명균(林明均) 편(編), 서울: 성문사(省文社). <188쪽. 국립중앙도서관 소장>

1964-01-15. 『한한 대사전(漢韓大辭典)』, 동아출판사 사서부(東亞出版社辭書部)

편(編), 서울: 동아출판사(東亞出版社). <재판> <1963-02-15(초판)>

1964-02-05. 『명문 한한 대사전(明文漢韓大辭典)』, 명문당 사서부(明文堂辭書部) 편(編), 서울: 명문당(明文堂). <초판. 김학주(金學主) 책임 감수> <1966-02-20(재판), 1968-12-05(수정 3판), 1975-00-00>

1964-02-20. 『수정 증보 국한 신옥편(修訂 增補 國漢松亭新玉篇)』, 김혁제(金赫濟) 저(著), 서울: 명문당(明文堂). <수정 증보 3판> <1954-02-10 (초판)>

1964-02-25. 『국한 최신 홍자 옥편(國漢 最新弘字玉篇)』, 홍자출판사 편집부(弘字出版社編輯部) 편(編), 서울: 홍자출판사(弘字出版社). <수정 9판. 한남대 도서관 소장>

1964-03-10. 『현토 주해 동몽필습 부 옥편(懸吐 註解 童蒙必習 附玉篇)』, 향민사 편집부(鄕民社編輯部) 편(編), 대구: 향민사(鄕民社).

1964-04-05. 『상용 신자원(常用新字源)』, 홍자출판사 편집부(弘字出版社編輯部) 편(編), 서울: 홍자출판사(弘字出版社). <초판. 770쪽. 17센티미터. 경북대 중앙도서관, 서울과기대 도서관, 한국학중앙연구원 도서관 소장> <1968-03-10(3판. 4+22+771쪽), 1969-00-00> <1971-12-20에 발행된 것의 책명은 '국한일영 상용 신자원(國漢日英 常用新字源)'인데 판수가 적혀 있지 않다. 내용은 초판과 동일하다.>

1964-05-02. 『동아 상용 한한 사전(東亞常用漢韓辭典)』, 동아출판사 사서부(東亞出版社辭書部) 편(編), 서울: 동아출판사(東亞出版社). <초판. 1,162쪽. 국립중앙도서관, 고려대 도서관, 공주대 도서관 등 소장> <1966-12-20(재판)>

1964-10-25. 『(국한) 최신 홍자 옥편(國漢 最新弘字玉篇)』, 홍자출판사 편집부(弘字出版社編輯部) 편(編), 서울: 홍자출판사(弘字出版社). <수정 10판. 서울대 중앙도서관 소장>

1964-11-30. 『국한문 신옥편 부음고(國漢文新玉篇 附音考)』, 세창서관 편집부

(世昌書舘編輯部), 서울: 세창서관(世昌書舘). <6+196+242+66쪽>

1964-12-05. 『대한한 사전(大漢韓辭典)』, 장삼식(張三植) 편(編), 서울: 성문
사(省文社). <초판. 4+3+2+115+1,852+128쪽. 강원대 도서관,
국방대학교, 서울대 중앙도서관, 전북대 중앙도서관, 충남대
도서관, 한양대 중앙도서관 등 소장> <1965-02-01(재판), 1968-
06-15(3판), 1971-11-01(4판), 1972-04-25(5판), 1973-03-25(6판),
1974-04-30(7판), 1975-03-10(수정 초판. 박문출판사), 1977-05-15
(수정 재판. 4+3+116+1,852+128쪽. 박문출판사. 또는 성음출
판사), 1979-00-00(진현서관), 1980-00-00(진현서관), 1981-10-11
(진현서관), 1982-00-00(진현서관), 1983-00-00(집문당), 1985-00-00
(삼영출판사), 1987-00-00(교육서관), 1989-00-00(교육서관)>

1964-12-15. 『한한 대사전(漢韓大辭典)』, 동아출판사 사서부(東亞出版社辭書
部), 서울: 동아출판사(東亞出版社). <개정 3판. 28+1,544+127
쪽. 박형익 교수 소장> <1963-02-15(초판)>

1964-00-00. 『신화 국한 자전(信和 國漢字典)』, 이종수(李鍾洙) 편집, 서울:
신화문화사(信和文化社). <4판. 727+150쪽. 국립중앙도서관,
한국외대 글로벌캠퍼스 도서관 소장>

1965-02-01. 『대한한 사전(大漢韓辭典)』, 장삼식(張三植) 편(編), 서울: 성문
사(省文社). <재판. 4+3+116+1,852+128쪽. 국립중앙도서관,
경기대 중앙도서관, 고려대 중앙도서관 소장>

1965-02-25. 『콘사이스 활용 옥편(活用玉篇)』, 한서출판 사서부(韓瑞出版 辭
書部) 편(編), 서울: 한서출판(韓瑞出版). <초판. 480쪽. 포켓판.
1965년 3월 1일 동아출판사에서 초판으로 발행한 것과 내용이
동일하다.> <1973-00-00, 1974-05-20(15판. 480쪽)>

1965-03-01. 『콘사이스 활용 옥편(活用玉篇)』, 동아출판사 사서부(東亞出版
社辭書部), 서울: 동아출판사(東亞出版社). <초판. 480쪽. 포켓
판. 1965년 2월 25일에 한서출판에서 초판으로 발행한 책명과

내용이 동일한 것이 있다.> <1966-02-15(3판), 1966-05-20(4판), 1967-02-10(5판), 1968-02-10(6판), 1968-05-20, 1970-10-25, 1971-00-00, 1973-00-00, 1974-05-20>

1965-03-30. 『송정 신자전(松亭新字典)』, 김혁제(金赫濟) 저(著), 서울: 명문 당(明文堂). <수정 증보 4판>

1965-05-10. 『한한 대사전(漢韓大辭典)』, 동아출판사 사서부(東亞出版社辭書 部), 서울: 동아출판사(東亞出版社). <4판> <1963-02-15(초판)>

1965-10-01. 『한한 대사전(漢韓大辭典)』, 동아출판사 사서부(東亞出版社辭書 部), 서울: 동아출판사(東亞出版社). <5판> <1963-02-15(초판)>

1965-10-01. 『한한 대사전(漢韓大辭典)』, 명문당 사서부(明文堂辭書部) 편 (編), 서울: 명문당(明文堂). <개정 5판> <1963-02-15(초판)>

1965-10-15. 『수정 증보 명문 신옥편(修訂增補 明文新玉篇)』, 김혁제(金赫 濟) 저(著), 서울: 명문당(明文堂). <3+24+743+182쪽. 국립중 앙도서관, 고려대 도서관, 충북대 도서관, 숙명여대 도서관, 한 국외대 서울도서관 등 소장> <1952-02-28(초판)>

1965-10-25. 『국한 최신 대자원(國漢最新大字源)』, 홍자출판사 편집부(弘字 出版社編輯部) 편(編), 서울: 홍자출판사(弘字出版社). <5판. 1,315쪽>

1965-12-15. 『콘사이스 상용 옥편(常用玉篇)』, 동아출판사 사서부(東亞出版 社辭書部), 서울: 동아출판사(東亞出版社). <초판. 340쪽. 포켓 판. 『콘사이스 활용 옥편』의 자매편으로 그 내용을 줄인 것. 표 제자도 거의 같다. 6천여 표제자를 등재하였다.> <1966-02-01 (재판. 340쪽), 1966-05-10(3판), 1966-12-05(4판)>

1965-00-00. 『국한 최신 홍자 옥편(國漢 最新弘字玉篇)』, 홍자출판사 편집 부(弘字出版社編輯部) 편(編), 서울: 홍자출판사(弘字出版社). <수정 증보판. 14+637+101쪽. 국립중앙도서관 소장>

1965-00-00. 『옥편을 겸한 생활 펜글씨 백과』, 대한출판사 편(編), 서울: 대

한출판사. <82쪽. 국립중앙도서관 소장>

1965-00-00. 『옥편을 겸한 한문 2,500자 연구』, 대한출판사 편(編), 서울: 대한출판사. <122쪽. 국립중앙도서관 소장>

1965-00-00. 『한한 사전(漢韓辭典)』, 서울: 사서출판사(辭書出版社). <4+1743+99쪽. 동국대 중앙도서관 소장> <1956-03-30(초판)>

1966-01-20. 『성문 한한 사전(省文 漢韓辭典)』, 장삼식(張三植), 서울: 성문사(省文社). <1967-02-10(재판. 32+1082+31쪽)>

1966-02-01. 『콘사이스 상용 옥편(常用玉篇)』, 동아출판사 사서부(東亞出版社辭書部), 서울: 동아출판사(東亞出版社). <재판. 340쪽. 국립중앙도서관 소장>

1966-02-15. 『콘사이스 활용 옥편(活用玉篇)』, 동아출판사 사서부(東亞出版社辭書部), 서울: 동아출판사(東亞出版社). <3판> <1965-03-01(초판)>

1966-02-20. 『명문 한한 대사전(明文漢韓大辭典)』, 명문당 사서부(明文堂辭書部) 편(編), 서울: 명문당(明文堂). <재판. 김학주(金學主) 책임감수> <1964-02-05(초판)>

1966-03-20. 『국한 최신 만자 옥편(國漢 最新萬字玉篇)』, 서울: 삼영문화사(三榮出版社). <152+24쪽>

1966-05-10. 『콘사이스 상용 옥편(常用玉篇)』, 동아출판사 사서부(東亞出版社辭書部), 서울: 동아출판사(東亞出版社). <3판>

1966-05-20. 『콘사이스 활용 옥편(活用玉篇)』, 동아출판사 사서부(東亞出版社辭書部), 서울: 동아출판사(東亞出版社). <4판> <1965-03-01(초판)>

1966-09-30. 『송정 신자전(松亭新字典)』, 김혁제(金赫濟) 저(著), 서울:명문당(明文堂). <수정 증보 8판. 3+17+566쪽. 표제는 '松亭新字典'인데, 속표지에는 '國漢 松亭新字典'으로 되어 있다. 경희대 중앙도서관, 동아대 도서관, 서울대 중앙도서관, 박형익 교수 소장>

1966-10-10. 『한한 대자전(漢韓大字典)』, 민중서관 편집국(民衆書館編輯局) 편(編), 서울: 민중서관(民衆書館).27) <초판. 6+1,490쪽. 편자 겸 발행인은 민중서관 설립자 이병준(李炳俊)이다. 이상은 고려대 교수 감수. 고려대 중앙도서관, 서울대 물리학과 자료실, 박형익 교수 소장> <국립중앙도서관, 경남대 중앙도서관, 군산대 도서관, 단국대 퇴계기념도서관 등에는 이 자전이 1965년에 발행된 것으로 적혀 있다.> <1967-07-07(3판), 1969-00-00, 1972-00-00, 1974-00-00, 1976-00-00(민중서관), 1977-05-25(1쇄), 1979-00-00, 1980-00-00, 1981-12-01(17쇄), 1982-00-00(민중서림), 1983-00-00, 1984-10-15, 1986-01-15(20쇄), 1987-01-15(초판 21쇄), 1988-00-00(초판 22쇄), 1989-01-25(초판 23쇄), 1990-03-11, 1991-01-10(초판 26쇄), 1992-01-10, 1993-04-00(보유판), 1994-01-10(초판 28쇄), 1995-01-10(초판 29쇄), 1996-01-00, 1997-01-10(31쇄. 1,511쪽), 1997-05-25(제2판 제1쇄), 1997-08-10(제2판 제1쇄. 전면 개정 증보판. 2,526쪽), 1998-01-10(제2판 제2쇄. 민중서림), 1999-00-00(2판 3쇄), 2000-01-10(제2판 제4쇄), 2001-08-10, 2002-00-00, 2003-01-10, 2006-01-10(제2판), 2008-01-10, 2009-01-10(3판 1쇄. 2,936쪽), 2010-01-10(3판 3쇄), 2011-01-10(3판. 크라운판), 2013-01-10, 2014-01-10(3판), 2015-01-10(3판. 2,936쪽)>

1966-12-05. 『콘사이스 상용 옥편(常用玉篇)』, 동아출판사 사서부(東亞出版社辭書部), 서울: 동아출판사(東亞出版社). <4판>

1966-12-10. 『한한 대사전(漢韓大辭典)』, 동아출판사 사서부(東亞出版社辭書部), 서울: 동아출판사(東亞出版社). <6판. 28+1,544+127쪽. 박

---

27) 고려대학교 민족문화연구소(1972: 97)에는 이 책의 초판 발행일을 1966년 10월 1일로 적어놓았으나, 초판 발행일은 1966년 10월 10일이다. 그리고 이병준 편저로 적어놓았으나 민중서관 편집국에서 펴냈으며, 감수자는 고려대 이상은 교수이다. 서울대 중앙도서관 등에는 1965년 발행으로 되어 있다.

형익 교수 소장> <1963-02-15(초판)>

1966-12-20. 『동아 상용 한한 사전(東亞常用漢韓辭典)』, 동아출판사 사서부
(東亞出版社辭書部) 편(編), 서울: 동아출판사(東亞出版社). <재
판> 1964-05-02(초판)>

1966-12-25. 『국한 최신 홍자 옥편(國漢 最新弘字玉篇)』, 홍자출판사 편집
부(弘字出版社編輯部) 편(編), 서울: 홍자출판사(弘字出版社).
<계명대 동산도서관, 대구가톨릭대 중앙도서관, 동서대 민석
도서관, 우석대 중앙도서관, 충북대 도서관 소장>

1966-00-00. 『국한 송정 신자전(國漢 松亭新字典)』, 김혁제(金赫濟) 저(著),
서울: 명문당(明文堂). <375쪽. 경희대 중앙도서관, 동아대 도
서관, 서울대 중앙도서관 소장>

1966-00-00. 『국한문 신옥편(國漢文新玉篇)』, 서울: 세창서관(世昌書館).
<상명대 서울캠퍼스 도서관 소장>

1966-00-00. 『옥편(玉篇)을 겸한 펜글씨 사전(辭典)』, 이숭태(李崇泰), 서울:
대한출판사. <332쪽. 경희대 중앙도서관, 이화여대 도서관, 한
양대 중앙도서관 소장> <1968-00-00(문교출판사), 1971-00-00(인
창서관), 1973-00-00(여문사)>

1966-00-00. 『원전(原典)을 밝힌 한문 숙어 사전(漢文熟語辭典)』, 유창돈(劉
昌惇)·박노춘(朴魯春) 편(編), 서울: 정연사(精硏社). <159쪽. 문
고판>

1966-00-00. 『학습과 옥편을 겸한 상용 3천자(學習과 玉篇을 兼한 常用三千
字)』, 임명균(林明均) 편저(編著), 서울: 성문사(省文社). <강남
대 도서관 소장>

1967-01-10. 『한한 상용 정해 옥편(漢韓 常用正解玉篇)』, 이상사 편집부(理
想社編輯部), 서울: 이상사(理想社). <초판. 482+98쪽. 국립중
앙도서관 소장> <1968-10-25(6판)>

1967-01-10. 『한한 최신 표준 옥편(漢韓 最新標準玉篇)』, 이상사 편집부(理

想社編輯部), 서울: 이상사(理想社). <초판> <1970-11-01(개정
판), 1973-11-01(개정 3판)>

1967-01-10. 『국한 최신 홍자 옥편(國漢最新弘字玉篇)』, 홍자출판사 편집부
(弘字出版社編輯部) 편, 서울: 홍자출판사(弘字出版社). <수정
16판. 덕성여내 도서관, 싱균관대 중앙학술징보관, 세종대 도
서관, 한밭대 도서관 소장>

1967-02-10. 『콘사이스 활용 옥편(活用玉篇)』, 동아출판사 사서부(東亞出版
社辭書部), 서울: 동아출판사(東亞出版社). <5판> <1965-03-01
(초판)>

1967-03-30. 『수정 증보 명문 신옥편(修訂增補 明文新玉篇)』, 김혁제(金赫濟)
저(著), 서울: 명문당(明文堂). <수정 증보 21판. 3+24+743+182
쪽. 경기대 중앙도서관, 계명대 동산도서관, 군산대 도서관, 동
국대 중앙도서관, 서울대 중앙도서관, 이화여대 도서관, 박형
익 교수 등 소장> <1952-02-28(초판)>

1967-06-00. 『(문교부 제정 상용 한자 1,300자 기준) 한자 자원 사전(漢字字
源辭典)』, 김영복(金榮馥) 편(編), 서울: 명암사(明暗社). <509쪽.
한갑수(韓甲洙) 감수. 건국대 상허기념도서관, 경기대 중앙도
서관, 경상대 도서관, 경희대 중앙도서관, 고려대 중앙도서관,
공주대 도서관, 홍익대 중앙도서관 소장>

1967-07-01. 『신자해(新字海)』, 민중서관 편집국(民衆書館編輯局) 편(編), 서
울: 민중서관(民衆書館). <초판. 8+953쪽. 국립중앙도서관, 국
회도서관, 성결대 도서관, 청주대 도서관 소장> <1976-00-00,
1977-00-00, 1979-01-05(8판), 1980-00-00(9판), 1981-00-00, 1987-
00-00(14판), 1988-01-10(15판)>

1967-07-07. 『한한 대자전(漢韓大字典)』, 민중서관 편집국(民衆書館編輯局)
편(編), 서울: 민중서관(民衆書館). <3판. 1,490쪽. 이상은 감수.
고려대 중앙도서관 소장>

1967-12-25. 『국한 최신 홍자 옥편(國漢 最新弘字玉篇)』, 홍자출판사 편집부 편, 서울: 홍자출판사(弘字出版社).

1967-00-00. 『국한 명문 신옥편(國漢 明文新玉篇)』, 김혁제(金赫濟) 저(著), 서울: 명문당(明文堂). <증보 21판. 3+24+743+236쪽. 강남대 도서관, 경기대 중앙도서관, 계명대 동산도서관, 군산대 도서관, 대구교대 도서관, 동국대 중앙도서관, 서원대 도서관, 서울대 중앙도서관, 이화여대 도서관 소장>

1967-00-00. 『국한 최신 활용 옥편』, 대한출판사 편집부 편, 서울: 대한출판사. <196쪽. 경희대 중앙도서관 소장>

1967-00-00. 『송정 신자전(松亭新字典)』, 김혁제(金赫濟) 저(著), 서울: 명문당(明文堂).

1967-00-00. 『신자원(新字源)』, 오한근(吳漢根) 편(編), 서울: 숭문사(崇文社). <2+18+994+38쪽. 국립중앙도서관 소장> <1950-06-01(초판)>

1967-00-00. 『신자전(新字典)』, 민중서관 편집국(民衆書館編輯局), 서울: 민중서관(民衆書館). <953쪽. 청주대 도서관 소장>

1967-00-00. 『한한 최신 실용 옥편(漢韓最新實用玉篇)』, 이상사 편집부(理想社 編輯部) 편(編), 서울: 이상사(理想社). <국립중앙도서관, 농업과학도서관 소장>

1967-00-00. 『한한 최신 실용 자전(漢韓最新實用字典)』, 이상사 편집부(理想社 編輯部) 편(編), 서울: 이상사(理想社). <903쪽. 국립중앙도서관, 청주대 도서관, 한국해양대 도서관 소장>

1967-00-00. 『한한 최신 표준 옥편(漢韓最新標準玉篇)』, 이상사 편집부(理想社 編輯部) 편(編), 서울: 이상사(理想社). <1,429쪽. 국립중앙도서관 소장>

1968-02-10. 『콘사이스 활용 옥편(活用玉篇)』, 동아출판사 사서부(東亞出版社辭書部), 서울: 동아출판사(東亞出版社). <6판. 480쪽. 경희대 중앙도서관, 동덕여대 도서관, 서강대 도서관, 진주교대 도서

관, 박형익 교수 소장> <1965-03-01(초판)>

1968-03-10. 『상용 신자원(常用新字源)』, 홍자출판사 편집부(弘字出版社編輯部), 서울: 홍자출판사(弘字出版社). <3판>

1968-04-10. 『국한 최신 홍자 옥편(國漢 最新弘字玉篇)』, 홍자출판사 편집부(弘字出版社編輯部) 편(編), 서울: 홍자출판사(弘字出版社). <수정 18판. 637+167+122쪽. 건국대 상허기념도서관 소장>

1968-05-20. 『콘사이스 활용 옥편(活用玉篇)』, 동아출판사 사서부(東亞出版社辭書部) 편(編), 서울: 동아출판사(東亞出版社). <340쪽. 경희대 중앙도서관, 동덕여대 도서관, 서강대 도서관, 진주교대 도서관, 박형익 교수 소장> <1965-03-01(초판)>

1968-06-15. 『대한한 사전(大漢韓辭典)』, 장삼식(張三植) 편(編), 서울: 성문사(省文社). <3판. 4+3+116+1,852+128쪽. 국립중앙도서관, 고신대 문헌정보관, 목포해양대 도서관, 부산교육대 도서관, 울산대 도서관, 한국교통대 중앙도서관, 한양대 중앙도서관, 홍익대 중앙도서관 등 소장>

1968-10-01. 『옥편(玉篇)을 겸한 펜글씨 사전(辭典)』, 이숭태(李崇泰) 저(著), 서울: 문교출판사(文敎出版社). <332쪽. 경북대 중앙도서관, 서울교육대 도서관, 신라대 도서관, 영남대 도서관 소장>

1968-12-05. 『명문 한한 대사전(明文漢韓大辭典)』, 명문당 사서부(明文堂辭書部) 편(編), 서울: 명문당(明文堂). <3판 수정판. 28+1,162쪽. 김학주(金學主) 책임 감수. 목포해양대 도서관, 한세대 도서관, 홍익대 문정도서관, 박형익 교수 소장> <1964-02-05(초판)>

1968-00-00. 『국한 최신 대자원(國漢 最新大字源)』, 홍자출판사(弘字出版社) 편수(編修), 서울: 홍자출판사(弘字出版社). <10판. 1,338쪽>

1968-00-00. 『국한 최신 홍자 옥편(國漢 最新弘字玉篇)』, 홍자출판사 편집부(弘字出版社編輯部) 편(編), 서울: 홍자출판사(弘字出版社). <국립중앙도서관, 서울대 중앙도서관 소장>

1968-00-00. 『국한 한자 활용 옥편(國漢 漢字活用玉篇)』, 문교출판사(文敎出版社) 편(編), 서울: 문교출판사(文敎出版社). <196쪽. 건국대 상허기념도서관 소장>

1968-00-00. 『국한전초(國漢箋草) 최신 대옥편(最新大玉篇)』, 권영달(權寧達) 편저(編著), 서울: 연수사(研修社). <초판. 1,257쪽. 대구가톨릭대 중앙도서관, 덕성여대 도서관 소장> <1971-00-00(연수사), 1973-00-00(연수사), 1974-00-00(신한출판사), 1975-00-00(신한출판사), 1978-00-00(신정사), 1979-00-00(도산서원), 1981-00-00(도산서원), 1982-00-00(도산서원), 1983-00-00(도산서원), 1984-00-00(신문출판사), 1985-00-00(금호서관), 1987-00-00(금호서관), 1988-00-00(금호서관), 1989-00-00(세세), 1991-00-00(금호서관), 1992-00-00(혜원출판사), 1993-00-00(신문출판사), 1994-00-00(혜원출판사), 1995-00-00(혜원출판사), 1996-00-00(교육출판공사), 1997-00-00(대영문화사), 1999-00-00(혜원출판사)>

1968-00-00. 『선암서당본 배자예부운략(仙巖書堂本 排字禮部韻略)』, 대구: 영남대학교 동양문화연구소. <옥편 2권. 목판본 현대쇄. 고려대 도서관 소장>

1968-00-00. 『수정 증보 명문 신옥편(修訂增補 明文新玉篇)』, 김혁제(金赫濟) 저(著), 서울: 명문당(明文堂). <수정 증보 22판> <1952-02-28(초판)>

1968-00-00. 『필법 도해 실용 펜글씨 옥편(筆法圖解 實用펜글씨 玉篇)』, 이숭태(李崇泰), 서울: 대한출판사(大韓出版社). <318쪽. 국립중앙도서관 소장>

1968-00-00. 『한한 대사전(漢韓大辭典)』, 동아출판사 사서부(東亞出版社辭書部), 서울: 동아출판사(東亞出版社). <국회도서관 소장> <1963-02-15(초판)>

1968-00-00. 『한한일영 상용 한한 사전(漢韓日英 常用 漢韓辭典)』, 명문당 사서부(明文堂辭書部), 서울: 명문당(明文堂).

1969-09-17.『자원 도해 지림 자전(字源圖解 智林字典)』, 권지용(權智庸) 편
(編), 서울: 지림출판사(智林出版社). <678쪽. 국립중앙도서관,
고려대 중앙도서관 소장> <1972-09-15(3판)>

1969-00-00.『국한 최신 홍자 옥편(國漢最新 弘字玉篇)』, 홍자출판사 편집
부(弘字出版社編輯部) 편(編), 서울: 홍자출판사(弘字出版社).
<국립중앙도서관 소장>

1969-00-00.『상용 신자원(常用新字源)』, 홍자출판사 편집부(弘字出版社編輯
部) 편(編), 서울: 홍자출판사(弘字出版社). <771쪽. 17센티미터.
고려대 도서관, 공주대 도서관, 서원대 도서관 소장>

1969-00-00.『수정 증보 명문 신옥편(修訂增補 明文新玉篇)』, 김혁제(金赫
濟) 저(著), 서울: 명문당(明文堂). <수정 증보 23판. 대구교대
도서관, 명지대 용인도서관, 한국교통대 중앙도서관 소장>
<1952-02-28(초판)>

1969-00-00.『한한 대자전(漢韓大字典)』, 민중서관 편집국(民衆書館編輯局)
편(編), 서울: 민중서관(民衆書館).

1970-04-20.『포켓 신옥편(新玉篇)』, 서울: 진문출판사(眞文出版社). <포켓판>

1970-10-25.『콘사이스 활용 옥편(活用玉篇)』, 동아출판사 사서부(東亞出版
社辭書部) 편(編), 서울: 동아출판사(東亞出版社). <480쪽. 박형
익 교수 소장> <1965-03-01(초판)>

1970-12-25.『국한 최신 만자 옥편(國漢 最新萬字玉篇)』, 서울: 인창서관(仁
昌書舘). <포켓판. 152쪽>

1970-00-00.『수정 증보 명문 신옥편(修訂增補 明文新玉篇)』, 김혁제(金赫
濟) 저(著), 서울: 명문당(明文堂). <수정 증보 24판. 동국대 중
앙도서관, 충남대 도서관 소장> <1952-02-28(초판)>

1970-00-00.『국한 최신 홍자 옥편(國漢最新 弘字玉篇)』, 홍자출판사 편집
부(弘字出版社編輯部) 편(編), 서울: 홍자출판사(弘字出版社).
<고려대 중앙도서관, 서울시립대 도서관 소장>

1970-00-00. 『옥편을 겸한 상용 한자(玉篇을 겸한 常用漢字)』, 문영화(文永和) 편(編), 서울: 삼룡출판사. <94쪽>

1971-02-28. 『중학생 국한 신옥편』, 서울: 협신출판사(協新出版社). <판권지에는 책명이 '실용 포켓 신옥편'으로 되어 있다.>

1971-03-30. 『학습과 옥편을 겸한 상용 이천 자(常用二千字)』, 성문사 편집부(省文社編輯部), 서울: 성문사(省文社).

1971-10-30. 『콘사이스 실용 옥편(實用玉篇)』, 여문사(呂文社), 서울: 인하출판사(仁荷出版社). <350쪽. 박형익 교수 소장>

1971-11-01. 『대한한 사전(大漢韓辭典)』, 장삼식(張三植) 편(編), 서울: 성문사(省文社). <4판>

1971-00-00. 『국한 최신 홍자 옥편(國漢 最新弘字玉篇)』, 홍자출판사 편집부(弘字出版社編輯部) 편(編), 서울: 홍자출판사(弘字出版社). <637+147쪽. 국방전자도서관 소장>

1971-00-00. 『국한 한자 활용 옥편(國漢 漢字活用玉篇)』, 청운사(靑雲社) 편(編), 서울: 청운사(靑雲社). <196쪽. 전남대 중앙도서관 소장>

1971-00-00. 『국한전초 최신 대옥편(國漢篆草 最新大玉篇)』, 권영달(權寧達) 편저(編著), 서울: 연수사(硏修社). <경남대 중앙도서관, 경북대 상주도서관, 경인교대 인천도서관, 공주대 도서관, 광운대 중앙도서관, 단국대 퇴계기념도서관 등 소장>

1971-00-00. 『동아 현대 활용 옥편(東亞 現代活用玉篇)』, 동아출판사 편집부(東亞出版社編輯部) 편(編), 서울: 동아출판사(東亞出版社). <개정판. 655쪽. 국립중앙도서관 소장> <1972-10-15, 1980-00-00, 1982-01-10(11판), 1987-02-16(개정판), 1992-01-00, 1995-01-10(2차 개정판), 1999-00-00, 2002-00-00(두산동아), 2006-01-10(제4판 6쇄. 952쪽. 두산동아 사서편집국 엮음), 2010-00-00(이병관 집필), 2011-01-10(전면 개정 4판. 952쪽. 7,000여 개의 표제자와 30,000여 개의 한자어를 수록하였다.)>

1971-00-00. 『삼체 펜글씨 옥편』, 이숭태 저, 서울: 대한출판사. <성결대
　　　　　 도서관 소장>

1971-00-00. 『수정 증보 명문 신옥편(修訂增補 明文新玉篇)』, 김혁제(金赫
　　　　　 濟) 저(著), 서울: 명문당(明文堂). <수정 증보 25판. 국립중앙도
　　　　　 서관 소장> <1952-02-28(초판)>

1971-00-00. 『실용 포켓 신옥편(實用 포켓 新玉篇)』, 춘도(春島) 편(編), 서
　　　　　 울: 협신(協新). <208+49쪽. 동국대 중앙도서관 소장>

1971-00-00. 『콘사이스 실용 옥편(實用玉篇)』, 여문사(呂文社), 서울: 인하출
　　　　　 판사(仁荷出版社). <350쪽. 국립중앙도서관 소장>

1971-00-00. 『콘사이스 활용 옥편(活用玉篇)』, 동아출판사 사서부(東亞出版
　　　　　 社辭書部) 편(編), 서울: 동아출판사(東亞出版社). <480쪽. 서강
　　　　　 대 도서관, 조선대 도서관 소장> <1965-03-01(초판)>

1971-00-00. 『한한 대사전(漢韓大辭典)』, 명문당 사서부(明文堂辭書部) 편
　　　　　 (編), 서울: 명문당(明文堂). <수정 증보판. 28+1,544+127쪽. 양
　　　　　 주동·민태식·이가원 감수. 고려대 중앙도서관, 동국대 경주도
　　　　　 서관, 동의대 중앙도서관, 부산대 제1도서관, 서강대 도서관,
　　　　　 연세대 학술정보원, 이화여대 도서관, 중앙대 중앙도서관, 한
　　　　　 국외대 서울도서관 소장> <1963-02-15(초판)>

1972-01-01. 『엣센스 교육 한자 사전(敎育漢字辭典)』, 민중서림 편집부(民衆
　　　　　 書林編輯部) 편(編), 서울: 민중서림(民衆書林). <780쪽>

1972-01-10. 『국한 홍자 신자전(國漢 弘字新字典)』, 홍자출판사 편집부(弘字
　　　　　 出版社編輯部), 서울: 홍자출판사(弘字出版社).

1972-04-25. 『교학 대한한 사전(敎學 大漢韓辭典)』, 장삼식(張三植) 편(編), 서
　　　　　 울: 성음사(省音社). <5판. 경상대 도서관, 군산대 도서관, 단국
　　　　　 대 퇴계기념도서관, 부산대 제1도서관, 청주교대 도서관 소장>

1972-05-20. 『사전과 옥편을 겸한 최신 표준 삼천자(最新 標準 三千字)』, 편
　　　　　 집부(編輯部), 서울: 명지사(明知社).

1972-09-15. 『지림 자전(智林字典)』, 서울: 지림출판사(智林出版社).

1972-10-15. 『동아 현대 활용 옥편(東亞 現代活用玉篇)』, 동아출판사 편집
부(東亞出版社 編輯部) 편저(編著), 서울: 동아출판사(東亞出版
社). <초판. 600쪽. 1982년 최신판의 판권지에는 1972년10월
15일에 초판이 발행된 것으로 적혀 있다. 국립중앙도서관 등
소장> <1972년에 학습연구사에서 발행한 동일한 사전이 국립중
앙도서관에 소장되어 있다.> <1972-00-00(학습연구사), 1974-00-00
(학습연구사), 1977-01-15, 1979-00-00, 1980-00-00, 1982-01-10(11
판), 1987-02-16(개정판), 1988-00-00, 1990-00-00, 1992-01-00,
1994-00-00, 1995-01-10(2차 개정판), 1999-01-10, 2000-00-00,
2001-01-10, 2002-00-00(두산동아), 2003-00-00, 2004-00-00,
2005-00-00, 2006-01-10(제4판 6쇄), 2010-01-10, 2011-01-10(전면
개정 4판), 2013-01-10(동아출판), 2014-01-10(동아출판), 2015-01-10
(동아출판), 2016-01-10(동아출판)>

1972-11-20. 『실용 신옥편(實用新玉篇)』, 장삼식(張三植) 편(編), 서울: 유경
출판사(裕庚出版社). <12+895+53쪽. 국립중앙도서관 소장>

1972-11-20. 『포키트 신자전(新字典)』, 장삼식(張三植) 편저(編著), 서울: 유
경출판사(裕庚出版社). <342쪽. 국립중앙도서관 소장>

1972-00-00. 『국한 신편 상용 옥편(國漢新編 常用玉篇)』, 연수사 편집부(研
修社編輯部) 편(編), 서울: 연수사(研修社). <656쪽. 국립중앙도
서관 소장>

1972-00-00. 『국한 신편 학생 옥편(國漢新編 學生玉篇)』, 연수사 편집부(研
修社編輯部) 편(編), 서울: 연수사(研修社). <388쪽. 국립중앙도
서관 소장>

1972-00-00. 『국한 최신 홍자 옥편(國漢最新 弘字玉篇)』, 홍자출판사 편집
부(弘字出版社編輯部) 편(編), 서울: 홍자출판사(弘字出版社).
<경북대 중앙도서관, 동덕여대 도서관 소장>

1972-00-00. 『동아 현대 활용 옥편(東亞 現代活用玉篇)』, 동아출판사 편집
부(東亞出版社 編輯部) 편저(編著), 서울: 학습연구사. <600쪽.
국립중앙도서관 소장> <1972-10-15(초판)>

1972-00-00. 『명문 신옥편(明文新玉篇)』, 김혁제(金赫濟) 저, 서울: 명문당.
<935쪽. 국립중앙도서관 소장>

1972-00-00. 『상용 신자전(常用新字典)』, 장삼식(張三植), 서울: 유경출판사
(裕庚出版社).

1972-00-00. 『새자전(새字典)』, 김민수(金敏洙) 편(編), 서울: 성문각(成文閣).
<658쪽. 국립중앙도서관, 경희대 중앙도서관, 동국대 중앙도
서관, 영남대 도서관, 원광대 중앙도서관, 조선대 도서관 소
장> <1961-05-20(초판)>

1972-00-00. 『신편 국한 상용 옥편(新編國漢常用玉篇)』, 연수사 편집부(研修
社 編輯部) 편(編), 서울: 연수사(研修社). <655쪽. 국립중앙도서
관 소장>

1972-00-00. 『신편 국한 학생 옥편(新編國漢學生玉篇)』, 연수사 편집부(研修
社 編輯部) 편(編), 서울: 연수사(研修社). <385쪽. 국립중앙도서
관 소장>

1972-00-00. 『실용 국한 옥편(實用國漢玉篇)』, 이종수(李鍾洙) 편(編), 서울:
오성출판사(五星出版社). <국립중앙도서관 소장>

1972-00-00. 『실용 신옥편(實用 新玉篇)』, 협신출판사 편집부(協新出版社編
輯部), 서울: 협신출판사(協新出版社). <208+49쪽. 경북대 중앙
도서관, 성결대 도서관 소장>

1972-00-00. 『실용 신자원(實用 新字源)』, 장삼식(張三植) 편저(編著), 서울:
유경출판사(裕庚出版社). <895+53쪽. 18센티미터. 국립중앙도
서관, 아주대 도서관, 이화여대 도서관 등 소장>

1972-00-00. 『옥편 사전을 겸한 문교부 선정 기초 한자(基礎漢字)』, 서울:
보문당(普文堂).

1972-00-00. 『옥편, 자전을 겸한 한자 교본 교양 오천백 자(玉篇, 字典을 兼한 漢字敎本 敎養五千百字)』, 편집부(編輯部) 편(編), 서울: 송원문화사(松園文化社). <292쪽. 금오공대 도서관 소장>

1972-00-00. 『이상 학습 옥편(理想 學習玉篇)』, 이상사 편집부(理想社 編輯部) 편(編), 서울: 이상사(理想社). <18+556쪽. 국립중앙도서관 소장>

1972-00-00. 『최신 대옥편(最新大玉篇)』, 권영달(權寧達), 서울: 연수사(研修社). <1,257쪽. 국립중앙도서관 소장>

1972-00-00. 『최신 한자 옥편(最新漢字玉篇)』, 이종수(李鍾洙) 편(編), 서울: 오성출판사(五星出版社). <877쪽. 국립중앙도서관, 연세대 학술정보원 소장>

1972-00-00. 『포켓 신자원(新字源)』, 홍자출판사 편집부(弘字出版社編輯部) 편(編), 서울: 홍자출판사(弘字出版社). <693쪽. 계명대 동산도서관 소장>

1972-00-00. 『한자 대옥편(漢字 大玉篇)』, 차주경(車柱璟) 편(編), 서울: 한국도서출판중앙회(韓國圖書出版中央會). <877쪽. 국립중앙도서관 소장>

1972-00-00. 『한한 대사전(漢韓大辭典)』, 명문당 사서부(明文堂辭書部) 편(編), 서울: 명문당(明文堂). <28+1,544+132쪽. 가톨릭대 성심교정 중앙도서관, 성균관대 중앙학술정보관, 세종대 도서관, 숙명여대 도서관, 영남대 도서관, 용인대 도서관, 전북대 익산도서관, 청주대 도서관, 한국교육개발원, 한남대 도서관 소장> <1963-02-15(초판)>

1972-00-00. 『한한 대자전(漢韓大字典)』, 민중서관 편집국(民衆書館編輯局) 편(編), 서울: 민중서관(民衆書館).

1972-00-00. 『한한 모범 옥편(漢韓模範玉篇)』, 이상사 편집부(理想社 編輯部) 편(編), 서울: 이상사(理想社). <501쪽. 국립중앙도서관, 한

성대 도서관 소장>

1972-00-00. 『한한 최신 실용 옥편(漢韓最新實用玉篇)』, 이상사 편집부(理想
社 編輯部) 편(編), 서울: 이상사(理想社). <1,111쪽. 국립중앙도
서관, 대구교대 도서관, 한국교통대 중앙도서관 소장>

1972-00-00. 『한한 최신 이상 옥편(漢韓最新理想玉篇)』, 이상사 편집부(理想
社 編輯部) 편(編), 서울: 이상사(理想社). <1,043쪽. 국립중앙도
서관 소장>

1972-00-00. 『한한 최신 표준 옥편(漢韓最新標準玉篇)』, 서울: 이상사(理想
社). <1,173쪽. 인천대 학산도서관 소장> <1986-00-00>

1972-00-00. 『한한 학생 옥편(漢韓 學生 玉篇)』, 이상사 편집부(理想社 編輯
部) 편(編), 서울: 이상사(理想社). <388쪽. 장로회신학대 도서
관, 한국교통대 중앙도서관 소장>

1972-00-00. 『홍자 현대 옥편(弘字現代玉篇)』, 홍자출판사 사서부(弘字出版
社辭書部), 서울: 홍자출판사(弘字出版社).

1973-01-10. 『설문자전(說文字典)』, 유정기(柳正基) 저(著), 대전: 농경출판사
(農經出版社). <초판. 14+300+91쪽. 표제자를 획수별로 배열
하고, 표제자의 자원을 설명하였다. 국립중앙도서관, 건국대
상허기념도서관, 건양대 명곡도서관, 경북대 중앙도서관, 남서
울대 도서관, 단국대 퇴계기념도서관, 영남대 도서관 등 소
장> <1988-00-00(아세아문화사(亞細亞文化社))>

1973-01-25. 『국한 최신 홍자 옥편(國漢 最新弘字玉篇)』, 홍자출판사 편집
부(弘字出版社編輯部) 편(編), 서울: 홍자출판사(弘字出版社).
<306+92쪽>

1973-02-05. 『민중 포켓 한자 사전(民衆 포켓 漢字辭典)』, 민중서관 편집국
(民衆書館 編輯局) 편(編), 서울: 민중서관(民衆書館). <초판.
8+1,369쪽> <1978-00-00, 1980-00-00, 1981-12-01(14쇄), 1989-01-10
(초판 19쇄), 1992-01-01, 1994-00-00, 1999-01-10(초판 29쇄)>

1973-03-25. 『대한한 사전(敎學 大漢韓辭典)』, 장삼식(張三植) 편(編), 서울: 성음사(省音文). <6판. 국회도서관, 단국대 퇴계기념도서관, 대전과기대 도서관, 동아대 도서관, 서울시립대 도서관, 아주대 도서관, 청주대 도서관, 충남대 도서관, 한국학중앙연구원 도서관 소장>

1973-05-15. 『휴대용 옥편(玉篇)』, 김갑 편저(編著), 서울: 세창서관(世昌書館). <초판> <1975-03-01(재판)>

1973-06-10. 『한한일영 신자전(漢韓日英 新字典)』, 학영사 편집부(學英社 編輯部) 편저(編著), 서울: 학영사(學英社). <재판. 1,186+164쪽. 이가원(李家源)·김우열(金宇烈) 감수. 국립중앙도서관, 가톨릭대 성심교정도서관, 강남대 도서관, 건국대 상허기념도서관, 경남대 중앙도서관, 경성대 도서관, 경인교대 인천도서관, 경희대 중앙도서관 등 소장>

1973-06-10. 『한일영중 겸용 상해 한자 대전(漢日英中 兼用 詳解 漢字大典)』, 이가원(李家源)·장삼식(張三植) 편저(編著), 서울: 유경출판사(裕庚出版社). <4+55+1,802+91쪽. 아주대 도서관, 박형익 교수 소장>

1973-07-01. 『국한 최신 홍자 옥편(國漢 最新弘字玉篇)』, 홍자출판사 편집부(弘字出版社編輯部) 편(編), 서울: 홍자출판사(弘字出版社). <수정 25판>

1973-10-05. 『한한 대사전(漢韓大辭典)』, 명문당 사서부(明文堂辭書部) 편(編), 서울: 명문당(明文堂). <수정 증보 9판. 28+1,544+132쪽. 경인교대 인천도서관, 박형익 교수 소장> <1963-02-15(초판)>

1973-10-10. 『신자전(新字典)』, 조선광문회(朝鮮光文會) 편찬(編纂), 서울: 현암사(玄岩社). <영인본. 고려대학교 아세아문제연구소 육당전집편찬위원회 편(編). 『육당 최남선 전집』 7. 국립중앙도서관, 가톨릭관동대 중앙도서관, 고려대 도서관 등 소장>

1973-12-10. 『옥편을 겸한 펜글씨 사전(玉篇을 兼한 펜글씨 辭典)』, 이숭태
(李崇泰) 저, 서울: 여문사(呂文社). <초판. 332쪽. 국립중앙도서
관 소장> <1974-11-20(재판)>

1973-00-00. 『교육 한자 사전(敎育漢字辭典)』, 구문사 편집부, 서울: 구문사
(求文社). <257쪽. 중고등학생용. 강남대 도서관 소장>

1973-00-00. 『교육용 기초 한자 중심 엣센스 실용 한자 사전(實用漢字辭典)』,
민중서림 편집국(民衆書林編輯局) 편(編), 서울: 민중서림(民衆
書林). <8+1,369쪽. 초판> <2003년(23쇄. 고려대 세종학술정보
원 소장>

1973-00-00. 『국한 명문 신옥편(國漢明文新玉篇)』, 김혁제(金赫濟) 저(著), 서
울: 명문당(明文堂). <3+743+192쪽. 가톨릭대 중앙도서관, 건
국대 상허기념도서관, 선문대 중앙도서관, 호서대 중앙도서관
소장>

1973-00-00. 『국한전초(國漢箋草) 최신 대옥편(最新大玉篇)』, 권영달(權寧達)
편저(編著), 서울: 연수사(研修社).

1973-00-00. 『수정 증보 명문 신옥편(修訂增補 明文新玉篇)』, 김혁제(金赫
濟) 저(著), 서울: 명문당(明文堂). <3+743+192쪽. 가톨릭대 성
심 교정 도서관, 건국대 상허기념도서관, 선문대 중앙도서관,
호서대 중앙도서관 소장> <1952-02-28(초판)>

1973-00-00. 『여문 한한 대자전(呂文 漢韓大字典)』, 여문사 사서부(呂文社
辭書部) 편저, 서울: 여문사(呂文社). <1,417쪽. 국립중앙도서관
소장>

1973-00-00. 『옥편, 자전을 겸한 한자 교본 교양 오천백 자(玉篇, 字典을 兼
한 漢字敎本 敎養五千百字)』, 편집부(編輯部) 편(編), 서울: 송원
문화사(松園文化社). <292쪽. 가톨릭대 중앙도서관 소장>

1973-00-00. 『이상 학생 옥편(理想 學生玉篇)』, 이상사 편집부(理想社 編輯部)
편(編), 서울: 이상사(理想社). <467쪽. 영남대 도서관 소장>

1973-00-00. 『이상 현대 옥편(理想 現代玉篇)』, 이상사 편집부(理想社 編輯部) 편(編), 서울: 이상사(理想社). <재판. 592쪽. 국립중앙도서관, 호서대 중앙도서관 소장>

1973-00-00. 『이상 활용 옥편(理想 活用玉篇)』, 이상사 편집부(理想社 編輯部) 편(編), 서울: 이상사(理想社). <676쪽. 국립중앙도서관 소장>

1973-00-00. 『장문 생활 옥편(壯文生活玉篇)』, 서울: 장문사(壯文社). <493+103쪽. 경희대 중앙도서관 소장>

1973-00-00. 『종합 대사전(綜合大辭典)』, 협신출판사 편집부(協新出版社編輯部), 서울: 협신출판사(協新出版社). <635쪽. 부산대 밀양캠퍼스 나노생명과학도서관 소장>

1973-00-00. 『최신 국한 자원 오행 수암 대자전(最新 國漢 字源 五行 洙岩 大字典)』, 채수암(蔡洙岩) 편저(編著), 서울: 역리대학사(易理大學社). <487쪽. 창원문성대 도서관, 청운대 도서관 소장>

1973-00-00. 『최신 옥편(最新玉篇)』, 권영달(權寧達) 편(編), 서울: 연구사(研究社). <1,097쪽. 국립중앙도서관 소장>

1973-00-00. 『최신 한한 정통 옥편(最新 漢韓 正統玉篇)』, 인창서관 편집부(仁昌書館編輯部), 서울: 인창서관(仁昌書館). <1974-00-00>

1973-00-00. 『최신판 한한영일 옥편(最新版 漢韓英日玉篇)』, 여문사 편집부(呂文社 編輯部) 편(編), 서울: 여문사(呂文社). <363쪽. 국립중앙도서관 소장>

1973-00-00. 『칠체 자전 겸용 최신 대옥편(七體字典 兼用 最新大玉篇)』, 김종국 편, 서울: 신진출판사. <1,858쪽. 경남대 중앙도서관 소장>

1973-00-00. 『콘사이스 활용 옥편(活用玉篇)』, 한서출판 사서부(韓瑞出版辭書部) 편(編), 서울: 한서출판(韓瑞出版). <480+19쪽. 호서대 중앙도서관 소장> <1965-02-25(초판)>

1973-00-00. 『포켓 한자 사전(포켓 漢字辭典)』, 민중서관 편집국, 서울: 민중서림(民衆書林). <8+1,369쪽. 고려대 도서관 소장>

1973-00-00. 『학문 최신 실용 옥편(學文 最新實用玉篇)』, 학문사 편집부(學文社編輯部) 편(編), 서울: 학문사(學文社). <759쪽. 공주대 도서관, 단국대 퇴계기념도서관, 부산대 부산캠퍼스 제1도서관 소장>

1973-00-00. 『한한 사전, 한영 사전 겸용 현대 국어 대사전(漢韓辭典, 韓英辭典 兼用 現代 國語大辭典)』, 서울: 한서출판사. <이숭녕(李崇寧)·김석주(金碩柱) 감수(監修). 권말에 '漢韓辭典'이 있다. 경상대 도서관, 단국대 퇴계기념도서관, 명지대 서울도서관, 원광대 중앙도서관, 조선대 도서관 등 소장>

1973-00-00. 『한한 신자전(漢韓新字典)』, 김민수(金敏洙) 편(編), 서울: 어문각(語文閣). <675쪽. 고려대 중앙도서관 소장>

1973-00-00. 『한한 최신 표준 옥편(漢韓最新 標準玉篇)』, 이상사 편집부(理想社 編輯部) 편(編), 서울: 이상사(理想社). <2판. 1,173쪽. 강원대 도서관, 공주대 도서관, 성균관대 중앙학술정보관 소장>

1973-00-00. 『한한일영 신자전(漢韓日英 新字典)』, 일중당 편집부(一中堂編輯部), 서울: 일중당(一中堂). <1.125+84쪽. 경상대 도서관 소장>

1973-00-00. 『한한일영 자원(漢韓日英字源) 학생 한자 자전(學生漢字字典)』, 백두성(白斗星) 편저(編著), 서울: 세운문화사(世運文化社). <421쪽. 국립중앙도서관 소장>

1974-02-10. 『표준 신교육 한자 사전((標準) 新教育漢字辭典)』, 교학사 사서부(教學社 辭書部) 편(編), 서울: 교학사(教學社). <초판. 국립중앙도서관 소장> <1983-01-25(8판), 1985-01-25(10판. 857쪽), 1992-00-00, 1996-01-25(16쇄. 857쪽.), 2008-01-25(29쇄. 857쪽)>

1974-04-30. 『대한한 사전(大漢韓辭典)』, 장삼식(張三植) 편(編), 서울: 성문사(省文社). <7판>

1974-05-20. 『콘사이스 활용 옥편(活用玉篇)』, 한서출판 사서부(韓瑞出版 辭書部) 편(編), 서울: 한서출판(韓瑞出版). <15판. 480+19쪽. 박형

익 교수 소장> <1965-02-25(초판)>

1974-11-25. 『국한 최신 실용 자전(國漢 最新實用字典)』, 홍자출판사 편집부
(弘字出版社編輯部), 서울: 홍자출판사(弘字出版社). <494+24쪽.
포켓판>

1974-12-05. 『서강 옥편(西江玉篇)』, 서강출판사 편집부(西江出版社 編輯部)
편(編), 서울: 서강출판사(西江出版社). <1,360쪽. 국립중앙도서
관, 박형익 교수 소장>

1974-00-00. 『교육 한자 대사전(教育漢字大辭典)』, 최근학(崔根學) 저(著), 서
울: 경학사(耕學社). <초판. 1,779쪽. 국립중앙도서관 소장>
<1978-00-00(경학사), 1979-00-00(대호출판사), 1980-00-00(대호
출판사)>

1974-00-00. 『국한 전초(國漢篆草) 최신 대옥편(最新大玉篇)』, 신한출판사(新
韓出版社) 편(編), 권영달(權寧達) 편서(編書), 서울: 신한출판사
(新韓出版社). <1,257쪽. 서강대 도서관, 청주교대 도서관, 충남
대 도서관 소장>

1974-00-00. 『국한 전초(國漢篆草) 최신 대옥편(最新大玉篇)』, 권영달(權寧
達) 편서(編書), 서울: 연수사(研修社). <22+1,257쪽. 경북대 중
앙도서관, 연세대 학술정보원, 청주대 도서관 소장>

1974-00-00. 『국한 최신 홍자 옥편(國漢 最新弘字玉篇)』, 홍자출판사 편집
부(弘字出版社 編輯部) 편(編), 서울: 홍자출판사(弘字出版社).
<수정 증보판. 637+167쪽. 국립중앙도서관, 경성대 도서관,
덕성여대 도서관, 연세대 학술정보원, 중앙대 안성캠퍼스 중
앙도서관, 청주교대 도서관, 충남대 도서관, 호남신학대 도서
관 소장>

1974-00-00. 『동아 현대 활용 옥편(東亞 現代活用玉篇)』, 동아출판사 편집
부(東亞出版社 編輯部) 편저(編著), 서울: 학습연구사. <600쪽.
서울여대 도서관 소장> <1972-10-15(초판)>

1974-00-00. 『동양 최초로 발표되는 비결 최신 국한 자원 오행 수암 대옥
　　　　　편(東洋 最初로 發表되는 秘訣 最新 國漢 字源五行 洙岩大玉篇)』,
　　　　　채수암(蔡洙岩) 편저(編著), 서울: 역리대학사(易理大學社). <가
　　　　　천대 중앙도서관, 경상대 도서관 소장>

1974-00-00. 『수정 증보 명문 신옥편(修訂增補 明文新玉篇)』, 김혁세(金赫
　　　　　濟) 저(著), 서울: 명문당(明文堂). <경북대 상주도서관, 공주대
　　　　　도서관, 서울여대 도서관, 안동대 도서관, 충남대 도서관, 충북
　　　　　대 도서관 등 소장> <1952-02-28(초판)>

1974-00-00. 『신자전(新字典)』, 조선광문회(朝鮮光文會) 편찬, 서울: 현암사
　　　　　(玄岩社). <영인본. 고려대학교 아세아문제연구소 육당 전집 편
　　　　　찬위원회 편. 『육당 최남선 전집』 7. 국립중앙도서관 소장>

1974-00-00. 『신편 국한 실용 옥편(新編國漢 實用玉篇)』, 연수사 편집부(硏
　　　　　修社編輯部) 편(編), 서울: 명문당(明文堂). <641쪽. 한국해양대
　　　　　도서관 소장>

1974-00-00. 『최신 대옥편(最新大玉篇)』, 서강출판사(西江出版社) 편집부(編
　　　　　輯部) 편(編), 서울: 서강출판사(西江出版社). <1,858쪽. 국립중
　　　　　앙도서관, 가톨릭대 중앙도서관, 경성대 도서관, 동덕여대 도
　　　　　서관, 명지대 용인도서관 소장>

1974-00-00. 『최신 한한 정통 옥편(最新漢韓 正統玉篇)』, 인창서관 편집부
　　　　　(仁昌書館編輯部), 서울: 인창서관(仁昌書館). <530+207쪽. 가
　　　　　톨릭대 성심 교정 도서관 소장> <1973-00-00>

1974-00-00. 『최신 한한 정통 옥편(最新漢韓 正統玉篇)』, 학승사 편집부(學
　　　　　勝社 編輯部) 편(編), 서울: 학승사(學勝社). <737쪽. 국립중앙도
　　　　　서관, 가톨릭관동대 중앙도서관, 고려대 중앙도서관, 충북대
　　　　　도서관 소장>

1974-00-00. 『칠체 자전 겸용 최신 대옥편(七體字典兼用 最新大玉篇)』, 김종
　　　　　국(金鍾國) 편(編), 서울: 진영출판사(進榮出版社). <1,858쪽. 고

려대 중앙도서관, 공주대 도서관, 군산대 도서관, 대전과기대,
한양대 중앙도서관 소장>

1974-00-00. 『한자 활용 사전(漢字活用事典)』, 신학균, 서울: 장학출판사.
<569쪽. 신라대 도서관, 인천대 학산도서관, 전남대 중앙도서
관 소장>

1974-00-00. 『한한 대자전(漢韓大字典)』, 민중서관 편집국(民衆書館編輯局)
편(編), 서울: 민중서관(民衆書館).

1974-00-00. 『한한 신자전(漢韓新字典)』, 김민수(金敏洙), 서울: 어문각(語文
閣).

1974-00-00. 『한한 최신 표준 옥편(漢韓最新標準玉篇)』, 이상사 편집부(理想
社 編輯部) 편(編), 서울: 이상사(理想社). <개정판. 명지대 용인
도서관, 수원가톨릭대 도서관 소장>

1974-00-00. 『한한일영 신자전(漢韓日英 新字典)』, 이가원(李家源)·김우열(金
宇烈) 감수(監修), 서울: 학영사(學英社). <1,186+164쪽. 성균관
대 중앙학술정보관, 부산대 부산캠퍼스 제1도서관 소장>

1974-00-00. 『현문 대옥편(玄文大玉篇)』, 윤선량(尹善亮) 편(編), 서울: 현문
사(玄文社). <1,688+167쪽. 차상원(車相轅)·이가원(李家源) 감수
(監修). 성균관대 중앙학술정보관 소장> <1975-00-00(1,688+167
쪽), 1976-00-00(18+1,767쪽), 1982-00-00, 1983-00-00(18+1,767
쪽), 1984-00-00, 1985-00-00>

1975-01-10. 「수정 증보 명문 신옥편(修訂增補 明文新玉篇)」, 송정 김혁제(松亭
金赫濟) 저(著), 서울: 명문당(明文堂). <28판. 3+24+581+86+지
도 3쪽. 14.7×10.3센티미터. 비닐 커버 소형판. 박형익 교수 소
장> <1952-02-28(초판)>

1975-01-15. 『동아 신활용 옥편(동아 新活用玉篇)』, 동아출판사 편집부(東亞
出版社 編輯部) 편(編), 서울: 동아출판사(東亞出版社). <초판.
544쪽. 포켓판. 건국대 상허기념도서관, 고려대 중앙도서관,

단국대 퇴계기념도서관, 서울시립대 도서관, 성균관대 중앙학
술정보관, 이화여대 도서관, 전남대 여수도서관, 전북대 중앙
도서관, 한성대 도서관 소장> <1979-09-00, 1982-01-10(8판),
1987-01-10(13판), 1988-01-10, 1990-01-10, 1993-01-10(개정 증보
판), 1994-01-10(576쪽), 1995-01-10, 1996-01-10, 1999-01-10(1쇄),
2000-01-10(제2판 4쇄. 두산동아 편집부). 2001-01-10(제2판 5
쇄), 2002-01-10(제2판 6쇄. 576쪽), 2003-01-10(제2판 7쇄),
2004-01-10(제2판 8쇄), 2005-01-10(제2판 9쇄), 2006-01-10(제2판
10쇄), 2007-01-10(제2판 11쇄), 2008-01-10(제2판 12쇄),
2009-01-10(제2판), 2010-01-10(제2판), 2011-01-10(제2판. 728쪽),
2012-01-10, 2014-01-10(동아출판)>

1975-01-20. 『한한일·영 특수 활용 옥편(漢·韓·日·英 特殊活用玉篇)』, 최철상
(崔哲相) 편저(編著), 서울: 세창서관(世昌書館). <661+18쪽>

1975-02-25. 『국한전초(國漢箋草) 최신 대옥편(最新大玉篇)』, 곽완종(郭完鐘)
편(編), 권영달(權寧達) 서(書), 서울: 신한출판사(新韓出版社).
<1,275쪽. 23×15.5센티미터. 경희대 중앙도서관, 동아대 도서
관, 한국학중앙연구원 도서관 소장>

1975-03-10. 『대한한 사전(敎學 大漢韓辭典)』, 장삼식(張三植) 편(編), 서울:
박문출판사(博文出版社). <수정 초판. 4+3+116+1,852+128쪽.
차상원(車相轅)·조명기(趙明基)·이가원(李家源)·유승국(柳承國)·민
태식(閔泰植) 감수(監修). 국립중앙도서관, 경희대 중앙도서관,
고려대 중앙도서관, 광신대 도서관, 국회도서관, 대구대 도서
관, 법원도서관, 연세대 학술정보원, 충남대 도서관 등 소장>

1975-04-01. 『한자 고음 사전(漢字古音辭典)』, Karlgren, K. B. J.(高本漢) 저
(著), 한국학문헌연구소(韓國學文獻研究所) 편(編), 서울: 아세아
문화사(亞細亞文化社). <436쪽. 영인본. 국립중앙도서관, 국회
도서관, 고려대 도서관, 영남대 도서관, 충북대 도서관, 한양대

중앙도서관 등 소장>

1975-04-05. 『학생 백과 기본 한자 사전』, 심경석 엮음, 서울: 금성출판사. <초판. 한국교육개발원 소장> <1983-11-10(중판. 454쪽), 1985-00-00(국립중앙도서관 소장)>

1975-06-20. 『한한 이상 대옥편(漢韓 理想大玉篇)』, 이가원(李家源) 감수, 윤희백(尹喜伯) 편저(編著), 서울: 이상사(理想社). <초판. 1275+16쪽. 국립중앙도서관, 국회도서관, 경상대 도서관, 고려대 중앙도서관, 광주대 도서관, 배재대 도서관, 서울대 법학도서관, 안동대 도서관, 이화여대 도서관, 전남대 도서관, 한국교원대 도서관, 한국학중앙연구원 도서관 소장> <1980-00-00<국립중앙도서관 소장> 1981-00-00<전주대 도서관 소장> 1982-04-15 (중판. 1,291쪽) 1996-00-00<국립중앙도서관 소장>

1975-06-25. 『신한일한 사전(新漢日韓辭典)』, 시사일본어연구사(時事日本語研究社) 편(編), 서울: 어연사(語研社). <초판. 4+1,710+243쪽. 국립중앙도서관, 국회도서관 소장> <1975-12-25(2판), 1976-03-01(3판), 1976-00-00(4판), 1977-00-00>

1975-07-05. 『한한일영 신자전(漢·韓·日·英 新字典)』, 대영출판사 편집부(大榮出版社 編輯部) 편저(編著), 서울: 대영출판사(大榮出版社). <1판. 1,186+164쪽. 국립중앙도서관, 동아대 도서관, 부산대 부산캠퍼스 제1도서관, 충남대 도서관 소장> <1979-00-00>

1975-11-30. 『자전석요(字典釋要)』, 지석영(池錫永), 서울: 아세아문화사(亞細亞文化社). <504쪽. 초판의 영인본. 고려대 세종학술정보원, 서원대 도서관, 영남대 도서관 소장>

1975-12-25. 『신한일한 사전(新漢日韓辭典)』, 시사일본어연구사(時事日本語研究社) 편(編), 서울: 어연사(語研社). <2판> <1975-07-05(초판)>

1975-00-00. 『강희 대옥편(康熙大玉篇)』, 협신출판사 편집부(協新出版社編輯部), 서울: 협신출판사(協新出版社). <766쪽. 청주교대 도서관

소장>

1975-00-00. 『국한 명문 상용 옥편(國漢 明文常用玉篇)』, 김혁제(金赫濟) 저
(著), 서울: 명문당(明文堂). <3+17+576쪽. 서원대 도서관, 영
남대 도서관 소장>

1975-00-00. 『국한 최신 홍자 옥편(國漢 最新弘字玉篇)』, 홍자출판사(弘字出
版社) 편집부(編輯部) 편(編), 서울: 홍자출판사(弘字出版社).
<청주교대 도서관 소장>

1975-00-00. 『국한영일 신한 옥편(國漢英日 新韓玉篇)』, 신한출판사(新韓出
版社) 사서부(辭書部) 편(編), 서울: 신한출판사(新韓出版社).
<98+647+199+314쪽. '오체 자감(五體字鑑)'을 부록으로 붙여
놓았다. 국립중앙도서관 소장>

1975-00-00. 『국한전초(國漢箋草) 최신 대옥편(最新大玉篇)』, 곽완종(郭完鐘)
편(編), 서울: 신한출판사(新韓出版社). <1,257쪽. 경희대 중앙
도서관, 동아대 도서관, 한국학중앙연구원 도서관 소장>

1975-00-00. 『국한전초(國漢箋草) 최신 대옥편(最新大玉篇)』, 권영달(權寧達)
서(書), 서울: 연수사(硏修社). <1,275쪽. 서울여대 도서관, 충북
대 도서관, 한남대 도서관 소장>

1975-00-00. 『명문 상용 한한 사전(明文常用 漢韓辭典)』, 명문당 사서부(明文
堂辭書部) 편(編), 서울: 명문당(明文堂). <개정판. 28+1,134+135
쪽. 김학주(金學主) 감수(監修). 상명대 서울캠퍼스 도서관 소장>

1975-00-00. 『명문 한한 대사전(明文 漢韓大辭典)』, 명문당 사서부(明文堂辭
書部) 편(編), 서울: 명문당(明文堂). <28+1,134+135쪽. 김학주
(金學主) 책임 감수. 강원대 도서관, 목포가톨릭대 도서관, 진
주교대 도서관, 한국기술교대 도서관, 한국해양대 도서관, 한
양대 중앙도서관 등 소장> <1964-02-05(초판)>

1975-00-00. 『문교부 선정 한자 1,800자에 의한 실용 종합 옥편: 총수록 한
자 5,000자』, 정신용(鄭神勇) 편(編), 서울: 서동사(西東社). <218

쪽. 국립중앙도서관 소장>

1975-00-00. 『서강 대옥편(西江大玉篇)』, 서강출판사 편집부(西江出版社編輯部) 편(編), 서울: 서강출판사(西江出版社). <1,360쪽. 단국대 퇴계기념도서관, 서강대 도서관 소장>

1975-00-00. 『성어 대사전(成語大辭典)』, 한국학문헌연구소(韓國學文獻研究所) 편(編), 서울: 아세아문화사(亞細亞文化社). <8+3+886쪽. 강남대 도서관, 경북대 중앙도서관, 고려대 중앙도서관, 서울대 중앙도서관, 전남대 중앙도서관, 전북대 중앙도서관, 제주대 중앙도서관, 충북대 도서관, 한경대 도서관, 한국외대 글로벌캠퍼스 도서관, 한국외대 서울캠퍼스 도서관, 한서대 도서관 등 소장>

1975-00-00. 『신한 옥편(新韓 玉篇)』, 신한출판사 편집부(新韓出版社 編輯部) 편(編), 서울: 신한출판사(新韓出版社). <317쪽. 경남과기대 도서관 소장>

1975-00-00. 『응용 옥편(應用玉篇)』, 이상사 편집부(理想社編輯部), 서울: 이상사(理想社).

1975-00-00. 『이상 활용 옥편(理想 活用玉篇)』, 이상사 편집부(理想社 編輯部) 편(編), 서울: 이상사(理想社). <8+676쪽. 울산대 도서관 소장>

1975-00-00. 『최신 정자 옥편(最新 正字玉篇)』, 이익수(李益壽) 편(編), 서울: 여문사(呂文社). <685쪽. 국립중앙도서관, 영남대 도서관, 인하대 도서관 소장>

1975-00-00. 『한한 대사전(漢韓大辭典)』, 명문당 사서부(明文堂辭書部) 편(編), 서울: 명문당(明文堂). <1,544쪽. 양주동(梁柱東)·민태식(閔泰植)·이가원(李家源) 감수(監修). 인천대 학산도서관 소장> <1963-02-15(초판)>

1975-00-00. 『한한 소자전(漢韓小字典)』, 이상사 편집부(理想社 編輯部) 편(編), 서울: 이상사(理想社). <325쪽. 국립중앙도서관 소장>

1975-00-00. 『한한 최신 실용 옥편(漢韓 最新實用玉篇)』, 이상사 편집부(理想社 編輯部) 편(編), 서울: 이상사(理想社). <1,111쪽. 아주대 도서관 소장>

1975-00-00. 『한한 최신 표준 옥편(漢韓 最新標準玉篇)』, 이상사 편집부(理想社 編輯部) 편(編), 서울: 이상사(理想社). <1,238쪽. 덕성여대 도서관 소장>

1975-00-00. 『한한일영 신자전(漢韓日英 新字典)』, 이가원(李家源), 서울: 학영사(學英社). <1,186+164쪽. 경북대 중앙도서관, 공주대 도서관, 숭의여대 학술정보센터 소장>

1975-00-00. 『현문 대옥편(玄文大玉篇)』, 윤선량(尹善亮) 편(編), 서울: 현문사(玄文社). <1,688+167쪽. 경남대 중앙도서관, 부산대 부산캠퍼스 제1도서관 소장>

1976-01-12. 『자전석요(字典釋要)』, 지석영(池錫永), 서울: 아세아문화사(亞細亞文化社). <영인본. 가톨릭관동대 중앙도서관, 가톨릭대 중앙도서관, 강원대 도서관, 건국대 중원도서관, 고려대 도서관 등 소장>

1976-03-01. 『신한일한 사전(新漢日韓辭典)』, 시사일본어연구사(時事日本語研究社) 편(編), 서울: 어연사(語研社). <3판. 4+1,710+243쪽> <1975-07-05(초판)>

1976-09-10. 『상해 한자 대전(詳解 漢字大典)』, 이가원(李家源)・장삼식(張三植) 편저(編著), 서울: 한영출판사(韓英出版社). <초판. 4+55+1,802+64쪽. 판권지에는 책명이 표제와는 달리 '한일영중 한자 대전(韓日英中 漢字大典)'으로 되어 있다. 농촌진흥청 농업과학도서관 소장>

1976-11-20. 『현문 대옥편(玄文大玉篇)』, 윤선량(尹善亮) 편(編), 서울: 현문사(玄文社). <18+1,767쪽. 차상원(車相轅)・이가원(李家源) 감수(監修). 고려대 과학도서관, 고려대 세종학술정보원, 충북대 도

서관 소장>

1976-11-30. 『만자 옥편(萬字玉篇)』, 여문사 편집부(呂文社編輯部), 서울: 여
문사(呂文社).

1976-00-00. 『국한 최신 홍자 옥편(國漢 最新弘字玉篇)』, 홍자출판사 편집
부(弘字出版社 編輯部) 편(編), 서울: 홍자출판사(弘字出版社).
<경희대 중앙도서관 소장>

1976-00-00. 『명문 상용 한한 사전(明文常用 漢韓辭典)』, 명문당 사서부(明
文堂辭書部) 편(編), 서울: 명문당(明文堂). <28+1,134+135쪽.
김학주(金學主) 감수(監修). 고려대 세종학술정보원, 국민대 성
곡도서관, 단국대 율곡기념도서관, 순천대 도서관, 영남대 도
서관, 호남대 도서관 소장>

1976-00-00. 『서강 대옥편(西江大玉篇)』, 중외출판사(中外出版社) 편집부(編
輯部) 편(編), 서울: 중외출판사(中外出版社). <18+1,360쪽. 국
립중앙도서관, 경희대 중앙도서관, 군산대 도서관, 목포해양대
도서관, 부산대 부산캠퍼스 제1도서관, 영남대 도서관, 한체대
도서관 소장>

1976-00-00. 『수정 증보 명문 신옥편(修訂增補 明文新玉篇)』, 김혁제(金赫濟)
저(著), 서울: 명문당(明文堂). <935쪽. 경기대 중앙도서관, 서울
과기대 도서관, 원광대 중앙도서관 소장> <1952-02-28(초판)>

1976-00-00. 『신자해(新字海)』, 민중서관 편집국(民衆書館編輯局) 편(編), 서
울: 민중서관(民衆書館). <8+953쪽. 국립중앙도서관, 건국대
상허기념도서관, 경북대 중앙도서관, 동국대 경주도서관, 순천
향대 도서관, 용인대 도서관, 인천대 도서관, 제주대 중앙도서
관, 한국학중앙연구원 도서관, 한남대 도서관 소장>

1976-00-00. 『실용 대옥편(實用大玉篇)』, 장삼식(張三植) 편(編), 서울: 집문
당(集文堂). <1,155쪽. 1985년 6월 25일에 축소판 『실용 대옥편』
(장삼식 편, 교학사) 초판이 발행되었다. 고려대 중앙도서관,

국민대 성곡도서관, 대구대 도서관, 덕성여대 도서관, 상명대 천안도서관, 성균관대 삼성학술정보관 등 소장> <1980-00-00, 1983-00-00, 1984-00-00>

1976-00-00. 『실용 신자원(實用新字源)』, 장삼식(張三植) 편(編), 서울: 집문 당(集文堂). <895+53쪽. 경기대 중앙도서관, 경북내 중앙도서 관, 경희대 중앙도서관, 이화여대 도서관 등 소장>

1976-00-00. 『옥편, 자전을 겸한 한자 교본 교양 삼천 자(玉篇, 字典을 兼한 漢字敎本 敎養三千字)』, 서울: 송원문화사(松園文化社). <292쪽. 가천대 중앙도서관 소장>

1976-00-00. 『옥편을 겸한 펜글씨 자전』, 이숭태(李崇泰) 저(著), 서울: 개선 문(凱旋門).

1976-00-00. 『최신 한일한영 종합 옥편(最新 韓日韓英 綜合玉篇)』, 이태복 (李泰福) 편(編), 서울: 경화사(京和社). <602+142쪽. 경기대 중 앙도서관, 부산외대 도서관, 한세대 도서관 소장>

1976-00-00. 『한일영중 겸용 상해 한자 대전(韓日英中 兼用 詳解 漢字大典)』, 이가원(李家源)·장삼식(張三植) 편저(編著), 서울: 교육출판공사 (敎育出版公社). <중판. 4+55+1,802+64쪽. 가톨릭관동대 중앙 도서관, 경기대 중앙도서관, 경상대 도서관, 경희대 중앙도서 관, 공주대 도서관, 군산대 도서관 등 소장> <1980-00-00, 1981-10-25, 1984-05-01>

1976-00-00. 『한한 대자전(漢韓大字典)』, 민중서관 편집국(民衆書館編輯局) 편(編), 서울: 민중서관(民衆書館).

1976-00-00. 『한한 정해 신옥편(漢韓精解新玉篇)』, 연식문화사 편집부((然植 文化社 編輯部) 편(編), 서울: 연식문화사(然植文化社). <467쪽. 국립중앙도서관 소장>

1976-00-00. 『한한일영 신자전(漢韓日英 新字典)』, 대영출판사 편집부(大榮出 版社 編輯部) 편(編), 서울: 선문출판사(鮮文出版社). <1,186+164

쪽. 단국대 율곡기념도서관 소장>

1976-00-00. 「활용 옥편」, 『(한한 사전, 한영 사전 겸용) 동아 국어 대사전
(漢韓辭典, 韓英辭典 兼用 東亞 國語大辭典)』, 동아출판사 편집
부 편(編), 서울: 동아출판사(東亞出版社). <2,655쪽. 이숭녕(李崇
寧)·김석주(金碩柱) 감수(監修). '활용 옥편' 203쪽이 수록되어 있
다. 강원대 도서관, 경기대 중앙도서관, 경북대 상주도서관, 광
주여대 도서관, 국민대 성곡도서관, 동국대 중앙도서관 소장>

1976-00-00. 『활용 한자 사전(活用 漢字辭典)』, 장삼식(張三植) 편(編), 서울:
집문당(集文堂). <591+28쪽. 강원대 도서관, 신라대 도서관,
인하대 도서관 소장>

1976-00-00. 『회중 한한 소자전(懷中漢韓小字典)』, 서울: 이상사(理想社).
<325쪽. 숙명여대 도서관 소장>

1976-00-00. 『흥문 대옥편(興文大玉篇)』, 흥문도서 편집부(興文圖書編輯部)
편(編), 서울: 흥문도서(興文圖書). <1,360쪽. 동국대 경주도서
관, 부산대 부산캠퍼스 제1도서관, 홍익대 중앙도서관 소장>

1977-01-10. 『국한 전초 최신 대옥편(國漢 篆草 最新大玉篇)』, 곽완종(郭完
鐘) 편, 서울: 신한출판사(新韓出版社).

1977-01-15. 『동아 현대 활용 옥편(東亞 現代活用玉篇)』, 동아출판사 편집
국(東亞出版社編輯局) 편(編), 서울: 동아출판사(東亞出版社).
<1972-10-15(초판)>

1977-01-20. 『최신 대정통 옥편(最新 大正統玉篇)』, 정통출판사 편집부(正統
出版社編輯部) 편(編), 서울: 정통출판사(正統出版社).

1977-04-10. 『휴대용 활용 옥편(活用玉篇)』, 편집부(編輯部) 엮음, 서울: 민
정사(民晶社).

1977-05-15. 『대한한 사전(敎學 大漢韓辭典)』, 장삼식(張三植) 편(編), 서울:
박문출판사(博文出版社). <수정 재판. 4+3+116+1,852+128쪽.
경기대 중앙도서관, 계명대 동산도서관, 성균관대 삼성학술정

보관, 숭실대 도서관, 영남대 도서관, 전북대 중앙도서관 등 소장>

1977-05-25. 『한한 대자전(漢韓 大字典)』, 민중서림 편집부(民衆書林編輯部) 편(編), 서울: 민중서림(民衆書林). <초판> <2006-01-10(증보판 2판. 2,526쪽. 3,000여 개의 표제사를 선정하고, 16,000어 표제어를 수록하였다.)>

1977-06-30. 『실용 옥편(實用玉篇)』, 윤선량(尹善亮) 편(編), 서울: 중앙도서 (中央圖書). <12+699쪽>

1977-08-15. 「활용 옥편」, 『(한한 사전, 한영 사전 겸용) 동아 국어 대사전(漢韓辭典, 韓英辭典 兼用 東亞 國語大辭典)』, 동아출판사 편집부(東亞出版社 編輯部) 편(編), 서울: 동아출판사(東亞出版社). <초판. 1,140+203쪽. 이숭녕(李崇寧)·김석주(金碩柱) 감수(監修). '활용 옥편' 203쪽이 수록되어 있다. 국립중앙도서관 소장> <1979-00-00 (동신문화사), 1981-12-25(2판), 1982-00-00, 1985-00-00>

1977-10-15. 『한한 표준 옥편(漢韓 標準玉篇)』, 현학사 편집부(賢學社 編輯部) 편, 서울: 현학사(賢學社). <577쪽. 포켓판. 박형익 교수 소장>

1977-11-10. 『한한 신강희대옥편(漢韓 新康熙大玉篇)』, 민정사 편집부, 서울: 민정사(民晶社). <유정기(柳正基) 감수>

1977-00-00. 『국한 최신 홍자 옥편(國漢 最新弘字玉篇)』, 홍자출판사 편집부(弘字出版社 編輯部) 편(編), 서울: 홍자출판사(弘字出版社). <경기대 중앙도서관, 한국학중앙연구원 도서관 소장>

1977-00-00. 『대한한 사전(教學 大漢韓辭典)』, 장삼식(張三植) 편(編), 서울: 성음출판사(省音出版社). <숭실대 도서관 소장>

1977-00-00. 『명문 활용 옥편(明文活用玉篇)』, 김학주(金學主) 편(編), 서울: 명문당(明文堂). <608+80쪽. 국립중앙도서관 소장>

1977-00-00. 『수정 증보 명문 신옥편(修訂增補 明文新玉篇)』, 김혁제(金赫濟) 저(著), 서울: 명문당(明文堂). <1952-02-28(초판)>

1977-00-00. 『신자해(新字海)』, 민중서관 편집국(民衆書館 編輯局) 편(編), 서울: 민중서관(民衆書館). <7판. 8,953쪽. 국립중앙도서관의 홈페이지에서 원문을 볼 수 있다.>

1977-00-00. 『신한 옥편(新韓玉篇)』, 신한출판사 사서부(新韓出版社辭書部), 서울: 신한출판사(新韓出版社).

1977-00-00. 『신한일한 사전(新漢日韓辭典)』, 시사일본어연구사(時事日本語研究社) 편(編), 서울: 어연사(語研社). <1,710쪽. 부산대 밀양캠퍼스 나노생명과학도서관 소장>

1977-00-00. 『운회옥편(韻會玉篇)』, 최세진(崔世珍), 서울: 국립중앙도서관. <영인본. 2권 1책. 국립중앙도서관 소장>

1977-00-00. 『자전석요(字典釋要)』, 지석영(池錫永), 서울: 아세아문화사(亞細亞文化社). <영인본. 한국방송통신대 도서관 소장>

1977-00-00. 『최신 대옥편(最新大玉篇)』, 중외출판사 편집부(中外出版社 編輯部) 편(編), 서울: 중외출판사(中外出版社). <1,360쪽. 국립중앙도서관 소장>

1977-00-00. 『한한 사전, 한영 사전 겸용 동아 국어 대사전(漢韓辭典, 韓英辭典 兼用 東亞 國語大辭典)』, 서울: 동아교재사(東亞敎材社). <1,140+203쪽. 이숭녕(李崇寧)·김석주(金碩柱) 감수(監修). 가톨릭대 성심 교정 도서관 소장>

1977-00-00. 『한한 신강희 대옥편(漢韓 新康熙大玉篇)』, 민정사 편집부(民晶社編輯部) 편(編), 서울: 민정사(民晶社). <890+52+56+126쪽. 강원대 도서관, 계명대 동산도서관 소장>

1977-00-00. 『한한 최신 민중 대옥편(漢韓 最新民衆大玉篇)』, 민중도서 편집부(民衆圖書編輯部) 편(編), 대구: 민중도서(民衆圖書). <6+1,248쪽. 광주보건대 도서관, 단국대 퇴계기념도서관, 동아대 도서관, 목포해양대 도서관, 선문대 중앙도서관 소장>

1977-00-00. 『한한 최신 실용 옥편(漢韓 最新實用玉篇)』, 이상사 편집부(理

想社 編輯部) 편(編), 서울: 이상사(理想社). <개정 신판. 862쪽. 경상대 도서관 소장>

1978-01-10. 『활용 대옥편(活用 大玉篇)』, 양주동(梁柱東) 감수(監修), 서울: 민정사(民晶社). <494+52+38+126쪽. 2음절 한자어 사전이다. 표제어에 해딩하는 일본어, 영어, 중국이, 독일어, 프랑스어 단어들을 제시하였다.>

1978-03-10. 『한한일영 신자전(漢韓日英 新字典)』, 지성출판사 편집부(知星出版社編輯部) 편(編), 서울: 지성출판사(知星出版社). <1,125+84쪽. 이가원(李家源)·김우열(金宇烈) 감수(監修). 국립중앙도서관, 건국대 상허기념도서관, 경기대 중앙도서관, 성균관대 중앙학술정보관 소장>

1978-04-10. 『최신 한한 삼중 대옥편(最新 漢韓 三衆大玉篇)』, 학승사(學勝社) 편(編), 서울: 학승사(學勝社). <27+706쪽. 조경성(趙京成) 감수(監修). 동아대 도서관, 상명대 서울캠퍼스 도서관, 전북대 중앙도서관, 충남대 도서관 소장>

1978-11-10. 『학습 한자 사전(學習 漢字辭典)』, 장삼식(張三植) 편저(編著), 서울: 집문당(集文堂). <16+25+591+28쪽. 표제자 5,000여 자를 수록하였다.>

1978-11-30. 『한한 영일 강희 대옥편(漢·韓 英·日 康熙大玉篇)』, 민정사 편집부(民晶社 編輯部) 편(編), 서울: 민정사(民晶社). <15+604+80쪽. 유정기(柳正基) 감수(監修). 국립중앙도서관, 강원대 도서관 등 소장>

1978-12-10. 『국한 명문 상용 옥편(國漢 明文常用玉篇)』, 김혁제(金赫濟) 저(著), 서울: 명문당(明文堂). <3+17+576쪽. 강원대 도서관 소장>

1978-00-00. 『교육 한자 대사전(敎育漢字大辭典)』, 최근학(崔根學) 저(著), 서울: 경학사(耕學社). <1,778쪽. 국립중앙도서관, 경기대 중앙도서관, 고려대 세종학술정보원, 한세대 도서관, 한양대 안산캠

퍼스 도서관 등 소장>

1978-00-00. 『국한 최신 홍자 옥편(國漢 最新弘字玉篇)』, 홍자출판사 편집
부(弘字出版社 編輯部) 편(編), 서울: 홍자출판사(弘字出版社).
<건국대 상허기념도서관, 덕성여대 도서관, 동아대 도서관,
부산대 제1도서관, 전북대 중앙도서관, 중앙대 서울캠퍼스 중
앙도서관 소장>

1978-00-00. 『국한 전초(國漢箋草) 최신 대옥편(最新大玉篇)』, 권영달(權寧達)
편저(編著), 서울: 신정사. <1,257쪽. 서울대 농학도서관 소장>

1978-00-00. 『민중 포켓 한자 사전(民衆 포켓 漢字辭典)』, 민중서관 편집국
(民衆書館 編輯局) 편(編), 서울: 민중서관(民衆書館). <건국대
상허기념도서관, 경기대 중앙도서관, 공주대 도서관, 서경대
중앙도서관, 서원대 도서관, 선문대 중앙도서관, 성결대 도서
관, 성균관대 삼성학술정보관, 아주대 도서관, 한국외대 도서
관, 한양대 중앙도서관 소장>

1978-00-00. 『상용 한자전(常用 漢字典)』, 장삼식(張三植) 편저(編著), 서울:
집문당(集文堂). <578쪽. 국립중앙도서관 소장>

1978-00-00. 『상해 한자 사전(詳解 漢字辭典)』, 이가원(李家源)·장삼식(張三
植) 편저(編著), 서울: 한영출판사(韓英出版社). <1,082+63쪽.
서울신학대 도서관 소장>

1978-00-00. 『신자전(新字典)』, 조선광문회(朝鮮光文會) 편찬(編纂), 서울: 신
문관(新文舘). <1920년판의 영인본. 조용승(曹龍承) 발행. 국립
중앙도서관, 강원대 도서관, 고려대 도서관, 국민대 성곡도서
관, 원광대 중앙도서관, 인하대 도서관, 한국외대 서울도서관
등 소장>

1978-00-00. 『신활용 옥편(新活用玉篇)』, 흥문도서 사서부(興文圖書辭書部)
편(編), 서울: 흥문도서(興文圖書). <495쪽. 가천대 중앙도서관
소장>

1978-00-00. 『실용 신자원(實用新字源)』, 장삼식(張三植) 편(編), 서울: 집문당(集文堂). <경희대 중앙도서관 소장>

1978-00-00. 『완벽 한한 최신 옥편』, 박해근 편, 서울: 동광출판사. <1,023쪽. 한일장신대 도서관 소장>

1978-00-00. 『증보 개정 내정통 옥편(增補 改正 大正統玉篇)』, 정통출판사 편집부(正統出版社編輯部) 편(編), 서울: 정통출판사(正統出版社). <615쪽. 부산대 제1도서관 소장>

1978-00-00. 『최신 한한 학승 대옥편(最新 漢韓 學勝大玉篇)』, 서울: 학승사(學勝社). <912쪽. 문선규(文璇奎) 감수(監修). 서강대 도서관 소장>

1978-00-00. 『한한 대사전(漢韓大辭典)』, 명문당 사서부(明文堂辭書部) 편(編), 서울: 명문당(明文堂). <28+1,544+132쪽. 경희대 중앙도서관, 동국대 중앙도서관 소장> <1963-02-15(초판)>

1978-00-00. 『한한 대사전(漢韓大辭典)』, 이수원(李壽源) 편저(編著), 서울: 일중당(一中堂). <1,407쪽. 경상대 도서관, 상명대 서울캠퍼스 도서관, 서울시립대 도서관, 성균관대 중앙학술정보관 소장>

1978-00-00. 『한한 민중 대옥편(漢韓 民中大玉篇)』, 춘원(春園) 저(著), 민정사 편집부(民晶社 編輯部) 편(編), 서울: 민정사(民晶社). <유정기(柳正基) 감수(監修). 국립중앙도서관, 가천대 중앙도서관, 경북대 상주도서관, 고려대 중앙도서관, 동서대 민석도서관 등 소장>

1978-00-00. 『한한 이상 대옥편(漢韓 理想大玉篇)』, 윤희백(尹喜伯) 편저(編著), 서울: 이상사(理想社). <중판. 6+1,291쪽. 이가원(李家源) 감수(監修). 가톨릭관동대 중앙도서관, 경기대 중앙도서관, 경희대 국제캠퍼스 도서관, 목포해양대 도서관, 부산대 부산캠퍼스 제1도서관, 부산외대 도서관 소장>

1978-00-00. 『한한 최신 모범 옥편(漢韓最新模範玉篇)』, 윤희백(尹喜伯) 편(編), 서울: 이상사(理想社). <488쪽. 가톨릭대 중앙도서관 소장>

1978-00-00. 『한한 최신 실용 옥편(漢韓 最新實用玉篇)』, 윤희백(尹喜伯) 편
(編), 서울: 이상사(理想社). <개정 신판. 862쪽. 국립중앙도서
관, 경북대 중앙도서관, 경상대 도서관, 광운대 중앙도서관, 대
구대 도서관, 중부대 중앙도서관, 창원대 도서관 소장>

1978-00-00. 『한영일중독불 활용 대옥편(漢英日中獨佛 活用 大玉篇)』, 서울:
민정사(民晶社). <494+125쪽. 양주동(梁柱東) 감수(監修). 대구
교대 도서관 소장>

1978-00-00. 『현문 대옥편(玄文大玉篇)』, 윤선량(尹善亮) 편(編), 서울: 현문
사(玄文社). <영남대 도서관 소장>

1978-00-00. 「활용 옥편」, 『(한한 사전, 한영 사전 겸용) 동아 국어 대사전
(漢韓辭典, 韓英辭典 兼用 東亞 國語大辭典)』, 동아출판사 편집
부 편(編), 서울: 동아출판사(東亞出版社). <이숭녕(李崇寧)·김석
주(金碩柱) 감수(監修). '활용 옥편' 203쪽이 수록되어 있다. 아
주대 도서관 소장>

1978-00-00. 『홍문 대옥편(興文大玉篇)』, 홍문도서 편집부(興文圖書編輯部)
편(編), 서울: 홍문도서(興文圖書). <1,360쪽. 국립중앙도서관,
경일대 도서관, 충남대 도서관, 홍익대 중앙도서관 소장>

1978-00-00. 『홍문 신옥편(興文新玉篇)』, 홍문도서 편집부(興文圖書編輯部)
편(編), 서울: 홍문도서(興文圖書). <918쪽. 국립중앙도서관, 목
포해양대 도서관 소장>

1979-01-05. 『신자해(新字海)』, 민중서관 편집국(民衆書館編輯局) 편(編), 서
울: 민중서관(民衆書館). <8판. 8+953쪽. 동의대 중앙도서관,
성결대 도서관 소장>

1979-01-10. 『한한 정해 신옥편(漢韓 精解新玉篇)』, 이상사 편집부(理想社
編輯部), 서울: 이상사(理想社). <중판. 467쪽. 강릉원주대 중앙
도서관 소장>

1979-05-17. 『최신 특수 한문 종합 대자전(最新 特殊漢文綜合大字典)』, 경화

사 편집부(京和社編輯部), 서울: 경화사(京和社). <242쪽. 용인
대 도서관, 한서대 도서관 소장>

1979-06-15. 『수정 증보 명문 신옥편(修訂增補 明文新玉篇)』, 김혁제(金赫濟)
저(著), 서울: 명문당(明文堂). <국립중앙도서관 소장> <1952-02-28
(초판)>

1979-09-16. 『선암서원본 배자예부운략(仙巖書院本 排字禮部韻略)』, 정도(丁
度) 찬(撰), 청도(淸道): 선암서원(仙巖書院). <목판본 현대쇄. 2
권 1책. 신편배자예부옥편 상하, 신편직음예부옥편 권상, 신편
유취예부옥편 권하 수록. 고려대 도서관, 충남대 도서관 소장>

1979-09-00. 『동아 신활용 옥편(동아 新活用玉篇)』, 동아출판사 편집부(東亞
出版社 編輯部) 편(編), 서울: 동아출판사(東亞出版社). <강남대
도서관, 계명대 동산도서관, 동국대 중앙도서관, 목포가톨릭대
도서관, 서울과기대 도서관, 서울시립대 도서관, 서울신학대
도서관, 선문대 중앙도서관, 한림대 도서관, 한성대 도서관, 홍
익대 중앙도서관 소장> <1975-01-15(초판)>

1979-10-30. 『수정 증보 명문 신옥편(修訂增補 明文新玉篇)』, 김혁제(金赫
濟) 저(著), 서울: 명문당(明文堂). <3+24+743+236쪽. 국립중
앙도서관, 경희대 국제캠퍼스 도서관, 고려대 중앙도서관, 공
주대 도서관, 대구가톨릭대 중앙도서관, 서울여대 도서관, 안
동대 도서관, 한신대 중앙도서관 소장> <1952-02-28(초판)>

1979-10-30. 『기초 한자 사전』, 장순하 엮음, 서울: 금성출판사(金星出版社).
<319쪽. 강원대 도서관 소장> <1980-11-10(중판)>

1979-11-30. 『문교부 선정 교육 한자 대사전(文敎部 選定 敎育漢字大辭典)』,
최근학(崔根學) 편저(編著), 서울: 호호사(昊浩社). <42+1,779쪽.
경기대 중앙도서관, 고려대 중앙도서관, 덕성여대 도서관, 서
원대 도서관, 전북대 중앙도서관 등 소장>

1979-11-30. 『국한 최신 실용 자전(國漢 最新實用字典)』, 홍자출판사 편집부

(弘字出版社 編輯部) 편(編), 서울: 문천사(文泉社). <2+8+494+24쪽>

1979-11-30. 『국한 최신 홍자 옥편(國漢 最新弘字玉篇)』, 홍자출판사 편집부(弘字出版社 編輯部) 편(編), 서울: 문천사(文泉社). <2+16+637+167+122+3쪽. 국립중앙도서관, 경희대 국제캠퍼스 도서관, 고려대 세종학술정보원, 동서대 민석도서관, 숙명여대 도서관, 순천향대 도서관, 연세대 학술정보원, 전북대 중앙도서관, 한림대 도서관, 호남대 도서관 소장>

1979-12-20. 『한한 최신 표준 옥편(漢韓 最新標準玉篇)』, 이상사 편집부(理想社 編輯部) 편(編), 서울: 이상사(理想社). <중판(重版). 1,173쪽>

1979-00-00. 『강희자전(康熙字典)』, 서울: 선일문화사(善一文化社). <719쪽. 선문대 중앙도서관, 신라대 도서관, 원광대 중앙도서관, 호남대 도서관 소장>

1979-00-00. 『국한 명문 신옥편(國漢 明文新玉篇)』, 김혁제(金赫濟), 서울: 명문당(明文堂). <24+521+63쪽. 경북대 중앙도서관, 경희대 중앙도서관, 영남대 도서관, 한신대 중앙도서관 소장>

1979-00-00. 『국한 전초(國漢箋草) 최신 대옥편(最新大玉篇)』, 권영달(權寧達) 편저(編著), 서울: 도산서원(陶山書院). <1,097쪽. 국립중앙도서관, 세종대 도서관, 인하대 도서관 소장>

1979-00-00. 『국한 홍자 신자전(國漢 弘字新字典)』, 홍자출판사 편집부(弘字出版社 編輯部) 편(編), 서울: 문천사(文泉社). <8+528+110쪽. 국립중앙도서관 소장>

1979-00-00. 『국한 홍자 실용 옥편(國漢 弘字實用玉篇)』, 홍자출판사 사서부(弘字出版社 辭書部) 편(編), 서울: 문천사(文泉社). <8+494+24쪽. '국한 홍자 실용 자전'으로 적혀 있는 것도 있다. 국립중앙도서관, 충북대 도서관 소장>

1979-00-00. 『국한 홍자 활용 옥편(國漢 弘字活用玉篇)』, 홍자출판사 사서부(弘字出版社 辭書部) 편(編), 서울: 문천사(文泉社). <8+528+110

쪽. 국립중앙도서관 소장>

1979-00-00. 『국한영일 신한 옥편(國漢英日 新韓玉篇)』, 신한출판사 사서부
(新韓出版社 辭書部) 편(編), 서울: 신한출판사(新韓出版社).
<647+199+317쪽. 나사렛대 학술정보관, 충남대 도서관 소장>

1979-00-00. 『대한한 사전(人漢韓辭典)』, 장삼식(張三植) 편저(編著), 서울:
진현서관(進賢書館). <4+3+116+1,852+128쪽. 국립중앙도서
관, 고려대 중앙도서관, 대구고등법원 소장>

1979-00-00. 『도해 학습 한자 대사전(圖解 學習漢字大事典)』, 삼중당 편집
부, 서울: 삼중당(三中堂). <917쪽. 가톨릭대 중앙도서관, 상명
대 서울도서관, 신라대 도서관, 원광대 중앙도서관, 충북대 도
서관 소장>

1979-00-00. 『동아 신크라운 국어 사전(新크라운 國語辭典)』, 동아출판사
편집부 편, 서울: 동아출판사. <초판. 포켓판. 2,214+자전 306
쪽> <1980-00-00, 1983-00-00, 1984-01-10>

1979-00-00. 『동아 현대 활용 옥편(東亞 現代活用玉篇)』, 동아출판사 편집
국(東亞出版社編輯局) 편(編), 서울: 동아출판사(東亞出版社).
<고려대 중앙도서관 등 소장> <1972-10-15(초판)>

1979-00-00. 『명문 상용 한한 사전(明文常用 漢韓辭典)』, 명문당 사서부(明
文堂辭書部) 편(編), 서울: 명문당(明文堂). <28+1,134+135쪽.
김학주(金學主) 감수(監修). 충북대 도서관 소장>

1979-00-00. 『명문 활용 옥편(明文活用玉篇)』, 명문당 사서부(明文堂辭書部)
편(編), 서울: 명문당(明文堂). <608+80쪽. 김학주(金學主) 감수
(監修). 강원대 도서관, 수원대 도서관, 한양대 안산캠퍼스 도
서관 소장>

1979-00-00. 『상용 옥편(常用玉篇)』, 문지사 편집부(文志社編輯部), 서울: 문
지사(文志社).

1979-00-00. 『신편 홍자 현대 옥편(新編 弘字現代玉篇)』, 홍자출판사 사서부

(弘字出版社 辭書部) 편(編), 서울: 문천사(文泉社). <8+306+122 쪽. 국립중앙도서관 소장>

1979-00-00.『옥편 겸용 실용 3만 자 한문 백과(玉篇兼用 實用三萬字 漢文 百科)』, 이규철(李圭哲) 편(編), 서울: 신동아출판사(新東亞出版 社). <363쪽. 국립중앙도서관, 서울대 중앙도서관, 연세대 학술 정보원 등 소장>

1979-00-00.『최신 국한 자원 오행 수암 대자전(最新 國漢 字源 五行 洙岩 大字典)』, 채수암(蔡洙岩) 편저(編著), 서울: 역리대학사(易理大 學社). <수정 재판. 부산대 부산캠퍼스 제1도서관, 순천향대 도서관, 원광대 중앙도서관 소장>

1979-00-00.『최신 한한 정자 대옥편(最新 漢韓 正字大玉篇)』, 민정사 편집 부(民晶社 編輯部) 편(編), 서울: 민정사(民晶社). <756쪽. 강원 대 도서관 소장>

1979-00-00.『최신판 한한 민중 대옥편(漢韓 民衆大玉篇)』, 민중도서(民衆圖 書) 편찬(編纂), 서울: 민중도서(民衆圖書). <1,245쪽. 목포해양 대 도서관 소장>

1979-00-00.『표준 신교육 한자 사전(標準 新敎育漢字辭典)』, 교학사 사서 부(敎學社 辭書部) 편(編), 서울: 교학사(敎學社). <광주여대 도 서관 소장> <1974-02-10(초판)>

1979-00-00.『한한 대자전(漢韓大字典)』, 민중서관 편집국(民衆書館 編輯局) 편(編), 서울: 민중서림(民衆書林). <1,490쪽. 국립중앙도서관 소장>

1979-00-00.『한한 사전, 한영 사전 겸용 현대 국어 대사전(漢韓辭典, 韓英 辭典 兼用 現代 國語大辭典)』, 동아출판사 사서부(東亞出版社辭 書部) 편(編), 서울: 동신문화사(東信文化社). <1,140+203쪽. 이 숭녕(李崇寧)‧김석주(金碩柱) 감수(監修). 가톨릭관동대 중앙도 서관, 건양대 명곡도서관, 경북대 중앙도서관, 경상대 도서관,

경희대 중앙도서관 등 소장>

1979-00-00. 『한한 최신 실용 옥편(漢韓 最新實用玉篇)』, 이상사 편집부(理想社 編輯部) 편(編), 서울: 이상사(理想社). <862쪽. 가천대 중앙도서관, 동국대 중앙도서관, 부산대 제1도서관, 서울신학대 도서관 소장>

1979-00-00. 『한한 최신 이상 옥편(漢韓最新理想玉篇)』, 이상사 편집부(理想社 編輯部) 편(編), 서울: 이상사(理想社).

1979-00-00. 『한한영일 강희 대옥편(漢韓英日 康熙大玉篇)』, 민정사 편집부(民晶社 編輯部) 편(編), 서울: 민정사(民晶社). <15+604+48쪽. 유정기(柳正基) 감수(監修). 국립중앙도서관 등 소장>

1979-00-00. 『한한일영 상용 한한 사전(漢韓日英 常用 漢韓辭典)』, 명문당 사서부(明文堂辭書部), 서울: 명문당(明文堂).

1979-00-00. 『한한일영 신자전(漢韓日英 新字典)』, 대영출판사 편집부(大榮出版社編輯部), 서울: 선문출판사(鮮文出版社). <1,125+84쪽. 강원대 도서관 소장>

1979-00-00. 『한한일영 신자전(漢韓日英 新字典)』, 일중당 편집부(一中堂編輯部), 서울: 일중당(一中堂). <1,125+84쪽. 강원대 도서관, 청주교대 도서관 소장>

1979-00-00. 『한·한·일·영·중·독·불·노어·아랍·이란(韓·漢·日·英·中·獨·佛·露語·아랍·이란) 새 시대의 사전을 겸한 9개국 종합 옥편(綜合玉篇)』, 민정사(民晶社) 편(編), 서울: 민정사(民晶社). <427쪽. 국립중앙도서관 소장>

1979-00-00. 『현대 한한 대자전(現代 漢韓大字典)』, 민중서관 편집국(民衆書館 編輯局) 편(編), 서울: 민중서관(民衆書館). <1,490쪽. 국립중앙도서관 소장>

1979-00-00. 『현문 대옥편(玄文大玉篇)』, 윤선량(尹善亮) 편(編), 서울: 현문사(玄文社). <강원대 도서관, 경기대 중앙도서관, 경북대 중앙

도서관, 경상대 도서관 등 소장>

1979-00-00. 『홍자 현대 옥편(弘字現代玉篇)』, 홍자출판사 편집부(弘字出版
社 編輯部) 편(編), 서울: 문천사(文泉社). <703쪽. 국립중앙도서
관 소장>

1979-00-00. 「활용 옥편」, 『한한 사전, 한영 사전 겸용 현대 국어 대사전(漢
韓辭典, 韓英辭典 兼用 現代 國語大辭典)』, 동아출판사 사서부
(東亞出版社辭書部) 편(編), 서울: 동신문화사(東信文化社). <1,140+
203쪽. 이숭녕(李崇寧)·김석주(金碩柱) 감수(監修). 가톨릭관동대
중앙도서관, 건양대 명곡도서관, 경북대 중앙도서관, 경상대
도서관, 경희대 중앙도서관 등 소장> <1977-08-15(초판. 동아
출판사)>

1979-00-00. 『흥문 대옥편(興文大玉篇)』, 흥문도서 편집부(興文圖書編輯部) 편
(編), 서울: 흥문도서(興文圖書). <1,360쪽. 울산대 도서관 소장>

1980-01-01. 『동아 현대 한한 사전(現代漢韓辭典)』, 동아출판사 편집부(東亞
出版社編輯部) 편(編), 서울: 동아출판사(東亞出版社). <초판.
815쪽. 포켓판. 국립중앙도서관, 고려대 중앙도서관, 호서대 중
앙도서관 소장> <1983-00-00, 1986-00-00, 1987-00-00, 1994-00-00
(개정판. 959쪽), 1995-00-00, 1996-00-00, 1997-01-10(17쇄 개정
판. 959쪽), 1998-01-10, 2001-00-00>

1980-06-20. 『한한 이상 대옥편(漢韓 理想大玉篇)』, 윤희백(尹喜伯) 편저(編
著), 서울: 이상사(理想社). <중판. 1,291쪽. 이가원(李家源) 감수
(監修). 국립중앙도서관 소장>

1980-07-10. 『실용 중옥편(實用中玉篇)』, 장삼식(張三植) 편(編), 서울: 집문당
(集文堂). <초판? 75+859쪽> <1985-02-25(집문당), 1986-02-25
(교학사 초판)>

1980-07-20. 『최신 한한 종합 대옥편(最新 漢韓 綜合 大玉篇)』, 편집부(編輯
部) 편(編), 서울: 유림당(裕林堂). <689쪽. 가톨릭관동대 중앙도

서관, 경성대 도서관, 박형익 교수 소장>

1980-08-10. 『국한영일 신한 옥편(國漢英日 新韓玉篇)』, 신한출판사 사서부 (新韓出版社辭書部), 서울: 신한출판사(新韓出版社).

1980-08-20. 『활용 강희 대자전(活用 康熙大字典)』, 형문사 편집부(亨文社編輯部), 서울: 형문사(亨文社). <335쪽>

1980-09-15. 『최신 대옥편(最新大玉篇)』, 약진문화사 편집부(躍進文化社編輯部), 서울: 약진문화사(躍進文化社). <695쪽. 서울신학대 도서관, 성결대 도서관, 세종대 도서관 소장>

1980-11-20. 『한한일영 신대자전(漢韓日英 新大字典)』, 편집부(編輯部), 서울: 동아도서(東亞圖書). <1,150쪽>

1980-12-10. 『실용 신자원(實用新字源)』, 장삼식(張三植) 편저(編著), 서울: 집문당(集文堂). <45+895+53쪽>

1980-00-00. 『교육 한자 대사전(敎育漢字大辭典)』, 최근학(崔根學) 저(著), 서울: 경학사(耕學社). <1,779쪽. 서원대 도서관, 진주교대 도서관 소장>

1980-00-00. 『대한한 사전(敎學 大漢韓辭典)』, 장삼식(張三植) 편(編), 서울: 진현서관(進賢書館). <중판. 국립중앙도서관, 경기대 중앙도서관, 경북대 중앙도서관, 고려대 세종학술정보원, 법원도서관, 순천대 도서관, 전주대 도서관, 충남대 도서관, 한양대 중앙도서관 등 소장> <법원도서관에는 발행소가 성문사(省文社)로 되어 있다.>

1980-00-00. 『도산 만자 옥편(陶山 萬字玉篇)』, 도산서원(陶山書院) 편(編), 서울: 도산서원(陶山書院). <389쪽. 국립중앙도서관 소장> <1994-00-0(389쪽. 김춘모 편(編), 세세), 1996-00-00(9판. 389쪽. 김춘모 편. 세세)>

1980-00-00. 『동아 신크라운 국어 사전(新크라운 國語辭典)』, 동아출판사 편집부 편, 서울: 동아출판사. <포켓판. 2,214+자전 306쪽. 동

국대 중앙도서관, 세명대 민송도서관, 신라대 도서관 소장>
<1979-00-00(초판)>

1980-00-00. 『동아 신활용 옥편(동아 新活用玉篇)』, 동아출판사 편집부(東亞
出版社 編輯部) 편(編), 서울: 동아출판사(東亞出版社). <540쪽.
호서대 중앙도서관 소장>

1980-00-00. 『동아 현대 활용 옥편(東亞 現代活用玉篇)』, 동아출판사 편집
부(東亞出版社編輯部) 편(編), 서울: 동아출판사(東亞出版社).
<600쪽. 국립중앙도서관 등 소장> <1972-10-15(초판)>

1980-00-00. 『문교부 선정 교육 한자 대사전(教育漢字大辭典)』, 최근학(崔根
學) 편저(編著), 서울: 대호출판사(吳浩出版社). <1,778쪽. 동의
대 중앙도서관, 호남대 도서관 소장>

1980-00-00. 『민중 포켓 한자 사전(民衆 포켓 漢字辭典)』, 민중서관 편집국
(民衆書館 編輯局) 편(編), 서울: 민중서관(民衆書館). <8+1,369
쪽. 농촌진흥청 농업과학도서관, 중앙대 안성캠퍼스 중앙도서
관 소장> <1973-02-05(초판)>

1980-00-00. 『신자해(新字海)』, 민중서관 편집국(民衆書館編輯局) 편(編), 서울:
민중서관(民衆書館). <9판. 대구가톨릭대 중앙도서관 소장>

1980-00-00. 『실용 대옥편(實用大玉篇)』, 장삼식(張三植) 편(編), 서울: 집문
당(集文堂). <5+19+857쪽. 경기대 중앙도서관, 경희대 중앙도
서관, 공주대 도서관, 동덕여대 도서관, 부산외대 도서관, 제주
대 교육대학도서관, 한림대 도서관 소장>

1980-00-00. 『최신 강희 대자전(最新 康熙大字典)』, 형문사 편집부(亨文社編
輯部) 편(編), 서울: 형문사(亨文社). <337쪽. 국립중앙도서관,
단국대 율곡기념도서관, 세종대 도서관 소장>

1980-00-00. 『표준 한한 대옥편(標準 漢韓 大玉篇)』, 전국주산교육회 편, 서
울: 유영문화사(柳永文化社). <718쪽. 서원대 도서관 소장>

1980-00-00. 『필수 활용 옥편(必須 活用玉篇)』, 삼익사 편집부(三益社編輯部)

편(編), 서울: 삼익사(三益社). <636쪽. 포켓판> <1982-00-00,
1987-00-00>

1980-00-00. 『학습 한자 사전(學習 漢字辭典)』, 장삼식(張三植) 편저(編著),
서울: 집문당(集文堂). <16+25+591+28쪽. 가톨릭대 중앙도서
관, 강릉원주대 중앙도서관, 고려대 도시관, 시울여대 도서관,
이화여대 도서관 소장>

1980-00-00. 『한일영중 상해 한자 대전((韓日英中 詳解 漢字大典)』, 이가원
(李家源)·장삼식(張三植) 편저(編著), 서울: 교육출판공사(敎育出
版公社). <1,802쪽. 경북대 상주도서관 소장>

1980-00-00. 『한일한영 광복 대옥편(漢日韓英 光復大玉篇)』, 서울: 광복(光
復). <722쪽. 강원대 도서관 소장>

1980-00-00. 『한자 사전 파일(漢字辭典파일)』, 한국과학기술정보센터(韓國
科學技術情報센터) 편(編), 과천: 과학기술처(科學技術處). <179
쪽. 고려대 중앙도서관, 농촌진흥청 농업과학도서관, 서울대
중앙도서관 소장>

1980-00-00. 『한한 대자전(漢韓大字典)』, 민중서관 편집국(民衆書館編輯局)
편(編), 서울: 민중서림(民衆書林).

1980-00-00. 『한한 이상 대옥편(漢韓 理想大玉篇)』, 이가원(李家源) 감수, 윤
희백(尹喜伯) 편저(編著), 서울: 이상사(理想社). <1,291쪽. 대구
한의대 학술정보관, 부산대 제1도서관 소장>

1980-00-00. 『한한 최신 실용 옥편(漢韓 最新實用玉篇)』, 이상사 편집부(理
想社 編輯部) 편(編), 서울: 이상사(理想社). <862쪽. 경상대 도
서관 소장>

1980-00-00. 『한한 최신 실용 자전(漢韓 最新 實用字典)』, 이상사 편집부
편, 서울: 이상사. <956쪽. 계명대 동산도서관 소장>

1980-00-00. 『한한일영 동아 대옥편(漢韓日英 東亞大玉篇)』, 동아도서 편집
부(東亞圖書編輯部), 서울: 동아도서(東亞圖書). <고려대 세종학

술정보원 소장>

1980-00-00.『한한일 광해 대옥편(漢韓日 廣解大玉篇)』, 김종렬(金鍾烈) 편저(編著), 서울: 대성출판사(大成出版社). <1,006쪽. 고려대 세종학술정보원 소장> <1982-00-00(제일사)>

1980-00-00.『한한일영 신자전(漢韓日英 新字典)』, 범중당 편집부(凡中堂編輯部), 서울: 범중당(凡中堂). <1,125+84쪽. 고려대 세종학술정보원 소장>

1980-00-00.『휴대용 만자 옥편(携帶用 萬字玉篇)』, 은광사 편집부(恩光社 編輯部), 서울: 은광사(恩光社). <259쪽. 경북대 중앙도서관 소장>

1980-00-00.『흥문 대옥편(興文大玉篇)』, 흥문도서 편집부(興文圖書編輯部) 편(編), 서울: 흥문도서(興文圖書). <6+1,360쪽. 경남과기대 도서관, 경북대 중앙도서관, 경상대 도서관, 동서대 민석도서관, 부산대 밀양캠퍼스 나노생명과학도서관, 서울대 치의학도서관, 인천대 학산도서관 등 소장>

1981-10-11.『대한한 사전(敎學 大漢韓辭典)』, 장삼식(張三植) 편(編), 서울: 진현서관(進賢書館). <4+3+116+1,852+128쪽. 국방대학교 소장>

1981-10-25.『한일영중 상해 한자 대전((韓日英中 詳解 漢字大典)』, 이가원(李家源)·장삼식(張三植) 편저(編著), 서울: 교육출판공사(敎育出版公社). <성결대 도서관, 박형익 교수 소장>

1981-12-01.『민중 포켓 한자 사전(民衆 포켓 漢字辭典)』, 민중서관 편집국(民衆書館 編輯局) 편(編), 서울: 민중서관(民衆書館). <14쇄 30판. 1,369쪽. 강남대 도서관, 경남대 중앙도서관, 고려대 중앙도서관, 부산외대 도서관, 서울신학대 도서관, 서원대 도서관, 세종대 도서관 소장> <1973-02-05(초판)>

1981-12-01.『한한 대자전(漢韓大字典)』, 민중서관 편집국(民衆書館編輯局) 편(編), 서울: 민중서림(民衆書林). <17쇄. 1,490쪽. 국립중앙도서관 소장>

1981-12-25. 「활용 옥편」, 『(한한 사전, 한영 사전 겸용) 동아 국어 대사전 (漢韓辭典, 韓英辭典 兼用 東亞 國語大辭典)』, 동아출판사 편집 부 편(編), 서울: 동아출판사(東亞出版社). <이숭녕(李崇寧)·김석 주(金碩柱) 감수(監修). '활용 옥편' 203쪽이 수록되어 있다. 박 형익 교수 소장> <1977-08-15(초판)>

1981-00-00. 『강희 대옥편(康熙大玉篇)』, 동아도서 편집부(東亞圖書編輯部) 편(編), 서울: 동아도서(東亞圖書). <890쪽. 국민대 성곡도서관, 대구대 도서관 소장>

1981-00-00. 『광해 최신 활용 옥편(廣解 最新活用玉篇)』, 대성출판사 편집 부(大成出版社 編輯部) 편(編), 서울: 대성출판사(大成出版社). <542쪽. 국립중앙도서관 소장>

1981-00-00. 『국한 전초(國漢箋草) 최신 대옥편(最新大玉篇)』, 권영달(權寧 達) 편저(編著), 서울: 도산서원(陶山書院).

1981-00-00. 『대호판 대옥편(旲浩版 大玉篇)』, 대호출판사(旲浩出版社) 편 (編), 서울: 대호출판사(旲浩出版社). <18+1,360+496쪽. 국립중 앙도서관, 광운대 중앙도서관, 군산대 도서관, 서강대 도서관, 한양대 도서관, 홍익대 중앙도서관 소장>

1981-00-00. 『수정 증보 명문 신옥편(修訂增補 明文新玉篇)』, 김혁제(金赫 濟) 저(著), 서울: 명문당(明文堂). <979쪽. 경북대 상주캠퍼스 도서관, 공주대 도서관 소장> <1952-02-28(초판)>

1981-00-00. 『수정 증보 한한 대자전(漢韓大字典)』, 명문당 사서부(明文堂辭 書部), 서울: 명문당(明文堂).

1981-00-00. 『신자해(新字海)』, 민중서관 편집국(民衆書館編輯局) 편(編), 서 울: 민중서관(民衆書館). <강원대 도서관, 고려대 도서관, 부산 대 제1도서관, 연세대 학술정보원, 포항공대 도서관, 한양대 중앙도서관 등 소장>

1981-00-00. 『실용 신자원(實用新字源)』, 장삼식(張三植) 편(編), 서울: 집문당

(集文堂). <12+45+895+53쪽. 고려대 도서관 소장>

1981-00-00. 『옥편 겸용 다목적 종합 국어 사전』, 김민수·홍웅선 공편, 서울:
어문각(語文閣). <1,753+40쪽. 경희대 국제캠퍼스 도서관, 동덕
여대 도서관, 서울여대 도서관, 우석대 중앙도서관 등 소장>

1981-00-00. 『이상 현대 옥편(理想 現代玉篇)』, 이상사 편집부(理想社 編輯
部) 편(編), 서울: 이상사(理想社). <제2판. 630쪽. 호서대 중앙
도서관 소장>

1981-00-00. 『최신 국민 대옥편(最新 國民大玉篇)』, 학력개발사 사서부(學力
開發社 辭書部) 편(編), 서울: 학력개발사(學力開發社). <679쪽.
서울대 중앙도서관, 성결대 도서관, 세종대 도서관, 순천향대
도서관, 용인대 도서관, 충북대 도서관 등 소장>

1981-00-00. 『최신 옥편 강희 자전(最新玉篇 康熙字典)』, 선일문화사(善一文
化社) 편(編), 서울: 선일문화사(善一文化社). <9+697쪽. 국립중
앙도서관, 동국대 경주도서관 소장>

1981-00-00. 『표준 대옥편(標準大玉篇)』, 범중당 편집부(凡中堂 編輯部) 편
저(編著), 서울: 범중당(凡中堂). <27+718쪽. 국립중앙도서관
소장>

1981-00-00. 『한한 대사전(漢韓大辭典)』, 명문당 사서부(明文堂辭書部) 편
(編), 서울: 명문당(明文堂). <28+1,544+132쪽. 공주교대 도서
관, 서울과기대 도서관, 서울여대 도서관, 조선대 도서관, 한
국교원대 도서관, 한국방송통신대 도서관 소장> <1963-02-15
(초판)>

1981-00-00. 『한한 사전, 한영 사전 겸용 동아 국어 대사전(漢韓辭典, 韓英
辭典 兼用 東亞 國語大辭典)』, 서울: 동아교재사(東亞教材社).
<2판. 이숭녕(李崇寧)·김석주(金碩柱) 감수(監修). 세종대 도서
관 소장>

1981-00-00. 『한한 이상 대옥편(漢韓 理想大玉篇)』, 윤희백(尹喜伯) 편저(編

著), 서울: 이상사(理想社). <1,283쪽. 이가원(李家源) 감수. 광주
교대 도서관, 군산대 도서관, 전주대 도서관 소장>

1981-00-00. 『한한 최신 모범 옥편(漢韓最新模範玉篇)』, 윤희백(尹喜伯) 편
(編), 서울: 이상사(理想社). <488쪽. 경상대 도서관 소장>

1981-00-00. 『한한 징해 신옥편(漢韓 精解新玉篇)』, 이상사 편집부(理想社
編輯部), 서울: 이상사(理想社). <제2판. 467쪽. 호서대 중앙도
서관 소장>

1981-00-00. 『한한일영 신대자전(漢韓日英 新大字典)』, 동아도서 편집부(東
亞圖書編輯部) 편(編), 서울: 동아도서(東亞圖書). <1,150쪽. 군
산대 도서관 소장> <1982-00-00, 1987-00-00>

1982-01-10. 『동아 신활용 옥편(동아 新活用玉篇)』, 동아출판사 편집부(東亞
出版社 編輯部) 편(編), 서울: 동아출판사(東亞出版社). <개정
증보판 8판. 540쪽. 부산대 제1도서관, 연세대 학술정보원, 용
인대 도서관, 박형익 교수 등 소장> <1975-01-15(초판)>

1982-01-10. 『동아 현대 활용 옥편(東亞 現代活用玉篇)』, 동아출판사 편집부
(東亞出版社編輯部) 편(編), 서울: 동아출판사(東亞出版社). <11
판. 600쪽. 강원대 도서관, 고려대 도서관, 부경대 도서관, 전북
대 중앙도서관, 충북대 도서관, 박형익 교수 등 소장>
<1972-10-15(초판)>

1982-02-01. 『수정 증보 명문 신옥편(修訂增補 明文新玉篇)』, 김혁제(金赫
濟) 저(著), 서울: 명문당(明文堂). <24+581+76쪽(743+236쪽).
경상대 도서관, 경희대 국제캠퍼스 도서관, 광주여대 도서관,
부산교대 도서관, 전남대 중앙도서관, 조선대 도서관 소장>
<1952-02-28(초판)>

1982-03-30. 『한한일 광해 대옥편(漢韓日 廣解大玉篇)』, 제일사 사서부(第一
社辭書部) 편(編), 대구: 제일사(第一社). <940쪽. 원광대 중앙도
서관, 중부대 중앙도서관 소장> <1980-00-00(김종렬(金鍾烈)

편저(編著). 대성출판사(大成出版社))>

1982-04-15. 『한한 이상 대옥편(漢韓 理想大玉篇)』, 이가원(李家源) 감수(監修), 윤희백(尹喜伯) 편저(編著), 서울: 이상사(理想社). <중판. 1,291쪽>

1982-09-20. 『한한 최신 삼성 대옥편(漢韓 最新 三星大玉篇)』, 삼성문화사 편집부(三星文化社 編輯部) 편(編), 대구: 삼성문화사(三星文化社).

1982-10-25. 『동아 한한 대사전(東亞 漢韓大辭典)』, 동아출판사 한한 대사전 편찬부(東亞出版社 漢韓大辭典 編纂部) 편(編), 서울: 동아출판사(東亞出版社). <초판. 2+2+92+2,220+112+4쪽. 국립중앙도서관, 가천대 중앙도서관, 강남대 도서관, 강원대 도서관, 고려대 중앙도서관, 서울대 중앙도서관, 한림대 도서관 등 소장> <1985-00-00, 1987-00-00, 1989-00-00, 1991-01-10(7쇄), 1992-01-10, 1994-00-00, 1995-00-00, 1996-00-00, 1997-00-00(두산동아), 1998-00-00, 1999-01-10(15쇄. 엮은이는 (주)두산 출판 BG이다.), 2000-01-10>

1982-11-10. 『간결 한한 소사전(簡潔 漢韓小辭典)』, 이상사 편집부(理想社 編輯部) 편(編), 서울: 이상사(理想社). <중판. 350쪽>

1982-12-01. 『민중 포켓 한자 사전(民衆 포켓 漢字辭典)』, 민중서관 편집국(民衆書館編輯局), 서울: 민중서관(民衆書館). <14쇄. 1,368쪽> <1973-02-05(초판), 1989-01-10(초판 19쇄. 1,369쪽)>

1982-00-00. 『국한 명문 신옥편(國漢 明文新玉篇)』, 김혁제(金赫濟) 저(著), 서울: 명문당(明文堂). <24+581+76쪽. 경상대 도서관, 경희대 국제캠퍼스 도서관, 광주여대 도서관, 부산교대 도서관, 전남대 중앙도서관, 조선대 도서관 소장>

1982-00-00. 『국한 전초 최신 옥편(國漢篆草 最新玉篇)』, 권영달(權寧達) 편(編), 서울: 도산서원(陶山書院). <856쪽. 국립중앙도서관 소장>

1982-00-00. 『대학 활용 옥편(大學活用玉篇)』, 삼익사 편집부(三益社編輯部),

서울: 삼익사(三益社).

1982-00-00. 『대한한 사전(教學 大漢韓辭典)』, 장삼식(張三植) 편(編), 서울:
진현서관(進賢書館). <4+3+116+1,852+128쪽. 고려대 중앙도
서관, 동국대 경주도서관, 대전대 도서관, 법원도서관, 부산교
대 도서관, 서울대 중앙도서관, 전북대 중앙도서관 등 소장>

1982-00-00. 『동아 신활용 옥편(新活用 玉篇)』, 서울: 동아출판사(東亞出版
社). <576쪽. 강원대 도서관, 부산대 부산캠퍼스 제1도서관, 연
세대 학술정보원, 용인대 도서관, 한동대 도서관 등 소장>

1982-00-00. 『동아 한한 대사전(東亞 漢韓大辭典)』, 동아출판사 사서부(東亞
出版社辭書部), 서울: 동아출판사(東亞出版社). <92+2,220+112
쪽. 이가원(李家源)·권오순(權五淳)·임창순(任昌淳) 감수(監修).
국립중앙도서관 등 소장> <1963-02-15(초판)>

1982-00-00. 『삼익 활용 옥편(三益 活用玉篇)』, 삼익사 편집부(三益社編輯
部) 편(編), 서울: 삼익사(三益社). <689쪽. 가천대 중앙도서관
소장>

1982-00-00. 『실용 신자원(實用新字源)』, 장삼식(張三植) 편(編), 서울: 집문
당(集文堂). <군산대 도서관, 부산외대 도서관 소장>

1982-00-00. 『이상 학습 옥편(理想 學習玉篇)』, 이상사 편집부(理想社 編輯部)
편(編), 서울: 이상사(理想社). <495쪽. 세종대 도서관 소장>

1982-00-00. 『최신 대옥편(最新大玉篇)』, 서울: 신명(新明). <720쪽. 충남대
도서관 소장>

1982-00-00. 『표준 대옥편(標準大玉篇)』, 예원춘추사 사서부(藝苑春秋社辭書
部) 편(編), 서울: 조형(造形). <695쪽. 원광대 중앙도서관 소장>

1982-00-00. 『필수 활용 옥편(必須 活用玉篇)』, 삼익사 편집부(三益社編輯
部) 편(編), 서울: 삼익사(三益社). <제2판. 689쪽. 포켓판. 가천
대 중앙도서관 소장>

1982-00-00. 『한한 대자전(漢韓大字典)』, 민중서관 편집국(民衆書館編輯局)

편(編), 서울: 민중서림(民衆書林).

1982-00-00. 『한한 사전, 한영 사전 겸용 동아 국어 대사전(漢韓辭典, 韓英辭典 兼用 東亞 國語大辭典)』, 동아출판사 편집부 편(編), 서울: 동아출판사. <이숭녕(李崇寧)·김석주(金碩柱) 감수(監修). 한국교통대 도서관 소장>

1982-00-00. 『한한 자전 뉴 베스트 강희자전(漢韓字典 뉴 베스트 康熙字典)』, 은광사 편집부(恩光社編輯部) 편(編), 서울: 은광사(恩光社). <615쪽. 국립중앙도서관, 연세대 학술정보원 소장>

1982-00-00. 『한한 정해 신옥편(漢韓 精解新玉篇)』, 이상사 편집부(理想社 編輯部), 서울: 이상사(理想社). <467쪽. 동서대 민석도서관 소장>

1982-00-00. 『한한 최신 실용 옥편(漢韓 最新實用玉篇)』, 이상사 편집부(理想社 編輯部) 편(編), 서울: 이상사(理想社). <862쪽. 강남대 도서관, 강원대 도서관, 경남과기대 도서관, 공주대 도서관, 선문대 중앙도서관, 숙명여대 도서관 등 소장>

1982-00-00. 『한한일영 동아 대옥편(漢韓日英 東亞大玉篇)』, 동아도서 편집부(東亞圖書編輯部), 서울: 동아도서(東亞圖書). <강릉원주대 중앙도서관, 광운대 중앙도서관, 광주교대 도서관, 숭실대 도서관, 용인대 도서관, 한서대 도서관 소장>

1982-00-00. 『한한일영 신대자전(漢韓日英 新大字典)』, 동아도서 편집부(東亞圖書編輯部) 편(編), 서울: 동아도서(東亞圖書). <1,150쪽. 광주여대 도서관, 부산외대 도서관, 한영신학대 도서관 소장>

1982-00-00. 『현대 신자전(現代新字典)』, 예원출판사 사서부(藝苑出版社辭書部) 편(編), 서울: 예원출판사(藝苑出版社). <745쪽. 용인대 도서관, 원광대 중앙도서관 소장>

1982-00-00. 『현대 활용 옥편(現代 活用玉篇)』, 이상사 편집부(理想社 編輯部), 서울: 이상사(理想社). <6+599쪽>

1982-00-00. 『현문 대옥편(玄文大玉篇)』, 윤선량(尹善亮) 편(編), 서울: 현문

사(玄文社). <성결대 도서관 소장>

1982-00-00. 「활용 옥편」, 『(한한 사전, 한영 사전 겸용) 동아 국어 대사전
(漢韓辭典, 韓英辭典 兼用 東亞 國語大辭典)』, 동아출판사 편집
부 편(編), 서울: 동아출판사(東亞出版社). <이숭녕(李崇寧)·김석
수(金碩柱) 감수(監修). '활용 옥편' 203쪽이 수록되어 있다. 한
국교통대 도서관 소장> <1977-08-15(초판)>

1983-01-20. 『실용 대옥편(實用大玉篇)』, 장삼식(張三植) 편저(編著), 서울:
집문당(集文堂).

1983-01-25. 『표준 신교육 한자 사전((標準) 新敎育漢字辭典)』, 교학사 사서
부(敎學社 辭書部) 편(編), 서울: 교학사(敎學社). <8판>

1983-02-25. 『한한영일 최신판 동아 대옥편(한한영일 최신판 東亞大玉篇)』,
동아도서 편집부(東亞圖書編輯部), 서울: 동아도서(東亞圖書).
<604쪽. 유정기(柳正基) 책임 감수. 경북대 중앙도서관, 부산교
대 도서관 소장>

1983-03-10. 『민중 활용 옥편(民衆 活用玉篇)』, 민중서림 편집국(民衆書林編輯
局) 편(編), 서울: 민중서림(民衆書林). <초판. 6+771쪽. 고려대 과
학도서관 소장> <1989-01-10(8쇄. 6+771쪽. 중학교 교육용 기초
한자 900자, 고등학교 교육용 기초 한자 900자, 교육 한자 이외의
한자 5,335자를 표제자로 선정하였다.), 1992-01-10(11쇄. 6+771쪽),
1998-01-10(17쇄. 6+826쪽), 2004-01-10(초판 제23쇄), 2007-01-10(제2
판. 1,112쪽), 2010-01-10(제2판 4쇄. 2+6+1,112쪽)>

1983-04-30. 『한한 최신 대옥편(漢韓 最新大玉篇)』, 춘원(春園) 저(著), 태평
양출판공사 편집부(太平洋出版公社編輯部) 편저(編著), 서울: 태
평양출판공사(太平洋出版公社). <890+52+113+126쪽. 국립중
앙도서관, 목포해양대 도서관 소장>

1983-07-05. 『대한한 사전(大漢韓辭典)』, 장삼식(張三植) 편저(編著), 서울:
집문당(集文堂). <4+2+3+115+1,852+128쪽. 중판. 국립중앙

도서관, 강원대 도서관, 고려대 중앙도서관, 배재대 도서관, 서울장신대 도서관, 전북대 중앙도서관, 충북대 도서관, 한국방송통신대 도서관, 협성대 도서관 등 소장>

1983-09-01. 『홍자 현대 옥편(弘字 現代玉篇)』, 홍자출판사 편집부(弘字出版社 編輯部) 편(編), 서울: 민중서림(民衆書林). <2+8+306+122쪽>

1983-10-01. 『자전석요(字典釋要)』, 지석영(池錫永), 서울: 아세아문화사(亞細亞文化社). <영인본. 600쪽>

1983-11-10. 『학생 백과 기본 한자 사전』, 심경석 엮음, 서울: 금성출판사(金星出版社). <중판. 454쪽>

1983-00-00. 『국한 명문 신옥편(國漢 明文新玉篇)』, 김혁제(金赫濟) 저(著), 서울: 명문당(明文堂). <경남대 도서관, 고려대 과학도서관, 인제대 백인제기념도서관, 한국교원대 도서관, 한일장신대 도서관 등 소장>

1983-00-00. 『국한 전초(國漢篆草) 최신 대옥편(最新大玉篇)』, 권영달(權寧達) 편(編), 서울: 도산서원(陶山書院). <1,113쪽. 국립중앙도서관, 공주대 도서관, 덕성여대 도서관, 조선대 도서관, 한세대 도서관 소장>

1983-00-00. 『국한 최신 홍자 옥편(國漢 最新弘字玉篇)』, 홍자출판사 편집부(弘字出版社 編輯部) 편(編), 서울: 홍자출판사(弘字出版社).

1983-00-00. 『국한일영 포켓 한자 사전(國漢日英 포켓漢字辭典)』, 홍자출판사 편집부, 서울: 민중서림(民衆書林). <693쪽. 경기대 중앙도서관, 경상대 도서관 소장>

1983-00-00. 『기림 활용 옥편(紀林 活用玉篇)』, 편집부, 서울: 기림출판사(紀林出版社).

1983-00-00. 『대옥편(大玉篇)』, 편집부, 서울: 기림출판사(紀林出版社). <1,360쪽. 원광대 중앙도서관 소장>

1983-00-00. 『大漢文辭典』1~4, 서울: 법인문화사(法仁文化社). <4책. 영인

본. 원광대 도서관 소장>

1983-00-00. 『도해 학습 한자 대사전(圖解 學習漢字大辭典)』, 교육문화사
편집부, 서울: 교육문화사(敎育文化社). <917쪽. 대진대 도서관,
동양미래대 도서관 소장>

1983-00-00. 『동아 신크라운 국어 사전(新크라운 國語辭典)』, 동아출판사
편집부 편, 서울: 동아출판사. <포켓판. 2,214+자전 306쪽. 국
립중앙도서관, 공주대 도서관, 대구교대 도서관, 동의대 중앙
도서관 소장> <1979-00-00(초판)>

1983-00-00. 『동아 현대 한한 사전(現代漢韓辭典)』, 동아출판사 편집부(東亞
出版社編輯部) 편(編), 서울: 동아출판사(東亞出版社). <815쪽.
성균관대 중앙학술정보관, 수원가톨릭대 도서관 등 소장>
<1980-01-01(초판)>

1983-00-00. 『문교부 선정 옥편과 사전을 겸한 상용 1800자(文敎部選定 玉
篇과 辭典을 兼한 常用 1800字)』, 편집부(編輯部) 편(編), 시흥:
민들레. <190쪽. 연세대 학술정보원 소장>

1983-00-00. 『백만인의 안내서: 옥편(玉篇)·천자문(千字文)·관혼상제(冠婚喪祭)』,
이세영(李世永) 모필(毛筆), 서울: 금양출판사(錦養出版社). <국
립중앙도서관 소장>

1983-00-00. 『수정 증보 명문 신옥편(修訂增補 明文新玉篇)』, 김혁제(金赫
濟) 저(著), 서울: 명문당(明文堂). <3+24+743+236쪽. 경남대
중앙도서관, 고려대 과학도서관, 한국교원대 도서관 등 소장>
<1952-02-28(초판)>

1983-00-00. 『수정 증보 최신 홍자 옥편(修正 增補 最新弘字玉篇)』, 홍자출
판사 편집부(弘字出版社編輯部) 편(編), 민중서림 편집국(民衆書
林編輯局) 수정(修訂), 서울: 민중서림(民衆書林). <637+168+122
쪽. 한국교원대 도서관 소장>

1983-00-00. 『옥편을 겸한 뉴 베스트 국어 사전(玉篇을 兼한 國語辭典)』, 은

광사(恩光社) 사서부(辭書部) 편(編), 서울: 은광사(恩光社). <479
쪽. 국립중앙도서관 소장>

1983-00-00. 『최신 국민 대옥편(最新 國民大玉篇)』, 학력개발사 사서부(學力
開發社 辭書部) 편(編), 서울: 학력개발사(學力開發社). <679쪽.
국립중앙도서관, 경희대 중앙도서관, 광주대 도서관, 서원대
도서관, 용인대 도서관, 제주국제대 도서관 등 소장>

1983-00-00. 『최신 대옥편(最新大玉篇)』, 문화출판사(文化出版社) 편(編), 서
울: 문화출판사(文化出版社). <695쪽. 국립중앙도서관 소장>

1983-00-00. 『최신 대옥편(最新大玉篇)』, 명신 편집부, 서울: 명신출판사.

1983-00-00. 『최신 옥편(最新玉篇)』, 박해근(朴海根) 편저(編著), 서울: 동광
출판사(東光出版社). <1.024. 대구대 도서관 소장>

1983-00-00. 『최신 한한 현대 옥편(最新漢韓 現代玉篇)』, 은광사 편집부(恩
光社 編輯部) 편저(編著), 서울: 은광사(恩光社). <633쪽. 국립중
앙도서관 소장>

1983-00-00. 『최신 홍자 옥편(最新弘字玉篇)』, 홍자출판사 편집부(弘字出版
社編輯部) 편(編), 서울: 민중서림(民衆書林). <637+167+122쪽.
고려대 도서관, 백석대 서울도서관, 성결대 도서관, 원광대 중
앙도서관, 충남대 도서관, 한국교원대 도서관 소장>

1983-00-00. 『최신판 정통 옥편(最新版 正統玉篇)』, 경화사 편집부(京和社編
輯部) 편(編), 서울: 경화사(京和社). <712쪽. 국립중앙도서관,
원광대 중앙도서관 소장>

1983-00-00. 『콘사이스 활용 옥편(活用玉篇)』, 명문당 사서부(明文堂辭書部)
편(編), 서울: 명문당(明文堂). <480+19쪽. 강원대 도서관, 대원
대 도서관, 수원대 도서관, 한양대 안산도서관 소장>

1983-00-00. 『포켓 한자 사전(漢字辭典)』, 홍자출판사 편집부(弘字出版社編
輯部), 서울: 민중서림(民衆書林).

1983-00-00. 『표준 신교육 한자 사전(標準 新教育漢字辭典)』, 교학사 사서

부(敎學社辭書部) 편(編), 서울: 교학사(敎學社). <857쪽. 고려대 세종학술정보원 소장>

1983-00-00.『학습 한자 사전(學習漢字辭典)』, 장삼식(張三植) 편저(編著), 서울: 집문당(集文堂). <591+28쪽. 고려대 도서관, 동국대 중앙도서관 소장>

1983-00-00.『한일한영 동아 대옥편(韓日漢英 東亞大玉篇)』, 동아도서 편집부(東亞圖書編輯部), 서울: 동아도서(東亞圖書). <604쪽. 경북대 중앙도서관, 부산교대 도서관 소장>

1983-00-00.『한한 대자전(漢韓大字典)』, 민중서관 편집국(民衆書館編輯局) 편(編), 서울: 민중서림(民衆書林).

1983-00-00.『한한 대중 옥편(漢韓 大衆玉篇)』, 일중당 편집부(一中堂編輯部) 편저(編著), 서울: 일중당(一中堂). <720쪽. 국립중앙도서관, 단국대 퇴계기념도서관, 동서대 민석도서관, 원광대 중앙도서관, 전남대 여수도서관 소장> <1986-02-20, 1987-05-20, 1989-00-00, 1991-00-00>

1983-00-00.『한한 신동민 대옥편(漢韓 新東民大玉篇)』, 동민출판사 편집부(東民出版社編輯部) 편(編), 서울: 동민출판사(東民出版社). <718쪽. 국립중앙도서관 소장>

1983-00-00.『한한 최신 대옥편(漢韓 最新大玉篇)』, 서울: 서음출판사(瑞音出版社). <695쪽. 광주대 도서관, 농촌진흥청 농업과학도서관, 단국대 퇴계기념도서관, 성결대 도서관 소장>

1983-00-00.『한한 최신 실용 자전(漢韓 最新 實用字典)』, 이상사 편집부 편, 서울: 이상사. <956쪽. 가천대 중앙도서관, 강남대 도서관, 금오공대 도서관, 한국교원대 도서관 소장>

1983-00-00.『한한 최신 이상 옥편(漢韓 最新理想玉篇)』, 이상사 편집부(理想社編輯部) 편(編), 서울: 이상사(理想社). <중판. 1,038쪽. 국립중앙도서관, 가톨릭관동대 중앙도서관, 경상대 도서관, 고신대

문헌정보관, 진주교대 도서관, 한국방통대 도서관, 한남대 도서관 소장>

1983-00-00. 『한한일 광해 대옥편(漢韓日 廣解大玉篇)』, 제일사 사서부(第一社辭書部) 편(編), 대구: 제일사(第一社).

1983-00-00. 『현대 상용 옥편(現代常用玉篇)』, 신우문화사 편집부(新友文化社編輯部), 서울: 신우문화사(新友文化社).

1983-00-00. 『현문 대옥편(玄文大玉篇)』, 윤선량(尹善亮) 편(編), 서울: 현문사(玄文社). <18+1,767쪽. 국립중앙도서관 소장>

1984-01-05. 『국한 최신 대자원(國漢最新大字源)』, 홍자출판사 편집부(弘字出版社編輯部), 서울: 민중서림(民衆書林). <초판> <1988-01-10(초판 4쇄)>

1984-01-05. 『수정 증보 최신 홍자 옥편(修正 增補 最新弘字玉篇)』, 홍자출판사 편집부(弘字出版社編輯部) 편(編), 민중서림 편집국(民衆書林編輯局) 수정(修訂), 서울: 민중서림(民衆書林). <초판. 2+16+637+168+122+3쪽. 『국한 최신 홍자 옥편』(1958, 홍자출판사)를 민중서림에서 초판으로 펴낸 것이다. 가톨릭관동대 중앙도서관, 강원대 도서관, 고려대 중앙도서관, 동아대 도서관, 부산외대 도서관, 성균관대 중앙학술정보관, 연세대 학술정보원, 창원대 도서관, 한국학중앙연구원 도서관 등 소장> <1997-01-06(수정판), 2001-01-10(수정판 제5쇄)>

1984-01-10. 『동아 신크라운 국어 사전(新크라운 國語辭典)』, 동아출판사 편집부 편, 서울: 동아출판사. <포켓판. 2,214+자전 306쪽. 강남대 도서관, 건국대 상허기념도서관, 서울시립대 도서관, 연세대 학술정보원 등 소장> <1979-00-00(초판)>

1984-01-10. 『활용 한자전(常用 漢字典)』, 장삼식(張三植) 편저(編著), 서울: 집문당(集文堂). <578쪽>

1984-01-15. 『뉴 베스트 강희 옥편 한영 자전(康熙玉篇 韓英字典)』, 편집부,

서울: 은광사(恩光社). <포켓판>

1984-01-00. 『홍자 현대 옥편(弘字現代玉篇)』, 홍자출판사 편집부(弘字出版社編輯部) 편(編), 서울: 민중서림(民衆書林). <초판. 703쪽. 강원대 도서관, 동아대 도서관, 성균관대 중앙학술정보관, 연세대 학술정보원, 창원대 도서관 소장> <1996-01-00>

1984-02-05. 『현대 옥편(現代玉篇)』, 은광사 편집부(恩光社 編輯部), 서울: 은광사(恩光社).

1984-05-01. 『한일영중 상해 한자 대전(詳解 漢字大典)』, 이가원(李家源)·장삼식(張三植) 편저(編著), 서울: 교육출판공사(敎育出版公社). <중판. 55+1,802+64쪽. 농촌진흥청 농업과학도서관, 동아대 도서관, 동의대 중앙도서관, 박형익 교수 소장>

1984-05-01. 『신수 강희자전(新修 康熙字典)』 상·하, 편집부(編輯部) 편(編), 서울: 보경문화사(保景文化社). <1,314쪽>

1984-05-01. 『신수 강희자전(新修 康熙字典)』 상·하, 현대사 편집부 편(編), 서울: 현대사(現代社). <2책. 1,314쪽. 국립중앙도서관, 강원대 삼척도서관, 경인교대 인천도서관, 경희대 국제캠퍼스 도서관, 광주교대 도서관 등 소장>

1984-05-30. 『신수 강희자전(新修 康熙字典)』, 상·하, 서울: 이상사(理想社). <중화민국 67년(1978년)판 영인본>

1984-08-01. 『표준 대옥편(標準 大玉篇)』, 편집부(編輯部) 편(編), 서울: 유한(裕翰). <1,360쪽>

1984-10-15. 『한한 대자전(漢韓大字典)』, 민중서관 편집국(民衆書館編輯局) 편(編), 서울: 민중서림(民衆書林).

1984-00-00. 『국한 전초 최신 옥편(國漢篆草 最新玉篇)』, 권영달 서(書), 서울: 신문출판사(新文出版社). <1,114쪽. 국립중앙도서관 소장> <1985-01-01, 1993-00-00>

1984-00-00. 『국한 최신 대자원(國漢 最新大字源)』, 홍자출판사 편집부, 서울:

민중서림(民衆書林). <4+1,216+122쪽. 공주대 도서관, 목포해양
대 도서관, 영산대 중앙도서관, 장로회신대 도서관 소장>

1984-00-00. 『기초 한자 자전부(基礎漢字字典附) 기초 한자 천팔백(基礎漢字
千八百)』, 홍자출판사 편집부, 서울: 만중서림(民衆書林). <190
쪽. 고려대 도서관, 한동대 도서관 소장>

1984-00-00. 『대자전(大字典)』, 장삼식(張三植), 서울: 집문당(集文堂). <1,802+61
쪽. 부산외대 도서관 소장>

1984-00-00. 『동아 현대 활용 옥편(東亞 現代活用玉篇)』, 동아출판사 편집
부(東亞出版社編輯部) 편(編), 서울: 동아출판사(東亞出版社).
<600쪽. 수원가톨릭대 도서관 소장> <1972-10-15(초판)>

1984-00-00. 『명문 한한 대자전(明文 漢韓大字典)』, 김혁제(金赫濟)·김성원
(金星元) 공편(共編), 서울: 명문당(明文堂). <초판. 3,748쪽. 차
주환(車柱環)·장기근(張基槿)·김학주(金學主) 공동 감수(監修). 국
립중앙도서관, 경상대 도서관, 광주대 도서관, 동덕여대 도서
관, 부산대 부산캠퍼스 제1도서관, 연세대 원주캠퍼스 학술정
보원, 충남대 도서관, 한국학중앙연구원 도서관 소장>
<1987-00-00, 1991-12-01, 1995-00-00, 2002-00-00, 2006-00-00>

1984-00-00. 『수정 증보 명문 신옥편(國漢明文新玉篇)』, 김혁제(金赫濟) 저
(著), 서울: 명문당(明文堂). <강남대 도서관, 경남과기대 도서
관, 서원대 도서관, 전주대 도서관, 한동대 도서관 소장>
<1952-02-28(초판)>

1984-00-00. 『실용 대옥편(實用大玉篇)』, 장삼식(張三植) 편(編), 서울: 집문
당(集文堂). <859쪽. 단국대 율곡기념도서관, 상명대 서울도서
관, 서울여대 도서관, 신라대 도서관, 청주대 도서관, 충북대
도서관 등 소장>

1984-00-00. 『실용 신옥편(實用 新玉篇)』, 장삼식(張三植) 편저(編著), 서울:
집문당(集文堂). <521쪽. 단국대 퇴계기념도서관 소장>

1984-00-00. 『언문 대옥편(言文大玉篇)』, 윤선량(尹善亮) 편(編), 서울: 언문사(言文社). <1,767쪽. 동아대 도서관, 용인대 도서관 소장>

1984-00-00. 『에이스 실용 옥편(實用玉篇)』, 학력개발사(學力開發社) 사서부(辭書部) 편(編), 서울: 학력개발사(學力開發社). <615쪽. 국립중앙도서관 소장>

1984-00-00. 『옥편을 겸한 서도 서체 자전』, 동아문예 편집부, 서울: 동아문예. <395쪽. 인하대 도서관 소장>

1984-00-00. 『최신 가정 대옥편(最新 家庭大玉篇)』, 삼신사 편집부(三信社編輯部) 편(編), 서울: 삼신사(三信社). <695쪽. 국립중앙도서관 소장>

1984-00-00. 『최신 강희 대자전(最新 康熙大字典)』, 은광사 편집부, 서울: 은광사. <302쪽. 상명대 서울도서관 소장>

1984-00-00. 『최신 대옥편(最新大玉篇)』, 금호서관(錦湖書館) 편(編), 서울: 금호서관(錦湖書館). <695쪽. 국립중앙도서관, 광주여대 도서관, 부경대 도서관, 성균관대 중앙학술정보관, 아주대 도서관, 인하대 도서관, 한국해양대 도서관 등 소장>

1984-00-00. 『최신 대옥편(最新大玉篇)』, 명신 편집부, 서울: 명신출판사(明新出版社). <720쪽. 한국교원대 도서관 소장>

1984-00-00. 『최신 대옥편(最新 大玉篇)』, 서울: 한국과학교육연구소. <720쪽. 경북대 중앙도서관, 전남대 여수도서관 소장>

1984-00-00. 『최신 한한 현대 옥편(最新漢韓 現代玉篇)』, 은광사 편집부(恩光社 編輯部) 편저(編著), 서울: 은광사(恩光社). <633쪽. 덕성여대 도서관, 동서대 민석도서관, 목포대 도서관, 아주대 도서관, 연세대 학술정보원, 한양대 중앙도서관 등 소장>

1984-00-00. 『표준 한한 한자 대옥편(標準 漢韓漢字大玉篇)』, 유림당 편집부(裕林堂編輯部), 서울: 유림당(裕林堂). <1,368쪽. 경남대 중앙도서관, 고려대 세종학술정보원, 공주대 도서관, 동국대 중앙

도서관, 창원대 도서관 소장>

1984-00-00. 『한한 사전, 한영 사전 겸용 동아 국어 대사전(漢韓辭典, 韓英
辭典 兼用 東亞 國語大辭典)』, 서울: 동아(東亞). <3판.
1276+203쪽. 이숭녕(李崇寧)·김석주(金碩柱) 감수(監修). 세종대
도서관 소장>

1984-00-00. 『한한 최신 대옥편(漢韓 最新大玉篇)』, 서음출판사 편집부(瑞音
出版社編輯部), 서울: 서음출판사(瑞音出版社).

1984-00-00. 『한한 최신 표준 옥편(漢韓 最新 標準 玉篇)』, 이상사 편집부
(理想社 編輯部), 서울: 이상사(理想社). <1,167쪽. 덕성여대 도
서관 소장>

1984-00-00. 「활용 옥편(活用玉篇)」, 『동아 국어 대사전(東亞 國語大辭典)』,
서울: 동아출판사(東亞出版社). <3판. 1,276+203쪽. '활용 옥편'
이 부록으로 수록되어 있다. 국립중앙도서관, 강남대 도서관, 강
원대 도서관, 건국대 상허기념도서관, 경일대 도서관 등 소장>

1984-00-00. 『현문 대옥편(玄文大玉篇)』, 윤선량(尹善亮) 편(編), 서울: 현문
사(玄文社). <18+1,767쪽. 차상원(車相轅)·이가원(李家源) 감수
(監修). 한국과학기술원 과학도서관, 법원도서관 소장>

1985-01-01. 『국한 전초 최신 옥편(國漢篆草 最新玉篇)』, 권영달(權寧達) 서(書),
서울: 세세(世世). <초판. 국립중앙도서관 소장> <1992-01-01>

1985-01-01. 『국한 전초 최신 옥편(國漢篆草 最新玉篇)』, 권영달 편(編), 서
울: 신문출판사(新文出版社). <856쪽>

1985-01-17. 『뉴-베스트 정통 옥편(正統玉篇)』, 경화사 편집부(京和社編輯
部), 서울: 경화사(京和社). <재판. 557쪽>

1985-01-25. 『표준 신교육 한자 사전(標準 新敎育漢字辭典)』, 교학사 사서
부(敎學社 辭書部) 편(編), 서울: 교학사(敎學社). <10판. 857쪽.
교육용 기초 한자 1,800자, 부수자 214자, 한문 교과서에 나온
자 405자, 그밖에 필요한 자 217자 모두 2,636자를 수록하였다.

청주대 도서관, 한성대 도서관 소장>

1985-02-25. 『수정 증보 명문 신옥편(修訂增補 明文新玉篇)』, 김혁제(金赫濟) 저(著), 서울: 명문당(明文堂). <35판. 포항공대 도서관 소장> <1952-02-28(초판)>

1985-02-25. 『실용 중옥편(實用中玉篇)』, 장삼식(張三植) 편(編), 서울: 집문당(集文堂). <75+859쪽. 건국대 상허기념도서관, 경기대 중앙도서관, 백석대 천안도서관, 부산외대 도서관, 서울시립대 도서관, 서원대 도서관 등 소장> <1980-07-10>

1985-03-20. 『한자 단어 사전(漢字單語辭典)』, 교학사 사서부(教學社 辭書部) 편(編), 서울: 교학사(教學社). <7판. 320쪽. 2음절 한자어 사전>

1985-03-25. 『교학 학습 한자 사전(教學學習漢字辭典)』, 장삼식(張三植) 편(編), 서울: 교학사(教學社). <초판> <1991-01-25(3판. 41+591+28쪽), 2003-01-25>

1985-04-25. 『실용 한자 소사전(實用漢字小辭典)』, 장삼식(張三植) 편(編), 서울: 교학사(教學社). <초판. 광주여대 도서관, 동아대 도서관, 한동대 도서관, 한양대 안산도서관, 홍익대 문정도서관 소장> <1995-00-00, 2000-01-30(13쇄, 578쪽)>

1985-06-25. 『실용 대옥편(實用大玉篇)(축소판)』, 장삼식(張三植) 편(編), 서울: 교학사(教學社). <초판. 859쪽. 10×14.5판. 『강희자전』을 참고하여 우리가 사용하는 2만 여개의 표제자를 선정하였다. 한·일·영·중 4개 언어 사전을 겸하도록 하였다. 대판과 축소판이 있다. 1976년에 집문당에서 발행한 『실용 대옥편』(장삼식 편)이 있다. 국립중앙도서관, 건국대 중원도서관, 경남대 중앙도서관, 경북대 중앙도서관, 경희대 중앙도서관, 광주여대 도서관, 덕성여대 도서관, 순천향대 도서관 소장> <1992-00-00, 1994-01-18, 1995-01-00, 1997-01-00, 1998-01-29, 1999-01-01,

2000-01-30(15쇄), 2001-01-25(16쇄), 2002-00-00, 2003-01-25, 2006-00-00, 2007-00-00, 2008-01-30, 2010-00-00, 2011-01-30, 2013-01-24>

1985-09-15. 『교학 신일용 옥편(敎學 新日用玉篇)』, 교학사 출판부(敎學社 出版部) 편저(編著), 서울: 교학사(敎學社). <초판. 포켓판. 6+680 쪽. 교육부 선정 중고등학교용 교육용 기초 한자 1800자와 실제 사회에서 사용하는 한자 7,846자를 수록하였다. 표제자로 시작하는 한자어의 뜻풀이를 기술하였다. 국립중앙도서관 소장> <1989-04-10(5판. 6+680쪽), 1992-01-01, 1994-01-13(1쇄), 1995-01-25, 1996-01-25(3쇄), 1997-01-25, 1998-01-25, 1999-01-25 (11쇄), 2000-10-13, 2001-01-25(5판), 2002-01-25, 2003-01-25(21 쇄), 2004-01-25(22쇄), 2005-02-05(개정판 초판. 7+854쪽), 2006-01-25, 2007-01-25, 2008-01-25(개정판 5쇄), 2009-01-25(개정판 6 쇄), 2010-01-25, 2011-01-25, 2013-01-25(개정판)>

1985-09-25. 『실용 옥편 오행 한자전(實用玉篇 五行漢字典)』, 권세준(權勢埈) 편(編), 서울: 동양서적(東洋書籍). <803쪽. 경상대 도서관, 경희대 중앙도서관, 단국대 율곡기념도서관, 단국대 퇴계기념 도서관, 덕성여대 도서관, 명지대 서울도서관 등 소장>

1985-09-30. 『최신 옥편 강희자전(最新玉篇 康熙字典)』, 서울: 현문사(玄文社). <9+719쪽. 차상원(車相轅)·이가원(李家源) 감수(監修). 성균관대 중앙학술정보관 소장>

1985-00-00. 『강희옥편』, 편집부, 서울: 은광사(恩光社). <411+302쪽. 한림대 도서관 소장>

1985-00-00. 『국한 명문 신옥편(國漢 明文新玉篇)』, 김혁제(金赫濟) 저(著), 서울: 명문당(明文堂). <35판. 24+236쪽. 포항공대 도서관 소장>

1985-00-00. 『국한 전초(國漢箋草) 최신 대옥편(最新大玉篇)』, 권영달(權寧達) 편저(編著), 서울: 금호서관(錦湖書館). <국립중앙도서관,

경상대 도서관, 공주대 도서관, 대구교대 도서관, 서울여대 도서관, 선문대 중앙도서관, 원광대 중앙도서관, 이화여대 도서관, 한양대 중앙도서관 소장>

1985-00-00. 『국한 최신 홍자 옥편(國漢 最新弘字玉篇)』, 홍자출판사 편집부(弘字出版社 編輯部) 편(編), 서울: 홍자출판사(弘字出版社). <101+637쪽. 충북대 도서관 소장>

1985-00-00. 『대한한 사전(教學 大漢韓辭典)』, 장삼식(張三植) 편(編), 서울: 삼영출판사(三榮出版社). <2,209쪽. 광주대 도서관, 국방대학교, 국회도서관, 공주대 도서관, 대구교대 도서관, 한국교원대 도서관 등 소장>

1985-00-00. 『동아 한한 대사전(東亞 漢韓大辭典)』, 동아출판사 한한 대사전 편찬부(東亞出版社 漢韓大辭典 編纂部) 편(編), 서울: 동아출판사(東亞出版社). <국립중앙도서관, 강릉원주대 중앙도서관, 덕성여대 도서관, 동의대 중앙도서관, 명지대 서울도서관, 성결대 도서관, 인하대 도서관, 추계예술대 도서관, 춘천교대 도서관 등 소장> <1982-10-20(초판)>

1985-00-00. 『민중 활용옥편(民衆 活用玉篇)』, 민중서림 편집국(民衆書林 編輯局) 편(編), 서울: 민중서림. <4판. 771쪽. 가천대 중앙도서관, 건국대 중원도서관, 경북대 중앙도서관, 계명대 동산도서관, 금오공대 도서관, 대림대 도서관 등 소장>

1985-00-00. 『수정 증보 최신 홍자 옥편(修正 增補 最新弘字玉篇)』, 홍자출판사 편집부(弘字出版社編輯部) 편(編), 민중서림 편집국(民衆書林編輯局) 수정(修訂), 서울: 민중서림(民衆書林). <충북대 도서관 소장>

1985-00-00. 「실용 옥편」, 『정통 가정보감(正統 家庭寶鑑)』, 송원문화사 편집실(松園文化社 編輯室) 편저(編著), 서울: 송원문화사(松園文化社). <318쪽. 고려대 세종학술정보원, 덕성여대 도서관, 동아

대 도서관, 한국전통문화대 학술정보관, 호남대 도서관 소장>

1985-00-00. 『실용 한자 소사전(實用漢字小辭典)』, 장삼식(張三植) 편(編), 서
울: 교학사(教學社). <578쪽. 광주여대 도서관, 동아대 도서관,
한동대 도서관, 한양대 안산도서관, 홍익대 문정도서관 소장>

1985-00-00. 『실용 한자 중사전(實用漢字中辭典)』, 장삼식(張三植) 편(編), 서
울: 교학사(教學社). <895+53쪽. 동아대 도서관, 순천향대 도
서관 소장>

1985-00-00. 『자전석요(字典釋要)』, 지석영(池錫永), 서울: 아세아문화사(亞
細亞文化社). <영인본. 『지석영 전집』 제2책에 수록. 국립중앙
도서관, 가톨릭관동대 중앙도서관, 경기대 중앙도서관, 경북대
중앙도서관, 경상대 도서관 등 소장>

1985-00-00. 『최신 국민 대옥편(最新 國民大玉篇)』, 학력개발사(學力開發社)
사서부(辭書部) 편(編), 서울: 학력개발사(學力開發社). <678쪽.
서울여대 도서관, 전북대 익산도서관 소장>

1985-00-00. 『최신 명문 신옥편(最新 明文新玉篇)』, 김혁제(金赫濟) 저(著),
서울: 명문당(明文堂). <3+24+743+236쪽. 16.6×12.2센티미터.
중사전. 서울과기대 도서관 소장>

1985-00-00. 『표준 신교육 한자 사전(標準 新教育漢字辭典)』, 교학사 사서
부(教學社 辭書部) 편(編), 서울: 교학사(教學社). <857쪽. 청주
대 도서관, 한성대 도서관 소장> <1974-02-10(초판)>

1985-00-00. 『학생 백과 기본 한자 사전』, 심경석 엮음, 서울: 금성출판사.
<454쪽. 국립중앙도서관 소장>

1985-00-00. 『한자 소사전(漢字小辭典)』, 신우문화사 편집부(新友文化社編輯
部), 서울: 신우문화사(新友文化社).

1985-00-00. 『한한 최신 실용 자전(漢韓 最新 實用字典)』, 이상사 편집부(理
想社 編輯部) 편(編), 서울: 이상사(理想社). <976쪽. 광운대 중
앙도서관 소장>

1985-00-00. 『한한 최신 표준 옥편(漢韓 最新標準玉篇)』, 이상사 편집부(理想社 編輯部), 서울: 이상사(理想社). <1,165쪽. 이가원(李家源) 감수(監修). 고려대 세종학술정보원, 동의대 중앙도서관, 부산대 부산캠퍼스 제1도서관 소장>

1985-00-00. 『한한일영 신대자전(漢韓日英 新大字典)』, 동아도서 편집부, 서울: 동아도서(東亞圖書). <1,150쪽>

1985-00-00. 『현대 대옥편(現代大玉篇)』, 서울: 상지사. <718쪽. 원광대 중앙도서관, 전남대 중앙도서관 소장>

1985-00-00. 『현문 대옥편(玄文大玉篇)』, 윤선량(尹善亮) 편(編), 서울: 현문사(玄文社). <18+1,767쪽. 차상원(車相轅)·이가원(李家源) 감수(監修)>

1985-00-00. 「활용 옥편」, 『한한 사전, 한영 사전 겸용 동아 국어 대사전(漢韓辭典, 韓英辭典 兼用 東亞 國語大辭典)』, 동아출판사 편집부 편(編), 서울: 동아출판사(東亞出版社). <이숭녕(李崇寧)·김석주(金碩柱) 감수(監修). '활용 옥편' 203쪽이 수록되어 있다. 한국교통대 도서관 소장> <1977-08-15(초판)>

1986-01-10. 『종합 대옥편(綜合大玉篇)』, 양문출판사 편(編), 서울: 양문출판사. <726쪽. 경희대 중앙도서관, 우석대 중앙도서관, 전남대 중앙도서관 소장>

1986-01-15. 『한한 대자전(漢韓大字典)』, 민중서관 편집국(民衆書館編輯局) 편(編), 서울: 민중서림(民衆書林). <20쇄>

1986-02-20. 『한한 대중 옥편(漢韓 大衆玉篇)』, 일중당 편집부(一中堂編輯部) 편저(編著), 서울: 일중당(一中堂).

1986-02-25. 『실용 중옥편(實用 中玉篇)』, 장삼식(張三植) 편저(編著), 서울: 교학사(敎學社). <초판. 521쪽. 1980-07-10(집문당)과 책명과 편자가 동일하다.> <1987-00-00, 1990-00-00, 1992-05-30, 1993-01-25(9쇄), 1996-00-00, 1997-01-25(13쇄), 1998-00-00, 1999-01-30, 2000-01-30,

2001-01-31>

1986-05-15. 『사전과 옥편을 겸한 최신 활용 삼천 한자(最新 活用 三千漢字)』, 서울: 혜원출판사(惠園出版社). <중판. 269쪽. 2음절 한자어 사전>

1986-06-30. 『삼성 대옥편(三星 大玉篇)』, 윤선량(尹善亮) 편(編), 서울: 삼성 문화사(三星文化社). <18+1,767쪽. 차상원(車相轅)·이가원(李家源) 감수(監修). 한국교육학술정보원(RISS)와 영남대 도서관 홈페이지에는 대구의 삼성출판사에서 발행한 것으로 되어 있다. 경북대 상주도서관, 영남대 도서관, 중부대 중앙도서관, 호서대 중앙도서관, 호원대 도서관, 홍익대 중앙도서관 소장> <1987-00-00, 1990-00-00, 1991-00-00, 1994-00-00(한국문화연구소), 1995-00-00>

1986-09-15. 『최신 생활 대옥편(最新 生活大玉篇)』, 동신문화사 사서부(東信文化社辭書部) 편(編), 서울: 동신문화사(東信文化社).

1986-09-20. 『원색 도해 학습 한자 대사전(原色圖解 學習漢字大辭典)』, 편집부 편(編), 서울: 중앙문화사(中央文化社). <917쪽. 건양대 명곡 도서관, 한국교원대 도서관 소장>

1986-00-00. 『도해를 겸한 자원 풀이 사전(圖解를 兼한 字源풀이辭典)』, 강충희(姜忠熙) 편(編), 서울: 학일출판사(學一出版社). <356쪽. 한밭대 도서관 소장>

1986-00-00. 『동아 현대 한한 사전(現代漢韓辭典)』, 동아출판사 편집부(東亞出版社編輯部) 편(編), 서울: 동아출판사(東亞出版社). <815쪽. 한국교원대 도서관 등 소장> <1980-01-01(초판)>

1986-00-00. 『상해 한자 대전(詳解 漢字大典)』, 이가원(李家源)·장삼식(張三植) 편저(編著), 서울: 교육서관(敎育書館). <국립중앙도서관 소장>

1986-00-00. 『수정 증보 명문 신옥편(修訂增補 明文新玉篇)』, 김혁제(金赫濟) 저(著), 서울: 명문당(明文堂). <36판. 925쪽. 한국외대 서울

도서관 소장> <1952-02-28(초판)>

1986-00-00. 『수정 증보 최신 홍자 옥편(修正 增補 最新弘字玉篇)』, 홍자출
판사 편집부(弘字出版社編輯部) 편(編), 민중서림 편집국(民衆
書林編輯局) 수정(修訂), 서울: 민중서림(民衆書林).

1986-00-00. 『신한한 대옥편(新漢韓大玉篇)』, 사서편집부(辭書編輯部) 편(編),
서울: 상지사(尙志社). <645쪽. 강원대 도서관, 단국대 율곡기
념도서관, 덕성여대 도서관, 연세대 학술정보원, 한국교원대
도서관 소장>

1986-00-00. 『옥편, 자전을 겸한 한자 교본 교양 삼천 자(玉篇, 字典을 兼한
漢字敎本 敎養三千字)』, 송원문화사 편집부(松園文化社 編輯部)
편(編), 서울: 송원문화사(松園文化社). <292쪽. 강원대 도서관,
수원대 도서관, 진주교대 도서관 소장>

1986-00-00. 『옥편을 겸한 가장 많은 서도 한자 신서도 자전(玉篇을 兼한
가장 많은 書道 漢字 新書道字典)』, 서도자전연구회(書道字典
硏究會), 서울: 명문당(明文堂). <16+1,087+57쪽. 경상대 도서
관, 광주대 도서관, 동의대 중앙도서관, 수원대 도서관, 이화여
대 도서관, 중앙대 서울캠퍼스 중앙도서관 소장>

1986-00-00. 『옥편을 겸한 가장 많은 서도 한자 신서도 자전(玉篇을 兼한
가장 많은 書道 漢字 新書道字典)』, 서도애호가연구회(書道愛
好家硏究會), 서울: 동아문예. <1,185쪽. 광주대 도서관, 부산대
부산캠퍼스 제1도서관 소장>

1986-00-00. 『옥편을 겸한 국내 최다 서도 한자 신서도 자전(玉篇을 兼한
國內 最多 書道 漢字 新書道字典)』, 서도자전연구회(書道字典硏
究會), 서울: 명문당(明文堂). <16+1,087+57쪽. 경상대 도서관,
광주대 도서관, 동의대 중앙도서관, 수원대 도서관, 이화여대
도서관, 중앙대 서울캠퍼스 중앙도서관 소장>

1886-00-00. 『옥편을 겸한 실용 한자 1,800자(玉篇을 兼한 實用漢字 1,800

字)』, 진화당 편집부(眞華堂 編輯部) 편(編), 서울: 진화당(眞華堂). <226쪽. 가천대 중앙도서관, 경일대 도서관, 단국대 율곡기념도서관, 대구대 도서관, 부산외대 도서관, 한국항공대 도서관 소장>

1986-00-00. 『이상 학습 옥편(理想 學習玉篇)』, 이상사(理想社) 편집부(編輯部) 편(編), 서울: 이상사(理想社). <495쪽. 국립중앙도서관>

1986-00-00. 『이상 활용 옥편(理想 活用玉篇)』, 이상사 편집부(理想社 編輯部) 편(編), 서울: 이상사(理想社). <366쪽. 경상대 도서관 소장>

1986-00-00. 『최신 강희 대옥편(最新 康熙大玉篇)』, 춘원(春園) 편저(編著), 서울: 상지사(尙志社). <890+113+126쪽. 고려대 세종학술정보원, 동신대 중앙도서관, 전남대 중앙도서관, 한국방송통신대 도서관, 한국해양대 도서관 소장>

1986-00-00. 『최신 명문 신옥편(最新 明文新玉篇)』, 김혁제(金赫濟) 저(著), 서울: 명문당(明文堂). <수정 증보판. 228쪽. 한동대 도서관 소장>

1986-00-00. 『학습 한자 사전(學習漢字辭典)』, 장삼식(張三植) 편저(編著), 서울: 집문당(集文堂). <591+28쪽. 건국대 상허기념도서관, 백석대 천안도서관, 부산외대 도서관, 원광대 중앙도서관 소장>

1986-00-00. 『학습 활용 옥편(學習 活用玉篇)』, 이상사 편집부(理想社 編輯部) 편(編), 서울: 이상사.(理想社) <639쪽. 한동대 도서관 소장>

1986-00-00. 『학습과 옥편을 겸한 문교부 선정 기초 한자 상용 1,800 한자 (學習과 玉篇을 兼한 文敎部 選定 基礎漢字 常用 1,800漢字)』, 동환출판사 편집부 엮음, 서울: 동환출판사. <214쪽. 상지대 학술정보관 소장>

1986-00-00. 『학습과 옥편을 겸한 문교부 선정 기초 한자 상용 1,800 한자 (學習과 玉篇을 兼한 文敎部 選定 基礎漢字 常用 1,800漢字)』, 한국출판문화공사 편집부 편(編), 서울: 한국출판문화공사.

<226쪽. 아주대 도서관 소장>

1986-00-00. 『한한 최신 표준 옥편(漢韓 最新 標準 玉篇)』, 이상사 편집부
(理想社 編輯部), 서울: 이상사(理想社). <1,165쪽. 경남과기대
도서관, 경북대 상주도서관, 경희대 중앙도서관, 고려대 세종
학술정보원, 서울신학대 도서관, 한국교원대 도시관 소장>

1987-01-01. 『민중 대옥편(民衆大玉篇)』, 윤선량(尹善亮) 편(編), 서울: 민중
서원(民衆書院). <1999-00-00>

1987-01-10. 『동아 신활용 옥편(동아 新活用玉篇)』, 동아출판사 편집국(東亞
出版社編輯局) 편(編), 서울: 동아출판사(東亞出版社). <13판.
544쪽. 국민대 성곡도서관 소장> <1975-01-15(초판)>

1987-01-10. 『동아 한한 중사전(漢韓中辭典)』, 동아출판사 편집국(東亞出版社
編輯局) 편(編), 서울: 동아출판사(東亞出版社). <초판. 52+1,459+
68+15쪽. 이가원(李家源)·임창순(任昌淳) 감수(監修). 국립중앙
도서관, 강원대 도서관, 고려대 중앙도서관 등 소장> <1988-01-
10(2쇄), 1989-01-10(3쇄), 1990-01-10(4쇄), 1992-01-10(5쇄), 1995-01-
10, 1997-01-10, 1998-01-10>

1987-01-15. 『학습 활용 옥편(學習 活用玉篇)』, 대구: 대영문화사(大榮文化
社). <512쪽. 포켓판. 유창균(兪昌均) 감수(監修). 박형익 교수
소장>

1987-01-15. 『한한 대자전(漢韓大字典)』, 민중서관 편집국(民衆書館編輯局)
편(編), 서울: 민중서림(民衆書林). <초판 21쇄. 서울과기대 도
서관, 순천대 도서관, 한국교통대 중앙도서관 소장>

1987-02-16. 『동아 현대 활용 옥편(東亞 現代活用玉篇)』, 동아출판사 편집
국(東亞出版社編輯局) 편(編), 서울: 동아출판사(東亞出版社).
<개정 증보판. 655쪽. 고려대 중앙도서관, 국민대 성곡도서관,
서울여대 도서관, 숭실대 도서관 등 소장> <1972-10-15(초판),
1988-01-10(개정판 2쇄), 1989-01-10(개정판 3쇄), 1990-01-10(개

정판 4쇄)>

1987-04-01. 『최신 강희 옥편(最新康熙玉篇)』, 춘원(春園) 저(著), 서울: 창원
출판사(創元出版社). <909쪽. 유정기(柳正基) 감수. 국립중앙도
서관 소장>

1987-04-01. 『최신 한한 자전(最新 漢韓字典)』, 이가원(李家源), 서울: 창원
출판사(創.元出版社). <2,020쪽>

1987-05-20. 『한한 대중 옥편(漢韓 大衆玉篇)』, 일중당(一中堂) 편(編), 서울:
일중당(一中堂). <692쪽. 국립중앙도서관, 단국대 율곡기념도
서관, 서울대 의학도서관, 인하대 도서관 소장>

1987-11-29. 『한한일영 동아 대옥편(韓漢日英 東亞大玉篇)』, 대경출판사 편
집부(大經出版社編輯部) 편(編), 시흥: 대경출판사(大經出版社).
<유정기(柳正基) 감수(監修)>

1987-00-00. 『강희 대옥편(康熙大玉篇)』, 춘원(春園), 서울: 유한(裕翰). <890
쪽. 가천대 중앙도서관 소장>

1987-00-00. 『강희 신옥편(康熙新玉篇)』, 춘원(春園) 저(著), 서울: 유림당(裕
林堂). <890쪽. 고려대 세종학술정보원 소장>

1987-00-00. 『국한 전초(國漢箋草) 최신 대옥편(最新大玉篇)』, 권영달(權寧
達) 편(編), 서울: 금호서관(錦湖書館). <광주교대 도서관, 대구
대 도서관, 연세대 학술정보원, 전주교대 도서관, 중앙대 중앙
도서관, 충남대 도서관, 한서대 도서관 소장>

1987-00-00. 『대한한 사전(敎學 大漢韓辭典)』, 장삼식(張三植) 편(編), 서울:
교육서관(敎育書館). <개정 증보판. 2,209쪽. 국립중앙도서관,
경기대 중앙도서관, 경북대 중앙도서관, 고려대 중앙도서관,
국방대학교, 국회도서관, 부경대 도서관, 원광대 중앙도서관,
전남대 중앙도서관, 충북대 도서관 등 소장>

1987-00-00. 『동아 신활용 옥편(동아 新活用玉篇)』, 동아출판사 편집국(東亞
出版社編輯局) 편(編), 서울: 동아출판사(東亞出版社). <13판. 국

민대 성곡도서관 소장>

1987-00-00. 『동아 한한 대사전(東亞 漢韓大辭典)』, 동아출판사 편집국(東亞
出版社編輯局) 편(編), 서울: 동아출판사(東亞出版社). <3판.
92+2,220+112쪽. 이가원(李家源)·권오순(權五淳)·임창순(任昌淳)
감수(監修). 대구대 도서관, 동신대 중앙도서관, 명지대 서울도
서관, 호서대 중앙도서관 등 소장> <1982-10-20(초판)>

1987-00-00. 『동아 현대 한한 사전(現代漢韓辭典)』, 동아출판사 편집국(東亞
出版社編輯局) 편(編), 서울: 동아출판사(東亞出版社). <815쪽.
동국대 경주도서관, 한성대 도서관 소장> <1980-01-01(초판)>

1987-00-00. 『동아 현대 활용 옥편(東亞 現代活用玉篇)』, 동아출판사 편집
국(東亞出版社編輯局) 편(編), 서울: 동아출판사(東亞出版社).
<개정 증보판. 655쪽. 가톨릭대 중앙도서관, 강원대 삼척도서
관, 건국대 상허기념도서관, 고려대 중앙도서관, 공주대 도서
관, 광운대 중앙도서관 등 소장>

1987-00-00. 『명문 상용 한한 사전(明文常用 漢韓辭典)』, 명문당 사서부(明
文堂辭書部) 편(編), 서울: 명문당(明文堂). <28+1,134+135쪽.
김학주(金學主) 감수(監修). 순천대 도서관, 한국교원대 도서관,
한국기술교육대 도서관, 한양대 안산캠퍼스 도서관 소장>

1987-00-00. 『명문 한한 대자전(明文 漢韓大字典)』, 김혁제(金赫濟)·김성원
(金星元) 공편(共編), 서울: 명문당(明文堂). <3,784쪽. 차주환(車
柱環)·장기근(張基槿)·김학주(金學主) 공동 감수(監修). 국립중앙
도서관, 동국대 경주도서관, 부경대 도서관, 진주교대 도서관
소장> <1984-00-00(초판)>

1987-00-00. 『삼성 대옥편(三星 大玉篇)』, 윤선량(尹善亮) 편(編), 서울: 삼성
문화사(三星文化社). <18+1,767쪽. 가천대 중앙도서관, 건국대
상허기념도서관, 광주대 도서관, 한국학중앙연구원 도서관 소
장>

1987-00-00. 『삼익 활용 옥편(三益 活用玉篇)』, 삼익사 편집부 편(編), 서울: 삼익사(三益社). <689쪽. 고려대 세종학술정보원, 목포가톨릭대 도서관 소장>

1987-00-00. 『수정 증보 최신 홍자 옥편(修正 增補 最新弘字玉篇)』, 홍자출판사 편집부(弘字出版社編輯部) 편(編), 민중서림 편집국(民衆書林編輯局) 수정(修訂), 서울: 민중서림(民衆書林). <초판 2쇄. 서울신학대 도서관, 용인대 도서관, 충남대 도서관 소장>

1987-00-00. 『신자해(新字海)』, 민중서관 편집국(民衆書館編輯局) 편(編), 서울: 민중서관(民衆書館). <14판. 호서대 천안 중앙도서관 소장>

1987-00-00. 『실용 중옥편(實用中玉篇)』, 장삼식(張三植) 편(編), 서울: 교학사(敎學社). <521쪽. 서원대 도서관, 한양여대 도서관 소장>

1987-00-00. 『옥편을 겸한 상용 3000 한자』, 편집부 엮음, 서울: 한국출판문화공사.

1987-00-00. 『최신 대옥편(最新大玉篇)』, 권영달(權寧達), 서울: 금호서관(錦湖書館).

1987-00-00. 『최신 한한 현대 옥편(最新漢韓 現代玉篇)』, 은광사 편집부(恩光社 編輯部) 편저(編著), 서울: 은광사(恩光社). <재판. 633쪽. 부산대 부산캠퍼스 제1도서관 소장>

1987-00-00. 『최신판 강희옥편 결정판(最新판 康熙玉篇 決定版)』, 춘원(春園) 저(著), 서울: 창원출판사(創元出版社). <909쪽. 건국대 상허기념도서관 소장>

1987-00-00. 『표준 대옥편(標準大玉篇)』, 유림당 편집부 편(編), 서울: 유림당(裕林堂). <1,360쪽. 고려대 세종학술정보원 소장>

1987-00-00. 『필수 활용 옥편(必須 活用玉篇)』, 삼익사 편집부(三益社編輯部) 편(編), 서울: 삼익사(三益社). <689쪽. 포켓판. 고려대 세종학술정보원, 목포가톨릭대 도서관 소장>

1987-00-00. 『학습 활용 옥편(學習 活用玉篇)』, 민중서림 편집부(民衆書林

編輯部) 편(編), 서울: 민중서림(民衆書林). <689쪽. 부경대 도서
관 소장>

1987-00-00. 『한일영중 최신 한한 자전(漢日英中) 最新 漢韓字典)』, 서울: 창
원출판사(創元出版社). <1,020쪽. 이가원(李家源)과 김우열(金宇
烈) 감수(監修). 국립중앙도서관 소장>

1987-00-00. 『한한 대사전(漢韓大辭典)』, 명문당 사서부(明文堂辭書部) 편
(編), 서울: 명문당(明文堂). <28+1,544+132쪽. 가톨릭관동대
중앙도서관, 울산대 도서관, 진주교대 도서관, 한일장신대 도
서관 소장> <1963-02-15(초판)>

1987-00-00. 『한한일영 신대자전(漢韓日英 新大字典)』, 동아도서 편집부(東
亞圖書編輯部) 편(編), 서울: 동아도서(東亞圖書). <1,020쪽. 강
원대 도서관, 동신대 중앙도서관, 동의대 중앙도서관, 진주교
대 도서관, 한국해양대 도서관 소장>

1987-00-00. 『홍자 옥편』, 홍자출판사 편집부(弘字出版社 編輯部) 편(編), 서
울: 홍자출판사(弘字出版社). <경일대 도서관, 중부대 중앙도
서관 소장>

1987-00-00. 「활용 옥편」, 『새 국어 대사전』, 서울: 일중당(一中堂). <이숭
녕(李崇寧) 감수(監修). 부산대 부산캠퍼스 제1도서관 소장>

1988-01-01. 『한자 대사전(漢字大辭典)』, 장삼식(張三植) 편(編), 서울: 교학
사(敎學社). <700쪽>

1988-01-10. 『국한 최신 대자원(國漢最新大字源)』, 홍자출판사 편집부(弘字
出版社編輯部), 서울: 민중서림(民衆書林). <초판 4쇄 발행.
4+28+1216+122+3쪽. 반대어 사전이 부록으로 붙여져 있
다.> <1984-01-05(초판)>

1988-01-10. 『동아 신활용 옥편(동아 新活用玉篇)』, 동아출판사 편집부(東亞
出版社 編輯部) 편(編), 서울: 동아출판사(東亞出版社). <개정
증보판. 576쪽. 국립중앙도서관 소장> <1975-01-15(초판)>

1988-01-10. 『동아 한한 중사전(漢韓中辭典)』, 동아출판사 편집부(東亞出版社編輯部), 서울: 동아출판사(東亞出版社). <2쇄. 52+1,459+68+15쪽. 이가원(李家源)·임창순(任昌淳) 감수(監修)> <1987-01-10(초판)>

1988-01-10. 『동아 현대 활용 옥편(東亞 現代活用玉篇)』, 동아출판사 편집국(東亞出版社編輯局) 편(編), 서울: 동아출판사(東亞出版社). <개정증보판 2쇄. 655쪽. 고려대 중앙도서관 등 소장> <1972-10-15(초판), 1987-02-16(개정판 초판)>

1988-01-10. 『신자해(新字海)』, 민중서관 편집국(民衆書館編輯局) 편(編), 서울: 민중서관(民衆書館). <15판>

1988-01-10. 『종합 대옥편(綜合大玉篇)』, 서울: 양문출판사.

1988-01-20. 『현대 옥편(現代玉篇)』, 편집부(編輯部), 서울: 은광사(恩光社). <3판>

1988-01-30. 『교학 신일용 옥편(教學 新日用玉篇)』, 교학사 출판부(教學社出版部) 편저(編著), 서울: 교학사(教學社). <6+680쪽. 3판>

1988-07-25. 『삼성 대옥편(三星大玉篇)』, 차상원(車相轅)·이가원(李家源) 감수(監修), 대구: 삼성문화사(三星文化社).

1988-07-25. 『한자어·한자말 얼른 찾기 사전(漢字語·한자말 얼른 찾기 사전)』, 교학사 편집부 엮음, 서울: 교학사. <초판. 200쪽. 두음법칙으로 '르'로 시작되는 한자어는 'ㄴ'이나 'ㅇ'으로 바꾸어 수록하였다. 독립 외자 '르'은 뒤에 별도로 수록하였다.>

1988-08-25. 『한한 숭문 대옥편(漢韓 崇文 大玉篇)』, 서울: 숭문사(崇文社). <초판. 1,373쪽> <1989-06-26(재판)>

1988-09-20. 『상해 한자 대전(詳解 漢字大典)』, 이가원(李家源)·장삼식(張三植) 편저(編著), 서울: 교육도서(教育圖書). <1,802쪽>

1988-11-25. 『국한 전초(國漢箋草) 최신 대옥편(最新大玉篇)』, 권영달(權寧達) 서(書), 서울: 금호서관(錦湖書館). <1,272쪽. 건양대 명곡도서관, 우석대 중앙도서관, 호서대 중앙도서관 소장>

1988-00-00. 『국한 명문 신옥편』, 김혁제, 서울: 명문당. <581+86쪽. 경남
과기대 도서관, 동서대 민석도서관, 제주대 중앙도서관, 호서
대 중앙도서관 소장>

1988-00-00. 『동아 신활용 옥편(東亞 新活用玉篇)』, 동아출판사 편집국(東亞
出版社 編輯局) 편(編), 서울: 동아출판사(東亞出版社). <개정
증보판. 576쪽. 국립중앙도서관 소장>

1988-00-00. 『동아 현대 활용 옥편(東亞 現代活用玉篇)』, 동아출판사 편집
국(東亞出版社編輯局) 편(編), 서울: 동아출판사(東亞出版社).
<655쪽. 고려대 중앙도서관 소장>

1988-00-00. 『사전과 옥편을 겸한 삼천 한자(辭典과 玉篇을 兼한 三千漢字)』,
혜원출판사 편, 서울: 혜원출판사. <356쪽. 경일대 도서관 소장>

1988-00-00. 『설문자전(說文字典)』, 유정기(柳正基) 저(著), 서울: 아세아문화
사(亞細亞文化社). <300+91쪽. 강원대 도서관, 경남대 중앙도
서관, 고려대 도서관, 대구교육대 도서관, 대구대 도서관, 대진
대 도서관, 덕성여대 도서관, 동국대 중앙도서관, 부경대 도서
관 등 소장> <1973-01-10(농경출판사)>

1988-00-00. 『수정 증보 명문 신옥편(修訂增補 明文新玉篇)』, 김혁제(金赫
濟) 저(著), 서울: 명문당(明文堂). <581+86쪽. 경남과기대 도서
관, 동서대 민석도서관, 제주대 중앙도서관, 호서대 중앙도서
관 소장> <1952-02-28(초판)>

1988-00-00. 『수정 증보 최신 홍자 옥편(修正 增補 最新弘字玉篇)』, 홍자출
판사 편집부(弘字出版社編輯部) 편(編), 민중서림 편집국(民衆書
林編輯局) 수정(修訂), 서울: 민중서림(民衆書林). <광주보건대
도서관 소장>

1988-00-00. 『최신 명문 신옥편(最新 明文新玉篇)』, 김혁제(金赫濟) 저(著),
서울: 명문당(明文堂).

1988-00-00. 『최신 생활 대옥편(最新 生活大玉篇)』, 동신문화사 사서부(東信

文化社 辭書部) 편(編), 서울: 동신문화사(東信文化社). <699쪽. 강원대 삼척도서관, 상명대 천안도서관, 서울장신대 도서관, 연세대 원주캠퍼스 학술정보원, 한서대 도서관 소장>

1988-00-00. 『최신 옥편 강희 대자전(最新玉篇 康熙大字典)』, 성도문화사 편, 서울: 성도문화사. <728쪽. 경상대 도서관 소장>

1988-00-00. 『크라운 활용 옥편(活用玉篇)』, 학력개발사 사서부(學力開發社 辭書部), 편(編), 서울: 학력개발사(學力開發社). <495쪽. 강원대 도서관, 건양대 명곡도서관, 남서울대 도서관 소장>

1988-00-00. 『포켓 만자 옥편(萬字玉篇)』, 삼익사 편집부(三益社 編輯部), 서울: 삼익사(三益社). <383쪽. 한국교원대 도서관 소장>

1988-00-00. 『학습과 옥편을 겸한 상용 3000 한자』, 편집부 편(編), 서울: 덕문출판사. <277쪽. 연세대 학술정보원 소장>

1988-00-00. 『한일영중 신대자전(韓日英中 新大字典)』, 편집부(編輯部) 편(編), 서울: 은광사(恩光社). <1,020쪽. 광운대 중앙도서관, 한경대 도서관 소장>

1988-00-00. 『한자 대사전(漢字大辭典)』, 장삼식(張三植) 편(編), 서울: 교학사(敎學社). <1,918쪽. 경북대 중앙도서관, 공주대 도서관, 홍익대 중앙도서관 소장>

1988-00-00. 『한한 대자전(漢韓大字典)』, 민중서관 편집국(民衆書館編輯局) 편(編), 서울: 민중서림(民衆書林). <초판 22쇄>

1988-00-00. 『한한 최신 대옥편(漢韓 最新大玉篇)』, 학일출판사 편집부(學一出版社編輯部) 편(編), 서울: 학일출판사(學一出版社). <675쪽. 경기과기대, 목포해양대 도서관 소장>

1988-00-00. 『한한 최신 이상 옥편(漢韓 最新理想玉篇)』, 이상사 편집부 편(編), 대구: 이상사(理想社). <중판(重版). 1,038쪽. 고려대 세종 학술정보원, 연세대 원주캠퍼스 학술정보원 소장>

1988-00-00. 『한한 최신 실용 옥편(漢韓 最新實用玉篇)』, 이상사(理想社) 편

집부(編輯部) 편(編), 대구: 이상사(理想社). <882쪽. 중판. 국립
중앙도서관 소장>

1988-00-00. 『한한·한문 최신판 대옥편(漢韓·漢文 最新版 大玉篇)』, 동아서
관 편집부(東亞書館 編輯部) 편(編), 광주: 동아서관(東亞書館).
<1,360쪽. 서울대 중앙도서관 소장>

1988-00-00. 「활용 옥편」, 『동아 마스타 국어 사전(國語辭典)』, 동아출판사
편집부(東亞出版社 編輯部) 편(編), 서울: 동아출판사(東亞出版
社). <증보 개정판. 2,503+306쪽. 경남과기대 도서관, 고려대
도서관, 서울여대 도서관, 세종대 도서관, 안양대 안산도서관,
한양대 중앙도서관 소장>

1989-01-01. 『한일영중 신대자전(韓日英中 新大字典)』, 편집부(編輯部) 편
(編), 서울: 은광사(恩光社).

1989-01-10. 『동아 한한 중사전(漢韓中辭典)』, 동아출판사 편집부(東亞出版社
編輯部), 서울: 동아출판사(東亞出版社). <3쇄. 52+1,459+68+15
쪽. 이가원(李家源)·임창순(任昌淳) 감수(監修)> <1987-01-10(초
판)>

1989-01-10. 『동아 현대 활용 옥편(東亞 現代活用玉篇)』, 동아출판사 편집국
(東亞出版社編輯局) 편(編), 서울: 동아출판사(東亞出版社). <개정
증보판 3쇄. 655쪽. 고려대 중앙도서관 등 소장> <1972-10-15(초
판), 1987-02-16(개정판 초판)>

1989-01-10. 『민중 포켓 한자 사전(民衆 포켓 漢字辭典)』, 민중서관 편집국
(民衆書館編輯局), 서울: 민중서관(民衆書館). <초판 19쇄>
<1973-02-05(초판)>

1989-01-10. 「활용 자전(活用字典)」, 『동아 새 국어 사전』, 동아출판사 편집
부 편, 서울: 동아출판사. <초판. 탁상판. 8+2,742+241쪽. 우
석대 중앙도서관 소장> <1989년 1월 10일에 발행된 포켓판 『동
아 새 국어 사전』(2,391쪽)에는 '활용 자전'이 없다.>

1989-01-20. 『최신 국민 대옥편(最新 國民大玉篇)』, 학력개발사 사서부(學力開發社辭書部), 서울: 학력개발사(學力開發社). <재판. 632쪽. 제주대 중앙도서관, 칼빈대 도서관 소장>

1989-01-25. 『뉴 에이스 한한 사전(漢韓辭典)』, 금성출판사 사서부(金星出版社辭書部), 서울: 금성교과서주식회사(金星教科書株式會社). <초판. 6+1,978쪽> <1992-01-10(3쇄. 6+1,978쪽)> <1996-12-01(1쇄. 운평어문연구소 편), 2009-01-10(19쇄)>

1989-01-25. 『한한 대자전(漢韓大字典)』, 민중서관 편집국(民衆書館編輯局) 편(編), 서울: 민중서림(民衆書林). <초판 23쇄>

1989-02-01. 『실용 한자어 사전을 겸한 최신 한자 교본』, 이재전 편(編), 서울: 에코노미아. <344쪽>

1989-04-01. 『정통 옥편(正統玉篇)』, 편집부(編輯部) 편(編), 서울: 경화사(京和社). <583쪽>

1989-04-10. 『수정 증보 최신 홍자 옥편(修正 增補 最新弘字玉篇)』, 홍자출판사 편집부(弘字出版社編輯部) 편(編), 민중서림 편집국(民衆書林編輯局) 수정(修訂), 서울: 민중서림(民衆書林). <초판 3쇄. 상명대 천안도서관 소장>

1989-04-10. 『교학 신일용 옥편(教學 新日用玉篇)』, 교학사 출판부(教學社出版部) 편저(編著), 서울: 교학사(教學社). <5판. 포켓판. 6+680쪽> <1985-09-15(초판)>

1989-06-26. 『한한 숭문 대옥편(漢韓 崇文 大玉篇)』, 서울: 숭문사(崇文社). <재판> <1988-08-25(초판)>

1989-12-01. 『중고·일반인용 교육 한자 사전(中·高·一般人用 教育漢字字典)』, 편집부(編輯部) 편(編), 서울: 삼문당(三文堂). <257쪽. 교육용 한자 1,800자를 표제자로 선정하였다. 대구대 도서관, 춘천교대 도서관 소장>

1989-00-00. 『국한 전초 최신 옥편(國漢箋草 最新玉篇)』, 권영달(權寧達) 편

저(編著), 서울: 세세(世世). <부산외대 도서관, 서울과기대 도서관, 용인대 도서관, 전주대 도서관, 한성대 도서관, 호남신학대 도서관 소장>

1989-00-00. 『대한한 사전(敎學 大漢韓辭典)』, 장삼식(張三植) 편(編), 서울: 교육서관(敎育書館). <경주대 도서관 소장>

1989-00-00. 『동아 한한 대사전(東亞 漢韓大辭典)』, 동아출판사 편찬부(東亞出版社 漢韓大辭典 編纂部) 편(編), 서울: 동아출판사(東亞出版社). <92+2,220+112쪽. 이가원(李家源)·권오순(權五淳)·임창순(任昌淳) 감수(監修). 경북대 중앙도서관, 군산대 도서관, 한영신학대 도서관 등 소장> <1982-10-20(초판)> <1982-10-20(초판)>

1989-00-00. 『삼성 대옥편(三星 大玉篇)』, 윤선량(尹善亮) 편(編), 대구: 삼성문화사(三星文化社). <18+1,767쪽. 차상원(車相轅)·이가원(李家源) 감수(監修). 가천대 중앙도서관, 가톨릭대 중앙도서관, 강남대 도서관, 강릉원주대 중앙도서관, 경남과기대 도서관, 경북과학대 학술정보센터 등 소장>

1989-00-00. 『새옥편』, 조선민주주의인민공화국 과학원 고전연구소, 평양: 과학원출판사. <879+117쪽. 1963-09-09에 발행된 것을 서울 탑출판사에서 영인하여 발행한 것이다. 경상대 도서관, 광운대 중앙도서관, 국민대 성곡도서관, 단국대 율곡기념도서관, 서울대 중앙도서관 등 소장>

1989-00-00. 『설문해자(說文解字)』, 허신(許愼), 상해(上海): 상무인서관(商務印書館). <1919년 발행된 것을 1989년 서울의 법인문화사(法印文化社)에서 영인하여 발행한 것이다. 연세대 학술정보원 소장>

1989-00-00. 『수정 증보 명문 신옥편(修訂增補 明文新玉篇)』, 김혁제(金赫濟) 저(著), 서울: 명문당(明文堂). <38판. 743+236쪽. 충북대 도서관 소장> <1952-02-28(초판)>

1989-00-00. 『스피드 생활 옥편(生活玉篇)』, 상아탑(象牙塔) 편(編), 서울: 상아탑(象牙塔). <1,723쪽. 국립중앙도서관, 경희대 중앙도서관, 대구대 도서관, 목원대 도서관, 성균관대 중앙학술정보원 소장>

1989-00-00. 『엣센스 교육 한자 사전(教育漢字辭典)』, 민중서림 편집국, 서울: 민중서림(民衆書林). <6+782쪽. 덕성여대 도서관, 한국교원대 도서관, 한양대 안산도서관, 한양여대 도서관 소장>

1989-00-00. 『콘사이스 한한 사전(漢韓辭典)』, 운평어문연구소 편(編), 서울: 금성교과서. <1,244쪽. 고려대 중앙도서관 소장>

1989-00-00. 『표준 한일한 대사전(標準 漢日韓大辭典)』, 전기정·허초, 서울: 대학당(大學堂). <4+1,710+243쪽. 강원대 도서관, 부경대 도서관, 부산외대 도서관, 순천대 도서관 등 소장>

1989-00-00. 『표준 한한 옥편(標準 漢韓玉篇)』, 훈지사(訓智社) 편(編), 서울: 대학당(大學堂). <1,360쪽. 국립중앙도서관 소장>

1989-00-00. 『최신 명문 신옥편(最新 明文新玉篇)』, 김혁제(金赫濟) 저(著), 서울: 명문당(明文堂). <743+229쪽. 16센티미터>

1988-00-00. 『한한 최신 실용 옥편(漢韓 最新實用玉篇)』, 이상사(理想社) 편집부(編輯部) 편(編), 대구: 이상사(理想社). <순천대 도서관 소장>

1989-00-00. 『한한·한영 상용 사전(韓漢·韓英 常用辭典)』, 한국교육개발연구원 편(編), 서울: 삼문당. <749쪽. 고려대 중앙도서관 소장>

1989-00-00. 「활용 옥편」, 『새 국어 대사전』, 숭문사 편, 서울: 숭문사. <서울대 중앙도서관, 전남대 중앙도서관 소장>

1990-01-01. 『강희자전(康熙字典)』 상·하, 편집부 편(編), 서울: 경인문화사(景仁文化社).

1990-01-01. 『금성 실용 옥편』, 편집부, 서울: 금성출판사. <초판> <2001-02-05(?판. 704쪽), 2006-01-10(?판. 704쪽. 약 6,000자의 표제자를 수록하였다.)>

1990-01-01. 『도산 만자 옥편』, 김춘모, 서울: 세세. <388쪽>

1990-01-01. 『포켓 만자 옥편』, 편집부 편(編), 서울: 이상사. <384쪽>

1990-01-10. 『동아 백년 옥편(東亞 百年玉篇)』, 두산동아 사전편찬실 엮음, 서울: 두산동아. <초판. 2,394쪽> <1997-01-10, 1998-01-10(2쇄), 1999-01-10(3쇄), 2000-01-10(4쇄), 2001-01-10, 2002-01-10(탁상판, 축쇄판), 2003-01-10, 2004-01-10(7쇄), 2005-01-10(제3판 진면 개정판 초판), 2006-01-10(제3판 2쇄), 2007-01-10(제3판 3쇄), 2008-01-10(제3판 4쇄), 2009-01-10(제3판 5쇄), 2010-01-10(제3판 6쇄), 2011-01-10, 2012-01-10, 2013-01-10(동아출판), 2014-01-10, 2015-01-10, 2016-01-10>

1990-01-10. 『동아 새 한한 사전(漢韓辭典)』, 동아출판사 편집국 편(編), 서울: 동아출판사. <2,432쪽. 초판. 국립중앙도서관, 강릉원주대 중앙도서관, 고려대 중앙도서관 등 소장> <1992-00-00(5쇄), 1994-00-00, 1995-00-00, 1996-00-00, 1997-01-10(8쇄. 두산동아), 1998-01-10(제2판), 1999-00-00, 2000-00-00, 2001-01-10(제2판 제4쇄. 두산동아 사서편집국 엮음. 두산동아 발행)>

1990-01-10. 『동아 신활용 옥편(동아 新活用玉篇)』, 동아출판사 편집부 편(編), 서울: 동아출판사. <576쪽. 개정 증보판. 고려대 세종학술정보원 소장> <1975-01-15(초판)>

1990-01-10. 『동아 한한 중사전(漢韓中辭典)』, 동아출판사 편집부(東亞出版社編輯部), 서울: 동아출판사(東亞出版社). <4쇄. 52+1,459+68+15쪽. 이가원(李家源)·임창순(任昌淳) 감수(監修)> <1987-01-10(초판)>

1990-01-10. 『동아 현대 활용 옥편(東亞 現代活用玉篇)』, 동아출판사 편집국, 서울: 동아출판사. <개정 증보판 4쇄> <1972-10-15(초판), 1987-02-16(개정판 초판)>

1990-01-10. 『학습 활용 옥편(學習 活用玉篇)』, 이상사 편집부 편(編), 서울: 이상사(理想社). <8+690쪽. 이 사전은 중학교와 고등학교 학생 그리고 대학생의 한자 및 한문 공부를 위하여 엮은 것으로,

국어 사전을 겸할 수 있도록 하였다. 문교부 선정 교육용 기초 한자 1,900자, 중학생, 고등학생, 대학생들이 필요로 하는 국어 어휘와 고전 독해에 필요한 4,00여 자, 일반 사회인들이 필요로 하는 약자와 속자 등 2,700자 등 모두 8,500여 개의 한자를 표제자로 선정하였다. 그리고 표제자로 시작하거나 2음절 이하에 나타나는 한자어 4만 개를 선정하여 가나다 순서로 배열하였다.> <2002-01-10(개정 신판, 880쪽)>

1990-01-10. 『한한 최신 실용 옥편』, 편집부 편(編), 대구: 이상사. <882쪽> <1991-01-10(재판)>

1990-01-10. 「활용 자전(活用字典)」, 『동아 새 국어 사전』, 동아국어사전연구회 엮음, 서울: 동아출판사. <탁상판. 8+2,742+241쪽. 이기문 감수. 국립중앙도서관, 고려대 도서관, 명지대 서울도서관, 서울시립대 도서관 등 소장> <1989-01-10(초판)>

1990-01-25. 『교학 신일용 옥편(敎學 新日用玉篇)』, 교학사 출판부(敎學社 出版部) 편저(編著), 서울: 교학사(敎學社). <1985-09-15(초판)>

1990-01-00. 『한한일영 최신 활용 옥편』, 편집부, 서울: 광신출판사. <542쪽>

1990-02-16. 『삼성 대옥편(三星大玉篇)』, 윤선량(尹善亮) 편(編), 서울: 삼성문화사(三星文化社). 18+1,767쪽. 국립중앙도서관, 가천대 중앙도서관, 가톨릭대 성심교정 도서관, 강남대 도서관, 강릉원주대 중앙도서관, 경남과기대 도서관, 한양대 중앙도서관 등 소장> <1989-00-00(?판)>

1990-03-11. 『한한 대자전(漢韓大字典)』, 민중서관 편집국(民衆書館編輯局) 편(編), 서울: 민중서림(民衆書林).

1990-04-01. 『사전과 옥편을 겸한 최신 활용 삼천 한자』, 편집부 편(編), 서울: 혜원출판사. <270쪽>

1990-05-01. 『최신 한한 정통 옥편』, 편집부 편(編), 서울: 경화사. <558쪽>

1990-06-01. 『국민학교 상급생·중학생을 위한 기초 한자 사전』, 편집부 편

(編), 서울: 시사문화사. <270쪽>

1990-10-01. 『강희자전』 상하, 편집부 편(編), 서울: 경인문화사. <364쪽>

1990-11-29. 『한한일영 동아 대옥편(韓漢日英 東亞大玉篇)』, 편집부 편, 시
홍: 대경출판사(大經出版社). <유정기(柳正基) 감수(監修)>

1990-12-10. 『학습 활용 옥편(學習 活用玉篇)』, 이상사 편집부 편(編), 서울:
이상사. <599쪽> <1995-01-10(712쪽)>

1990-00-00. 『강희 대옥편(康熙大玉篇)』, 춘원(春園) 저(著), 서울: 금성문화
사(金星文化社). <890+225쪽. 유정기(柳正基) 감수(監修). 경남
대 중앙도서관, 공주교대 도서관, 공주대 도서관, 대전대 도서
관, 목원대 도서관, 배재대 도서관, 순천대 도서관, 우석대 중
앙도서관, 청주교대 도서관 소장>

1990-00-00. 『광신 최신 활용 옥편(光信 最新活用玉篇)』, 광신출판사 편집
부(光信出版社編輯部) 편(編), 서울: 광신출판사(光信出版社).
<542쪽. 국립중앙도서관, 충북대 도서관 소장>

1990-00-00. 『국한 최신 대옥편(國漢 最新大玉篇)』, 대한서적 편집부 편저,
서울: 대한서적. <126+890쪽. 국립중앙도서관 소장>

1990-00-00. 『국한 최신 대자원(國漢 最新大字源)』, 홍자출판사 편집부(弘字出
版社編輯部) 편(編), 서울: 민중서림(民衆書林). <1,216+122+3
쪽. 성공회대 도서관, 원광대 중앙도서관, 한국해양대 도서관
소장>

1990-00-00. 『대영 상용 옥편』, 편집부 저, 대구: 대영문화사(大榮文化社).
<655쪽. 비닐 커버>

1990-00-00. 『도해를 겸한 자원 풀이 사전 비법 한자(圖解를 兼한 字源풀이
辭典 秘法漢字)』, 강충희(姜忠熙) 편(編), 서울: 학일출판사(學一
出版社). <10판. 356쪽. 정주영(鄭周永) 감수. 국립중앙도서관,
가천대 중앙도서관, 강원대 도서관, 건국대 중원도서관, 경북
대 상주 도서관, 경일대 도서관, 공주교대 도서관, 연세대 학

술정보원 등 소장>

1990-00-00. 『동아 신활용 옥편(동아 新活用玉篇)』, 동아출판사 편집부 편 (編), 서울: 동아출판사. <576쪽. 개정 증보판. 고려대 세종학술 정보원 소장>

1990-00-00. 『동아 현대 활용 옥편(現代活用玉篇)』, 동아출판사 편집부, 서 울: 동아출판사.

1990-00-00. 『민중 대옥편(民衆大玉篇)』, 민중서각 사서 편집부(民衆書閣辭 書編輯部) 편(編), 서울: 민중서각(民衆書閣). <1,755쪽. 경상대 도서관, 공주대 도서관, 전북대 중앙도서관 등 소장>

1990-00-00. 『새 한한 대사전(새漢韓大辭典)』, 유정동(柳正東) 편(編), 서울: 휘문출판사(徽文出版社). <906쪽. 고려대 중앙도서관 소장>

1990-00-00. 『수정 증보 최신 홍자 옥편(修正增補 最新弘字玉篇)』, 홍자출 판사 편집부(弘字出版社編輯部) 편(編), 민중서림 편집국(民衆書 林編輯局) 수정(修訂), 서울: 민중서림(民衆書林). <초판 4쇄. 637+168+122+3쪽. 동서대 민석도서관, 백석대 서울 도서관, 서울대 중앙도서관, 중앙대 서울 중앙도서관, 호서대 천안 중 앙도서관 소장>

1990-00-00. 『신체제 가나다순 7,000자 옥편 겸용, 단기 완성 한문(漢文)의 맥(脈)』, 조의효(趙義孝) 편저, 서울: 법조각(法曹閣). <285쪽. 국립중앙도서관 소장>

1990-00-00. 『실용 중옥편(實用 中玉篇)』, 장삼식(張三植) 편(編), 서울: 교학 사(敎學社).

1990-00-00. 『수정 증보 최신 홍자 옥편(修正 增補 最新弘字玉篇)』, 홍자출 판사 편집부(弘字出版社編輯部) 편(編), 서울: 민중서림(民衆書 林). <637+168+122쪽. 가천대 중앙도서관, 강남대 도서관, 건 양대 명곡도서관, 경희대 중앙도서관, 고려대 과학도서관, 단 국대 퇴계기념도서관, 서울대 중앙도서관 등 소장>

1990-00-00. 『옥편을 겸한 국어 사전(國語辭典)』, 서울: 은광사(恩光社).
<505쪽. 건양대 명곡도서관 소장>

1990-00-00. 『최신 생활 대옥편(最新 生活大玉篇)』, 동신문화사 사서부(東信
文化社 辭書部) 편(編), 서울: 동신문화사(東信文化社). <673쪽.
광운대 중앙도시관, 아주대 의학문헌정보센터 소장>

1990-00-00. 『학습과 옥편을 겸한 상용 3,000 한자』, 편집부 편(編), 서울:
고려출판문화공사. <277쪽. 호원대 도서관 소장>

1990-00-00. 『한국 강희 신옥편(漢國 康熙新玉篇)』, 춘원(春園) 저, 서울: 유
림당(裕林堂). <제5판. 890쪽. 국립중앙도서관 소장>

1990-00-00. 『한자말사전』, 사회과학원 언어학연구소 편(編), 서울: 경인문
화사. <1,005쪽. 영인본. 고려대 세종학술정보원 소장>

1990-00-00. 『한일영중 신대자전(韓日英中 新大字典)』, 금성문화사 편집국(金
星文化社編輯局) 편(編), 서울: 금성문화사(金星文化社). <1,020쪽.
경남과기대 도서관, 나사렛대 학술정보관 소장>

1990-00-00. 『한한 가정 대옥편(漢韓 家庭大玉篇)』, 계몽사 편집부, 서울:
계몽사. <1,006쪽. 이가원(李家源) 감수(監修). 가천대 중앙도서
관, 금오공대 도서관, 덕성여대 도서관, 목포해양대 도서관, 백
석대 서울도서관, 충북보건과학대 도서관 소장>

1990-00-00. 『한한 최신 이상 옥편(漢韓 最新理想玉篇)』, 이상사 편집부(理
想社編輯部) 편(編), 대구: 이상사(理想社). <1.038쪽. 경남과기
대 도서관 소장>

1990-00-00. 『한한일영 신대자전(漢韓日英 新大字典)』, 이가원·김우열 감수,
서울: 동아도서(東亞圖書). <1,150쪽>

1991-01-01. 『상용 한자 사전』, 편집부 편(編), 서울: 민중서림. <초판>
<2006-01-10(770쪽)>

1991-01-01. 『실용 한자 소사전』, 장삼식, 서울: 교학사. <초판> <2003-
01-25(578쪽)>

1991-01-01. 『최신 실용 옥편』, 박해근, 서울: 혜원출판사. <초판> <2003-01-25(718쪽)>

1991-01-01. 『최신판 삼익 활용 옥편』, 편집부 편(編), 서울: 이상사. <690쪽>

1991-01-01. 『필수 활용 옥편』, 편집부 편(編), 서울: 이상사. <642쪽>

1991-01-01. 『한한 대사전(漢韓大辭典)』, 김혁제(金赫濟)·김성원(金星元) 공편(共編), 서울: 명문당(明文堂). <28+1,544+132쪽. 강원대 도서관, 경남대 중앙도서관, 대원대 도서관, 동양대 중앙도서관, 상지대 학술정보원, 서울신학대 도서관, 영남대 도서관, 한국교원대 도서관, 한양대 안산도서관, 한양여대 도서관 소장> <1963-02-15(초판)>

1991-01-01. 『한한 최신 실용 자전』, 편집부 편(編), 서울: 이상사.<개정 보증판. 996쪽>

1991-01-01. 『한한 표준 옥편』, 이가원, 서울: 이상사. <1,166쪽>

1991-01-01. 『한한 현대 옥편』, 편집부 편(編), 서울: 은광사. <634쪽>

1991-01-10. 『국민 대옥편(國民大玉篇)』, 학력개발사 사서부(學力開發辭書部), 서울: 학력개발사(學力開發社). <재판>

1991-01-10. 『금성판 활용 옥편(金星版 活用玉篇)』, 금성출판사(金星出版社) 사전팀(사서부), 서울: 금성출판사(金星出版社). <2+2+896쪽. 국립중앙도서관, 고려대 중앙도서관 소장> <2007-01-10(19쇄)>

1991-01-10. 『동아 한한 대사전(東亞 漢韓大辭典)』, 동아출판사 편집국(東亞出版社 編輯局) 편(編), 서울: 동아출판사(東亞出版社). <7쇄. 92+2,220+112쪽. 이가원(李家源)·권오순(權五淳)·임창순(任昌淳) 감수(監修). 공주대 도서관 소장> <1982-10-20(초판)>

1991-01-10. 『동아 현대 활용 옥편(東亞 現代活用玉篇)』, 동아출판사 편집국(東亞出版社編輯局) 편(編), 서울: 동아출판사(東亞出版社). <655쪽. 단국대 율곡기념도서관, 창원대 도서관, 한국해양대 도서관, 호서대 중앙도서관 소장> <1972-10-15(초판), 1987-02-16

(개정판 초판)>

1991-01-10. 『수정 증보 최신 홍자 옥편(修正 增補 最新弘字玉篇)』, 홍자출
판사 편집부(弘字出版社編輯部) 편(編), 민중서림 편집국(民衆
書林編輯局) 수정(修訂), 서울: 민중서림(民衆書林). <초판 5쇄.
고려대 세종학술정보원 소장>

1991-01-10. 『최신 국민 대옥편(最新 國民大玉篇)』, 학력개발사 사서부(學力
開發辭書部), 서울: 학력개발사(學力開發社). <재판. 626쪽. 강
릉원주대 중앙도서관, 강원대 도서관, 광신대 도서관, 광주대
도서관, 동아대 도서관, 순천향대 도서관 소장>

1991-01-10. 『한한 대자전(漢韓大字典)』, 민중서관 편집국(民衆書館編輯局)
편(編), 서울: 민중서림(民衆書林). <보유판. 초판 26쇄. 1,511쪽.
강원대 도서관, 경북대 중앙도서관 소장>

1991-01-10. 『한한 최신 실용 옥편(漢韓 最新實用玉篇)』, 편집부 편(編), 서
울: 이상사(理想社). <894쪽. 경기대 중앙도서관 소장>

1991-01-10. 『현대 활용 옥편(現代 活用玉篇)』, 학력개발사 사서부, 서울:
학력개발사(學力開發社). <재판. 366쪽. 포켓 신판>

1991-01-10. 「활용 자전(活用字典)」, 『동아 새 국어 사전』, 동아국어사전연
구회 엮음, 서울: 동아출판사. <탁상판. 8+2,742+241쪽. 이기
문 감수. 국립중앙도서관 소장> <1989-01-10(초판)>

1991-02-01. 『표준 한한 옥편(標準 漢韓玉篇)』, 훈지사(訓智社) 편(編), 서울:
대학당(大學堂). <1,360쪽. 단국대 율곡기념도서관, 덕성여대
도서관, 서울시립대 도서관, 한밭대 도서관, 한양대 안산캠퍼
스 도서관 소장>

1991-02-27. 『한한 가정 대옥편(漢韓 家庭大玉篇)』, 이가원(李家源) 감수, 서
울: 계몽사. <중판. 1,006쪽>

1991-03-01. 『규장전운·전운옥편(奎章全韻·全韻玉篇)』, 강신항(姜信沆) 편(編),
서울: 서광학술자료사(書光學術資料社). <484쪽. 영인본. 서울

대 중앙도서관, 단국대 퇴계기념도서관, 대구대 도서관, 서울 대 중앙도서관 소장>

1991-03-25. 『한일영중 한한 대사전(韓日英中 漢韓大辭典)』, 장삼식(張三植) 편(編), 서울: 교육도서. <1,866쪽>

1991-04-25. 『삼성 대옥편(三星 大玉篇)』, 윤선량(尹善亮) 편(編), 대구: 삼성문화사(三星文化社). <18+1,767쪽. 국립중앙도서관, 대구대 도서관, 아주대 도서관, 전남대 중앙도서관, 호원대 도서관 소장>

1991-05-01. 『도산 만자 옥편(萬字玉篇)』, 김춘모 편(編), 서울: 세세. <초판> <2005-01-10(10판. 388쪽)>

1991-05-01. 『유림 대옥편(裕林大玉篇)』, 편집부 편(編), 서울: 유림당(裕林堂). <2,275쪽. 충남대 도서관 소장>

1991-05-20. 『자원 풀이 해법 한자(字源 풀이 解法漢字)』, 장희구 저, 서울: 세진사. <518쪽>

1991-06-01. 『강희 대옥편(康熙大玉篇)』, 편집부 편(編), 서울: 유림당(裕林堂). <5판. 890쪽>

1991-06-01. 『최신 대옥편』, 권영달, 서울: 금호서관. <1,272쪽>

1991-07-01. 『학습과 옥편을 겸한 이름 한자 2,854자』, 편집부 편(編), 서울: 동아출판공사. <304쪽>

1991-08-30. 『한한 가정 대옥편(漢韓 家庭大玉篇)』, 이가원 감수, 서울: 계몽사. <1991-02-27의 중판>

1991-09-10. 『강희옥편(康熙玉篇) 겸 서도 자전(書道字典)』, 안광제(安光濟) 편(編), 서울: 문추각(文秋閣). <9+697쪽. 국립중앙도서관, 동양대 중앙도서관, 동의대 중앙도서관, 울산대 도서관, 한국해양대 도서관 소장>

1991-12-01. 『명문 한한 대자전(明文 漢韓大字典)』, 김혁제(金赫濟)・김성원(金星元) 공편저(共編著), 서울: 명문당(明文堂). <3,748쪽. 차주환(車柱環)・장기근(張基槿)・김학주(金學主) 공동 감수(監修). 국립

중앙도서관, 가천대 중앙도서관, 강원대 도서관, 건국대 상허
기념도서관, 경남과기대 도서관, 경남대 중앙도서관, 경북과학
대 학술정보센터, 국민대 성곡도서관, 대구교대 도서관, 상지
대 학술정보원 소장> <1984-00-00(초판)>

1991-00-00. 『가정 대옥편(家庭大玉篇)』, 계몽사 편집부, 서울: 계몽사.

1991-00-00. 『강희옥편 결정판(康熙玉篇 決定版)』, 춘원(春園) 저(著), 서울:
창원출판사(창원출판사(創元出版社). <909쪽. 국민대 성곡도서
관 소장>

1991-00-00. 『국한 전초(國漢箋草) 최신 대옥편(最新大玉篇)』, 금호서관 편집
부(錦湖書館編輯部) 편(編), 서울: 금호서관(錦湖書館). <1,272쪽.
권영달(權寧達) 서(書). 단국대 퇴계기념도서관 소장>

1991-00-00. 『국한 최신 홍자 옥편(國漢 最新弘字玉篇)』, 홍자출판사 편집
부(弘字出版社 編輯部) 편(編), 서울: 홍자출판사(弘字出版社).
<637+168+122쪽. 가천대 중앙도서관, 강남대 도서관, 건양대
도서관, 경희대 중앙도서관 등 소장>

1991-00-00. 『동아 한한 대사전(東亞 漢韓大辭典)』, 두산동아 사전편찬실
엮음, 서울: 두산동아. <92+2,220+112쪽. 이가원(李家源)·권오
순(權五淳)·임창순(任昌淳) 감수(監修). 공주대 도서관 소장>
<1963-02-15(초판)>

1991-00-00. 『문교부 선정 교육 기초 한자 1800자 한자 단어 사전(文教部選
定 教育基礎漢字 1800字 漢字單語辭典)』, 교학사 사서부, 서울:
교학사(教學社). <320쪽. 경기대 중앙도서관, 경상대 도서관,
단국대 율곡기념도서관, 성신여대 도서관 등 소장>

1991-00-00. 『민중 대옥편(民衆大玉篇)』, 민중서각 사서편집부(民衆書閣辭書
編輯部) 편(編), 서울: 민중서각(民衆書閣). <1,755쪽. 국립중앙
도서관, 대구대 도서관, 대진대 도서관, 동서대 민석도서관, 부
경대 도서관, 성결대 도서관, 한국교원대 도서관 소장>

1991-00-00. 『삼익 활용 옥편(三益 活用玉篇)』, 이상사 편집부, 서울: 이상사.

1991-00-00. 『새로운 문교부 선정 교육용 한자(漢字) 실용 한자(實用漢字) 2,700자: 학습(學習)과 옥편(玉篇)을 겸함』, 동아출판공사 편 (編), 서울: 동아출판공사. <188쪽. 국립중앙도서관 소장>

1991-00-00. 『수정 증보 명문 신옥편(修訂增補 明文新玉篇)』, 김혁제(金赫 濟) 저(著), 서울: 명문당(明文堂). <743+236쪽. 고신대 문헌정 보관, 대진대 도서관, 영남대 도서관, 전북대 중앙도서관 등 소장> <1952-02-28(초판)>

1991-00-00. 『정한 옥편(正漢玉篇)』, 권영달, 대구: 대영문화사(大榮文化社).

1991-00-00. 『최신 생활 대옥편(最新 生活大玉篇)』, 동신문화사 사서부(東信 文化社 辭書部) 편(編), 서울: 동신문화사(東信文化社). <673쪽. 동의대 중앙도서관, 서울신학대 도서관 소장>

1991-00-00. 『학습과 옥편을 겸한 상용 3,000 한자(學習과 玉篇을 兼한 常用 3,000漢字)』, 고려출판문화공사 편집부 편(編), 서울: 고려출판 문화공사. <262쪽. 건양대 명곡도서관 소장>

1991-00-00. 『학습(學習)과 옥편(玉篇)을 겸한 새로운 문교부 선정 교육용 한자(漢字) 실용 한자(實用漢字) 2,700자』, 동아출판공사 편(編), 서울: 동아출판공사. <188쪽. 국립중앙도서관, 가천대 중앙도 서관, 광주대 도서관, 세종대 도서관, 세한대 중앙도서관, 영산 대 중앙도서관, 울산대 도서관 소장>

1991-00-00. 『한한 대중 옥편(漢韓 大衆玉篇)』, 일중당 편집부(一中堂編輯部) 편저(編著), 서울: 일중당(一中堂). <건양대 명곡도서관 소장>

1991-00-00. 『한한 숭문 대옥편(漢韓 崇文大玉篇)』, 숭문사(崇文社) 편(編), 서울: 숭문사(崇文社). <2273쪽. 가천대 중앙도서관, 건양대 명 곡도서관 소장>

1991-00-00. 『한한 최신 대옥편(漢韓 最新 大玉篇)』, 학일출판사 편집부, 서 울: 학일출판사.

1991-00-00. 『혜원 한한 최신 활용 대옥편(惠園漢韓 最新活用大玉篇)』, 박해
근(朴海根) 편서(編書), 서울: 혜원출판사. <1,024쪽. 국립중앙
도서관, 대진대 도서관 소장> <2000-00-00>

1992-01-01. 『교학 신일용 옥편(敎學 新日用玉篇)』, 교학사 출판부(敎學社
出版部) 편저(編著), 서울: 교학사(敎學社). <1985-09-15(조판)>

1992-01-01. 『국한일영 포켓 한자 사전(國漢日英 포켓漢字辭典)』, 홍자출판
사 편집부 편(編), 서울: 민중서림(民衆書林). <693쪽. 목원대
도서관 소장>

1992-01-01. 『완전 신판 최신 활용 옥편』, 편집부 편, 서울: 청암출판사.

1992-01-01. 『완전 신판 표준 활용 옥편』, 편집부 편(編), 서울: 청암출판사.
<780쪽>

1992-01-01. 『최신 한자 대옥편(最新 漢字大玉篇)』, 한국도서출판중앙회(韓
國圖書出版中央會) 편(編), 서울: 한국도서출판중앙회(韓國圖書
出版中央會). <1,723쪽. 차상원(車相轅) 감수(監修). 가천대 중앙
도서관, 강릉원주대 중앙도서관, 건동대 도서관, 동아대 도서
관, 성균관대 삼성학술정보관, 세종대 도서관, 한세대 도서관
등 소장> <1997-01-10(2판)>

1992-01-01. 『컴퓨터 활용 옥편(活用玉篇)』, 현대중국학술연구원(現代中國
學術硏究院) 편(編), 서울: 민성사(民聲社). <초판. 983쪽. 국립
중앙도서관, 고려대 과학도서관, 충북대 도서관 소장>

1992-01-01. 『크라운 한한 대자전』, 편집부 편(編), 서울: 은광사. <632쪽>

1992-01-01. 『포켓판 교학 신일용 옥편』, 편집부 편(編), 서울: 교학사.
<680쪽>

1992-01-01. 『한한 최신 실용 옥편(漢韓 最新實用玉篇)』, 편집부 편(編), 서
울: 이상사. <828쪽>

1992-01-01. 『한한 최신 이상 옥편(漢韓 最新理想玉篇)』, 편집부 편(編), 서
울: 이상사. <1,070쪽>

1992-01-01. 『한한 이상 대옥편(漢韓 理想大玉篇)』, 명문당 편집부 편(編), 서울: 이상사. <1,352쪽>

1992-01-01. 『한한 최신 실용 대옥편』, 편집부 편(編), 서울: 혜원출판사. <1,024쪽>

1992-01-01. 『한한 최신 표준 옥편』, 편집부 편(編), 서울: 이상사. <1,198쪽>

1992-01-01. 『혜원 한한 최신 실용 대옥편(惠園漢韓 最新活用大玉篇)』, 편집부 편(編), 박해근(朴海根) 편서(編書), 서울: 혜원출판사(惠園出版社). <1,024쪽. 대진대 도서관 소장>

1992-01-10. 『최신 국민 대옥편(最新 國民大玉篇)』, 학력개발사 사서부(學力開發社辭書部), 서울: 학력개발사(學力開發社). <중판>

1992-01-10. 『뉴 에이스 한한 사전(漢韓辭典)』, 금성출판사 사서부, 서울: 금성교과서주식회사. <3판>

1992-01-10. 『동아 한한 중사전(漢韓中辭典)』, 동아출판사 편집부(東亞出版社編輯部), 서울: 동아출판사. <5쇄. 이가원(李家源)·임창순(任昌淳) 감수(監修)> <1987-01-10(초판)>

1992-01-10. 『동아 현대 활용 옥편(東亞 現代活用玉篇)』, 동아출판사 편집국, 서울: 동아출판사. <655쪽> <1972-10-15(초판), 1987-02-16(개정판 초판)>

1992-01-10. 『민중 활용 옥편(民衆 活用玉篇)』, 민중서림 편집국(民衆書林編輯局) 편(編), 서울: 민중서림(民衆書林). <11쇄. 6+771쪽. 국립중앙도서관, 부경대 도서관 소장>

1992-01-10. 『한한 대자전(漢韓大字典)』, 민중서관 편집국(民衆書館編輯局) 편(編), 서울: 민중서림(民衆書林).

1992-01-10. 「활용 자전(活用字典)」, 『동아 새 국어 사전』, 동아국어사전연구회 엮음, 서울: 동아출판사. <탁상판. 8+2,742+241쪽. 이기문 감수. 단국대 퇴계기념도서관, 순천향대 도서관, 인하대 도서관 등 소장> <1989-01-10(초판)>

1992-01-20. 『한일영중 한한 대사전(韓日英中 漢韓大辭典)』, 장삼식 편(編), 서울: 교육도서. <1802쪽>

1992-01-25. 『청암 표준 활용 옥편(청암 標準活用玉篇)』, 서울: 청암출판사. <초판> <1998-01-25(7판. 780쪽)>

1992-01-31. 『최신 실용 대옥편(最新 實用 大玉篇)』, 혜원출판사 편집부 편(編), 서울: 혜원출판사. <1,024쪽>

1992-01-00. 『동아 현대 활용 옥편』, 편집부, 서울: 동아출판사. <655쪽>

1992-01-00. 『최신 옥편(最新玉篇)』, 권영달(權寧達), 서울: 도산서원.

1992-02-01. 『최신 한한 강희옥편』, 편집부 편(編), 서울: 유림당. <767쪽>

1992-02-01. 『학습과 옥편을 겸한 실용 한자 2,700자(學習과 玉篇을 겸한 實用漢字 2,700字)』, 편집부 편(編), 서울: 근영출판사. <188쪽. 광운대 중앙도서관, 대구대 도서관, 용인대 도서관 소장>

1992-04-01. 『국한 전초 최신 옥편(國漢篆草 最新玉篇)』, 권영달(權寧達) 서(書), 서울: 혜원출판사(惠園出版社). <18+1,078쪽. 국립중앙도서관, 동국대 중앙도서관, 인제대 백인제기념도서관, 중앙대 서울도서관, 청주대 도서관, 한양대 안산도서관 소장>

1992-05-30. 『실용 중옥편(實用 中玉篇)』, 장삼식(張三植) 편(編), 서울: 교학사(敎學社). <521쪽. 포켓판>

1992-05-30. 『활용 옥편』, 운평어문연구소, 서울: 금성교과서.

1992-05-01. 『스피드 생활 옥편』, 상아탑 편집부 편(編), 서울: 상아탑. <1,500쪽>

1992-07-01. 『신한한 대옥편(新漢韓大玉篇)』, 상지사 편집부 편(編), 서울: 상지사. <2판>

1992-07-00. 『컴퓨터 활용 옥편』, 현대중국학술연구원, 서울: 민성사. <초판. 983쪽>

1992-09-20. 『한국 한자어 사전(韓國漢字語辭典)』 권1, 단국대학교 부설 동양학연구소, 서울: 단국대출판부. <초판. 1,174쪽. 상명대 서울

도서관, 한국외대 글로벌캠퍼스 도서관, 한국외대 서울도서관 등 소장> <1993-00-00(2쇄), 1997-12-30(5쇄), 2002-06-15(개정 초판. 1,174쪽)>

1992-11-01. 『최신 활용 옥편(最新活用玉篇)(소)』, 이상사 편집부, 서울: 이 상사. <792쪽>

1992-12-01. 『한한 명문 대옥편(漢韓 明文大玉篇)』, 김혁제(金赫濟)·김성원 (金星元) 공편저(共編著), 서울: 명문당. <2,797쪽. 21×14.8센티 미터. 국립중앙도서관, 건양대 명곡도서관, 경희대 국제캠퍼스 도서관, 덕성여대 도서관, 동국대 경주도서관, 동국대 중앙도 서관, 동의대 중앙도서관 등 소장>

1992-12-10. 『이상 학습 옥편(理想 學習玉篇)』, 편집부, 서울: 이상사. <479쪽>

1992-12-10. 『현대 활용 옥편(現代 活用玉篇)』, 편집부 편(編), 서울: 이상사. <599쪽>

1992-00-00. 『국한 명문 신옥편(國漢 明文新玉篇)』, 김혁제(金赫濟) 저(著), 서울: 명문당(明文堂). <581+92쪽. 강원대 삼척도서관, 경기대 중앙도서관, 목원대 도서관, 부산외대 도서관, 전남대 중앙도 서관, 한신대 중앙도서관 소장>

1992-00-00. 『국한 전초 최신 옥편(國漢篆草 最新玉篇)』, 편집부 편(編), 권 영달(權寧達) 서(書), 서울: 세세(世世). <1,114쪽. 부산외대 도서 관, 전주대 도서관, 한성대 도서관 소장>

1992-00-00. 『도해를 겸한 자원 풀이 사전 비법 한자(圖解를 兼한 字源풀이 辭典 秘法漢字)』, 강충희(姜忠熙) 편(編), 서울: 학일출판사(學一 出版社). <10판. 356쪽. 정주영(鄭周永) 감수. 국립중앙도서관, 연세대 학술정보원 소장>

1992-00-00. 『동아 새 한한 사전(漢韓辭典)』, 동아출판사 편집국 편(編), 서 울: 동아출판사. <5쇄> <1990-01-10(초판)>

1992-00-00. 『동아 한한 대사전(東亞 漢韓大辭典)』, 동아출판사 편집국(東亞出

版社 編輯局) 편(編), 서울: 동아출판사(東亞出版社). <92+2,220+
112쪽. 이가원(李家源)·권오순(權五淳)·임창순(任昌淳) 감수(監修).
동아대 도서관 소장> <1982-10-20(초판)>

1992-00-00. 『동아 한한 중사전』, 이가원·임창순 감수, 서울: 동아출판사.
<5쇄>

1992-00-00. 『동아 현대 활용 옥편(現代活用玉篇)』, 동아출판사 편집부, 서
울: 동아출판사.

1992-00-00. 『삼체 새 시대 옥편(三體 새時代玉篇)』, 아성 편집부(亞星編輯
部) 편(編), 서울: 아성(亞星). <672쪽. 국립중앙도서관 소장>

1992-00-00. 『수정 증보 명문 신옥편(修訂增補 明文新玉篇)』, 김혁제(金赫
濟) 저(著), 서울: 명문당(明文堂). <40판. 743+241쪽. 영남대 도
서관 소장> <1952-02-28(초판)>

1992-00-00. 『실용 대옥편(實用大玉篇)』, 장삼식(張三植) 편(編), 서울: 교학
사(教學社). <1985-06-25(초판)>

1992-00-00. 『수정 증보 최신 홍자 옥편(修正 增補 最新弘字玉篇)』, 홍자출
판사 편집부(弘字出版社編輯部) 편(編), 민중서림 편집국(民衆書
林編輯局) 수정(修訂), 서울: 민중서림(民衆書林). <초판 6쇄.
1,025쪽. 부경대 도서관 소장>

1992-00-00. 『엣센스 교육 한자 사전(教育漢字辭典)』, 서울: 민중서림(民衆
書林). <782쪽. 가톨릭대 중앙도서관, 목원대 도서관 소장>

1992-00-00. 『최신판 정통 신옥편(最新版 正統新玉篇)』, 경화사(京和社) 편
(編), 서울: 경화사(京和社). <469쪽. 국립중앙도서관 소장>

1992-00-00. 『표준 신교육 한자 사전(標準 新教育漢字辭典)』, 교학사 사서
부(教學社 辭書部) 편(編), 서울: 교학사(教學社). <855쪽. 대진
대 도서관 소장>

1992-00-00. 『학생 옥편(學生玉篇)』, 권영달, 대구: 대영문화사(大榮文化社).

1992-00-00. 『학습과 옥편을 겸한 상용 3,000 한자』, 편집부 편(編), 서울:

고려출판문화공사.

1992-00-00. 『한일영중 한한 대사전(韓日英中 漢韓大辭典)』, 장삼식(張三植) 편저, 서울: 교육도서(敎育圖書). <55+1,802+64쪽. 고려대 중 앙도서관>

1992-00-00. 『한일영중 겸용 최신 한한 대사전(最新 漢韓大辭典)』, 장삼식 (張三植) 편저, 서울: 범우사. <49+1,212+59쪽. 고려대 중앙도 서관>

1992-00-00. 『한한 대사전 대자원(漢韓大辭典 大字源)』, 장삼식(張三植) 저 (著), 서울: 삼성출판사(三省出版社). <2,231쪽. 5판. 고려대 세 종학술정보원 소장>

1992-00-00. 『한한 대자전(漢韓 大字典)』, 은광사 편집부, 서울: 은광사.

1992-00-00. 『한한 대자전(漢韓大字典)』, 민중서관 편집국(民衆書館 編輯局) 편(編), 이상은(李相殷) 감수, 서울: 민중서림(民衆書林). <27쇄. 1,490쪽. 국립중앙도서관 소장>

1992-00-00. 『혜원 한한 최신 실용 옥편(惠園漢韓 最新實用玉篇)』, 박해근 (朴海根) 편서(編書), 서울: 혜원출판사(惠園出版社). <718쪽. 대 진대 도서관, 한양대 안산도서관 소장>

1992-00-00. 『활용 옥편(活用玉篇)』, 대구: 대영문화사(大榮文化社). <512쪽. 안동대 도서관 소장>

1993-01-01. 『광신 최신 활용 옥편』, 편집부 편(編), 서울: 광신출판사. <542쪽>

1993-01-01. 『삼익 활용 옥편』, 편집부 편(編), 서울: 이상사. <712쪽>

1993-01-01. 『최신 한한 자전(最新漢韓字典) 크라운 강희옥편(康熙玉篇)』, 편집부(編輯部) 편(編), 서울: 은광사(恩光社). <756쪽. 국립중앙 도서관, 동국대 중앙도서관, 제주대 중앙도서관, 중앙대 서울 캠퍼스 중앙도서관 소장>

1993-01-10. 『동아 신활용 옥편(동아 新活用玉篇)』, 동아출판사 편집부(東亞

出版社 編輯部) 편(編), 서울: 동아출판사(東亞出版社). <개정 증보판> <1975-01-15(초판)>

1993-01-10. 「활용 자전(活用字典)」, 『동아 새 국어 사전』, 동아출판사 편집 국 엮음, 서울: 동아출판사. <탁상판. 8+2,742+241쪽. 이기문 감수. 경희대 중앙도서관, 대구대 도서관, 동신대 중앙도시관, 서울장신대 도서관 소장> <1989-01-10(초판)>

1993-01-20. 『금성판 실용 옥편(金星版 實用玉篇)』, 금성출판사 사전팀, 서 울: 금성교과서주식회사. <704쪽. 덕성여대 도서관, 부산외대 도서관, 선문대 중앙도서관, 세종대 도서관, 수원대 도서관, 아 주대 도서관 소장> <2008-01-10(17쇄)>

1993-01-25. 『실용 중옥편(實用中玉篇)』, 장삼식 편(編), 서울: 교학사(敎學 社). <9쇄. 521쪽> <1986-02-25(초판)>

1993-02-15. 『정선 새 활용 옥편(精選 새活用玉篇)』, 동화사 편집국 엮음, 서 울: 동화사(東和社). <초판. 960쪽. 포켓판. 덕성여대 도서관 소 장> <1993-08-01, 1999-01-05(6판. 960쪽), 2001-00-00, 2002-01-05, 2003-01-00, 2004-01-06, 2005-01-00, 2009-01-05(15판. 960쪽)>

1993-03-15. 『학습과 옥편을 겸한 상용 3,000 한자』, 편집부 편(編), 서울: 고려출판문화공사. <262쪽>

1993-04-29. 『표준 신교육 한자 사전(標準 新敎育 漢字辭典)』, 편집부 편 (編), 서울: 교학사. <초판> <2011-01-25(?판. 858쪽)>

1993-04-00. 『한한 대자전(漢韓大字典)』, 민중서관 편집국(民衆書館編輯局) 편(編), 서울: 민중서림(民衆書林). <보유판>

1993-05-20. 『최신 개정판 금성 대옥편(最新 改訂版 金星大玉篇)』, 금성문 화사 편집국(金星文化社編輯局) 편저(編著), 서울: 금성문화사 (金星文化社). <50+890+213쪽. 가톨릭관동대 중앙도서관, 동 신대 중앙도서관, 연세대 학술정보원 소장>

1993-07-25. 『삼성 대옥편(三星大玉篇)』, 윤선량(尹善亮) 편(編), 서울: 삼성

문화사(三星文化社).

1993-07-31. 『한한 한영 상용 사전』, 대한교육연구원 편(編), 서울: 박우사.
<750쪽>

1993-08-01. 『정선 새 활용 옥편(精選 새 活用玉篇)』, 동화사 편집부 엮음,
서울: 동화사(東和社). <초판. 960쪽. 국립중앙도서관> <2009-
01-05(15판. 960쪽)>

1993-09-01. 『성문 대옥편(聖文大玉篇)』, 춘원(春園) 저(著), 서울: 성문사(聖
文社). <890+166쪽. 최신 개정판. 건국대 상허기념도서관, 고
려대 세종학술정보원, 인천재능대 도서관, 제주대 중앙도서관,
한동대 도서관 소장>

1993-11-01. 『새 실용 옥편』, 동화사 편집국, 서울: 동화사. <초판>
<2005-01-06(672쪽)>

1993-12-01. 『이상 활용 옥편』, 편집부 편(編), 서울: 이상사. <366쪽>

1993-12-30. 『한국 한자어 사전(韓國漢字語辭典)』 2, 단국대학교 부설 동양
학연구소 편(編), 서울: 단국대출판부(檀國大學校出版部). <초
판. 1,144쪽. 고려대 도서관, 나사렛대 학술정보관, 서울시립대
도서관 등 소장> <1997-12-30(4쇄), 2002-06-15(개정 초판.
1,144쪽)>

1993-00-00. 『강희 대옥편(康熙大玉篇)』, 계명사 편집국 편(編), 서울: 계명
사(啓明社). <최신 개정판. 48+890+213쪽. 유정기(柳正基) 감수
(監修). 국립중앙도서관, 강원대 도서관, 경북대 중앙도서관, 대
구교대 도서관, 대구대 도서관, 홍익대 중앙도서관 등 소장>

1993-00-00. 『강희 대옥편(康熙大玉篇)』, 금진문화사 편저, 서울: 금진문화
사. <890+213쪽. 동아대 도서관, 한림대 도서관 소장>

1993-00-00. 『국한 전초(國漢篆草) 최신 대옥편(最新大玉篇)』, 권영달(權寧
達) 편(編), 서울: 신문출판사(新文出版社). <1,114쪽. 대전대 도
서관 소장>

1993-00-00. 『규장전운·전운옥편(奎章全韻·全韻玉篇)』, 강신항 편(編), 서울: 박이정. <484쪽. 영인본. 가톨릭대 중앙도서관, 경남대 중앙도서관, 경북대 중앙도서관, 세종대 도서관 소장>

1993-00-00. 『금성판 기초 옥편(基礎玉篇)』, 운평어문연구소 편, 서울: 금성교과서(金星教科書). <576쪽. 건국대 중원도서관, 덕성여대 도서관, 부산대 부산캠퍼스 제1도서관, 부산외대 도서관, 선문대 중앙도서관, 한양대 중앙도서관 소장>

1993-00-00. 『뉴 에이스 실용 옥편(編), 한한 자전(漢韓字典)』, 금성서관 사서부(辭書部) 편(編), 서울: 금성서관(金星書館). <612쪽. 국립중앙도서관 소장>

1993-00-00. 『뉴 에이스 활용 옥편(活用玉篇)』, 금성서관 사서부(金星書館辭書部) 편(編), 서울: 금성서관(金星書館). <개정 신판. 645쪽. 국립중앙도서관 소장>

1993-00-00. 『동아 새 한한 사전(漢韓辭典)』, 동아출판사 편집국 편(編), 서울: 동아출판사. <국립중앙도서관 소장> <1990-01-10(초판)>

1993-00-00. 『명문 상용 한한 사전(明文常用 漢韓辭典)』, 명문당 사서부(明文堂辭書部) 편(編), 서울: 명문당(明文堂). <28+1,134+135쪽. 김학주(金學主) 감수(監修). 대전대 도서관 소장>

1993-00-00. 『명문 한한 대자전(明文漢韓大字典)』, 김혁제(金赫濟)·김성원(金星元) 공편저(共編著), 서울: 명문당(明文堂). <한양대 안산도서관 소장>

1993-00-00. 『문교부 선정 교육 기초 한자 1800자 한자 단어 사전(文教部選定 教育基礎漢字 1800字 漢字單語辭典)』, 교학사 사서부, 서울: 교학사(教學社). <320쪽. 광운대 중앙도서관, 서울여대 도서관, 중앙대 안성캠퍼스 중앙도서관 소장>

1993-00-00. 『민중 대옥편(民衆大玉篇)』, 민중서각 사서편집부 편(編), 서울: 민중서각(民中書閣). <1,371쪽. 강원대 삼척도서관, 경북대 중

앙도서관, 고려대 도서관, 한국방송통신대 도서관 소장>

1993-00-00. 『민중 활용 옥편(民衆 活用玉篇)』, 민중서림 편집국(民衆書林 編輯局) 편(編), 서울: 민중서림(民衆書林). <5+771쪽. 국립중앙 도서관 소장>

1993-00-00. 『사개 국어 삼체 새 시대 옥편(四個 國語 三體 새 時代玉篇)』, 아성 편집부(亞星編輯部) 편(編), 서울: 아성(亞星). <659쪽. 국 립중앙도서관, 영산대 중앙도서관 소장>

1993-00-00. 『사전과 옥편을 겸한 최신 활용 삼천 한자(辭典과 玉篇을 兼한 最新 活用 三千漢字)』, 편집부 편(編), 서울: 혜원출판사(惠園出 版社). <270쪽. 배재대 도서관, 한양대 안산도서관 소장>

1993-00-00. 『설문해자(說文解字) 외』, 서울: 법인문화사(法印文化社). <영 인본. 대전대 도서관 소장>

1993-00-00. 『수정 증보 최신 홍자 옥편(修正 增補 最新弘字玉篇)』, 홍자출 판사 편집부(弘字出版社編輯部) 편(編), 민중서림 편집국(民衆書 林編輯局) 수정(修訂), 서울: 민중서림(民衆書林). <초판 7쇄>

1993-00-00. 『옥편을 겸한 실용 한자 3,000자(玉篇을 兼한 實用漢字 3,000 字)』, 진화당 편집부(眞華堂 編輯部) 편(編), 서울: 진화당(眞華 堂). <278쪽. 경상대 도서관, 경일대 도서관, 아주대 도서관, 우석대 중앙도서관, 원광대 중앙도서관 소장>

1993-00-00. 『최신 명문 신옥편(最新 明文新玉篇)』, 김혁제(金赫濟) 저(著), 서 울: 명문당(明文堂). <1988년 발행한 것의 개정판. 3+24+743+ 229쪽. 강원대 도서관, 대전대 도서관, 상지대 학술정보원, 수 원대 도서관, 영산대 중앙도서관, 한양대 안산캠퍼스 도서관 소장>

1993-00-00. 『최신 한한 현대 옥편(最新漢韓 現代玉篇)』, 금성서관 사서부(辭 書部) 편(編), 서울: 금성서관. <633쪽. 국립중앙도서관 소장>

1993-00-00. 『최신 활용 옥편(最新活用玉篇)』, 이상사 편집부 편(編), 서울:

이상사(理想社). <제3판. 792쪽. 위덕대 도서관 소장>

1993-00-00. 『컴퓨터 활용 옥편(活用玉篇)』, 현대중국학술연구원(現代中國學術研究院), 편(編) 서울: 민성사. <제2판. 983쪽. 중앙대 서울 캠퍼스 중앙도서관 소장>

1993-00-00. 『콘사이스 활용 옥편(活用玉篇)』, 금성서관 사서부(辭書部) 편(編), 서울: 금성서관. <개정 신판. 333쪽. 국립중앙도서관 소장>

1993-00-00. 『탁상용 목인법 사전식 비서 한자(卓上用 目印法 辭典式 秘書 漢字)』, 서울: 성심도서(誠心圖書). <640쪽. 홍익대 중앙도서관 소장>

1993-00-00. 『한국 한자어 사전(韓國漢字語辭典)』 권1, 단국대학교 부설 동양학연구소, 서울: 단국대학교 출판부. <2쇄. 군산대 도서관, 동덕여대 도서관, 신구대 도서관 소장> <1992-09-20(초판)>

1993-00-00. 『한국 한자어 사전(韓國漢字語辭典)』 권3, 단국대학교 동양학연구소 편(編), 서울: 단국대학교 출판부(檀國大學校出版部). <1,045쪽. 건국대 상허기념도서관, 경남대 중앙도서관, 경인교대 인천도서관, 고려대 도서관, 남서울대 도서관 등 소장>

1993-00-00. 『한일영중 신대자전(韓日英中 新大字典)』, 은광사 편집부(恩光社 編輯部) 편(編), 서울: 은광사(恩光社). <2판. 1,020쪽. 부산대 제1도서관 소장>

1993-00-00. 『한한 대사전(漢韓大辭典)』, 김혁제(金赫濟)·김성원(金星元) 공편(共編), 서울: 명문당(明文堂). <한양대 안산캠퍼스 도서관 소장> <1963-02-15(초판)>

1993-00-00. 『한한 명문 대옥편(漢韓 明文大玉篇)』, 김혁제(金赫濟)·김성원(金星元) 공편저(共編著), 서울: 명문당(明文堂). <2,655쪽. 침례신학대 도서관, 한국교원대 도서관 소장>

1993-00-00. 『한한 이상 대옥편(漢韓 理想大玉篇)』, 명문당 편집부 편(編), 서울: 이상사(理想社). <6+1,352쪽. 이가원(李家源) 감수(監修).

수원대 도서관, 전북대 중앙도서관 소장>

1993-00-00. 『한한 자전(漢韓字典) 뉴 에이스 활용 옥편(活用玉篇)』, 은광사 사서부(辭書部) 편(編), 서울: 은광사(恩光社). <645쪽. 국립중앙 도서관 소장>

1993-00-00. 『한한 최신 실용 옥편(漢韓 最新實用玉篇)』, 편집부 편(編), 서울: 이상사(理想社). <926쪽. 중앙대 안성캠퍼스 중앙도서관 소장>

1993-00-00. 『한한 최신 이상 옥편(漢韓 最新理想玉篇)』, 편집부 편(編), 서울: 이상사(理想社). <1,070쪽. 이가원(李家源) 감수(監修). 목포 해양대 도서관, 경인교대 인천도서관 소장>

1993-00-00. 『한한일영 동아 대옥편(韓漢日英 東亞大玉篇)』, 대경출판사 편집부(大經出版社編輯部) 편(編), 시흥: 대경출판사(大經出版社). <604쪽. 유정기(柳正基) 감수(監修). 광신대 도서관, 남부대 학술정보관, 목포대 도서관, 상지대 학술정보원, 성균관대 중앙 학술정보관, 영남대 도서관 소장>

1993-00-00. 「활용 옥편(活用玉篇)」, 『그랜드 국어 사전』, 운평어문연구소 편(編), 서울: 금성출판사(金星出版社). <8+3,192. 강원대 도서관, 고려대 도서관, 국민대 성곡도서관, 대원대 도서관, 덕성여대 도서관, 동아대 도서관 등 소장>

1993-00-00. 『휴대용 만자 옥편(携帶用 萬字玉篇)』, 은광사 편집부(恩光社 編輯部), 서울: 은광사(恩光社). <259쪽>

1994-01-01. 『중국어와 서예를 함께 배울 수 있는 정통 한한 새 옥편(正統 漢韓 새玉篇)』, 한원석(韓元碩) 편(編), 서울: 법문출판사(法文出版社). <697+243쪽. 강원대 삼척도서관, 고려대 세종학술정보원, 고신대 문헌정보관, 광주대 도서관, 단국대 퇴계기념도서관, 대구대 도서관 등 소장>

1994-01-10. 『국민 대옥편(國民大玉篇)』, 학력개발사 사서부(辭書部), 서울: 학력개발사. <중판. 626쪽>

1994-01-10. 『동아 신활용 옥편(동아 新活用玉篇)』, 동아출판사 편집부(東亞出版社 編輯部) 편(編), 서울: 동아출판사(東亞出版社). <576쪽> <1975-01-15(초판)>

1994-01-10. 『동아 현대 활용 옥편(東亞 現代活用玉篇)』, 두산동아 편집부, 서울: 두산동아. <개정 증보 제3판. 2차 개정판. 856쪽. 강원대 도서관, 광신대 도서관, 광운대 중앙도서관, 성균관대 중앙학술정보관 등 소장> <1972-10-15(초판), 1987-02-16(개정판 초판)>

1994-01-10. 『동아 현대 한한 사전(現代 漢韓辭典)』, 동아출판사 편집부(東亞出版社編輯部) 편(編), 서울: 동아출판사(東亞出版社). <개정판. 959쪽. 5,679자를 표제자로 선정하였다. 표제자로 시작하는 약 5만 개의 한자어를 수록하였다. 강원대 도서관, 경기대 중앙도서관, 광운대 중앙도서관 등 소장> <1980-01-01(초판)>

1994-01-10. 『수정 증보 최신 홍자 옥편(修正 增補 最新弘字玉篇)』, 홍자출판사 편집부(弘字出版社編輯部) 편(編), 민중서림 편집국(民衆書林編輯局) 수정(修訂), 서울: 민중서림(民衆書林). <초판 8쇄. 가천대 중앙도서관, 광주대 도서관, 금강대 도서관, 남서울대 도서관, 동의대 중앙도서관, 성균관대 중앙학술정보관, 한국해양대 도서관 등 소장>

1994-01-10. 『예림 활용 옥편(活用玉篇)』, 예림출판사(醴林出版社) 사서부(辭書部) 편(編), 서울: 예림출판사(醴林出版社). <초판. 포켓판. 360쪽. 국립중앙도서관 소장> <1995-01-10(2판. 360쪽)>

1994-01-10. 『최신 한한 강희 대옥편(最新 漢韓 康熙大玉篇)』, 편집부 편(編), 서울: 유한(裕翰). <671쪽. 한국교원대 도서관 소장>

1994-01-10. 『한한 대자전(漢韓大字典)』, 민중서관 편집국(民衆書館編輯局) 편(編), 이상은(李相殷) 감수, 서울: 민중서림(民衆書林). <28쇄. 8+1,511쪽. 국립중앙도서관 소장>

1994-01-13. 『교학 신일용 옥편(敎學 新日用玉篇)』, 교학사 출판부(敎學社

出版部) 편저(編著), 서울: 교학사(教學社). <1쇄. 포켓판>
<1985-09-15(초판)>

1994-01-18. 『실용 대옥편(實用大玉篇)』, 장삼식(張三植) 편(編), 서울: 교학사(教學社). <1985-06-25(초판)>

1994-01-00. 『옥편을 겸한 뉴 베스트 국어 사전』, 편집부, 서울: 은광사. <486쪽>

1994-02-01. 『기초 한자 학습을 위한 목인법 교육 한자·한자어 사전(目印法教育漢字 漢字語辭典)』, 조한구 편저, 서울: 성심도서. <410쪽. 초중고 학생의 한자 학습을 위한 한자·한자어 사전이다. 표제자를 그 발음에 따라 가나다 순서로 배열하였다. 표제자가 포함되어 있는 한자어들을 열거하였다. 건국대 상허기념도서관, 경남대 중앙도서관, 경희대 국제캠퍼스 도서관, 광주여대 도서관 등 소장>

1994-02-15. 「삼성 대옥편(三星大玉篇)」, 윤선량(尹善亮) 편, 대구: 삼성문화사(三星文化社). <1,767쪽. 이가원·차상원(車相轅) 감수(監修)>

1994-02-15. 『삼성 대옥편(三星 大玉篇)』, 윤선량(尹善亮) 편(編), 대전: 한국문화연구소(韓國文化研究所). <18+1,767쪽. 국립중앙도서관 소장>

1994-02-15. 『정선 새 실용 옥편(精選 새 實用玉篇)』, 동화사 사서부 편(編), 서울: 동화사(東和社). <초판> <2004-01-06(10판)>

1994-03-01. 『현대 대옥편』, 편집부 편(編), 서울: 은광사. <706쪽>

1994-03-17. 『정통 옥편(正統玉篇)』, 경화사 편집부 편(編), 서울: 경화사. <재판. 20+583쪽>

1994-03-28. 『학습과 옥편을 겸한 실용 한자 1,800자(實用漢字 1,800字)』, 편집부 편(編), 서울: 진화당(眞華堂). <271쪽>

1994-06-20. 『한·중·영·일 중국어 약자 위주 새 옥편』, 세세 편집부 편(編), 서울: 세세. <초판. 775쪽. 국립중앙도서관, 가톨릭대 성신 교

정 도서관, 인하대 도서관, 충북대 도서관 소장> <1994-10-20
(재판)>

1994-07-01. 『상용 대옥편(常用 大玉篇)』, 행법사 편집부 편(編), 서울: 유림
당. <1,438쪽>

1994-07-00. 『수정 증보 명문 신옥편(修訂增補 明文新玉篇)』, 김혁제(金赫
濟) 저(著), 서울: 명문당(明文堂). <979쪽. 인하대 도서관 소
장> <1952-02-28(초판)>

1994-08-01. 『신세대를 위한 획수로 찾는 엣센스 옥편』, 엣센스 옥편 편집
위원회 편(編), 서울: 한국사전연구원. <1,540쪽. 차주환(車柱環)
감수(監修). 가천대 중앙도서관, 건국대 상허기념도서관, 경일
대 도서관, 경주대 도서관, 고려대 세종학술정보원 등 소장>

1994-11-10. 『현대 활용 옥편』, 편집부, 서울: 이상사.

1994-00-00. 『국한 전초 최신 옥편(國漢篆草 最新玉篇)』, 권영달(權寧達) 편
(編), 서울: 혜원출판사(惠園出版社). <1,114쪽. 국립중앙도서관
소장>

1994-00-00. 『기초 옥편(基礎玉篇)』, 운평어문연구소, 서울: 금성출판사.

1994-00-00. 『도산 만자 옥편(陶山 萬字玉篇)』, 김춘모 편(編), 서울: 세세(世
世). <389쪽. 순천대 도서관, 한남대 도서관, 홍익대 문정도서
관 소장>

1994-00-00. 『독학 교육 한자 사전(독학 敎育漢字辭典)』, 박우사 편집부, 서
울: 박우사. <257쪽. 가천대 중앙도서관, 금오공대 도서관, 단
국대 율곡기념도서관, 순천향대 도서관, 영산대 중앙도서관
등 소장>

1994-00-00. 『동아 한한 대사전(東亞 漢韓大辭典)』, 동아출판사 편집국(東亞出
版社 編輯局) 편(編), 서울: 동아출판사(東亞出版社). <92+2,220+
112쪽. 이가원(李家源)·권오순(權五淳)·임창순(任昌淳) 감수(監修).
백석대 천안도서관, 전북과학대 도서관 소장> <1982-10-20(초판)>

1994-00-00. 『만자 대옥편(萬字大玉篇)』, 삼경출판사 간행부(三慶出版社刊行部) 편(編), 서울: 삼경출판사(三慶出版社). <306쪽. 국립중앙도서관 소장>

1994-00-00. 『민중 대옥편(民衆大玉篇)』, 민중서각 사서편집부(民衆書閣辭書編輯部) 편(編), 서울: 민중서각(民中書閣). <2,272쪽. 단국대 율곡기념도서관, 성공회대 도서관, 차의과대 도서관, 포항공대 도서관, 협성대 도서관 소장>

1994-00-00. 『민중 대옥편(民衆大玉篇)』, 서울: 민중서원(民衆書院). <1,373쪽. 대구교대 도서관, 상명대 서울도서관, 상지대 학술정보원, 홍익대 중앙도서관 소장>

1994-00-00. 『민중 포켓 한자 사전(民衆 포켓 漢字辭典)』, 민중서관 편집국(民衆書館 編輯局) 편(編), 서울: 민중서관(民衆書館). <대전대 도서관, 덕성여대 도서관, 동국대 경주도서관, 부산대 제1도서관, 서울대 경영학도서관, 서울신학대 도서관, 서울여대 도서관, 아주대 도서관, 위덕대 도서관, 제주국제대 도서관 등 소장> <1973-02-05(초판)>

1994-00-00. 『동아 새 한한 사전(漢韓辭典)』, 동아출판사 편집국 편(編), 서울: 동아출판사. <국립중앙도서관 소장> <1990-01-10(초판)>

1994-00-00. 『실용 옥편(實用玉篇)』, 금성교과서 사서부, 서울: 금성교과서.

1994-00-00. 『신세대를 위한 획수로 찾는 엣센스 옥편(玉篇)』, 차주환(車柱環) 감수, 서울: 한국사전연구사. <1,539쪽. 서울대 중앙도서관 소장>

1994-00-00. 『(집집마다 책상마다 필비(必備)의 보전(寶典)) 최신 한한 현대 옥편(最新漢韓 現代玉篇)』, 삼성서관 사서부(辭書部) 편(編), 서울: 삼성서관. <개정 신판. 633쪽. 국립중앙도서관, 성신여대 도서관, 연세대 학술정보원 소장>

1994-00-00. 『청암 표준 활용 옥편(靑岩 標準活用玉篇)』, 청암출판사 편집부(靑岩出版社編輯部) 편(編), 서울: 청암출판사(靑岩出版社).

<완전 신판. 780쪽. 국립중앙도서관, 충남대 도서관 소장>

1994-00-00. 『최신 국민 대옥편(最新 國民大玉篇)』, 학력개발사 사서부(學力 開發辭書部), 서울: 학력개발사(學力開發社). <수정 증보판. 632 쪽. 부산대 부산캠퍼스 제1도서관 소장>

1994-00-00. 『최신 명문 신옥편(最新 明文新玉篇)』, 김혁제(金赫濟) 저(著), 서울: 명문당(明文堂). <인하대 도서관 소장>

1994-00-00. 『최신 옥편(最新玉篇)』, 혜원출판사 편집부, 서울: 혜원출판사 (惠園出版社).

1994-00-00. 『최신 활용 옥편(最新活用玉篇)』, 이상사 편집부 편(編), 서울: 이상사(理想社). <제3판. 8+920쪽. 대전과기대 도서관, 서울교 대 도서관, 한국외대 서울도서관, 한일장신대 도서관 소장>

1994-00-00. 『컴퓨터 활용 옥편(活用玉篇)』, 현대중국학술연구원(現代中國 學術硏究院), 편(編) 서울: 민성사.(民聲社) <3판. 983쪽. 가천대 중앙도서관, 가톨릭대 중앙도서관, 강원대 도서관, 건국대 상 허기념도서관, 경기대 중앙도서관 등 소장>

1994-00-00. 『크라운 최신 한한 강희옥편(最新 漢韓 康熙玉篇)』, 삼성서관 사서부(辭書部) 편. 서울: 삼성서관. <29+756쪽. 국립중앙도서 관, 부산대 부산캠퍼스 제1도서관, 영산대 중앙도서관, 한서대 도서관, 홍익대 중앙도서관 소장>

1994-00-00. 『포켓 한자 사전(漢字辭典)』, 홍자출판사 편집부(弘字出版社編 輯部), 서울: 민중서림(民衆書林). <8+1,369쪽. 대전대 도서관, 덕성여대 도서관, 동국대 경주도서관, 서울대 경영학도서관 등 소장>

1994-00-00. 『학습 활용 옥편(學習 活用玉篇)』, 이상사 편집부(理想社 編輯 部) 편(編), 서울: 이상사(理想社). <8+713쪽. 부경대 도서관, 영 산대 중앙도서관, 울산대 도서관, 충남대 도서관, 한일장신대 도서관 소장>

1994-00-00. 『한한 대사전(漢韓大辭典)』, 김혁제(金赫濟)·김성원(金星元) 공편(共編), 서울: 명문당(明文堂). <28+1,544+132쪽. 순천향대 도서관 소장> <1963-02-15(초판)>

1994-00-00. 『한한 이상 대옥편(漢韓 理想大玉篇)』, 명문당 편집부 편(編), 서울: 이상사(理想社). <6+1,352쪽. 이가원(李家源) 감수(監修). 경북대 중앙도서관, 단국대 퇴계기념도서관, 목원대 도서관 소장>

1994-00-00. 『한한 자전(漢韓字典) 뉴 에이스 실용 옥편(活用玉篇)』, 삼성서관 사서부(辭書部) 편(編), 서울: 삼성서관. <개정 신판. 29+612쪽. 국립중앙도서관 소장>

1994-00-00. 『한한영일 옥편(漢韓英日玉篇) 현대 활용 옥편(現代 活用玉篇)』, 학력개발사 사서부(學力開發社 辭書部) 편(編), 서울: 학력개발사(學力開發社). <중판. 366쪽. 국립중앙도서관 소장>

1994-00-00. 『현대 옥편(現代玉篇)』, 은광사 편집부, 서울: 은광사.

1994-00-00. 『홍자 현대 옥편(弘字 現代玉篇)』, 홍자출판사 편집부(弘字出版社編輯部) 편(編), 서울: 민중서림(民衆書林). <광주여대 도서관 소장>

1994-00-00. 『활용 옥편(活用玉篇)』, 예림출판사 사서부(醴林出版社辭書部) 편(編), 서울: 예림출판사(醴林出版社). <360쪽. 국립중앙도서관 소장>

1994-00-00. 『활용 옥편(活用玉篇)』, 운평어문연구소 편(編), 서울: 금성교과서. <896쪽. 명지대 서울도서관, 선문대 중앙도서관, 충북대 도서관 소장>

1994-00-00. 「활용 자전(活用字典)」, 『동아 새 국어 사전』, 동아출판사 편집국 엮음, 서울: 동아출판사. <개정판. 탁상판. 11+2,616+활용 자전 235쪽. 이기문 감수. 고려대 도서관, 국립중앙도서관, 남서울대 도서관, 서울교대 도서관 등 소장> <1989-01-10(초판)>

1995-01-01. 『유림 대옥편』, 편집부 편(編), 서울: 유한(裕翰). <1,375쪽>

1995-01-10. 『동아 신활용 옥편(동아 新活用玉篇)』, 동아출판사 편집부(東亞出版社 編輯部) 편(編), 서울: 동아출판사(東亞出版社). <576쪽. 강원대 도서관, 경기대 금화도서관, 고려대 세종학술정보원, 님시울대 도시관 등 소장> <1975-01-15(초판)>

1995-01-10. 『동아 한한 중사전(漢韓中辭典)』, 동아출판사 편집부(東亞出版社編輯部), 서울: 동아출판사. <이가원(李家源)·임창순(任昌淳) 감수(監修). 춘천지방법원 강릉지원 소장> <1987-01-10(초판)>

1995-01-10. 『동아 현대 활용 옥편(東亞 現代活用玉篇)』, 두산동아 편집부, 서울: 두산동아. <개정 증보 제3판. 2차 개정판. 856쪽. 국립중앙도서관, 백석대 천안도서관, 위덕대 도서관, 한라대 도서관 등 소장> <1972-10-15(초판), 1987-02-16(개정판 초판), 1994-01-10 (개정 증보 제3판)>

1995-01-10. 『예림 활용 옥편(活用玉篇)』, 예림출판사 사서부(醴林出版社 辭書部) 편(編), 서울: 예림출판사(醴林出版社). <2판> <1994-01-10 (초판)>

1995-01-10. 『이상 활용 옥편(理想 活用玉篇)』, 이상사 편집부 편(編), 서울: 이상사(理想社). <381쪽>

1995-01-10. 『학습 활용 옥편(學習 活用玉篇)』, 이상사 편집부 편(編), 서울: 이상사(理想社). <879쪽. 서라벌대 도서관, 울산대 도서관 소장>

1995-01-10. 『한한 대자전(漢韓大字典)』, 민중서관 편집국(民衆書館編輯局) 편(編), 서울: 민중서림(民衆書林). <초판 29쇄>

1995-01-10. 『한한 최신 표준 옥편(漢韓 最新標準玉篇)』, 편집부(編輯部) 편(編), 서울: 이상사(理想社). <이가원(李家源) 감수(監修)>

1995-01-25. 『교학 신일용 옥편(教學 新日用玉篇)』, 교학사 출판부(教學社 出版部) 편저(編著), 서울: 교학사(教學社). <1985-09-15(초판)>

1995-01-25. 『유림 현대 활용 옥편(現代活用玉篇)』, 외국어교육연구회 편

(編), 서울: 유한(裕翰). <363쪽>

1995-01-00. 『꼬마 옥편』, 을지외국어 편집부 편(編), 서울: 을지외국어.

1995-01-00. 『실용 대옥편(實用大玉篇)』, 장삼식(張三植) 편(編), 서울: 교학
사(敎學社). <1985-06-25(초판)>

1995-01-00. 『홍자 실용 옥편(弘字實用玉篇)』, 민중서림 편집부, 서울: 민중
서림.

1995-02-07. 『한한 최신 이상 옥편』, 이가원 감수, 서울: 이상사. <1,038쪽>

1995-02-15. 『동아 간명 한자어 사전(簡明 漢字語 辭典)』, 동아출판사 편집
국 엮음, 서울: 동아출판사. <초판. 1+3+464쪽. 포켓판.
15.2×9.3센티미터. 18,000여 개의 표제어를 선정하여 가나다순
서로 배열하였다. 본문의 하단에는 표제어의 첫 음절 한자들
을 부수자와 훈음을 달아 열거하였다. 박형익 교수 소장>
<1996-00-00, 1998-01-10, 2001-01-10, 2005-01-10, 2006-01-10,
2007-01-10, 2008-01-10(14쇄), 2011-01-10, 2012-01-10, 2013-01-10>

1995-03-25. 『최신 개정판 강희 대옥편』, 유정기 책임 감수, 서울: 고려문
화사.

1995-03-31. 『한국 한자어 사전(韓國漢字語辭典)』 권1, 단국대학교 동양학
연구소 편(編), 서울: 단국대학교 출판부(檀國大學校出版部).
<1,174쪽. 고려대 도서관 등 소장>

1995-03-31. 『한국 한자어 사전(韓國漢字語辭典)』 권2, 단국대학교 동양학
연구소 편(編), 서울: 단국대학교 출판부(檀國大學校出版部).
<1,144쪽. 고려대 도서관 등 소장>

1995-03-31. 『한국 한자어 사전(韓國漢字語辭典)』 권3, 단국대 동양학연구소
편(編), 서울: 단국대학교 출판부. <초판. 1,046쪽. 고려대 중앙
도서관> <1997-12-30(3쇄), 2002-06-15(개정 초판. 1,045쪽)>

1995-06-15. 『목인법 비서 한자 사전(目印法 秘書漢字辭典)』, 목인법한자연
구원(조한구) 편, 서울: 성심도서(誠心圖書). <907쪽. 강릉원주

대 중앙도서관, 강원대 도서관, 건국대 상허기념도서관, 경남
대 중앙도서관, 경주대 도서관 등 소장>

1995-07-25. 『(재미있는 그림풀이 컬러판) 논리 한자 사전』, 서울: 제일교
육. <703쪽. 홍익대 문정도서관 소장> <1996-00-00>

1995-08-01. 『어린이 한자 사전』, 송명호 엮음, 서울: 대교출판. <358쪽. 초
등학생에게 필요한 기초 한자 504자를 표제자로 선정하였으
며, 3,000여 개의 한자어를 수록하였다.>

1995-08-15. 『삼성 대옥편(三星 大玉篇)』, 윤선량(尹善亮) 편(編), 서울: 도서
출판 삼성문화사(三星文化社). <18+1,767쪽. 이가원(李家源)·차
상원(車相轅) 감수(監修). 국립중앙도서관 소장>

1995-11-01. 『고금 한한 자전(古今漢韓字典)』, 남광우(南廣祐) 편저, 인천:
인하대학교 출판부(仁荷大學校出版部). <초판. 11+927쪽. 국립
중앙도서관 소장>

1995-00-00. 『강희자전(康熙字典)』, 손환일 편(編), 서울: 민창문화사.

1995-00-00. 『교학 신일용 옥편(敎學 新日用玉篇)』, 교학사 출판부, 서울:
교학사.

1995-00-00. 『국한 전초(國漢篆草) 최신 대옥편(最新大玉篇)』, 권영달(權寧
達) 감수/편(編), 서울: 혜원출판사(惠園出版社). <1,114쪽. 강원
대 도서관, 고신대 문헌정보관, 단국대 퇴계기념도서관, 부산
대 제1도서관, 선문대 중앙도서관 등 소장>

1995-00-00. 『규장전운·전운옥편(奎章全韻·全韻玉篇)』, 강신항 편(編), 서울:
박이정. <484쪽. 영인본. 강원대 도서관, 대구한의대 학술정보
관, 상지대 학술정보원, 순천대 도서관, 청주대 도서관 소장>

1995-00-00. 『기존 한자 사전의 체계를 완전히 파괴한 자소 사전(字素辭典)(小)』,
금하연·오채금 공저, 서울: 맥한도(脈漢圖). <356+32+42쪽. 단국
대 퇴계기념도서관, 대구대 도서관, 충남대 도서관 소장>

1995-00-00. 『뉴 에이스 한한 사전(漢韓辭典)』, 청암출판사 편집부, 서울:

청암출판사(靑岩出版社).

1995-00-00. 『대영 상용 옥편』, 편집부 저, 대구: 대영문화사(大榮文化社).

1995-00-00. 『동아 옥편(東亞玉篇)』, 동아도서 편집부, 서울: 동아도서.

1995-00-00. 『동아 새 한한 사전(漢韓辭典)』, 동아출판사 편집국 편(編), 서울: 동아출판사. <국립중앙도서관 소장> <1990-01-10(초판)>

1995-00-00. 『동아 한한 대사전(東亞 漢韓大辭典)』, 두산동아 사전편찬실 엮음, 서울: 두산동아. <92+2,220+112쪽. 이가원(李家源)·권오순(權五淳)·임창순(任昌淳) 감수(監修). 경일대 도서관 소장> <1982-10-20(초판)>

1995-00-00. 『동아 현대 한한 사전(現代 漢韓辭典)』, 동아출판사 편집부(東亞出版社編輯部) 편(編), 서울: 동아출판사(東亞出版社). <959쪽. 광운대 중앙도서관, 목포대 도서관 소장> <1980-01-01(초판)>

1995-00-00. 『동아 현대 활용 옥편(現代 活用玉篇)』, 두산동아 편집부, 서울: 두산동아. <856쪽. 국립중앙도서관 소장>

1995-00-00. 『명문 한한 대자전(明文 漢韓大字典)』, 김혁제(金赫濟)·김성원(金星元) 공편저(共編著), 서울: 명문당(明文堂). <차주환(車柱環)·장기근(張基槿)·김학주(金學主) 공동 감수(監修). 경상대 도서관, 성균관대 중앙학술정보관, 한신대 장공도서관 소장> <1984-00-00(초판)>

1995-00-00. 『민중 대옥편(民衆大玉篇)』, 민중서각 사서편집부(民衆書閣辭書編輯部) 편(編), 서울: 민중서각(民中書閣). <1,373쪽. 가천대 중앙도서관, 건국대 상허기념도서관, 경남과기대 도서관, 경인교대 인천도서관, 경일대 도서관, 대구대 도서관, 위덕대 도서관 등 소장>

1995-00-00. 『민중 대옥편(民衆大玉篇)』, 윤선량(尹善亮) 편(編), 서울: 민중서원(民衆書院). <1,373쪽. 국립중앙도서관 소장>

1995-00-00. 『민중 활용 옥편(民衆 活用玉篇)』, 민중서림 편집국(民衆書林編

輯局) 편(編), 서울: 민중서림(民衆書林). <826쪽. 국립중앙도서
관 소장>

1995-00-00. 『새 만자 옥편(萬字玉篇)』, 김춘모 편(編), 서울: 세세(世世).
<383쪽. 남서울대 도서관, 동덕여대 도서관, 동신대 중앙도서
관, 서일대 세방도서관, 선문대 중앙도서관, 순천대 도서관 등
소장>

1995-00-00. 『성문 대옥편(聖文大玉篇)』, 춘원(春園) 저, 서울: 성문사(聖文
社). <최신 개정판. 890+166쪽. 류정기 감수. 국립중앙도서관
소장>

1995-00-00. 『수정 증보 명문 신옥편(修訂增補 明文新玉篇)』, 김혁제(金赫
濟) 저(著), 서울: 명문당(明文堂). <경상대 도서관, 한국항공대
도서관 소장> <1952-02-28(초판)>

1995-00-00. 『수정 증보 최신 홍자 옥편(修正 增補 最新弘字玉篇)』, 홍자출
판사 편집부(弘字出版社編輯部) 편(編), 민중서림 편집국(民衆
書林編輯局) 수정(修訂), 서울: 민중서림(民衆書林).

1995-00-00. 『스피드 옥편(玉篇)』, 상아탑, 차주환 감수, 서울: 상아탑(象牙塔).

1995-00-00. 『실용 한자 소사전(實用漢字小辭典)』, 장삼식(張三植) 편(編), 서
울: 교학사(敎學社). <2,432쪽. 한동대 도서관 소장> <1985-04-25
(초판)>

1995-00-00. 『한한 사전 합편 개정판 최신 국어 대사전』, 민중서각 사서편
집부 편(編), 서울: 민중서각(民衆書閣). <4+1,161쪽. 이숭녕(李
崇寧) 감수(監修). 고려대 도서관, 남서울대 도서관, 한국체대
도서관 소장>

1995-00-00. 『최신 명문 신옥편(最新 明文新玉篇)』, 김혁제(金赫濟) 저(著),
서울: 명문당(明文堂). <최신 개정판. 3+24+743+229쪽. 강남
대 도서관, 강원대 도서관, 계명대 동산도서관, 대전대 도서관,
부산대 제1도서관, 서강대 도서관 등 소장>

1995-00-00. 『최신 표준 옥편(最新 標準玉篇)』, 이가원 감수, 서울: 이상사.

1995-00-00. 『최신 한한 강희 대옥편(最新 漢韓 康熙大玉篇)』, 편집부 편(編), 서울: 유한(裕翰). <671쪽. 가천대 중앙도서관, 전북대 중앙도서관 소장>

1995-00-00. 『최신 활용 옥편(最新 活用玉篇)』, 이상사 편집부(理想社編輯部) 편(編), 서울: 이상사(理想社). <920쪽. 광주여대 도서관, 덕성여대 도서관, 부산외대 도서관, 서울교대 도서관, 서울대 중앙도서관 등 소장>

1995-00-00. 『크라운 활용 옥편(活用玉篇)』, 학력개발사 사서부(學力開發社辭書部), 편(編), 서울: 학력개발사(學力開發社). <468쪽. 청운대 도서관 소장>

1995-00-00. 『표준 활용 옥편(標準 活用玉篇)』, 이상사 편집부(理想社編輯部) 편(編), 서울: 이상사(理想社). <8+920쪽. 국립중앙도서관, 고신대 문헌정보관, 공주대 도서관, 동아대 도서관 소장>

1995-00-00. 『한국 한자어 사전(韓國漢字語辭典)』 권1, 단국대학교 동양학연구소 편(編), 서울: 단국대학교 출판부(檀國大學校出版部). <1,174쪽. 고려대 중앙도서관>

1995-00-00. 『한국 한자어 사전(韓國漢字語辭典)』 권2, 단국대학교 동양학연구소 편(編), 서울: 단국대학교 출판부(檀國大學校出版部). <1,144쪽. 고려대 도서관 소장>

1995-00-00. 『한한 대자전(漢韓大字典)』, 민중서관 편집국(民衆書館編輯局) 편(編), 서울: 민중서관(民衆書館). <1,511쪽. 동의대 중앙도서관, 부경대 도서관, 한서대 도서관, 호서대 중앙도서관 소장>

1995-00-00. 『한한 대사전(漢韓大辭典)』, 민중서관편집국(民衆書館編輯局) 편(編), 서울: 민중서림(民衆書林). <1,511쪽. 경상대 도서관, 상지대 학술정보원, 춘천교대 도서관, 한국교통대 중앙도서관, 한국예술종합학교 예술정보관 소장>

1995-00-00. 『한한 명문 신옥편(漢韓 明文新玉篇)』, 김혁제(金赫濟) 저(著),
　　　　　　서울: 명문당(明文堂). <최신 개정판. 24+581+82쪽. 16센티미
　　　　　　터. 소사전. 인제대 백인제기념도서관 소장>

1995-00-00. 『한한 사전 대옥편(漢韓辭典 大玉篇)』, 한국교육문화사 편집부
　　　　　　(韓國敎育文化社 編輯部) 편(編):서울: 한국교육문화사(韓國敎育
　　　　　　文化社). <1,373쪽. 금오공대 도서관, 대원대 도서관, 선문대
　　　　　　중앙도서관, 한국체대 도서관 소장>

1995-00-00. 『한한 이상 대옥편(漢韓 理想大玉篇)』, 윤희백(尹喜伯) 편저(編
　　　　　　著), 서울: 이상사(理想社). <1,352쪽. 이가원(李家源) 감수(監修).
　　　　　　아주대 의학문헌정보센터 소장>

1995-00-00. 『한한 최신 실용 사전(漢韓 最新 實用辭典)』, 이상사 편집부,
　　　　　　서울: 이상사.

1995-00-00. 『한일영중(漢日英中) 크라운 한한 대자전(漢韓大字典)』, 은광사
　　　　　　편집부, 서울: 은광사. <1,020쪽. 국립중앙도서관 홈페이지에
　　　　　　서 원문을 볼 수 있다. 국립중앙도서관 소장>

1995-00-00. 『한한영일(漢韓英日) 동아 대옥편(東亞大玉篇)』, 남웅원(南雄元)
　　　　　　편(編), 시흥: 대경출판사(大經出版社). <604쪽. 국립중앙도서관
　　　　　　소장>

1995-00-00. 『현대 활용 옥편(現代 活用玉篇)』, 이상사 편집부, 서울: 이상사.

1995-00-00. 『혜원 한한 최신 실용 옥편(惠園 漢韓 最新實用玉篇)』, 박해근
　　　　　　(朴海根) 편서(編書), 서울: 혜원출판사(惠園出版社). <898쪽. 강
　　　　　　원대 도서관, 대진대 도서관, 상지대 학술정보원, 한라대 도서
　　　　　　관, 한양대 안산도서관 소장>

1995-00-00. 『활용 옥편(活用玉篇)』, 민중서림 편집국(民衆書林編輯局) 편(編),
　　　　　　서울: 민중서림(民衆書林). <771쪽. 국립중앙도서관 소장>

1995-00-00. 「활용 자전(活用字典)」, 『동아 새 국어 사전』, 동아출판사 편집
　　　　　　국 엮음, 서울: 동아출판사. <탁상판. 11+2,616+235쪽. 이기문

감수. 강남대 도서관, 강원대 도서관, 경북대 중앙도서관, 숭실
대 도서관 등 소장> <1989-01-10(초판)>

1995-00-00. 『휴대용 만자 옥편(萬字玉篇)』, 은광사 편집부, 서울: 은광사(恩
光社).

1996-01-01. 『크라운 한한 대자전(漢韓大辭典)』, 은광사 편집부, 서울: 은광
사(恩光社). <1,020쪽. 호원대 도서관 소장>

1996-01-10. 『동아 간명 한자어 사전(簡明 漢字語 辭典)』, 두산동아 사서편집
국 엮음, 서울: 두산동아. <1+3+464쪽. 덕성여대 도서관, 전남
대 중앙도서관, 한양대 안산도서관 소장> <1995-02-15(초판)>

1996-01-10. 『동아 신활용 옥편(동아 新活用玉篇)』, 두산동아 사서편집국
엮음, 서울: 두산동아. <1975-01-15(초판)>

1996-01-31. 『동아 한자 입문 사전(漢字入門辭典)』, 두산동아 사서편집국 엮
음, 서울: 두산동아. <초판. 704쪽. 기초 한자 900자를 수록하였
다.> <2001-01-10, 2002-01-10, 2008-01-10(13쇄), 2009-01-10,
2011-01-10, 2013-01-10>

1996-01-10. 『동아 현대 활용 옥편(東亞 現代活用玉篇)』, 두산동아 편집부,
서울: 두산동아. <1972-10-15(초판), 1987-02-16(개정판 초판),
1994-01-10(개정 증보 제3판)>

1996-01-10. 『현대 활용 옥편(現代 活用玉篇)』, 편집부 편(編), 서울: 이상사.
<599쪽>

1996-01-20. 『최신 한한 현대 옥편(最新漢韓 現代玉篇)』, 은광사 편집부(恩
光社 編輯部) 편(編), 서울: 은광사(恩光社). <707쪽. 홍익대 문
정도서관 소장>

1996-01-20. 『한자 단어 사전』, 편집부 편(編), 서울: 교학사. <초판> <2011-01-
25(320쪽)>

1996-01-25. 『교학 신일용 옥편(敎學 新日用玉篇)』, 교학사 출판부(敎學社
出版部) 편저(編著), 서울: 교학사(敎學社). <3쇄> <1985-09-15

(초판)>

1996-01-25. 『표준 신교육 한자 사전((標準) 新敎育漢字辭典)』, 교학사 사서부
(敎學社 辭書部) 편(編), 서울: 교학사(敎學社). <16쇄. 857쪽>

1996-01-31. 『동아 한자 입문 사전(漢字入門辭典)』, 두산동아 편집부 편(編),
서울: 두산동아. <704쪽>

1996-01-00. 『실용 대옥편(實用大玉篇)』, 장삼식(張三植) 편(編), 서울: 교학
사(敎學社). <1985-06-25(초판)>

1996-01-00. 『한한 대자전(漢韓大字典)』, 민중서관 편집국(民衆書館編輯局)
편(編), 서울: 민중서림(民衆書林). <8+1,511쪽. 이상은(李相殷)
감수. 국립중앙도서관 소장>

1996-01-00. 『홍자 현대 옥편(弘字現代玉篇)』, 홍자출판사 편집부(弘字出版社
編輯部) 편(編), 서울: 민중서림(民衆書林). <?판> <1984-01-00
(초판, 703쪽)>

1996-05-25. 『한중일영 한한 대사전(韓中日英 漢韓大辭典)』, 장삼식(張三植)
저(著), 서울: 교육출판공사(敎育出版公社). <서문·범례 4+총획
색인 55+본문 1,802+자음 색인 64쪽. 교육출판공사에서 발행
한 『한중일영 한자 대전』(1976)과 내용이 같다. 박형익 교수
소장> <1997-00-00>

1996-06-25. 『혜원 한한 최신 실용 옥편(惠園 漢韓 最新實用玉篇)』, 박해근
(朴海根) 편서(編書), 서울: 혜원출판사(惠園出版社). <1,024쪽>

1996-08-01. 『컴퓨터 활용 옥편(活用玉篇)』, 현대중국학술연구원(現代中國
學術硏究院) 편(編), 서울: 민성사(民聲社). <983쪽. 경남대 도서
관, 광주여대 도서관, 우송대 도서관, 청운대 도서관, 충남대
도서관, 한체대 도서관 등 소장>

1996-08-00. 『최신 활용 옥편(대)』, 이상사 편집부 편(編), 서울: 이상사.

1996-09-10. 『현대 중조 한일 통용 자전』, 김학수, 서울: 한국문화사.

1996-11-03. 『한국 한자어 사전(韓國漢字語辭典)』 4, 단국대학교 동양학 연

구소 편(編), 서울: 단국대학교 출판부. <초판. 9+1,056+62쪽. 고려대 도서관, 군산대 도서관, 수원가톨릭대 도서관, 평택대 중앙도서관 등 소장> <1997-12-30(3쇄), 2002-06-15(개정 초판. 1,056+62쪽)>

1996-11-10. 『최신 대옥편(最新 大玉篇)』, 행법사 편집부 편(編), 서울: 행법사(行法社). <987쪽. 민제(閔濟) 감수(監修). 건양대 명곡도서관, 경북대 중앙도서관, 계명대 동산도서관, 고려대 세종학술정보원, 광운대 중앙도서관, 동아대 도서관, 숙명여대 도서관 등 소장>

1996-12-31. 『뉴 에이스 한한 사전』, 운평어문연구소 편(編), 서울: 금성교과서.

1996-00-00. 『국한 전초(國漢篆草) 최신 대옥편(最新大玉篇)』, 권영달(權寧達) 편(編), 서울: 교육출판공사(敎育出版公社). <1,273쪽. 우석대 중앙도서관 소장>

1996-00-00. 『국한일영 상용 한자 사전(國漢日英 常用漢字辭典)』, 홍자출판사 편집부, 서울: 문천사(文泉社). <771쪽. 가천대 중앙도서관, 인천재능대 도서관 소장>

1996-00-00. 『논리 한자 사전』, 김민화, 서울: 제일교육.

1996-00-00. 『도산 만자 옥편(陶山 萬字玉篇)』, 김춘모 편저(編著), 서울: 세세(世世). <9판. 389쪽. 국립중앙도서관 소장>

1996-00-00. 『동아 새 한한 사전(漢韓辭典)』, 동아출판사 편집국 편(編), 서울: 동아출판사. <1990-01-10(초판)>

1996-00-00. 『동아 한한 대사전(東亞 漢韓大辭典)』, 두산동아 사전편찬실 엮음, 서울: 두산동아. <92+2,220+112쪽. 이가원(李家源)·권오순(權五淳)·임창순(任昌淳) 감수(監修). 광주대 도서관, 대구대 도서관, 대전대 도서관, 동아대 도서관, 전주대 도서관, 청주대 도서관, 한양대 중앙도서관 등 소장> <1982-10-20(초판)>

1996-00-00. 『동아 현대 한한 사전(現代 漢韓辭典)』, 두산동아 사전편찬실, 서울: 두산동아.<959쪽. 한국방송통신대 도서관, 호원대 도서관 소장> <1980-01-01(초판)>

1996-00-00. 『목인법 교육 한자 한자어 사전(目印法 敎育漢字漢字語辭典)』, 조한구, 서울: 성심도서(誠心圖書). <410쪽. 광주여대 도서관 소장>

1996-00-00. 『목인법 비서 한자 사전(目印法 秘書漢字辭典)』, 조한구, 서울: 성심도서(誠心圖書). <1,028쪽. 건국대 상허기념도서관, 고려대 세종학술정보원, 명지대 서울도서관, 부경대 도서관 등 소장>

1996-00-00. 『민중 교육 한자 사전(民衆 敎育漢字辭典)』, 민중서관 편집국, 서울: 민중서관(民衆書館). <782쪽. 가천대 중앙도서관, 국민대 성곡도서관, 극동대 도서관, 동국대 중앙도서관, 동아대 도서관 등 소장>

1996-00-00. 『삼성 대옥편(三星大玉篇)』, 윤선량(尹善亮) 편(編), 대구: 삼성문화사(三星文化社). <1,688쪽. 금강대 도서관, 동아대 도서관, 부산대 밀양캠퍼스 나노생명과학도서관, 성균관대 중앙학술정보관 소장>

1996-00-00. 『성문 대옥편(聖文大玉篇)』, 편집부(編輯部) 편(編), 서울: 성문사(聖文社). <최신 개정판. 890+166쪽. 가천대 중앙도서관, 순천대 도서관 등 소장>

1996-00-00. 『수정 증보 명문 신옥편(修正增補 明文新玉篇)』, 김혁제(金赫濟) 저, 서울: 명문당(明文堂). <743+317쪽. 국립중앙도서관, 경상대 도서관, 동아대 도서관 등 소장> <1952-02-28(초판)>

1996-00-00. 『실용 중옥편(實用中玉篇)』, 장삼식(張三植) 편(編), 서울: 교학사(敎學社). <521쪽. 광주여대 도서관 소장>

1996-00-00. 『옥편, 자원 풀이를 겸한 한자 교본 교육부 기초 한자 1800』, 김영배, 서울: 삼지사. <348쪽. 고신대 문헌정보관, 세종대 도

서관, 연세대 학술정보원 소장>

1996-00-00. 『이색 실용 옥편(實用玉篇)』, 유림당 편집부(裕林堂編輯部) 편
(編), 서울: 유한. <342쪽. 가천대 중앙도서관 소장>

1996-00-00. 『자소 사전(字素辭典)(小)』, 금하연·오채금 공저, 서울: 맥한도
(脈漢圖).

1996-00-00. 『(재미있는 그림풀이 컬러판) 논리 한자 사전』, 서울: 제일교
육. <1995-07-25(초판)>

1996-00-00. 『찾기 쉬운 컴퓨터 옥편』, 홍현의(洪顯義)·최규진(崔圭鎭)·장경
수(張景守) 공편저(共編著), 서울: 씨쓰리. <1,148쪽. 이가원(李
家源) 감수(監修). 건국대 상허기념도서관, 경일대 도서관, 남서
울대 도서관, 덕성여대 도서관, 중앙대 서울캠퍼스 중앙도서
관, 호원대 도서관 소장>

1996-00-00. 『최신 국민 대옥편(最新 國民大玉篇)』, 학력개발사 사서부(學力
開發社 辭書部) 편(編), 서울: 학력개발사(學力開發社). <626쪽.
국립중앙도서관 소장>

1996-00-00. 『최신 이상 옥편(最新 理想玉篇)』, 이상사 편집부(理想社編輯
部) 편(編), 서울: 이상사(理想社). <1,197쪽. 청운대 도서관, 호
남대 도서관 소장>

1996-00-00. 『최신 한한 현대 대옥편(最新 漢韓 現代大玉篇)』, 삼성서관 사
서부(三星書館 辭書部) 편저(編著), 서울: 삼성서관(三星書館).
<708쪽. 신라대 도서관 소장>

1996-00-00. 『최신 홍자 옥편(最新弘字玉篇)』, 홍자출판사 편집부(弘字出版
社編輯部) 편(編), 민중서림 편집국(民衆書林編輯局) 수정(修訂),
서울: 민중서림(民衆書林). <대사전. 충북대 도서관 소장>

1996-00-00. 『최신 활용 옥편(最新 活用玉篇)』, 이상사 편집부(理想社編輯
部) 편(編), 서울: 이상사(理想社). <778쪽. 부산대 부산캠퍼스
제1도서관, 전북대 중앙도서관 소장>

1996-00-00. 『한국 한자어 사전(韓國漢字語辭典)』 권3, 단국대학교 동양학
연구소 편(編), 서울: 단국대학교 출판부(檀國大學校出版部).
<1,045쪽. 서울교대 도서관 등 소장>

1996-00-00. 『한일영중 한한 대사전(韓日英中 漢韓大辭典)』, 장삼식(張三植)
저, 서울: 교육도서(敎育圖書).

1996-00-00. 『한자어(漢字語)·한자말 얼른 찾기 사전』, 교학사 편집부 엮음,
서울: 교학사. <200쪽>

1996-00-00. 『한한 가정 대옥편(漢韓 家庭大玉篇)』, 이가원 감수, 서울: 계
몽사. <1,006쪽>

1996-00-00. 『한한 명문 대옥편(漢韓明文大玉篇)』, 김혁제(金赫濟)·김성원(金
星元) 공편저(共編著), 서울: 명문당(明文堂). <2,797쪽. 국립중
앙도서관, 평택대 중앙도서관 소장>

1996-00-00. 『한한 이상 대옥편(漢韓 理想大玉篇)』, 윤희백(尹喜伯) 편저(編
著), 서울: 이상사(理想社). <1,353쪽. 이가원(李家源) 감수. 국립
중앙도서관, 덕성여대 도서관, 목포대 도서관 소장>

1996-00-00. 『한한 최신 실용 옥편(漢韓 最新實用玉篇)』, 이상사 편집부(理
想社 編輯部) 편(編), 서울: 이상사(理想社). <926쪽. 단국대 율
곡기념도서관, 서울과기대 도서관, 순천대 도서관, 영남대 도
서관, 우석대 중앙도서관 소장>

1996-00-00. 「활용 자전(活用字典)」, 『동아 새 국어 사전』, 두산동아 사전편
찬실, 서울: 두산동아. <탁상판. 11+2,616+235쪽. 이기문 감
수. 강원대 도서관, 대구대 도서관, 동아대 도서관 등 소장>
<1989-01-10(초판)>

1997-01-01. 『동아 초등 한자 사전』, 사전편찬실 편(編), 서울: 두산잡지BU.
<704쪽>

1997-01-06. 『최신 홍자 옥편(修正 增補 最新弘字玉篇)』, 홍자출판사 편집부
(弘字出版社編輯部) 편(編), 민중서림 편집국(民衆書林編輯局) 수

정(修訂), 서울: 민중서림(民衆書林). <수정판. 18+941쪽. 국립
중앙도서관, 건국대 중원도서관, 건양대 명곡도서관, 경희대
중앙도서관, 고려대 도서관, 광주대 도서관 등 소장>

1997-01-10.『동아 백년 옥편(東亞 百年玉篇)』, 두산동아 사전편찬실 엮음,
서울: 두산동아. <2,342쪽. 국립중앙도서관, 강릉원주대 중앙
도서관, 건국대 상허기념도서관, 경북대 중앙도서관 등 소장>
<1990-01-10(초판)>

1997-01-10.『동아 새 한한 사전(漢韓辭典)』, 두산동아 사전편찬실 엮음, 서
울: 두산동아. <8쇄. 고려대 중앙도서관, 박형익 교수 등 소
장> <1990-01-10(초판)>

1997-01-10.『동아 한한 중사전(漢韓中辭典)』, 두산동아 사전편찬실, 서울:
두산동아. <이가원(李家源)·임창순(任昌淳) 감수(監修). 대전과
기대, 동신대 중앙도서관, 선문대 중앙도서관, 수원대 도서관,
신구대 도서관, 중앙대 서울캠퍼스 중앙도서관 소장>
<1987-01-10(초판)>

1997-01-10.『동아 현대 한한 사전(現代漢韓辭典)』, 두산동아 사전편찬실,
서울: 두산동아. <17쇄 개정판. 959쪽. 고려대 중앙도서관, 박
형익 교수 소장> <1980-01-01(초판)>

1997-01-10.『동아 현대 활용 옥편(東亞 現代活用玉篇)』, 두산동아 사전편
찬실 엮음, 서울: 두산동아. <856쪽. 건양대 명곡도서관, 광운
대 중앙도서관, 덕성여대 도서관, 세명대 민송도서관, 순천향
대 도서관 소장> <1972-10-15(초판), 1987-02-16(개정판 초판),
1994-01-10(개정 증보 제3판)>

1997-01-10.『한한 대자전(漢韓大字典)』, 민중서관 편집국(民衆書館編輯局)
편(編), 서울: 민중서림(民衆書林). <31쇄. 1,511쪽>

1997-01-10.『한한 최신 이상 옥편(漢韓 最新 理想玉篇)』, 이상사 편집부(理
想社 編輯部) 편(編), 부산: 이상사(理想社). <1,071쪽. 서울과기

대 도서관, 한국방송통신대 도서관 소장>

1997-01-25. 『교학 신일용 옥편(敎學 新日用玉篇)』, 교학사 출판부(敎學社 出版部) 편저(編著), 서울: 교학사(敎學社). <1985-09-15(초판)>

1997-01-25. 『실용 중옥편(實用 中玉篇)』, 장삼식(張三植) 편(編), 서울: 교학 사(敎學社). <13쇄, 521쪽>

1997-01-31. 『DESK 한한 사전』, 운평어문연구소 편(編), 서울: 금성교과서. <3,192쪽>

1997-01-00. 『실용 대옥편(實用大玉篇)』, 장삼식(張三植) 편(編), 서울: 교학 사(敎學社). <1985-06-25(초판)>

1997-02-05. 『찾기 쉬운 컴퓨터 옥편』, 홍현의 외, 서울: 씨쓰리. <1,148쪽. 고려대 중앙도서관 소장>

1997-03-00. 『사전과 옥편을 겸한 최신 활용 삼천 한자(三千漢字)』, 혜원출 판사 편집부 편(編), 서울: 혜원출판사.

1997-04-20. 『실용 한자 사전』, 일신음악연구회, 서울: 일신서적출판사. <154쪽>

1997-04-20. 『실용 한자 사전(實用漢字辭典)』, 조한구, 서울: 목인법한자연 구원(目印法漢字研究院). <637+153쪽. 경북대 상주도서관, 계 원예술대, 공주대 도서관, 광주여대 도서관, 대구대 도서관, 성 균관대 중앙학술정보관 등 소장>

1997-06-01. 『한한 명문 신옥편(漢韓 明文新玉篇)』, 김혁제(金赫濟) 저(著), 서울: 명문당(明文堂). <1쇄. 24+581+126쪽. 16센티미터. 국립 중앙도서관 소장>

1997-07-01. 『수정 증보 명문 신옥편(修正增補 明文新玉篇)』, 김혁제(金赫 濟) 저(著), 서울: 명문당(明文堂). <43판. 743+317쪽. 25,000여 자를 표제자로 선정하였다. 경상대 도서관, 대구교대 도서관, 동아대 도서관, 한국항공대 도서관 소장> <1952-02-28(초판)>

1997-08-10. 『크라운판 한한 대자전(漢韓 大字典)』, 편집부 편(編), 서울: 민

중서림. <2판 1쇄. 전면 개정 증보판. 2,526쪽. 표제자 16,000여
자를 등재하였고, 한자어 3,000여 개를 수록하였다.>

1997-12-30. 『한국 한자어 사전(韓國漢字語辭典)』 2, 단국대 동양학연구소
편(編), 서울: 단국대학교 출판부. <4쇄. 1144쪽>

1997-00-00. 『국한 전초 최신 대옥편(國漢篆草 最新大玉篇)』, 권영달(權寧達)
편(編), 대구: 대영문화사(大榮文化社). <영남대 도서관 소장>

1997-00-00. 『동아 한한 대사전(東亞 漢韓大辭典)』, 두산동아 사전편찬실
엮음, 서울: 두산동아. <92+2,220+112쪽. 이가원(李家源)·권오
순(權五淳)·임창순(任昌淳) 감수(監修). 국립중앙도서관, 경상대
도서관, 남부대 학술정보원, 동신대 중앙도서관 등 소장>
<1982-10-20(초판)>

1997-00-00. 『목인법 사전식 비서 한자(目印法 辭典式 秘書漢字)』, 목인법
한자편찬회, 서울: 성심도서(誠心圖書). <909쪽. 동남보건대 도
서관, 동원대 학술정보센터, 명지대 서울도서관 등 소장>

1997-00-00. 『민중 대옥편』, 민중서원 편집국, 서울: 민중서원.

1997-00-00. 『상용 대옥편(常用大玉篇)』, 유한 편집부(裕翰編輯部) 편(編), 서
울: 유한(裕翰). <1,438쪽. 가천대 중앙도서관, 덕성여대 도서
관, 우석대 중앙도서관 등 소장>

1997-00-00. 『신자전(新字典)』, 조선광문회(朝鮮光文會) 편찬(編纂), 서울: 신
문관(新文舘). <512+31쪽. 동양고전학회 영인본. 영산대 중앙
도서관, 전남대 중앙도서관 소장>

1997-00-00. 『엣센스 기초 한자 사전』, 민중서림 편집국, 서울: 민중서림.

1997-00-00. 『이색 활용 옥편(活用玉篇)』, 외국어교육연구회(外國語敎育硏究
會) 편(編), 서울: 유한. <342쪽. 가천대 중앙도서관 소장>

1997-00-00. 『청암 표준 활용 옥편(青岩 標準活用玉篇)』, 서울: 청암출판사
(青岩出版社). <780쪽. 부산대 밀양캠퍼스 나노생명과학도서관
소장>

1997-00-00. 『최신 한자 대옥편(最新 漢字大玉篇)』, 편집부, 서울: 한국도서 출판중앙회(韓國圖書出版中央會).

1997-00-00. 『최신 한한 강희 대옥편(最新 漢韓 康熙大玉篇)』, 유한편집부 (裕翰編輯部) 편(編), 서울: 유한(裕翰). <767쪽. 가천대 중앙도 서관 소장>

1997-00-00. 『최신 활용 옥편(最新活用玉篇)』, 이상사 편집부(理想社 編輯 部) 편(編), 서울: 이상사(理想社). <2판. 920쪽. 아주대 의학문 헌정보센터 소장>

1997-00-00. 『컴퓨터 활용 옥편(活用玉篇)』, 현대중국학술연구원(現代中國 學術硏究院) 편(編), 서울: 민성사(民聲社). <983쪽. 강릉원주대 중앙도서관, 동아대 도서관, 서울여대 도서관, 청운대 도서관, 홍익대 중앙도서관 등 소장>

1997-00-00. 『표준 활용 옥편(標準 活用玉篇)』, 이상사 편집부 편(編), 서울: 이상사(理想社). <809쪽. 덕성여대 도서관 소장>

1997-00-00. 『한국 한자어 사전(韓國漢字語辭典)』 1~4, 단국대학교 동양학 연구소 편(編), 서울: 단국대학교 출판부. <건국대 상허기념도 서관, 목원대 도서관 등 소장>

1997-00-00. 『한중일영 한한 대사전(韓中日英 漢韓大辭典)』, 장삼식(張三植) 저(著), 서울: 교육출판공사(敎育出版公社). <4+55+1,802+64 쪽. 중판. 고려대 중앙도서관 소장>

1997-00-00. 『한한 대자전(漢韓大字典)』, 민중서림 편집국(民衆書林編輯局) 편(編), 서울: 민중서림(民衆書林). <개정 증보판. 2,526쪽. 국립 중앙도서관, 농촌진흥청 농업과학도서관 소장>

1997-00-00. 『한한영일 대영 최신 옥편(漢韓 英日 大榮 最新玉篇)』, 권영달 (權寧達) 편저, 대구: 대영문화사(大榮文化社). <327쪽. 국립중 앙도서관, 영남대 도서관 소장>

1997-00-00. 「활용 자전(活用字典)」, 『동아 새 국어 사전』, 두산동아 사전편

찬실, 서울: 두산동아. <탁상판. 11+2,616+235쪽. 이기문 감
수. 국회도서관, 서울대 농학도서관 소장> <1989-01-10(초판)>

1998-01-01. 『민중 엣센스 실용 한자 사전(實用漢字辭典)』, 민중서림 편집
국, 서울: 민중서림. <초판. 1,369쪽. 서울대 농학도서관>
<2009-01-10>

1998-01-01. 『신세기 한한 자전(新世紀 漢韓字典)』, 동화사 편집국, 서울:
동화사. <2,752쪽. 『강희자전』의 원칙에 따른 부수별과 획수
순서로 약 18,000여 자를 수록하였다.>

1998-01-01. 『민중 엣센스 실용 한자 사전(實用漢字辭典)』, 민중서림 편집
국, 서울: 민중서림. <초판. 1,369쪽. 4,000여 표제자를 수록하
였다. 서울대 농학도서관 소장> <2009-01-10, 2011-01-10>

1998-01-01. 『한·중·영·일 중국 약자 위주 새 옥편(韓中英日 中國略字爲主 새
玉篇)』, 세세 편집부(世世編輯部) 편(編), 서울: 세세(世世). <재
판. 765쪽. 경희대 국제캠퍼스 도서관, 두원공대 도서관, 순천
대 도서관 소장>

1998-01-01. 『현대 옥편』, 세세출판사 편집부, 서울: 세세. <초판> <2003-
01-01(3판. 704쪽)>

1998-01-10. 『동아 간명 한자어 사전(簡明 漢字語 辭典)』, 두산동아 사서편집
국 엮음, 서울: 두산동아. <1+3+464쪽> <1995-02-15(초판)>

1998-01-10. 『동아 백년 옥편(東亞 百年玉篇)』, 두산동아 사전편찬실 엮음,
서울: 두산동아. <2쇄. 2,342쪽+별책 부록 '자음 색인, 중국 간
체자 표' 132쪽. 국립중앙도서관> <1990-01-10(초판)>

1998-01-10. 『동아 한한 중사전(漢韓中辭典)』, 두산동아 사전편찬실, 서울:
두산동아. <이가원(李家源)·임창순(任昌淳) 감수(監修). 단국대
퇴계기념도서관, 부산대 제1도서관 소장> <1987-01-10(초판)>

1998-01-10. 『동아 현대 한한 사전(現代漢韓辭典)』, 두산동아 사전편찬실,
서울: 두산동아. <1980-01-01(초판)>

1998-01-10. 『동아 현대 활용 옥편(東亞 現代活用玉篇)』, 두산동아 사전편
찬실 엮음, 서울: 두산동아. <개정 증보 제3판. 856쪽. 고려대
의학도서관, 상지대 학술정보원, 서울교대 도서관, 서울대 중
앙도서관, 연세대 학술정보원 등 소장> <1972-10-15(초판),
1987-02-16(개정판 초판), 1994-01-10(개정 증보 제3판)>

1998-01-10. 『최신 활용 옥편(最新活用玉篇) (大)』, 이상사 편집부(理想社編輯
部) 편(編), 서울: 이상사(理想社). <920쪽. 박형익 교수 소장>

1998-01-10. 『한한 대자전(漢韓大字典)』, 민중서관 편집국(民衆書館編輯局)
편(編), 서울: 민중서림(民衆書林). <전면 개정 증보판. 제2판
제2쇄. 2,526쪽. 부산대 부산캠퍼스 제1도서관 소장>

1998-01-10. 「활용 자전(活用字典)」, 『동아 새 국어 사전』, 두산동아 사전편
찬실, 서울: 두산동아. <제3판 탁상판. 11+2,674+242쪽. 이기
문 감수. 서강대 도서관, 침례신학대 도서관, 한림대 도서관
등 소장> <1989-01-10(초판)>

1998-01-25. 『교학 신일용 옥편(敎學 新日用玉篇)』, 교학사 출판부(敎學社
出版部) 편저(編著), 서울: 교학사(敎學社). <1985-09-15(초판)>

1998-01-25. 『청암 표준 활용 옥편(靑岩 標準活用玉篇)(완전 신판)』, 서울:
청암출판사(靑岩出版社). <7판. 780쪽> <1992-01-25(초판)>

1998-01-29. 『실용 대옥편(實用大玉篇)』, 장삼식(張三植) 편(編), 서울: 교학
사(敎學社). <1985-06-25(초판)>

1998-01-00. 『학습 활용 옥편(學習 活用玉篇)(대)』, 이상사 편집부(理想社編
輯部) 편(編), 서울: 이상사(理想社). <8+879쪽. 국립중앙도서관
소장>

1998-01-00. 『학습 활용 옥편(學習 活用玉篇)(소)』, 이상사 편집부(理想社編
輯部) 편(編), 서울: 이상사(理想社). <8+713쪽. 국립중앙도서관
소장>

1998-03-01. 『목인법 교육 한자 사전』, 편집부 편(編), 서울: 성심도서.

<414쪽>

1998-05-01. 『목인법 비서 한자 사전』, 목인법한자편찬위 편(編), 서울: 성심도서. <1,028쪽. 표제자 2,987자를 수록하였다.>

1998-07-00. 『사전과 옥편을 겸한 실용 생활 한자 삼천 한자 교본(三千漢字校本)』, 편집부 편(編), 서울: 혜원출판사.

1998-08-02. 『쉽게 빨리 찾는 8282 한자 사전』, 김광수 편저, 서울: 어문각. <초판. 표제자 7,000여 자를 수록하였다.> <1998-11-01, 2000-00-00, 2002-03-15(5판), 2005-10-20>2002-03-15(5판)>

1998-09-10. 『교학 대한한 사전(教學 大漢韓辭典)』, 대한한사전 편찬실 편(編), 서울: 교학사(教學社). <3,952쪽. 초판. 이가원(李家源)·안병주(安炳周) 감수. 고려대 중앙도서관 소장>

1998-09-15. 『생활 학습 천재 옥편(生活 學習 天才玉篇)』, 광문당(光文堂) 편(編), 서울: 광문당(光文堂). <초판. 포켓판. 239쪽. 45,000자 수록. 국립중앙도서관 소장>

1998-11-01. 『쉽게 빨리 찾는 8282 한자 사전(漢字辭典)』, 김광수, 서울: 어문각(語文閣). <126+1,148쪽. 경북대 중앙도서관, 고려대 도서관, 서울대 중앙도서관 등 소장> <1998-08-02(초판)>

1998-00-00. 『교정 전운 옥편(校訂全韻玉篇)』, 신촌자(愼村子) 교정, 서울: 국립중앙도서관. <마이크로필름 릴 1개. 국립중앙도서관 소장>

1998-00-00. 『금성 대옥편(金星大玉篇)』, 춘원(春園) 저(著), 서울: 금성문화사(金星文化社). <890+225쪽. 유정기(柳正基) 감수(監修). 성균관대 중앙학술정보관 소장>

1998-00-00. 『동아 백년 옥편(東亞 百年玉篇)』, 두산동아 사전 편찬실 엮음, 서울: 두산동아. <2,342쪽+ 별책 부록 '자음 색인, 중국 간체자 표' 132쪽. 국립중앙도서관 소장>

1998-00-00. 『동아 새 한한 사전(漢韓辭典)』, 두산동아 사전편찬실 엮음, 서울: 두산동아. <제2판. 2,432쪽. 국립중앙도서관, 고려대 과학

도서관 소장> <1990-01-10(초판)>

1998-00-00. 『동아 한한 대사전(東亞 漢韓大辭典)』, 두산동아 사전편찬실
엮음, 서울: 두산동아. <92+2,220+112쪽. 이가원(李家源)·권오
순(權五淳)·임창순(任昌淳) 감수(監修). 국립중앙도서관 등 소
징> <1982-10-20(초판)>

1998-00-00. 『동아 현대 활용 옥편(東亞 現代活用玉篇)』, 두산동아 사전편
찬실 엮음, 서울: 동아출판사. <856쪽. 개정 증보 제3판. 고려
대 의학도서관>

1998-00-00. 『민중 활용 옥편(民衆 活用玉篇)』, 민중서림 편집국(民衆書林編
輯局) 편(編), 서울: 민중서림(民衆書林). <6+826쪽. 국립중앙도
서관 소장>

1998-00-00. 『부수 활용 성어 사전(部首活用 成語辭典)』, 유화동(柳化東) 편
저(編著), 서울: 대유학당. <9+993쪽. 경희대 중앙도서관, 연세
대 학술정보원, 인하대 도서관 등 소장>

1998-00-00. 『삼성 대옥편(三星 大玉篇)』, 윤선량(尹善亮) 편(編), 서울: 삼성
문화사(三星文化社).

1998-00-00. 『상용 2000 한자 형음의 원류 자전(漢字 形音義源流字典)』, 이
병관, 서울: 미술문화원(美術文化院). <12+822쪽. 연세대 학술
정보원 소장>

1998-00-00. 『성문 대옥편(聖文大玉篇)』, 춘원(春園) 저, 서울: 성문사(聖文
社). <최신 개정판. 46+890+166쪽. 공주대 도서관, 대림대 도
서관, 성균관대 중앙학술정보관 등 소장>

1998-00-00. 『실용 중옥편(實用 中玉篇)』, 장삼식(張三植) 편(編), 서울: 교학
사(敎學社).

1998-00-00. 『전운옥편·규장전운(全韻玉篇·奎章全韻)』, 대전: 학민문화사(學
民文化社). <490쪽. 영인본. 고려대 도서관, 성균관대 중앙학술
정보관 소장>

1998-00-00. 『정통 한한 새 옥편((正統 漢韓 새 玉篇)』, 한원석(韓元碩) 편
(編), 서울: 법문출판사(法文出版社). <697+243쪽>

1998-00-00. 『중국 약자 위주(中國略字爲主) 현대 옥편』, 세세 편(編), 서울:
세세. <704쪽. 국립중앙도서관 소장>

1998-00-00. 『청암 최신 활용 옥편(完全新版 청암 最新活用玉篇)』, 청암출
판사 편집부(靑岩出版社編輯部) 편(編), 대구: 청암출판사(靑岩
出版社). <완전 신판. 5판. 9+613쪽. 국립중앙도서관 소장>

1998-00-00. 『21세기 한한 대사전』, 동화사 사서부 편(編), 서울: 동화사.
<2,816쪽>

1998-00-00. 『최신 홍자 옥편(最新弘字玉篇)』, 홍자출판사 편집부(弘字出版
社編輯部) 편(編), 민중서림 편집국(民衆書林編輯局) 수정(修訂),
서울: 민중서림(民衆書林). <수정판. 18+941쪽. 고려대 중앙도
서관 소장>

1998-00-00. 『최신판 활용 대옥편:한한 사전(最新版 活用 大玉篇:漢韓辭典)』,
유한 사서 편집부(裕翰 辭書編輯部) 편(編), 서울: 유한(裕翰).
<1,438쪽. 국립중앙도서관 소장>

1998-00-00. 『한한 최신 이상 옥편(漢韓 最新理想玉篇)』, 편집부(編輯部) 편
저, 대구: 이상사(理想社). <1,071쪽. 이가원 감수. 국립중앙도
서관 소장>

1998-00-00. 『홍자 현대 옥편(弘字 現代玉篇)』, 민중서림 편집부, 서울: 민
중서림.

1998-00-00. 『홍자 활용 옥편(弘字活用玉篇)』, 홍자출판사 편집부(弘字出版
社 編輯部) 편(編), 서울: 민중서림(民衆書林). <528+110쪽. 국
립중앙도서관 소장>

1998-00-00. 『DESK 한한 사전(漢韓辭典)』, 운평어문연구소, 서울: 금성출판사.

1998-00-00. 『Ver 1.5 Easy 전자 옥편·게임』, 서울: 유진정보기술. <컴퓨터
디스크 1장. 한국외대 서울도서관, 홍익대 문정도서관 소장>

1999-01-01. 『동아 신활용 옥편(新活用玉篇)』, 편집부 편(編), 서울: 두산동
　　　　　 아. <2009-01-10(2판. 728쪽)>

1999-01-01. 『민중 활용 옥편(民衆 活用玉篇)』, 민중서림 편집국(民衆書林編
　　　　　 輯局) 편(編), 서울: 민중서림(民衆書林). <초판. 6+826쪽. 국립
　　　　　 중앙도서관 소장> <2006-01-10>

1999-01-01. 『실용 대옥편(實用大玉篇)』, 장삼식(張三植) 편(編), 서울: 교학
　　　　　 사(敎學社). <1985-06-25(초판)>

1999-01-01. 『실용 한자 중사전』, 편집부 편(編), 서울: 교학사.

1999-01-01. 『최신 홍자 옥편(最新弘字玉篇)』, 편집부 편(編), 서울: 민중서
　　　　　 림. <초판. 『강희자전』을 토대로 20,000여 표제자를 수록하였
　　　　　 다.> <2011-01-10(941쪽)>

1999-01-01. 『최신 활용 옥편』, 편집부 편(編), 서울: 민성사(民聲社). <792쪽>

1999-01-01. 『컴퓨터 활용 옥편(活用玉篇)』, 현대 중국 학술 연구원(現代中
　　　　　 國學術研究員) 편(編), 서울: 민성사(民聲社). <초판. 983쪽. 국
　　　　　 립중앙도서관 소장> <2005-01-15(13판. 984쪽)>

1999-01-01. 『한한 대자전(漢韓大字典)』, 동화사 편집국, 서울: 동화사.
　　　　　 <2,816쪽. 『강희자전』의 원칙에 따라 18,000여 자를 표제자로
　　　　　 선정하였다.>

1999-01-01. 『홍자 옥편(소)』, 편집부 편(編), 서울: 홍자출판사. <168쪽>

1999-01-05. 『21세기 한한 대자전(漢韓大字典)』, 동화사 사서부 편(編), 서
　　　　　 울: 동화사(東和社). <2,816쪽. 가죽 표지. 탁상판. 국립중앙도
　　　　　 서관 소장>

1999-01-10. 『동아 백년 옥편(東亞 百年玉篇)』, 두산동아 사서편집국 엮음,
　　　　　 서울: 두산동아. <1990-01-10(초판)>

1999-01-10. 『동아 신활용 옥편(동아 新活用玉篇)』, 두산동아 사서편집국
　　　　　 엮음, 서울: 두산동아. <2판 1쇄?> <1975-01-15(초판)>

1999-01-10. 『동아 한한 대사전(東亞 漢韓大辭典)』, 두산동아 사전편찬실

엮음, 서울: 두산동아. <15쇄. 이가원(李家源), 권오순(權五恂), 임창순(任昌淳) 감수(監修). 엮은이는 (주)두산 출판 BG이다. 국립중앙도서관, 백석예대 백석학술정보관, 부산교대 도서관, 서울교대 도서관, 서울여대 도서관, 선문대 중앙도서관 소장>

1999-01-10. 『동아 현대 활용 옥편(東亞 現代活用玉篇)』, 두산동아 사서편집국 엮음, 서울: 두산동아. <제3판. 856쪽. 국립중앙도서관 등 소장> <1972-10-15(초판), 1987-02-16(개정판 초판), 1994-01-10(개정 증보 제3판)>

1999-01-10. 『민중 포켓 한자 사전(民衆 포켓 漢字辭典)』, 민중서관 편집국(民衆書館 編輯局) 편(編), 서울: 민중서관(民衆書館). <초판 29쇄> <1973-02-05(초판)>

1999-01-10. 『최신 홍자 옥편(修正 增補 最新弘字玉篇)』, 홍자출판사 편집부(弘字出版社編輯部) 편(編), 민중서림 편집국(民衆書林編輯局) 수정(修訂), 서울: 민중서림(民衆書林). <대판>

1999-01-10. 『학습 활용 옥편』, 편집부 편(編), 서울: 이상사. <초판> <2006-01-10(?판. 880쪽. 8,500여 자를 표제자로 수록하였다.)>

1999-01-10. 『한한 최신 실용 옥편(漢韓 最新實用玉篇)』, 편집부 편(編), 서울: 이상사(理想社). <개정 신판. 1,020쪽. 『한한 상용 정해 옥편(漢韓 常用正解玉篇)』(이상사 편집부, 1967)을 정정하고 보강한 것이다. 약 3만 자의 표제자를 수록하였다. 가톨릭대 중앙도서관, 서울대 중앙도서관 소장>

1999-01-15. 『수정 증보 강희 대옥편』, 춘원, 서울: 유한. <890쪽>

1999-01-20. 『최신 한한 현대 옥편(最新 漢韓 現代玉篇)』, 삼성서관 편집부(三星書館編輯部) 편(編), 서울: 삼성서관(三星書館). <개정 신판. 29+633쪽. 경북대 중앙도서관, 고려대 세종학술정보원, 대전과기대, 중앙대 안성도서관, 충북대 도서관, 한국교원대 도서관 등 소장>

1999-01-25. 『교학 신일용 옥편(敎學 新日用玉篇)』, 교학사 출판부(敎學社 出版部) 편저(編著), 서울: 교학사(敎學社). <11쇄> <1985-09-15(초판)>

1999-01-25. 『최신 명문 신옥편(最新 明文新玉篇)』, 김혁제(金赫濟) 저(著), 서울: 명문당(明文堂). <1쇄. 3+24+743+266쪽. 강원대 도서관, 건국대 중원도서관, 동아대 도서관, 동양대 중앙도시관, 충남대 도서관 소장>

1999-01-25. 『최신 활용 대옥편』, 편집부, 서울: 신원문화사. <1,540쪽>

1999-01-30. 『실용 중옥편(實用 中玉篇)』, 장삼식(張三植) 편(編), 서울: 교학사(敎學社).

1999-01-00. 『기초 옥편(基礎玉篇)』, 금성교과서 편집부 편(編), 서울: 금성교과서.

1999-02-26. 『우리글 桓字 옥편』, 김금돈(金昑燉) 편(編), 서울: 보경문화사(保景文化社). <313쪽. 국립중앙도서관, 건국대 중원도서관, 경상대 도서관, 단국대 퇴계기념도서관, 대구한의대 학술정보관, 부경대 도서관, 서강대 도서관 등 소장>

1999-02-28. 『최신 한한 강희옥편(最新漢韓康熙玉篇)』, 유림당 편집부 편(編), 서울: 유림당. <767쪽>

1999-03-25. 『한한 대사전(漢韓大辭典)』 1, 단국대학교(檀國大學校) 동양학연구소(東洋學硏究所) 편찬, 서울: 단국대학교 출판부(檀國大學校出版部). <전16권>

1999-04-10. 『다용도 한자 편마 사전』, 편집부, 서울: 대외투자개발원. <322쪽>

1999-04-21. 『엣센스 한자 사전(漢字辭典)(실용 옥편(實用玉篇))』, 민중서림 편집국 편(編), 서울: 민중서림(民衆書林). <2,447쪽. 가톨릭관동대 중앙도서관, 가톨릭대 중앙도서관, 강남대 도서관, 건양대 명곡도서관, 경기대 중앙도서관, 경북대 중앙도서관, 서울대 사회과학도서관 등 소장> <2004-01-10(초판 6쇄. 2,447쪽.

판권지에는 초판 발행일이 1999년 3월 25일로 되어 있다.),
2005-00-00, 2009-01-10, 2011-01-10>

1999-05-00. 『최신 개정판(最新 改訂版) 성문 대옥편(聖文 大玉篇)』, 춘원(春園) 저, 서울: 성문사(聖文社).

1999-06-15. 『기본 학습 옥편』, 학습한자연구회 편(編), 서울: 민중출판사. <242쪽>

1999-07-00. 『컴퓨터 활용 옥편』, 현대중국학술연구원, 서울: 민성사. <983쪽> <1992-07-00(초판)>

1999-08-00. 『엣센스 옥편』, 엣센스 편집 위원회 편(編), 서울: 한국사전연구원.

1999-10-10. 『표준 활용 옥편(標準 活用玉篇)』, 편집부, 서울: 이상사. <초판. 국립중앙도서관 소장> <2006-01-10(888쪽)>

1999-12-31. 『한한 대사전(漢韓大辭典)』 2, 6, 단국대학교 부설 동양학연구소 편찬, 서울: 단국대학교 출판부(檀國大學校出版部). <3+1,360쪽. 고려대 중앙도서관, 농촌진흥청 농업과학도서관 소장>

1999-00-00. 『강희 대옥편(康熙大玉篇)』, 춘원, 서울: 유한.

1999-00-00. 『국한전초(國漢篆草) 최신 대옥편(最新大玉篇)』, 권영달(權寧達) 편(編), 서울: 혜원출판사(惠園出版社). <홍익대 문정도서관 소장>

1999-00-00. 『동아 새 한한 사전(漢韓辭典)』, 두산동아 사전편찬실 엮음, 서울: 두산동아. <국립중앙도서관 소장> <1990-01-10(초판)>

1999-00-00. 『동아 초등 한자 사전』, 두산동아 사전편찬실 편(編), 서울: 두산동아. <704쪽. 한국교원대 도서관 소장>

1999-00-00. 『동아 한한 대사전(東亞 漢韓大辭典)』, 두산동아 사전편찬실 엮음, 서울: 두산동아. <92+2,220+112쪽. 이가원(李家源)·권오순(權五淳)·임창순(任昌淳) 감수(監修). 국립중앙도서관, 부산교대 도서관, 서울교대 도서관 등 소장> <1982-10-20(초판)>

1999-00-00. 『동아 현대 활용 옥편(東亞 現代活用玉篇)』, 두산동아 사서편집국

엮음, 서울: 동아출판사. <제3판. 855쪽. 국립중앙도서관 소장>

1999-00-00. 『민중 대옥편(民衆大王篇)』, 윤선량(尹善亮) 편(編), 서울: 민중서원(民衆書院). <1,373쪽. 강원대 도서관, 경희대 중앙도서관, 계명대 동산도서관, 금오공대 도서관, 영남대 도서관 등 소장>

1999-00-00. 『삼익 활용 옥편(三益 活用玉篇)』, 이상사 편집부, 서울: 이상사.

1999-00-00. 『새 자전』, 박찬주, 서울: 세보.

1999-00-00. 『세계화 시대와 함께 가는 한중영일 리더스 한자 사전(世界化 時代와 함께 가는 韓中英日 Leader's 漢字 辭典)』, 임광애 편(編), 서울: 한중문화원(韓中文化院). <1,309쪽. 강원대 도서관, 경남대 중앙도서관, 대구대 도서관, 서강대 도서관 등 소장>

1999-00-00. 『신세기 한한 자전(漢韓字典)』, 동화사서부 엮음, 서울: 동화사. <2,752쪽. 국립중앙도서관 소장>

1999-00-00. 『신일용 옥편(新日用玉篇)』, 교학사 편집부, 서울: 교학사.

1999-00-00. 『옥편과 국어 사전을 겸한 신비법 오체 한자(新秘法五體漢字)』, 현대중국학술연구회 편(編), 서울: 민성사(民聲社). <350쪽. 강원대 도서관, 경성대 도서관, 경희대 중앙도서관, 단국대 퇴계기념도서관, 덕성여대 도서관, 순천향대 도서관 등 소장>

1999-00-00. 『옥편을 겸한 국내 최다 서도 한자 신서도 자전(玉篇을 兼한 國內 最多 書道 漢字 新書道字典)』, 서도자전연구회(書道字典硏究會), 서울: 명문당(明文堂). <1,078+58쪽. 경희대 중앙도서관, 상명대 천안도서관, 세종대 도서관, 전남대 중앙도서관 소장>

1999-00-00. 『전자 옥편 2000』, 서울: 스타소프트웨어. <디스크 1장. 이화여대 도서관 소장>

1999-00-00. 『최신 실용 대옥편(最新實用大玉篇)』, 편집부 엮음, 서울: 신원문화사. <1,539쪽. 국립중앙도서관, 경상대 도서관, 성균관대 삼성학술정보관, 연세대 학술정보원, 창원대 도서관 소장>

1999-00-00. 『최신 활용 대자전(最新 活用大字典)』, 신원문화사 편집부 엮

음, 서울: 신원문화사. <1,539쪽. 국립중앙도서관, 경상대 도서관, 성균관대 삼성학술정보관, 연세대 학술정보원, 창원대 도서관 소장>

1999-00-00. 『표준 활용 옥편(標準 活用玉篇)』, 이상사 편집부(理想社 編輯部) 엮음, 서울: 이상사(理想社). <888쪽. 국립중앙도서관, 경북대 중앙도서관, 제주대 중앙도서관, 홍익대 문정도서관 소장>

1999-00-00. 『학습 활용 옥편(學習 活用玉篇)』, 편집부(編輯部) 편(編), 서울: 이상사(理想社). <880쪽. 국립중앙도서관 소장>

1999-00-00. 『한자 학습을 겸한 교육 한자 사전』, 조인구, 서울: 목인법한자연구원. <414쪽. 고려대 세종학술정보원, 남서울대 도서관, 명지대 서울도서관, 부산교대 도서관 등 소장>

1999-00-00. 『한·중·영·일 중국 약자 위주 새 옥편(韓中英日 中國略字爲主 새 玉篇)』, 세세출판사 편집부 편저, 서울: 세세(世世). <수정판. 16+765쪽. 국립중앙도서관 소장>

1999-00-00. 『한한 대자전(漢韓大字典)』, 민중서림 편집국(民衆書林編輯局) 편(編), 서울: 민중서림(民衆書林). <개정 증보판. 2판 3쇄. 2,526쪽. 국립중앙도서관 소장>

1999-00-00. 『한한 이상 대옥편(漢韓 理想 大玉篇)』, 이상사 편집부, 서울: 이상사.

1999-00-00. 『한한영일(漢韓英日) 동아 대옥편(東亞大玉篇)』, 좌우명 편집부(座右銘編輯部) 편(編), 시흥: 대경출판사(大經出版社). <604쪽. 가천대 중앙도서관, 공주대 도서관, 광운대 중앙도서관, 대구대 도서관, 우석대 중앙도서관 등 소장>

1999-00-00. 「활용 자전(活用字典)」, 『동아 새 국어 사전』, 두산동아 사서편집국 엮음, 서울: 두산동아. <4판. 탁상판. 12+2,833+자전 242쪽. 이기문 감수. 고려대 도서관, 신라대 도서관 등 소장> <1989-01-10(초판)>

2000-01-01. 『신이상 활용 옥편(新理想活用玉篇)』, 편집부 엮음, 서울: 이상사. <1,000쪽. 국립중앙도서관 소장>

2000-01-05. 『재미있게 만화로 엮은 기초 한자 사전』, 동화사 편집국, 서울: 동화사. <560쪽. 교육부가 지정한 중학교 교육용 기초 한자 중에서 560자를 표제자로 선정하였다. 건국대 중원도서관 소장>

2000-01-10. 『재미있는 그림풀이 컬러판 밀레니엄 논리 한자 사전』, 제일교육 편(編), 서울: 민중서관. <민중판 초판. 703쪽. 강원대 도서관, 제주대 중앙도서관 등 소장> <2006-01-10(703쪽)>

2000-01-10. 『동아 백년 옥편(東亞 百年玉篇)』, 두산동아 사서편집국 엮음, 서울: 두산동아. <2,432+132쪽. 국립중앙도서관, 대구대 도서관, 한국전통문화대 학술정보관 소장> <1990-01-10(초판)>

2000-01-10. 『동아 신활용 옥편(동아 新活用玉篇)』, 두산동아 사서편집국 엮음, 서울: 두산동아. <제2판 4쇄. 8+728쪽. 박형익 교수 소장> <1975-01-15(초판)>

2000-01-10. 『동아 한한 대사전(東亞 漢韓大辭典)』, 두산동아 사전편찬실 엮음, 서울: 두산동아. <15쇄. 이가원(李家源), 권오순(權五淳), 임창순(任昌淳) 감수(監修). 엮은이는 (주)두산 출판 BG이다. 서강대 도서관, 서울대 중앙도서관, 세종대 도서관, 수원대 도서관, 신구대 도서관, 영남대 도서관 등 소장> <1982-10-20(초판)>

2000-01-10. 『동아 현대 활용 옥편(東亞 現代活用玉篇)』, 두산동아 사서편집국, 서울: 두산동아. <제3판> <1972-10-15(초판), 1987-02-16(개정판 초판), 1994-01-10(개정 증보 제3판)>

2000-01-10. 『최신 활용 옥편(最新 活用 玉篇)』, 편집부, 서울: 이상사. <초판> <2005-01-10(개정 신판. 1,066쪽. 이가원 감수. 8,500여 표제자를 선정하였다.)>

2000-01-10. 『한한 대자전(漢韓大字典)』, 민중서림 편집국(民衆書林編輯局)

편(編), 서울: 민중서림(民衆書林). <제2판 제4쇄>

2000-01-15. 『리더스 한자 사전』, 임광애 편(編), 서울: 한중문화원. <1,310쪽>

2000-01-20. 『최신판 현대 실용 옥편(最新版 現代 實用玉篇)』, 편집부, 서울: 윤미디어. <초판. 615쪽. 건국대 중원도서관, 부경대 도서관, 서울시립대 도서관, 세종대 도서관, 중앙대 서울캠퍼스 중앙 도서관, 한양대 중앙도서관 등 소장>

2000-01-20. 『현대 활용 옥편(現代 活用 玉篇)』, 윤미디어 편(編), 서울: 윤미디어. <초판. 495쪽. 국립중앙도서관, 경북대 중앙도서관, 서울 과기대 도서관, 성신여대 도서관 소장> <2004-01-20>

2000-01-25. 『교육 한자 사전』, 김광수 편저, 서울: 어문각. <813쪽. 경북대 중앙도서관, 경성대 도서관, 고려대 도서관, 남서울대 도서관 등 소장>

2000-01-25. 『학생 한자 사전』, 김광수, 서울: 어문각. <초판> <2001-08-15(814 쪽)>

2000-01-30. 『민중 대옥편』, 윤선량, 서울: 민중서원.

2000-01-30. 『실용 대옥편(實用大玉篇)』, 장삼식(張三植) 편(編), 서울: 교학 사(教學社). <15쇄> <1985-06-25(초판)>

2000-01-30. 『실용 한자 소사전(實用漢字小辭典)』, 장삼식(張三植) 편(編), 서울: 교학사(教學社). <13쇄. 578쪽> <1985-04-25(초판)>

2000-01-00. 『실용 중옥편(實用 中玉篇)』, 장삼식(張三植) 편(編), 서울: 교학 사(教學社).

2000-01-00. 『홍자 현대 옥편(弘字 現代玉篇)』, 민중서림 편집부, 서울 ; 민중서림.

2000-04-00. 『옥편 수첩(玉篇手帖)』, 노부강(盧富江) 편저, 서울: 퀸출판사. <135쪽. 국립중앙도서관 소장>

2000-07-00. 『민중 대옥편』, 민중서원 편집부 편(編), 서울: 민중서원.

2000-08-31. 『한한 대사전(漢韓大辭典)』 1~5, 단국대학교 동양학연구소 편

(編), 서울: 단국대학교 출판부(檀國大學校出版部). <1,440쪽. 농촌진흥청 농업과학도서관 등 소장>

2000-09-15. 『옥편 수첩』, 편집부, 서울: 퀸 출판사. <2006-01-15(3판. 128쪽)>

2000-10-13. 『교학 신일용 옥편(敎學 新日用玉篇)』, 교학사 출판부(敎學社 出版部) 편저(編著), 서울: 교학사(敎學社). <12쇄> <1985-09-15(초판)>

2000-11-01. 『상용 활용 옥편(常用 活用玉篇)』, 이가원 감수, 서울: 이상사. <초판> <2006-01-10(640쪽)>

2000-11-00. 『한글세대를 위한 가나다 옥편』, 넥서스 사전편찬위원회 편(編), 서울: 넥서스. <476쪽. 국립중앙도서관, 건국대 중원도서관, 서울대 중앙도서관 소장>

2000-00-00. 『강희 대옥편(康熙大玉篇)』, 춘원(春園) 저(著), 서울: 유한(裕翰). <수정 증보판. 890쪽. 건국대 중원도서관, 한국관광대 중앙도서관 소장>

2000-00-00. 『국한 전초 최신 옥편(國漢篆草 最新玉篇)』, 혜원출판사 편집부, 서울: 혜원출판사.

2000-00-00. 『규장전운·전운옥편(奎章全韻·全韻玉篇)』, 강신항 편(編), 서울: 박이정. <484쪽. 영인본. 단국대 율곡기념도서관, 부산대 부산캠퍼스 제1도서관 소장>

2000-00-00. 『동아 백년 옥편(東亞 百年玉篇)』, 두산동아 사서 편집국 엮음, 서울: 두산동아. <2,432쪽. 국립중앙도서관>

2000-00-00. 『동아 새 한한 사전(漢韓辭典)』, 두산동아 사전편찬실 엮음, 서울: 두산동아. <건국대 상허기념도서관, 경기대 중앙도서관, 경북대 중앙도서관 등 소장> <1990-01-10(초판)>

2000-00-00. 『동아 현대 활용 옥편(現代活用玉篇)』, 두산동아 편집부, 서울: 두산동아.

2000-00-00. 『만자 옥편(萬字玉篇)』, 김춘모 편저, 서울: 세세.

2000-00-00. 『민중 엣센스 실용 한자 사전(民衆 엣센스 實用 漢字辭典)』, 민

중서림 편(編), 서울: 민중서림(民衆書林). <1,369쪽. 농촌진흥
청 농업과학도서관 소장>

2000-00-00.『밀레니엄 논리 한자 사전』, 제일교육, 서울: 민중서관. <703
쪽. 건국대 중원도서관, 경희대 중앙도서관, 부산교대 도서관,
홍익대 중앙도서관 등 소장>

2000-00-00.『수정 증보 명문 신옥편(修正增補 明文新玉篇)』, 김혁제(金赫
濟) 저(著), 서울: 명문당(明文堂). <1952-02-28(초판)>

2000-00-00.『쉽게 빨리 찾는 8282 한자 사전(漢字辭典)』, 김광수 편저, 서
울: 어문각(語文閣). <126+1,148쪽. 한국전통문화대 학술정보
관 소장> <1998-08-02(초판)>

2000-00-00.『실용 중옥편(實用中玉篇)』, 장삼식(張三植) 편(編), 서울: 교학사
(教學社). <16+44+895+53쪽. 고려대 중앙도서관> <1985-02-
25(초판)>

2000-00-00.『실용 한문 단어집』, 길시균(吉時均) 저(著), 서울: 시간과 공간
사. <257쪽. 국립중앙도서관, 남서울대 도서관, 대구대 도서관,
충북대 도서관 소장>

2000-00-00.『최신 실용 대옥편(最新實用大玉篇)』, 박해근, 서울: 혜원출판사.

2000-00-00.『최신 이상 옥편(最新理想玉篇)』, 이상사 편집부 엮음, 서울:
이상사. <1,071쪽. 이가원 감수. 부산대 밀양캠퍼스 나노생명
과학도서관 소장>

2000-00-00.『최신 홍자 옥편(修正 增補 最新弘字玉篇)』, 홍자출판사 편집
부(弘字出版社編輯部) 편(編), 민중서림 편집국(民衆書林編輯局)
수정(修訂), 서울: 민중서림(民衆書林). <18+941쪽. 동의대 중
앙도서관 소장>

2000-00-00.『포켓판 신일용 옥편(新日用玉篇)』, 교학사 편집부, 서울: 교학사.

2000-00-00.『한한 명문 신옥편(漢韓 明文新玉篇)』, 김혁제(金赫濟) 저(著),
서울: 명문당(明文堂).

2000-00-00. 『한한 사전 최신판 활용 대옥편(漢韓辭典 最新版 活用 大玉篇)』, 유한 사서 편집부(裕翰辭書編輯部) 편(編), 서울: 유한(裕翰). <1,373쪽. 경남대 중앙도서관, 경상대 도서관, 경성대 도서관, 공주대 도서관, 동아대 도서관, 부산대 부산캠퍼스 제1도서관 소장>

2000-00-00. 『한한 숭문 대옥편(漢韓 崇文大玉篇)』, 숭문사서편집부(崇文辭書編輯部) 편(編), 서울: 숭문사(崇文社). <1,373쪽. 전북대 중앙도서관 소장>

2000-00-00. 『현대 활용 옥편(現代 活用玉篇)』, 이상사 편집부(理想社 編輯部) 편(編), 서울: 이상사(理想社). <6+599쪽. 고신대 문헌정보관, 동명대 중앙도서관, 부산대 부산캠퍼스 제1도서관, 연세대 학술정보원 소장>

2000-00-00. 『혜원 한한 최신 실용 대옥편(最新實用大玉篇)』, 박해근(朴海根) 편서(編書), 서울: 혜원출판사(惠園出版社). <1,024쪽. 전남대 중앙도서관, 한양대 중앙도서관, 홍익대 중앙도서관 소장>

2000-00-00. 「활용 옥편」, 『새 국어 대사전』, 서울: 유한. <1,180쪽. 이숭녕 감수. 우석대 중앙도서관, 전북대 중앙도서관 소장>

2001-01-10. 『동아 간명 한자어 사전(簡明 漢字語 辭典)』, 두산동아 사서편집국 엮음, 서울: 두산동아. <1+3+464쪽> <1995-02-15(초판)>

2001-01-10. 『동아 백년 옥편(東亞 百年玉篇)』, 두산동아 사서편집국 엮음, 서울: 두산동아. <제2판. 탁상판. 2,432+별책 부록 132쪽. 경성대 도서관, 고려대 세종학술정보원, 공주교대 도서관, 국민대 성곡도서관, 대구교대 도서관, 대구대 도서관 등 소장> <1990-01-10(초판)>

2001-01-10. 『동아 새 한한 사전(漢韓辭典)』, 두산동아 사전편찬실 엮음, 서울: 두산동아. <제2판. 2,432쪽> <1990-01-10(초판)>

2001-01-10. 『동아 신활용 옥편(동아 新活用玉篇)』, 두산동아 사서편집국

엮음, 서울: 두산동아. <제2판 5쇄> <1975-01-15(초판)>

2001-01-10. 『동아 한자 입문 사전(漢字入門辭典)』, 두산동아 사서편집국 엮음, 서울: 두산동아. <704쪽. 성신여대 도서관, 순천향대 도서관, 전남대 중앙도서관 소장> <1996-01-31(초판)>

2001-01-10. 『동아 현대 활용 옥편(東亞 現代活用玉篇)』, 두산동아 사서편집국, 서울: 두산동아. <제4판 초판. 6+952쪽. 7,000여 개의 표제자와 30,000여 개의 한자어를 수록하였다. 중앙대 안성캠퍼스 중앙도서관 소장> <1972-10-15(초판), 1987-02-16(개정판 초판), 1994-01-10(개정 증보 제3판)>

2001-01-10. 『수정 증보 명문 신옥편(修正增補 明文新玉篇)』, 김혁제(金赫濟) 저(著), 서울: 명문당(明文堂). <1952-02-28(초판)>

2001-01-10. 『이상 활용 옥편』, 편집부, 서울: 이상사. <380쪽>

2001-01-10. 『최신 활용 옥편』, 편집부, 서울: 이상사(理想社). <개정 신판>

2001-01-10. 『한한 최신 실용 옥편(소)』, 최종주, 서울: 이상사. <1,020쪽>

2001-01-10. 『홍자 실용 옥편』, 홍자출판사 편집부, 서울: 홍자출판사. <초판> <2005-01-10(518쪽)>

2001-01-10. 『홍자 현대 옥편(대)』, 홍자출판사 편집부, 서울: 민중서림. <초판. 704쪽>

2001-01-10. 『홍자 현대 옥편(소)』, 홍자출판사 편집부, 서울: 민중서림. <초판> <2006-01-10(428쪽)>

2001-01-10. 『홍자 활용 옥편』, 홍자출판사 편집부, 서울: 홍자출판사. <638쪽>

2001-01-10. 「활용 자전(活用字典)」, 『동아 새 국어 사전』, 두산동아 사서편집국 엮음, 서울: 두산동아. <4판 2쇄. 탁상판. 12+2,833+자전 242쪽. 이기문 감수. 판권지에는 초판 발행일이 1990년 1월 10일로 되어 있다. 국립중앙도서관, 박형익 교수 등 소장> <1989-01-10(초판)>

2001-01-25. 『교학 신일용 옥편(教學 新日用玉篇)』, 교학사 출판부(教學社
          出版部) 편저(編著), 서울: 교학사(教學社). <13쇄. 6+680쪽. 가
          천대 중앙도서관, 강원대 도서관, 경북대 중앙도서관, 광주여
          대 도서관, 덕성여대 도서관, 백석대 서울도서관 등 소장>
          <1985-09-15(초판)>

2001-01-25. 『실용 대옥편(實用大玉篇)(축소판)』, 장삼식(張三植) 편(編), 서
          울: 교학사(教學社). <16쇄> <1985-06-25(초판)>

2001-01-31. 『실용 중옥편(實用 中玉篇)』, 장삼식(張三植) 편(編), 서울: 교학
          사(教學社). <521쪽>

2001-01-31. 『동아 새 한한 사전』, 두산동아 편집부 편(編), 서울: 두산동아.
          <제2판>

2001-01-00. 『실용 중옥편(實用中玉篇)』, 교학사 편집부 편(編), 서울: 교학사.

2001-01-00. 『최신 홍자 옥편(修正 增補 最新弘字玉篇)』, 홍자출판사 편집
          부(弘字出版社編輯部) 편(編), 민중서림 편집국(民衆書林編輯局)
          수정(修訂), 서울: 민중서림(民衆書林). <소판> <2008-01-10(중
          쇄본)>

2001-01-00. 『한·중·영·일 중국 약자 위주 현대 옥편(韓中英日 中國略字爲主
          現代玉篇)』, 세세 편집부 편(編), 서울: 세세. <16+704쪽. 서울
          여대 도서관 소장>

2001-01-00. 『한한 최신 표준 옥편(漢韓 最新標準玉篇)』, 이상사 편집부 편
          (編), 서울: 이상사.

2001-01-00. 『현대 활용 옥편(現代 活用玉篇)』, 편집부, 서울: 윤미디어.

2001-04-18. 『컴퓨터 한자 사전』, 김형곤 편(編), 서울: 한자연구원(漢字研究
          院). <395쪽. 16,000자를 수록한 시디롬 1장 별첨. 강원대 도서
          관, 경기대 중앙도서관, 경북대 중앙도서관, 공주교대 도서관
          등 소장>

2001-08-01. 『포켓 옥편(玉篇)』, 편집부, 서울: 명선미디어. <172쪽>

2001-08-10. 『한한 대자전(漢韓大字典)』, 민중서림 편집국(民衆書林編輯局) 편(編), 서울: 민중서림(民衆書林).

2001-08-15. 『이지 한자 사전(易知漢字辭典)』, 조한구 편저, 서울: 대교. <870쪽. 부경대 도서관 소장>

2001-08-31. 『한한 대사전(漢韓大辭典)』 4, 단국대학교 동양학연구소 편찬, 서울: 단국대학교 출판부(檀國大學校出版部). <13+1,330쪽. 고려대 중앙도서관>

2001-10-05. 『최신 만자 옥편(最新 萬字玉篇)』, 편집부 엮음, 서울: 이상사(理想社). <528쪽. 광운대 중앙도서관, 홍익대 중앙도서관 소장>

2001-10-31. 『교학 한한 사전(敎學 漢韓辭典)』, 대한한 사전 편찬실(大漢韓辭典編纂室) 편(編), 서울: 교학사(敎學社). <2+4+76+2,604쪽. 국립중앙도서관, 고려대 세종학술정보원 소장> <2010-01-25(6쇄)>

2001-12-20. 『어린이 첫 그림 한자 사전』, 편집부, 서울: 글송이. <408쪽. 유아를 위한 그림 한자 사전으로 108여 자를 수록하였다.>

2001-00-00. 『10초에 찾을 수 있는 도미노 옥편(玉篇)』, 장래준 편(編), 울산: 필리아 출판인쇄사. <354쪽. 국립중앙도서관, 건국대 상허기념도서관, 단국대 퇴계기념도서관 소장>

2001-00-00. 『가나다 옥편(玉篇)』, 넥서스 사전 편찬 위원회, 서울: 넥서스.

2001-00-00. 『강희 대옥편(康熙大玉篇)』, 춘원(春園) 저(著), 서울: 유한(裕翰). <수정 증보판. 890쪽. 상명대 서울도서관, 한국전통문화대 학술정보관, 홍익대 문정도서관 소장>

2001-00-00. 『국한일영 상용 한자 사전(國漢日英 常用漢字辭典)』, 홍자출판사 편집부(弘字出版社編輯部) 편(編), 서울: 민중서림(民衆書林). <771쪽. 동아대 도서관, 부경대 도서관, 서울여대 도서관, 전남대 중앙도서관 등 소장>

2001-00-00. 『뉴에이스 한한 사전(漢韓辭典)』, 운평어문연구소, 서울: 금성교과서.

2001-00-00. 『동아 현대 한한 사전(現代 漢韓辭典)』, 두산동아 사서편집국, 서울: 두산동아. <4판> <1980-01-01(초판)>

2001-00-00. 『리더스 한자 사전(漢字辭典)』, 임광애 편(編), 서울: 한중문화원.

2001-00-00. 『민중 활용 옥편(民衆活用玉篇)』, 민중서림 편집국(民衆書林編輯局) 편(編), 서울: 민중서림(民衆書林). <6+826쪽. 가천대 중앙도서관, 강원대 삼척도서관, 건국대 상허기념도서관, 경상대 도서관, 경성대 도서관, 경희대 중앙도서관 등 소장>

2001-00-00. 『상용 한한 옥편 사전(常用漢韓玉篇辭典)』, 박종우(朴鍾禹) 편저(編著), 서울: 현대서화협회. <258쪽. 단국대 퇴계기념도서관 소장>

2001-00-00. 『상용 활용 옥편(常用 活用玉篇)』, 편집부 엮음, 서울: 이상사(理想社). <640쪽. 포켓판. 이가원(李家源) 감수. 국립중앙도서관 소장>

2001-00-00. 『쉽게 알 수 있는 이지 한자 사전(易知漢字辭典)』, 조한구, 서울: 대교. <414쪽. 부경대 도서관 소장>

2001-00-00. 『신이상 활용 옥편(新理想 活用玉篇)』, 이상사 편집부, 서울: 이상사.

2001-00-00. 『신일용 옥편(新日用玉篇)(포켓판)』, 교학사 편집부, 서울: 교학사.

2001-00-00. 『실용 옥편(實用玉篇)』, 운평어문연구소 편(編), 서울: 금성교과서. <704쪽. 부경대 도서관, 서경대 중앙도서관, 서울과기대 도서관, 홍익대 문정도서관 소장>

2001-00-00. 『장중 완벽 일용 한자 포켓 옥편(掌中完璧 日用漢字 포켓玉篇)』, 정태호(鄭泰虎) 지음, 서울: 명선미디어. <172쪽. 국립중앙도서관 소장>

2001-00-00. 『정선 새 활용 옥편(精選 새活用玉篇)』, 동화사 편집부, 서울: 동화사.

2001-00-00. 『최신 명문 신옥편(最新 明文新玉篇)』, 김혁제(金赫濟) 저(著),

서울: 명문당(明文堂). <1,018쪽. 16×11.5센티미터>

2001-00-00. 『최신 실용 옥편(最新 實用玉篇)』, 박해근, 서울: 혜원출판사.

2001-00-00. 『최신 실용 옥편(最新 實用玉篇)』, 이상사 편집부, 서울: 이상 사(理想社).

2001-00-00. 『컴퓨터 한자 사전』, 김형곤, 서울: 한자연구원(漢字研究院). <395쪽. 강원대 도서관, 경기대 중앙도서관, 경북대 중앙도서 관, 공주교대 도서관 등 소장>

2001-00-00. 『컴퓨터 활용 옥편(活用玉篇)』, 현대중국학술연구회(現代中國 學術研究會) 편(編), 서울: 민성사(民聲社). <제11판. 983쪽. 신 라대 도서관, 한국관광대 중앙도서관 소장>

2001-00-00. 『콘사이스 한한 사전(漢韓辭典)』, 금성출판사 사서부, 서울: 금 성출판사.

2001-00-00. 『포켓 만자 옥편(萬字玉篇)』, 이상사 편집부, 서울: 이상사.

2001-00-00. 『표준 활용 옥편(標準 活用玉篇)』, 이상사 편집부, 서울: 이상사.

2001-00-00. 『한·중·영·일 중국 약자 위주 새 옥편(韓中英日 中國略字爲主 새 玉篇)』, 세세출판사 편집부 편저, 서울: 세세. <765쪽. 부산대 밀양캠퍼스 나노생명과학도서관 소장>

2001-00-00. 『한한 최신 이상 옥편(漢韓 最新理想玉篇)』, 이상사 편집부, 서 울: 이상사.

2001-00-00. 『한한 최신 표준 대옥편(漢韓 最新標準大玉篇)』, 이상사 편집 부, 서울: 이상사.

2001-00-00. 『홍자 활용 옥편(弘字 活用玉篇)』, 민중서림 편집부, 서울: 민 중서림.

2002-01-10. 『동아 백년 옥편(東亞 百年玉篇)(탁상판)』, 두산동아 사서편집 국 엮음, 서울: 두산동아. <제2판. 2,432쪽. 국립중앙도서관, 계 명대 동산도서관, 고려대 과학도서관, 광운대 중앙도서관 등 소장> <1990-01-10(초판)>

2002-01-10. 『동아 신활용 옥편(동아 新活用玉篇)』, 두산동아 사서편집국 엮음, 서울: 두산동아. <제2판 6쇄. 728쪽. 부경대 도서관 소장> <1975-01-15(초판)>

2002-01-10. 『동아 한자 입문 사전(漢字入門辭典)』, 두산동아 사서편집국 엮음, 서울: 두산동아. <704쪽. 국립중앙도서관 소장> <1996-01-31(초판)>

2002-01-10. 『동아 현대 활용 옥편(東亞 現代活用玉篇)』, 두산동아 사서편집국 엮음, 서울: 두산동아. <제4판. 6+952쪽. 이병관(李炳官) 자원 집필. 국립중앙도서관 등 소장> <1972-10-15(초판), 1987-02-16(개정판 초판), 1994-01-10(개정 증보 제3판), 2001-01-10(제4판 초판)>

2002-01-10. 『민중판 새로 나온 획수로 찾는 실용 옥편 사전』, 차주환 편(編), 서울: 민중서관. <초판. 1,540쪽. 서울대 중앙도서관, 서울교대 도서관, 서울대 의학도서관, 위덕대 도서관, 이화여대 도서관, 전남대 중앙도서관, 전북대 중앙도서관 등 소장> <2006-01-10>

2002-01-10. 『민중판 새로 나온 한중일영 공용(漢·中·日·英 共用) 한자 옥편 사전』, 임광애 편(編), 서울: 민중서관. <초판. 1,307쪽. 가톨릭 관동대 중앙도서관 소장> <2003-12-02(1,308쪽)>

2002-01-10. 『학습 활용 옥편(學習 活用玉篇)』, 편집부, 서울: 이상사(理想社). <개정 신판. 8+880쪽. 표제자 8,500여 자를 수록하였다. 1990-01-10에 발행된 것을 개정한 것이다.>

2002-01-20. 『크라운 강희 옥편』, 편집부, 서울: 삼성서관.

2002-01-20. 『활용 대옥편』, 편집부, 서울: 유한. <1,269쪽>

2002-01-25. 『교학 신일용 옥편(教學 新日用玉篇)』, 교학사 출판부(教學社 出版部) 편저(編著), 서울: 교학사(教學社). <1985-09-15(초판)>

2002-01-31. 『뉴 에이스 한한 사전』, 운평어문연구소 편(編), 서울: 금성출

판사. <1,000쪽>

2002-01-00. 『동아 백년 옥편(東亞 百年玉篇)(탁상판)』, 두산동아 사서편집
국 편(編), 서울: 두산동아. <2판. 2,432쪽. 국립중앙도서관>
<2004-00-00(7쇄. 고려대 과학도서관 소장)>

2002-01-00. 『민중 활용 옥편(民衆活用玉篇)』, 민중서림 편집국(民衆書林編
輯局) 편(編), 서울: 민중서림(民衆書林). <6+826쪽. 국립중앙도
서관 소장>

2002-02-25. 『가나다 활용 옥편』, 혜원(HW)어문연구회 편(編), 서울: 혜원
출판사(惠園出版社). <1,152쪽. 약 8,000자를 표제자로 선정하
였다. 국립중앙도서관, 건국대 중원도서관, 남서울대 도서관,
동아대 도서관, 서강대 도서관, 세종대 도서관, 연세대 학술정
보원 등 소장> <2008-02-25(3판)>

2002-02-28. 『한한 명문 신옥편(漢韓 明文新玉篇)』, 김혁제(金赫濟) 저(著),
서울: 명문당(明文堂). <24+581+144쪽. 16.8×11.6센티미터>

2002-02-00. 『한한 명문 신옥편(漢韓 明文新玉篇)(소)』, 김혁제, 서울: 명문당.

2002-03-15. 『쉽게 빨리 찾는 8282 한자 사전(漢字辭典)』, 김광수 편저, 서
울: 어문각(語文閣). <5판> <1998-08-02(초판)>

2002-04-05. 『특허 받은 비서 한자 사전(秘書漢字辭典)』, 조한구, 서울: 시
사문화사. <증보판 초판. 870쪽. 목인법을 이용하여 구성한 한
자 사전이다. 경북대 중앙도서관, 고려대 세종학술정보원, 공
주대 도서관 등 소장> <2005-02-15>

2002-07-31. 『한한 대사전(漢韓大辭典)』 5, 단국대학교 부설 동양학연구소
편찬, 서울: 단국대학교 출판부(檀國大學校出版部). <13+1,391
쪽. 고려대 중앙도서관 소장>

2002-09-10. 『가나다 한자 사전』, 원영섭 저(著), 서울: 참이슬. <초판.
6+968쪽. 일상생활에서 많이 쓰는 한자 8,3000여 자를 수록하
였다. 표제자에 고유 번호를 달아 찾아보기 쉽게 하였다. 가천

대 중앙도서관, 건국대 상허기념도서관, 농촌진흥청 농업과학
도서관, 서울대 중앙도서관 등 소장> <2004-07-15>

2002-09-30. 『세계화 시대의 한중일영 공용 매니아 활용 옥편(活用玉篇)』,
임광애(任光愛) 편저, 서울: 예림출판사(醴林出版社). <992쪽.
11,000여 표제자와 3만여 한자어를 수록하였다. 국립중앙도서
관, 성신여대 도서관 소장>

2002-10-31. 『최신 명문 신옥편(最新 明文新玉篇)』, 김혁제(金赫濟) 저(著),
서울: 명문당(明文堂). <743+304쪽. 16센티미터>

2002-12-00. 『최신 이상 옥편(最新理想玉篇)』, 이상사 편집부 편(編), 서울:
이상사.

2002-00-00. 『교학 대한한 사전(敎學 大漢韓辭典)』, 이가원·안병주 감수, 서
울: 교학사.

2002-00-00. 『도미노 옥편(玉篇)』, 장래준, 울산: 필리아 출판인쇄사.

2002-00-00. 『동아 백년 옥편(百年玉篇)(축쇄판)』, 사서편집국, 서울: 두산동아.

2002-00-00. 『동아 현대 활용 옥편(東亞 現代活用玉篇)』, 두산동아 사서 편
집국 엮음, 서울: 두산동아. <4판. 6+952쪽. 국립중앙도서관
소장>

2002-00-00. 『명문 한한 대자전(明文 漢韓大字典)』, 김혁제(金赫濟)·김성원
(金星元) 공편(共編), 서울: 명문당(明文堂). <중판. 3,303쪽. 차
주환(車柱環)·장기근(張基槿)·김학주(金學主) 공동 감수(監修). 대
구교대 도서관, 동신대 중앙도서관, 동의대 중앙도서관, 서울
대 중앙도서관, 성균관대 중앙학술정보관, 순천대 도서관, 영
산대 도서관, 용인대 도서관 소장> <1984-00-00(초판)>

2002-00-00. 『실용 대옥편(實用大玉篇)』, 장삼식(張三植) 편(編), 서울: 교학
사(敎學社). <1985-06-25(초판)>

2002-00-00. 『실용 옥편(實用玉篇)』, 운평어문연구소, 서울: 금성출판사.

2002-00-00. 『실용 옥편 사전(實用玉篇辭典)』, 민중서관 편집부, 서울: 민중

서관.

2002-00-00. 『엣센스 실용 한자 사전(엣센스 實用 漢字辭典)』, 민중서림 편집국
(民衆書林編輯局) 편(編), 서울: 민중서림(民衆書林). <1,369쪽. 경
기대 중앙도서관, 경북대 중앙도서관, 금강대 도서관 등 소장>

2002-00-00. 『최신 만자 옥편(最新 萬字玉篇)』, 이상사 편집부 엮음, 대구:
이상사(理想社). <528쪽. 이가원(李家源) 감수(監修). 국립중앙
도서관, 건국대 상허기념도서관 소장>

2002-00-00. 『최신 홍자 옥편(修正 增補 最新弘字玉篇)』, 홍자출판사 편집
부(弘字出版社編輯部) 편(編), 민중서림 편집국(民衆書林編輯
局) 수정(修訂), 서울: 민중서림(民衆書林).

2002-00-00. 『최신 활용 옥편(最新 活用玉篇)』, 박해근, 서울: 혜원출판사.

2002-00-00. 『최신 활용 옥편(最新 活用玉篇)』, 이상사 편집부(理想社 編輯
部) 편(編), 서울: 이상사(理想社). <1,014쪽. 이가원(李家源) 감
수(監修). 건국대 상허기념도서관, 숭실대 도서관, 아주대 의학
문헌정보센터, 연세대 학술정보원, 용인대 도서관, 한양대 안
산도서관 등 소장>

2002-00-00. 『컴퓨터 활용 옥편(活用玉篇)』, 현대중국학술연구원(現代中國
學術研究院) 편(編), 서울: 민성사(民聲社). <제12판. 983쪽. 부
산대 부산캠퍼스 제1도서관 소장>

2002-00-00. 『표준 활용 옥편(標準 活用玉篇)』, 이상사 편집부, 서울: 이상사.

2002-00-00. 『필수 활용 옥편(必須 活用玉篇)』, 편집부 엮음, 대구: 이상사
(理想社). <528쪽. 국립중앙도서관 소장>

2002-00-00. 『학습 한자 사전(學習 漢字辭典)』, 장삼식, 서울: 교학사.
<591+28쪽. 서울대 농학도서관 소장>

2002-00-00. 『한국 한자어 사전(韓國漢字語辭典)』 1~4, 단국대학교 동양학
연구소 편(編), 서울: 단국대학교 출판부. <개정판. 부산대 부
산캠퍼스 제1도서관, 영남대 도서관, 중앙대 안성캠퍼스 중앙

도서관 소장>

2002-00-00. 『한한 대자전(漢韓大字典)』, 민중서림 편집국(民衆書林編輯局)
편(編), 파주: 민중서림(民衆書林). <전면 개정 증보판. 제3판.
2,926쪽. 한국교원대 도서관 소장>

2002-00-00. 『한한 이상 대옥편(漢韓 理想大玉篇)』, 이상사 편집부(理想社
編輯部) 편(編), 서울: 이상사(理想社). <6+1,353쪽. 이가원(李家
源) 감수. 숭실대 도서관 소장>

2002-00-00. 『활용 옥편(活用玉篇)』, 운평어문연구소, 서울: 금성출판사.

2003-01-10. 『급수별 신 한자 사전』, 아테나 편집부, 서울: 아테나. <초판>
<2006-01-10(800쪽)>

2003-01-10. 『동아 백년 옥편(東亞 百年玉篇)』, 두산동아 사서편집국 엮음,
서울: 두산동아. <2,432쪽+별책 부록 132쪽. 국립중앙도서관,
국회도서관 등 소장> <1990-01-10(초판)>

2003-01-10. 『동아 신활용 옥편(동아 新活用玉篇)』, 두산동아 사서편집국
엮음, 서울: 두산동아. <제2판 7쇄. 8+728쪽. 부경대 도서관
소장> <1975-01-15(초판)>

2003-01-10. 『동아 현대 활용 옥편(東亞 現代活用玉篇)』, 두산동아 사서편
집국, 서울: 두산동아. <제4판. 이병관(李炳官) 자원 집필>
<1972-10-15(초판), 1987-02-16(개정판 초판), 1994-01-10(개정
증보 제3판), 2001-01-10(제4판 초판)>

2003-01-10. 『신·학습 활용 옥편(新·學習 活用 玉篇)』, 편집부(이가원 감수),
서울: 이상사(理想社). <616쪽>

2003-01-10. 『한한 대자전(漢韓大字典)』, 민중서림 편집국(民衆書林編輯局)
편(編), 서울: 민중서림(民衆書林). <전면 개정 증보판. 2,526쪽.
국립중앙도서관 소장>

2003-01-15. 『컴퓨터 활용 옥편(소)』, 현대중국학술연구원, 서울: 민성사.
<983쪽>

2003-01-25. 『교학 신일용 옥편(敎學 新日用玉篇)』, 교학사 출판부(敎學社 出版部) 편저(編著), 서울: 교학사(敎學社). <1985-09-15(초판)>

2003-01-25. 『수정 증보 명문 신옥편(修正增補 明文新玉篇)』, 김혁제(金赫濟) 저(著), 서울: 명문당(明文堂). <46판. 3+24+743+341쪽. 중형 판> <1952-02-28(초판)>

2003-01-25. 『실용 대옥편(實用大玉篇)』, 장삼식(張三植) 편(編), 서울: 교학 사(敎學社). <1985-06-25(초판)>

2003-01-31. 『콘사이스 한한 사전』, 운평어문연구소 편(編), 서울: 금성교과 서. <1,244쪽>

2003-01-00. 『금성판 실용 옥편(금성판 實用玉篇)』, 운평어문연구소 편(編), 서울: 금성출판사.

2003-01-00. 『정선 새 활용 옥편(精選 새活用玉篇)』, 동화사 편집국 편(編), 서울: 동화사. <960쪽. 순천대 도서관 소장>

2003-01-00. 『혜원 한한 최신 실용 옥편(惠園 漢韓 最新實用玉篇)』 박해근, 서울: 혜원출판사.

2003-02-05. 『생활 한자 사전(生活漢字辭典)』, 김영훈, 서울: 신원문화사. <567쪽. 경북대 중앙도서관, 성신여대 도서관 소장>

2003-03-10. 『금성 필수 한자 사전(金星 必須漢字辭典)』, 금성출판사사전팀 편(김낙준 편저), 서울: 금성출판사. <초판. 896쪽. 건국대 중원 도서관, 상명대 천안도서관, 세종대 도서관, 창원대 도서관, 한 국교원대 도서관 소장> <2006-05-31(896쪽), 2009-05-01(제2판 제2쇄. 4+956쪽)>

2003-04-14. 『한+ 한자 대사전(漢字大辭典)』, 장삼식, 서울: 성안당. <55+1,802+64쪽. 고사성어, 인명, 지명도 수록하였다. 건국대 상허기념도서관, 광운대 중앙도서관, 서울과기대 도서관, 조선 대 도서관 등 소장>

2003-04-21. 『중국 현대 상용 한자 규범 자전(中國現代常用漢字規範字典)』,

李行健(리싱젠) 주편(主編), 서울: 명문당(明文堂). <455쪽. 국립
중앙도서관 등 소장>

2003-04-25. 『21세기 활용 옥편』, HW 어문 연구회 편저, 파주: 혜원출판
사. <초판. 1,151쪽. 약 8,000자를 표제자로 선정하였다. 국립
중앙도서관> <2007-01-25(2판), 2008-01-25(2쇄)>

2003-07-21. 『한한 대사전(漢韓大辭典)』 6, 단국대학교 부설 동양학연구소 편
(編), 서울: 단국대학교 출판부(檀國大學校出版部). <10+1,307
쪽. 고려대 중앙도서관>

2003-09-05. 『교육부 신지정 기초 1800 한자 형음의 자전』 상하, 이병관(李
炳官) 찬, 대전: 대경(大經). <1,202쪽. 교육부 지정 기초 한자
1,800자를 수록하였다. 표제자의 발음의 변천을 기술하고, 글
자의 형태를 갑골문부터 금문, 소전까지 제시한 다음 뜻을 풀
이하였다.>

2003-09-30. 『전운옥편』, 세종대왕기념사업회 편(編), 서울: 세종대왕기념
사업회. <308쪽. 영인본. 국립중앙도서관, 가천대 중앙도서관,
건국대 상허기념도서관, 고려대 도서관 등 소장>

2003-11-00. 『상용 활용 옥편(常用 活用玉篇)』, 편집부, 서울: 이상사(理想
社). <포켓판. 이가원(李家源) 감수>

2003-12-01. 『내가 꾸미는 한자 사전』, 애플비 편집부, 서울: 애플비. <48
쪽. 기초 한자 50자와 자주 쓰는 한자 50자 모두 100자를 표제
자로 선정하였다.>

2003-00-00. 『3급 배정 한자 옥편』, 한자정보연구실 지음, 서울: 베스트북.
<96쪽. 국립중앙도서관 소장>

2003-00-00. 『4급 배정 한자 옥편』, 한자정보연구실 지음, 서울: 베스트북.
<96쪽. 국립중앙도서관 소장>

2003-00-00. 『5급 배정 한자 옥편』, 한자정보연구실 지음, 서울: 베스트북.
<93쪽. 국립중앙도서관 소장>

2003-00-00. 『6급 배정 한자 옥편』, 한자정보연구실 지음, 서울: 베스트북.
　　　　　　 <95쪽. 국립중앙도서관 소장>

2003-00-00. 『교육용 기초 한자 중심 엣센스 실용 한자 사전(實用漢字辭典)』,
　　　　　　 민중서림 편집국(民衆書林編輯局) 편(編), 서울: 민중서림(民衆
　　　　　　 書林). <23쇄. 8+1,369쪽. 고려대 세종학술정보원 소장>

2003-00-00. 『교정 전운옥편』, 성남:한국학중앙연구원. <마이크로필름 릴
　　　　　　 1개. 장서각 소장 1393년 간행본을 마이크로필름으로 제작한
　　　　　　 것이다. 성균관대 중앙학술정보관 등 소장>

2003-00-00. 『한자능력검정시험 급수별 신(新) 한자 사전』, 사서편집부, 서
　　　　　　 울: 아테나. <799쪽. 동국대 중앙도서관, 서울교대 도서관 등
　　　　　　 소장>

2003-00-00. 『길라잡이 신 한자 사전』, 아테나 사서편집부 엮음, 서울: 아
　　　　　　 테나. <800쪽. 국립중앙도서관 소장>

2003-00-00. 『느낌! 652 한자 도해 자전(漢字圖解字典): 건축, 동물·식물, 천
　　　　　　 문지리, 불』, 김고은(金古隱) 글씀, 서울: 정담. <611쪽. 국립중
　　　　　　 앙도서관 소장>

2003-00-00. 『느낌! 652 한자 도해 자전(漢字圖解字典)』: 인체, 기구』, 김고
　　　　　　 은(金古隱) 글씀, 서울: 정담. <956쪽. 국립중앙도서관 소장>

2003-00-00. 『동아 백년 옥편(東亞 百年玉篇)』, 두산동아 사서 편집국 엮음,
　　　　　　 서울: 두산동아. <2,432쪽+별책 부록 132쪽. 국립중앙도서관
　　　　　　 소장>

2003-00-00. 『민중 활용 옥편(活用玉篇)』, 민중서림 편집부, 서울: 민중서림.

2003-00-00. 『민중판 새로 나온 획수로 찾는 실용 옥편 사전』, 차주환 편저,
　　　　　　 서울: 민중서관(民衆書館). <1,539쪽. 국립중앙도서관 소장>

2003-00-00. 『비서 한자 사전(秘書漢字辭典)』, 조한구, 서울: 시사문화사.

2003-00-00. 『속이 알찬 7·8급 배정 한자 옥편』, 한자 정보 연구실 지음, 서
　　　　　　 울: 베스트북. <61쪽. 국립중앙도서관 소장>

2003-00-00. 『신일용 옥편』, 교학사 편집부, 서울: 교학사.

2003-00-00. 『에센스 한자 사전(漢字辭典)』, 민중서림 편집부(民衆書林編輯部) 편(編), 서울: 민중서림(民衆書林). <2,447쪽. 국립중앙도서관 소장>

2003-00-00. 『재미있고 알기 쉬운 그림풀이 한자 논리 한자 사진』, 제일교육 편(編), 서울: 민중서관. <703쪽. 서강대 도서관, 순천대 도서관, 인하대 도서관 소장>

2003-00-00. 『초·중생을 위한 엣센스 기초 한자 사전』, 민중서림 편집부, 서울: 민중서림. <608쪽. 건국대 중원도서관, 경북대 중앙도서관, 덕성여대 도서관, 부경대 도서관 등 소장>

2003-00-00. 『최신 홍자 옥편(修正 增補 最新弘字玉篇)』, 홍자출판사 편집부(弘字出版社編輯部) 편(編), 민중서림 편집국(民衆書林編輯局) 수정(修訂), 서울: 민중서림(民衆書林). <수정판. 941쪽. 국립중앙도서관 소장>

2003-00-00. 『동아 현대 활용 옥편』, 두산동아 편집부, 서울: 두산동아.

2004-01-05. 『장원 활용 옥편(壯元 活用玉篇)』, 장원교육연구 편집팀 엮음, 대구: 장원교육. <640쪽. 국립중앙도서관 소장>

2004-01-06. 『정선 새 실용 옥편(精選 새實用玉篇)』, 동화사 사서부 편(編), 서울: 동화사(東和社).

2004-01-10. 『동아 백년 옥편(東亞 百年玉篇)』, 두산동아 사서편집국 엮음, 서울: 두산동아. <7쇄. 고려대 과학도서관 소장> <1990-01-10(초판)>

2004-01-10. 『동아 신활용 옥편(동아 新活用玉篇)』, 두산동아 사서편집국 엮음, 서울: 두산동아. <제2판 8쇄> <1975-01-15(초판)>

2004-01-10. 『동아 현대 활용 옥편(東亞 現代活用玉篇)』, 두산동아 사서편집국, 서울: 두산동아. <제4판> <1972-10-15(초판), 1987-02-16(개정판 초판), 1994-01-10(개정 증보 제3판), 2001-01-10(제4판 초판)>

2004-01-10. 『상용 활용 옥편(常用 活用玉篇)』, 편집부, 서울: 이상사(理想

社). <포켓판. 이가원(李家源) 감수>

2004-01-10. 「활용 자전(活用字典)」,『동아 새 국어 사전』, 두산동아 사서편집국 엮음, 서울: 두산동아. <4판. 12+2,833+242쪽. 이화여대 도서관 소장> <1989-01-10(초판)>

2004-01-10. 『민중판 새로 나온 획수로 찾는 실용 옥편 사전』, 서울: 민중서관. <차주환 감수>

2004-01-25. 『교학 신일용 옥편(教學 新日用玉篇)』, 교학사 출판부(教學社出版部) 편저(編著), 서울: 교학사(教學社). <1985-09-15(초판)>

2004-01-25. 『교학 한자 활용 사전(教學 漢字活用辭典)』, 김동길(金東吉) 편(編), 서울: 교학사. <초판 2쇄. 8+868쪽. 경상대 도서관, 경희대 중앙도서관, 고려대 도서관 등 소장> <2008-01-25(6쇄. 2+6+868쪽), 2011-01-25>

2004-01-30. 『교학 대한한 사전(教學 大漢韓辭典)』, 편집부 편(編), 서울: 교학사.

2004-01-30. 『한중(韓·中) 한자어 비교 사전』, 주양곤, 서울: 동양문고 <414쪽. 서울대 중앙도서관 소장>

2004-01-31. 『한한 명문 대옥편(漢韓 明文大玉篇)』, 김혁제(金赫濟)·김성원(金星元) 공편저(共編著), 서울: 명문당(明文堂).

2004-01-00. 『컴퓨터 활용 옥편(活用玉篇)』, 현대중국학술연구원(現代中國學術研究院) 편(編), 서울: 민성사(民聲社). <983쪽. 13판. 고려대 세종학술정보원 소장>

2004-04-00. 『금성판 활용 옥편』, 운평어문연구소 편(編), 서울: 금성출판사.

2004-07-21. 『한한 대사전(漢韓大辭典)』 7, 단국대학교 부설 동양학연구소 편찬, 서울: 단국대학교 출판부(檀國大學校出版部). <12+1,058쪽. 건국대 상허기념도서관, 고려대 도서관 등 소장>

2004-08-00. 『현대 신활용 옥편(現代 新活用玉篇)』, 편집부, 서울: 윤미디어.

2004-09-20. 『어린이 기초 한자 사전』, 편집부, 서울: 아트미디어. <378쪽>

2004-00-00. 『교정 전운옥편』, 성남: 한국학중앙연구원. <마이크로필름 릴 1개. 장서각 소장 1883년 간행본을 마이크로필름으로 제작한 것이다. 성균관대 중앙학술정보관 등 소장>

2004-00-00. 『동아 백년 옥편(百年玉篇)』, 동아출판사 사서편집부, 서울: 두산동아.

2004-00-00. 『수정 증보 명문 신옥편(修正增補 明文新玉篇)』, 김혁제(金赫濟) 저(著), 서울: 명문당(明文堂). <46판? 3+24+743+341쪽. 건국대 중원도서관, 원광대 중앙도서관 소장> <1952-02-28(초판)>

2004-00-00. 『이아주소(爾雅注疏)』1~4, 郭璞 저(著), 이충구 외 공역, 서울: 소명출판. <강남대 도서관, 강원대 삼척도서관, 건국대 상허기념도서관, 경성대 도서관 등 소장>

2004-00-00. 『전운옥편(全韻玉篇)』권1-2, 서울: 국립중앙도서관. <마이크로필름 릴 1개. 국립중앙도서관 소장>

2004-00-00. 『최신 명문 신옥편(最新 明文新玉篇)』, 김혁제(金赫濟) 저(著), 서울: 명문당(明文堂). <44판. 3+24+743+304쪽. 건국대 중원도서관, 원광대 중앙도서관 소장>

2004-00-00. 『최신 홍자 옥편(修正 增補 最新弘字玉篇)』, 홍자출판사 편집부(弘字出版社編輯部) 편(編), 민중서림 편집국(民衆書林編輯局) 수정(修訂), 서울: 민중서림(民衆書林). <수정판 제8쇄. 동의대 중앙도서관 소장>

2004-00-00. 『최신 활용 옥편(最新 活用玉篇)』, 이상사 편집부(理想社 編輯部) 편(編), 고양: 이상사(理想社). <1,065쪽. 이가원(李家源) 감수(監修). 충북대 도서관 소장>

2004-00-00. 『한한 대자전(漢韓大字典)』, 민중서림 편집국 편(編), 서울: 민중서림(民衆書林). <2,526쪽. 전면 개정 증보판. 고려대 중앙도서관 등 소장>

2004-00-00. 『한한 명문 신옥편(漢韓 明文新玉篇)』, 김혁제(金赫濟) 저(著),

서울: 명문당(明文堂). <45판. 24+581+154쪽. 건국대 중원도서관, 원광대 중앙도서관, 한신대 중앙도서관 등 소장>

2005-01-10. 『금성판 활용 옥편』, 편집부, 서울: 금성출판사. <초판> <2006-01-10(896쪽)>

2005-01-10. 『동아 간명 한자어 사전(簡明 漢字語 辭典)』, 두산동아 사서편집국 엮음, 서울: 두산동아. <1+3+464쪽> <1995-02-15(초판)>

2005-01-10. 『동아 백년 옥편(東亞 百年玉篇)』, 두산동아 사서편집국 엮음, 서울: 두산동아. <전면 개정판. 제3판 초판. 비닐판. 6+2,394쪽. 16,000여 표제자와 65,000여 개의 한자어를 수록하였다. 국립중앙도서관, 강원대 도서관, 서울시립대 도서관 등 소장> <1990-01-10(초판)>

2005-01-10. 『동아 신활용 옥편(동아 新活用玉篇)』, 두산동아 사서편집국 엮음, 서울: 두산동아. <제2판 9쇄. 8+728쪽. 건국대 중원도서관, 국민대 성곡도서관, 단국대 퇴계기념도서관, 서울시립대 도서관 등 소장> <1975-01-15(초판)>

2005-01-10. 『동아 현대 활용 옥편(東亞 現代活用玉篇)』, 두산동아 사서편집국, 서울: 두산동아. <1972-10-15(초판), 1987-02-16(개정판 초판), 1994-01-10(개정 증보 제3판), 2001-01-10(제4판 초판)>

2005-01-10. 『민중판 새로 나온 漢·中·日·英 共用 한자 옥편 사전』, 임광애 편저(編著), 서울: 민중서관(民衆書館). <1,307쪽. 상명대 천안도서관 소장>

2005-01-10. 『수정 증보 최신 홍자 옥편(修正增補 最新弘字玉篇)』, 홍자출판사 편집부(弘字出版社 編輯部) 편(編), 서울: 민중서림(民衆書林). <수정 증보 초판. 수정판 제9쇄. 637+168+122쪽. 국립중앙도서관 소장> <2011-01-10(1,000쭉)>

2005-01-10. 『최신 명문 신옥편(最新 明文新玉篇)』, 김혁제(金赫濟) 저(著), 서울: 명문당(明文堂). <1,047쪽>

2005-01-10. 『최신 활용 옥편』, 편집부, 서울: 이상사(理想社). <개정 신판>
　　　　　 <2000-01-10(1쇄)>

2005-01-10. 『한한 명문 신옥편(漢韓 明文新玉篇)』, 김혁제(金赫濟) 저(著),
　　　　　 서울: 명문당(明文堂). <24+581+154쪽>

2005-01-10. 『현내 신활용 옥편(現代 新活用玉篇)』, 윤미디어 편집부(編輯
　　　　　 部) 편, 서울: 윤미디어. <696쪽. 55,000여 표제자를 수록하였
　　　　　 다. 서울교대 도서관, 선문대 중앙도서관, 성신여대 도서관, 세
　　　　　 종대 도서관, 한양대 중앙도서관 소장>

2005-01-10. 「활용 자전(活用字典)」, 『동아 새 국어 사전』, 두산동아 사서편
　　　　　 집국 엮음, 서울: 두산동아. <4판. 12+2,833+242쪽. 국립중앙
　　　　　 도서관, 경북대 중앙도서관, 국민대 성곡도서관, 동아대 도서
　　　　　 관 등 소장> <1989-01-10(초판)>

2005-01-15. 『엣센스 초등 한자 사전』, 초등한자교육연구회, 서울: 민중서
　　　　　 림. <초판. 423쪽. 서울교대 도서관 소장> <2011-01-10(424쪽)>

2005-01-00. 『정선 새 활용 옥편(精選 새活用玉篇)(신판)』, 동화사 편집부
　　　　　 편(編), 서울: 동화사.

2005-02-05. 『교학 신일용 옥편(敎學 新日用玉篇)』, 교학사 출판부(敎學社
　　　　　 出版部) 편저(編著), 서울: 교학사(敎學社). <개정판 초판. 포켓
　　　　　 판. 7+854쪽. 경기대 금화도서관, 경기대 중앙도서관, 경희대
　　　　　 중앙도서관, 남서울대 도서관, 동국대 중앙도서관, 성균관대
　　　　　 삼성학술정보관 등 소장> <1985-09-15(초판)>

2005-02-15. 『급수별 1000자 그림 사전』, 삼성출판사 편집부, 서울: 삼성출
　　　　　 판사. <527쪽. 한자능력검정시험 8급~4급 한자 1,000자를 표
　　　　　 제자로 선정하였다.>

2005-02-15. 『플러스 활용 옥편』, 고양: KG북플러스 <초판> <2006-03-30(2쇄)>

2005-03-01. 『학생, 일반사회인의 다목적 한자 옥편 플러스 실용 옥편』,
　　　　　 KG북플러스 편집부 엮음, 고양: KG북플러스. <615쪽. 국립중

앙도서관, 세종대 도서관 소장>

2005-03-05. 『다다 한자 사전(多多 漢字 사전)』, 편집부, 서울: 흰돌. <286쪽>

2005-03-19. 『뜻도 모르고 자주 쓰는 우리 한자어 사전』, 이재운·조규천 편저, 서울: 책이 있는 마을. <초판. 316쪽. 강릉원주대 중앙도서관, 강원대 도서관, 건국대 상허기념도서관, 경기대 금화도서관, 고려대 중앙도서관, 서울대 중앙도서관 등 소장>

2005-04-05. 『한글 세대를 위한 가나다 옥편』, 넥서스 사전편찬위원회 편(編), 서울: 넥서스 ACADEMY. <초판. 476쪽. 교육용 기초 한자 1,800 자와 상용 한자 1,200여 자를 수록하였다.> <2006-01-30(2판)>

2005-04-05. 『초등학생이 꼭 알아야 할 한자 사전 365』, 애플비 편집부, 서울: 애플비. <320쪽>

2005-05-20. 『어린이 첫 그림 한자 사전(2단계)』, 편집부, 서울: 글송이. <초판> <2009-03-06(376쪽)>

2005-07-10. 『한한 대사전(漢韓大辭典)』 8, 단국대 동양학 연구소 편(編), 서울: 단국대학교 출판부. <1,351쪽>

2005-08-05. 『우리 아이 첫 한자 사전』, 형설 아이 편집부, 서울: 형설 아이. <383쪽. 그림으로 배우는 한자 사전이다.>

2005-09-10. 『짱구 한자 사전』, 서울문화사 편집부, 서울: 서울문화사. <190쪽. 한자능력검정시험 8급~6급 한자를 수록하였다.>

2005-09-12. 『신개념의 새로운 한자 사전 종횡무진 한자 사전』, 금하연·오금채, 파주: 성안당. <초판 1쇄. 593쪽. 건국대 중원도서관, 경기대 중앙도서관, 서울대 중앙도서관 등 소장>

2005-09-20. 『넥서스 실용 옥편』, 넥서스 사전편찬위원회 편(編), 서울: 넥서스 ACADEMY. <초판. 74+1770쪽. 12,000여 자의 표제자와 50,000여 개의 한자어를 수록하였다. 국립중앙도서관, 고려대 중앙도서관 소장> <2006-03-20>

2005-09-30. 『급수 한자 사전』, 넥서스 사전편찬위원회 편(編), 서울: 넥서

스 아카데미. <447쪽. 한성대 도서관, 한양대 도서관 소장>

2005-10-01. 『이원법 실용 한자 사전』, 박부일, 서울: 한자아카데미. <360
쪽. 표제자 6,430자를 수록하였다. 제주대 중앙도서관 소장>

2005-10-01. 『이원법 필수 한자 학습 사전』, 박부일, 서울: 한자아카데미.
<298쪽. 표세자 1,800자를 수록하였다. 표세자를 쉽게 찾을 수
있도록 왼쪽에서 오른쪽으로 쓰는 가로형 한자는 왼쪽에 있는
변을 찾는 기준으로 배열하였고, 위에서 아래로 쓰는 세로형
한자는 맨 위쪽에 있는 변을 찾는 기준으로 배열하였다. 또
하나의 한자를 알면 여러 한자를 알 수 있도록 표제자를 배열
하였다. 국립중앙도서관 소장>

2005-10-20. 『쉽게 빨리 찾는 8282 한자 사전(漢字辭典)』, 김광수 편저, 서
울: 어문각(語文閣). <1998-08-02(초판)>

2005-11-15. 『한자 능력 검정 시험 사전(8급~4급)』, 한자한문교육연구회,
서울: 문자향. <448쪽. 8급에서 4급의 한자 1,000자를 수록하
였다.>

2005-00-00. 『강희 대옥편(康熙大玉篇)』, 아이템북스 편집부 편, 서울: 아이
템북스. <1,688쪽. 이가원(李家源)·차상원(車相轅) 감수(監修).
계명대 동산도서관, 단국대 율곡기념도서관, 동국대 중앙도서
관, 성균관대 중앙학술정보관, 성신여대 도서관, 숙명여대 도
서관 등 소장>

2005-00-00. 『뜻으로 찾는 한자 자전(漢字字典)』, 정효용(鄭孝龍) 편저, 경
남:태산출판사(泰山出版社). <국립중앙도서관 소장>

2005-00-00. 『민중판 새로 나온 획수로 찾는 실용 옥편 사전』, 차주환 편
(編), 서울: 민중서관. <1,539쪽. 차주환(車柱環) 감수(監修). 건
국대 상허기념도서관, 충남대 도서관, 한국관광대 중앙도서관,
한양대 중앙도서관, 홍익대 문정도서관, 홍익대 중앙도서관
소장>

2005-00-00. 『민중판 한중일영 공용 한자 옥편 사전(漢字玉篇辭典)』, 임광애, 서울: 민중서림(民衆書林). <1,307쪽. 상명대 천안도서관 소장>

2005-00-00. 『상용 활용 옥편(常用 活用玉篇)』, 편집부, 서울: 이상사(理想社). <포켓판. 이가원(李家源) 감수>

2005-00-00. 『실용 대옥편(실용 大玉篇)』, 이가원(李家源)·차상원(車相轅) 감수(監修), 서울: 삼성교육미디어. <2006-00-00, 2009-01-20>

2005-00-00. 『특허 받은 비서 한자 사전(秘書漢字辭典)』, 조한구, 서울: 시사문화사. <개정판. 870쪽. 금오공대 도서관, 성균관대 삼성학술정보관 등 소장>

2005-00-00. 「활용 자전(活用字典)」, 『동아 새 국어 사전』, 두산동아 사서편집국 엮음, 서울: 두산동아. <5판. 12+2,871+244쪽. 경기대 중앙도서관, 경북대 중앙도서관, 경성대 도서관 등 소장> <1989-01-10(초판)>

2006-01-05. 『최신 컴퓨터 활용 옥편(소)』, 편집부, 서울: 태서출판사(泰西出版社). <985쪽>

2006-01-05. 『컴퓨터 한한 사전 최신 활용 옥편(最新 活用玉篇)』, 현대중국학술연구소(現代中國學術硏究所) 엮음(송인성(宋寅聖) 편저), 서울: 태서출판사(泰西出版社). <1+4+985쪽. 국립중앙도서관, 남서울대 도서관, 한국외대 서울도서관, 홍익대 문정도서관 소장>

2006-01-10. 『동아 가나다順 한자 사전』, 두산동아 사서편집국 엮음, 서울: 두산동아. <초판. 2+6+56+1,066쪽. 표제자 8,000여 자를 수록하였다. 2005년에 추가된 인명용 한자를 수록하였다. 국립중앙도서관, 경희대 중앙도서관, 공주대 도서관 등 소장> <2008-01-10, 2010-01-10, 2011-01-10, 2014-01-10>

2006-01-10. 『동아 간명 한자어 사전(簡明 漢字語 辭典)』, 두산동아 사서편집국 엮음, 서울: 두산동아. <1+3+464쪽> <1995-02-15(초판)>

2006-01-10. 『동아 백년 옥편(東亞 百年玉篇)』, 두산동아 사서편집국 엮음, 서울: 두산동아. <제3판 2쇄> <1990-01-10(초판), 2005-01-10(전면 개정판. 제3판. 초판)>

2006-01-10. 『동아 신활용 옥편(동아 新活用玉篇)』, 두산동아 사서편집국 엮음, 서울: 두산동아. <제2판 10쇄> <1975-01-15(초판)>

2006-01-10. 『동아 현대 활용 옥편(東亞 現代活用玉篇)』, 두산동아 사서편집국 엮음, 서울: 두산동아. <제4판 6쇄. 6+952쪽. 가톨릭대 성심교정 중앙도서관, 강원대 도서관, 경기대 중앙도서관, 이화여대 도서관 등 소장> <1972-10-15(초판), 1987-02-16(개정판 초판), 1994-01-10(개정 증보 제3판), 2001-01-10(제4판 초판)>

2006-01-10. 『상용 활용 옥편(常用 活用玉篇)』, 편집부, 서울: 이상사(理想社). <포켓판. 이가원(李家源) 감수>

2006-01-10. 『엣센스 실용 한자 사전(實用漢字辭典)』, 민중서림 편집국(民衆書林編輯局), 파주: 민중서림(民衆書林). <초판 제26쇄. 8+1,369쪽>

2006-01-10. 『최신 홍자 옥편(修正 增補 最新弘字玉篇)』, 홍자출판사 편집부(弘字出版社編輯部) 편(編), 민중서림 편집국(民衆書林編輯局) 수정(修訂), 파주: 민중서림(民衆書林). <수정 2판 제10쇄. 18+941쪽. 국립중앙도서관, 부경대 도서관 소장>

2006-01-10. 『학이사 신활용 옥편(學而思新活用玉篇)』, 학이사 편집부, 대구: 학이사(學而思). <1쇄. 951쪽. 성신여대 도서관, 홍익대 문정도서관 소장>

2006-01-10. 『학이사 학습 한자 사전』, 학이사 편집부, 대구: 학이사(學而思). <1+5+640쪽. 성신여대 도서관, 한국외대 서울도서관, 홍익대 문정도서관 소장>

2006-01-10. 『학이사 활용 옥편(學而思 活用玉篇)』, 학이사 편집부 엮음, 대구: 학이사(學而思). <초판. 1+5+1,065쪽. 이가원 감수. 국립중

앙도서관 소장> <2007-01-10(1+5+951쪽), 2008-01-10(951쪽. 8,500여 표제자를 수록하였다. '학이사 신활용 옥편'으로 책명을 바꿨다.)>

2006-01-10. 『한한 대자전(漢韓大字典)』, 민중서림 편집국(民衆書林編輯局) 편(編), 파주: 민중서림(民衆書林). <제2판>

2006-01-10. 『한한 대자전(漢韓大字典)』, 편집부 편(編), 파주: 민중서림. <1977-05-25(초판)>

2006-01-25. 『교학 신일용 옥편(敎學 新日用玉篇)』, 교학사 출판부(敎學社 出版部) 편저(編著), 서울: 교학사(敎學社). <1985-09-15(초판)>

2006-01-25. 『漢字語 빨리 찾기 사전』, 김동길(金東吉) 편(編), 서울: 교학사 (敎學社). <재판. 482쪽. 박형익 교수 소장> <2005-02-25(초판)>

2006-01-31. 『한한 대사전(漢韓大辭典)』9, 단국대학교 동양학연구소 편(編), 서울: 단국대학교 출판부. <초판. 1,323쪽. 고려대 중앙도서관 소장>

2006-01-00. 『수정 증보 명문 신옥편(修正增補 明文新玉篇)』, 송정 김혁제 (松亭 金赫濟) 저, 서울: 명문당(明文堂). <964쪽. 20.4×14센티미터. 대형판> <1952-02-28(초판)>

2006-01-00. 『최신 개정판 수정 증보 명문 신옥편(最新 改訂版 修正 增補 明文新玉篇)』, 송정 김혁제(松亭 金赫濟) 저, 서울: 명문당(明文堂).

2006-02-28. 『푸르넷 입문 한자 사전』, 편집부, 서울: 금성출판사. <초판. 760쪽. 중학교 한문 교육용 기초 한자 900자를 표제자로 선정하였다. 농촌진흥청 농업과학도서관 소장> <2007-01-20>

2006-03-05. 『21세기 한한 옥편(漢韓玉篇)』, 송인성 편저, 서울: 태서출판사 (泰西出版社). <초판. 985쪽. 1만여 표제자를 수록하였다.>

2006-03-30. 『플러스 활용 옥편』, 고양: KG북플러스. <2쇄. 박형익 교수 소장> <2005-02-15(초판)>

2006-04-00. 『(새로운 교육부 선정 교육용 한자) 실용한자 1800자(학습과

옥편을 겸함)』, 편집부, 서울: 근영출판사.

2006-07-14. 『한중 한자어 비교 사전』, 염광호(廉光虎)·위청(位青), 서울: 역락. <421쪽. 7,500여 개의 한자어를 수록하였다. 서울대 중앙도서관 소장>

2006-08-25. 『넥서스 실용 옥편』, 넥서스 사전편찬위원회 편(編), 서울: 넥서스 ACADEMY. <52+970쪽. 포켓판. 6200여 표제자와 14,000여 표제어를 수록하였다. 국립중앙도서관, 고려대 세종학술정보원 소장>

2006-10-20. 『우리 아이 처음 만나는 한자 그림 사전』, 하늘땅, 서울: 은하수 미디어. <285쪽>

2006-00-00. 『21세기 활용 옥편』, HW 어문연구회 편저, 파주: 혜원출판사. <2판. 1,151쪽. 국립중앙도서관 소장>

2006-00-00. 『대한한 사전』, 서울: 교학사.

2006-00-00. 『명문 한한 대자전(明文 漢韓大字典)』, 김혁제(金赫濟)·김성원(金星元) 공편(共編), 서울: 명문당. <차주환(車柱環)·장기근(張基槿)·김학주(金學主) 공동 감수(監修)> <1984-00-00(초판)>

2006-00-00. 『실용 대옥편(실용 大玉篇)』, 이가원(李家源)·차상원(車相轅) 감수(監修), 서울: 삼성교육미디어.

2006-00-00. 『실용 대옥편(實用大玉篇)』, 장삼식(張三植) 편(編), 서울: 교학사(敎學社). <1985-06-25(초판)>

2006-00-00. 『최신 한자 대옥편(最新 漢字大玉篇)』, 편집부, 서울: 한국도서출판중앙회(韓國圖書出版中央會). <1,671쪽. 국민대 성곡도서관, 영남대 도서관, 한국외대 서울도서관 소장>

2006-00-00. 『최신 한한 옥편(最新 漢韓玉篇)』, 현대중국학술연구소(現代中國學術研究所/송인성(宋寅聖)) 편(編), 서울: 태서출판사. <985쪽. 국립중앙도서관 소장>

2006-00-00. 『한한 명문 대옥편(漢韓 明文大玉篇)』, 김혁제(金赫濟)·김성원

(金星元) 공편저(共編著), 서울: 명문당(明文堂).

2006-00-00. 『한한 활용 자전(漢韓 活用字典)』, 현대중국학술연구소(現代中國學術研究所) 편(編), 서울: 태서출판사(泰西出版社). <985쪽. 국립중앙도서관 소장>

2006-00-00. 『한한중영일 중국어 간체자 컴퓨터 활용 자전(漢韓中英日 中國語簡體字 컴퓨터 活用字典)』, 현대중국학술연구소, 서울: 태극출판사(太極出版社). <985쪽. 건국대 중원도서관, 계명대 동산도서관, 고려대 세종학술정보원, 남서울대 도서관, 동아대 도서관, 서울교대 도서관 등 소장>

2006-00-00. 「활용 자전(活用字典)」, 『동아 새 국어 사전』, 두산동아 사서편집국 엮음, 서울: 두산동아. <5판. 12+2,871+244쪽. 강남대 도서관, 건국대 상허기념도서관, 경북대 중앙도서관 등 소장> <1989-01-10(초판)>

2007-01-08. 『라이브 한+ 한자 사전(漢字辭典)』, 한자사전편집위원회 편저, 파주: 성안당. <1,441쪽. 7,899자를 표제자로 선정하였다. 강원대 도서관, 경희대 중앙도서관, 금오공대 도서관 등 소장>

2007-01-10. 『동아 간명 한자어 사전(簡明 漢字語 辭典)』, 두산동아 사서편집국 엮음, 서울: 두산동아. <1+3+464쪽> <1995-02-15(초판)>

2007-01-10. 『동아 백년 옥편(東亞 百年玉篇)』, 두산동아 사서편집국 엮음, 서울: 두산동아. <제3판. 전면 개정판. 2,394쪽. 경기대 중앙도서관, 경북대 중앙도서관, 경희대 중앙도서관 등 소장> <1990-01-10(초판), 2005-01-10(전면 개정판. 제3판. 초판)>

2007-01-10. 『동아 신활용 옥편(동아 新活用玉篇)』, 두산동아 사서편집국 엮음, 서울: 두산동아. <제2판 11쇄> <1975-01-15(초판)>

2007-01-10. 『동아 현대 활용 옥편(東亞 現代活用玉篇)』, 두산동아 사서편집국, 서울: 두산동아. <한국과학기술원 과학도서관 소장> <1972-10-15(초판), 1987-02-16(개정판 초판), 1994-01-10(개정

증보 제3판), 2001-01-10(제4판 초판)>

2007-01-10. 『엣센스 민중 활용 옥편(民衆 活用玉篇)』, 민중서림 편집국 편
(編), 파주: 민중서림(民衆書林). <제2판. 8+1,112쪽. 일상생활에
꼭 필요한 한자 약 7,600자를 수록하였다. 4자 성어 약 800개를
수록하였다. 건국대 상허기념도서관, 건양대 명곡도서관, 경기
대 중앙도서관, 경상대 도서관, 경희대 중앙도서관, 동아대 도
서관 등 소장> <2011-01-10(제2판. 국립중앙도서관 소장)>

2007-01-10. 『최신판 동아 실용 옥편(東亞 實用玉篇)』, 두산동아 사서편집
국 엮음, 서울: 두산동아. <초판. 6+1,626쪽. 1만여 개의 표제
자와 4만여 개의 한자어를 수록하였다. 국립중앙도서관, 경기
대 중앙도서관, 경남대 중앙도서관, 경희대 국제캠퍼스 도서
관 등 소장> <2008-01-10, 2009-01-10, 2010-01-10, 2011-01-10,
2012-01-10, 2013-01-10, 2014-01-10, 2015-01-10, 2016-01-10>

2007-01-10. 『학이사 학습 한자 사전』, 학이사 편집부, 대구: 학이사(學而
思). <1+5+640쪽>

2007-01-20. 『초등학생·중학생을 위한 한자능력검정시험 대비 한자 천자
사전』, 이관배·임동욱·홍진용, 서울: 교학사. <559쪽. 초판>
<2011-01-25(559쪽)>

2007-01-20. 『푸르넷 입문 한자 사전』, 편집부, 서울: 금성출판사. <760쪽.
서울교대 도서관, 연세대 원주 학술정보원 등 소장>

2007-01-20. 『한일영중(漢日英中) 크라운 한한 대자전(漢韓大字典)』, 편집부,
이가원·김우열 책임 감수, 서울: 삼성서관. <최신 증보판.
1,020쪽. 10,000여 표제자를 수록하였다. 일본어-한국어 사전으
로도 이용할 수 있도록 일본어 발음을 제시하였다. 국립중앙
도서관 소장>

2007-01-25. 『교학 신일용 옥편(教學 新日用玉篇)』, 교학사 출판부(教學社
出版部) 편저(編著), 서울: 교학사(教學社). <1985-09-15(초판)>

2007-01-00.『민중 활용 옥편(民衆 活用玉篇)』, 민중서림 편집국 편(編), 서울: 민중서림.

2007-01-00.『최신 만자 옥편(最新 萬字玉篇)』, 이가원 감수, 서울: 이상사.

2007-02-28.『한한 대사전(漢韓大辭典)』10, 단국대학교 부설 동양학연구소 편찬, 서울: 단국대학교 출판부(檀國大學校出版部). <1,536쪽. 고려대 중앙도서관 등 소장>

2007-02-28.『한한 대사전(漢韓大辭典)』11, 단국대학교 부설 동양학연구소 편찬, 서울: 단국대학교 출판부(檀國大學校出版部). <1,311쪽. 고려대 중앙도서관 등 소장>

2007-02-28.『한한 대사전(漢韓大辭典)』12, 단국대학교 부설 동양학연구소 편찬, 서울: 단국대학교 출판부(檀國大學校出版部). <1,261쪽. 고려대 중앙도서관 등 소장>

2007-03-12.『생활 한자 공부 사전』, 김성일·박충순, 서울: 시대의 창. <493쪽>

2007-03-25.『현대 활용 옥편』, HW 어문연구회 편(編), 파주: 혜원출판사(惠園出版社). <초판. 911쪽. 국립중앙도서관, 강원대 도서관, 경기대 중앙도서관, 경희대 중앙도서관, 부산대 부산캠퍼스 제1도서관, 성신여대 도서관, 충남대 도서관 소장>

2007-07-25.『활용 대옥편』, HW 어문연구회 편(編), 파주: 혜원출판사(惠園出版社). <1,151쪽. 교육용 기초 한자 1,800자, 일상생활에 필요한 8,000여 자와 4만 여 개의 한자어를 수록하였다. 강원대 도서관, 건국대 상허기념도서관, 경희대 중앙도서관, 계명대 동신도서관, 금오공대 도서관, 남서울대 도서관 등 소장>

2007-08-15.『빨리 찾고 보기 편한 간이 옥편』, 이창덕 엮음, 서울: 좋은벗 출판사. <414쪽. 표제자 6,000자 수록. 국립중앙도서관, 경성대 도서관, 동아대 도서관, 충남대 도서관, 한국교원대 도서관, 한국항공대 도서관 소장>

2007-09-19. 『전공용어 사전과 연습을 겸한 상경 한자』, 윤덕병, 서울: 탐진. <231쪽. 경제, 경영, 법률, 무역, 세무, 회계 등의 전문용어를 표제자로 선정하였다.>

2007-10-03. 『우리말 한자어 속뜻 사전』, 전광진 엮음, 서울: LBH교육출판사. <초판. 2,079쪽. 가친대 중앙도서관, 가톨릭대 중앙도시관, 강릉원주대 중앙도서관, 강원대 도서관, 건국대 상허기념도서관, 경남대 중앙도서관 등 소장> <2010-07-07(9쇄. 고려대 세종학술정보원 소장)>

2007-10-04. 『필수 2,000자 쏙쏙 들어오는 기발한 한자 사전』, 이재황, 서울: 웅진씽크빅(뉴런). <520쪽. 꼭 필요한 2,000자를 외울 수 있도록 구성한 한자 사전이다. 강원대 도서관, 건국대 상허기념도서관, 경기대 금화도서관 등 소장>

2007-10-20. 『플러스 실용 옥편』, KG 미디어 편집부, 파주: KG 미디어. <국립중앙도서관 소장>

2007-00-00. 『21세기 활용 옥편』, HW 어문연구회 편저, 파주: 혜원출판사(惠園出版社). <2판. 1,151쪽. 성신여대 도서관, 호서대 중앙도서관 소장>

2007-00-00. 『금성판 활용 옥편』, 금성출판사 사전팀, 서울: 금성출판사. <896쪽. 국립중앙도서관 소장>

2007-00-00. 『넥서스 실용 옥편』, 넥서스 사전편찬위원회 편(編), 서울: 넥서스 ACADEMY. <74+1770쪽. 부산대 부산캠퍼스 제1도서관 소장>

2007-00-00. 『동아 백년 옥편(東亞 百年玉篇)』, 편집부, 서울: 두산동아.

2007-00-00. 『상용 활용 옥편(常用 活用玉篇)』, 이상사 편집부 엮음, 대구: 이상사(理想社). <640쪽. 포켓판. 이가원(李家源) 감수(監修). 경희대 중앙도서관, 인하대 도서관 소장>

2007-00-00. 『실용 대옥편(實用大玉篇)』, 장삼식(張三植) 편(編), 서울: 교학

사(敎學社). <1985-06-25(초판)>

2007-00-00. 『장원 활용 옥편(壯元 活用玉篇)』, 장원교육 연구·편집팀, 서울: 장원교육. <제2판. 8+640쪽. 국립중앙도서관 소장>

2007-00-00. 『최신 홍자 옥편(修正 增補 最新弘字玉篇)』, 홍자출판사 편집부(弘字出版社編輯部) 편(編), 민중서림 편집국(民衆書林編輯局) 수정(修訂), 파주: 민중서림(民衆書林). <수정판 제11쇄>

2007-00-00. 『필수 2000자 쏙쏙 들어오는 기발한 한자 사전』, 이재황 지음, 서울: 웅진씽크빅. <509쪽. 고려대 중앙도서관 소장>

2007-00-00. 『학이사 신활용 옥편(學而思 新活用玉篇)』, 학이사 편집부, 대구: 학이사(學而思). <8+951쪽. 이가원(李家源) 감수(監修). 국립중앙도서관, 한국항공대 도서관 소장>

2007-00-00. 『한글로 한자를 쉽게 찾을 수 있는 한글 사전과 한자 옥편의 축소판 실용 한자 단어』, 김진남, 서울: 빛과 향기. <383쪽. 단국대 율곡기념도서관, 서울시립대 도서관 소장>

2007-00-00. 『한자능력검정시험 대비 초등학생·중학생을 위한 한자 천자 사전(漢字 千字 辭典)』, 이관배·임동욱·홍진용, 서울: 교학사. <559쪽. 서울교대 도서관 소장>

2007-00-00. 『한한 대자전(특장판)』, 편집부, 파주: 민중서림. <2,526쪽>

2007-00-00. 『한한중영일 중국어 간체자 최신 한한 옥편(韓漢中英日 中國語 簡體字 最新 漢韓玉篇)』, 송인성(宋寅聖) 편저(編著), 서울: 태서출판사. <985쪽. 건국대 상허기념도서관, 경기대 중앙도서관, 대구교대 도서관, 이화여대 도서관, 홍익대 중앙도서관 등 소장>

2008-01-10. 『국한 명문 신옥편(國漢 明文新玉篇)』, 김혁제(金赫濟) 저(著), 서울: 명문당(明文堂). <47판. 3+24+743+304쪽. 국립중앙도서관 소장>

2008-01-10. 『동아 가나다順 한자 사전』, 두산동아 사서편집국 엮음, 서울:

두산동아. <2+6+56+1,066쪽> <2006-01-10(초판)>

2008-01-10. 『동아 간명 한자어 사전(簡明 漢字語 辭典)』, 두산동아 사서편
집국, 서울: 두산동아. <14쇄. 1+3+464쪽. 국립중앙도서관 소
장> <1995-02-15(초판)>

2008-01-10. 『동아 백년 옥편(東亞 百年玉篇)』, 두산동아 사시편집국 엮음,
서울: 두산동아. <제2판. 전면 개정판. 중쇄본. 탁상판. 2,394
쪽. 강릉원주대 중앙도서관, 동의대 중앙도서관, 명지대 서울
도서관, 부산대 제1도서관, 서울장신대 도서관 소장> <1990-
01-10(초판), 2005-01-10(전면 개정판. 제3판. 초판)>

2008-01-10. 『동아 신활용 옥편(동아 新活用玉篇)』, 두산동아 사서편집국
엮음, 서울: 두산동아. <제2판 12쇄. 8+728쪽. 국립중앙도서관
소장> <1975-01-15(초판)>

2008-01-10. 『동아 연세 초등 한자 사전』, 연세대학교 언어정보연구원 편
(編), 서울: 두산동아. <초판. 36+1,052쪽+별책 부록 48쪽. 국
립중앙도서관, 부산대 제1도서관, 연세대 학술정보원, 박형익
교수 소장> <2010-01-10, 2011-01-10, 2013-01-10, 2015-01-10>

2008-01-10. 『동아 한자 입문 사전(漢字入門辭典)』, 두산동아 편집부 엮음,
서울: 두산동아. <13쇄> <1996-01-31(초판)>

2008-01-10. 『동아 현대 활용 옥편(東亞 現代活用玉篇)』, 두산동아 사서편
집국, 서울: 두산동아. <4판 전면 개정판> <1972-10-15(초판),
1987-02-16(개정판 초판), 1994-01-10(개정 증보. 제3판), 2001-01-
10(제4판 초판)>

2008-01-10. 『수정 증보 명문 신옥편(修訂增補 明文新玉篇)』, 김혁제(金赫
濟) 저(著), 서울: 명문당(明文堂). <47판. 3+24+743+304쪽. 국
립중앙도서관 소장> <1952-02-28(초판)>

2008-01-10. 『엣센스 한자 급수 사전』, 민중서림 편집국, 파주: 민중서림.
<초판. 912쪽. 경희대 중앙도서관, 단국대 율곡기념도서관, 서

울여대 도서관, 서일대 세방도서관, 한남대 도서관, 한성대 도
서관 소장>

2008-01-10. 『엣센스 한자 사전(실용 옥편)(漢字辭典(實用玉篇))』, 민중서림
편집국 편(編), 파주: 민중서림. <중쇄본>

2008-01-00. 『민중 활용 옥편(民衆 活用玉篇)』, 민중서림편집국 편(編), 파
주: 민중서림. <2판 2쇄>

2008-01-10. 『엣센스 신 한자 급수 사전(한자능력검정시험 8급~1급)』, 편
집부, 파주: 민중서림. <912쪽>

2008-01-10. 『최신 홍자 옥편(修正 增補 最新弘字玉篇)』, 홍자출판사 편집부
(弘字出版社編輯部) 편(編), 민중서림 편집국(民衆書林編輯局) 수
정(修訂), 파주: 민중서림(民衆書林). <수정판 12쇄. 941쪽>

2008-01-10. 『최신판 동아 실용 옥편(東亞 實用玉篇)』, 두산동아 사서편집
국 엮음, 서울: 두산동아. <중쇄본. 6+1,626쪽> <2007-01-10
(초판)>

2008-01-10. 『학이사 신활용 옥편(學而思新活用玉篇)』, 학이사 편집부, 대
구: 학이사(學而思). <2006-01-10(1쇄)>

2008-01-10. 『한한 대자전(漢韓大字典)』, 민중서림 편집국(民衆書林編輯局)
편(編), 파주: 민중서림(民衆書林).

2008-01-10. 「활용 자전(活用字典)」, 『동아 새 국어 사전』, 두산동아 사서편
집국 엮음, 서울: 두산동아. <5판. 12+2,871+244쪽. 국립중앙
도서관 소장> <1989-01-10(초판)>

2008-01-20. 『논리 한자 사전』, 제일교육, 서울: 민중닷컴. <703쪽. 난이도
에 따라 1부터 3까지 번호를 붙여 놓았다. 덕성여대 도서관,
한성대 도서관, 한양대 중앙도서관 등 소장>

2008-01-20. 『최신판 핵심 실용 옥편』, 편집부, 서울: 윤미디어.

2008-01-20. 『새로 나온 민중판 한중일영 공용 한자 옥편 사전(韓中日英公
用 漢字玉篇辭典)』, 임광애 편저, 서울: 민중닷컴. <1,307쪽. 국

립중앙도서관, 경희대 중앙도서관, 계명대 동산도서관, 고려대
세종학술정보원, 광운대 중앙도서관, 금오공대 도서관, 남서울
대 도서관 등 소장>

2008-01-20. 『크라운 한한 대자전(漢韓大字典)』, 편집부, 서울: 삼성서관.
<1+1+1,020쪽>

2008-01-25. 『교학 신일용 옥편(敎學 新日用玉篇)』, 교학사 출판부(敎學社
出版部) 편저(編著), 서울: 교학사(敎學社). <개정판 5쇄. 국립중
앙도서관, 국회도서관 소장> <1985-09-15(초판)>

2008-01-25. 『표준 신교육 한자 사전((標準) 新敎育漢字辭典)』, 교학사 사서
부(敎學社 辭書部) 편(編), 서울: 교학사(敎學社). <29쇄. 857쪽.
국립중앙도서관, 국회도서관 등 소장>

2008-01-25. 『漢字語·한자말 얼른 찾기 사전』, 교학사 편집부 엮음, 서울:
교학사. <23쇄. 200쪽>

2008-01-30. 『실용 대옥편(實用大玉篇)』, 장삼식(張三植) 편(編), 서울: 교학
사(敎學社). <국회도서관 소장> <1985-06-25(초판)>

2008-01-00. 『한중일영 공용 한자 옥편 사전(韓中英日 公用 漢字玉篇辭典)』,
임광애 편저, 서울: 민중닷컴. <1,307쪽. 고려대 세종학술정보
원 소장>

2008-01-00. 『핵심 활용 옥편(核心活用玉篇)』, 편집부, 서울: 윤미디어.

2008-02-20. 『어린이를 위한 7·8급 중심 그림 한자 사전:한자 이야기』, 우
진하우스 편집부, 서울: 우진하우스. <317쪽>

2008-02-22. 『어린이 속뜻 사전(우리말 한자어)』, 전광진, 서울: LBH 교육
출판사.

2008-05-01. 『삼위일체 한자어 사전』, 편집부, 서울: 구상. <363쪽. 문고판>

2008-05-15. 『급수별 수험생을 위한 한자 학습 사전(초급 한자 편. 8급∼6
급)』, 이영례, 서울: 동양서적. <91쪽>

2008-05-15. 『급수별 수험생을 위한 한자 학습 사전(중급 한자 편. 5급∼4

급)』, 이영례, 서울: 동양서적. <105쪽>

2008-08-15. 『급수별 수험생을 위한 한자 학습 사전(고급 한자 편. 3-II급~
2급)』, 이영례, 서울: 동양서적. <177쪽>

2008-09-30. 『한한 대사전(漢韓大辭典)』 색인, 단국대학교 부설 동양학연구
소 편찬, 용인: 단국대학교 출판부(檀國大學校出版部). <785쪽.
고려대 중앙도서관 등 소장>

2008-10-01. 『한한 대사전(漢韓大辭典)』 13, 단국대학교 부설 동양학연구소
편찬, 용인: 단국대학교 출판부(檀國大學校出版部). <1,502쪽.
고려대 중앙도서관 등 소장>

2008-10-01. 『한한 대사전(漢韓大辭典)』 14, 단국대학교 부설 동양학연구소
편찬, 용인: 단국대학교 출판부(檀國大學校出版部). <1,499쪽.
고려대 중앙도서관 등 소장>

2008-10-01. 『한한 대사전(漢韓大辭典)』 15, 단국대학교 부설 동양학연구소
편찬, 용인: 단국대학교 출판부(檀國大學校出版部). <1,487쪽.
고려대 중앙도서관 등 소장>

2008-10-16. 『정통 실용 옥편』, 윤미디어 편집부, 서울: 윤미디어. <1,214
쪽. 강원대 도서관, 부산외대 도서관, 숙명여대 도서관, 연세대
학술정보원 소장>

2008-10-30. 『급수 한자와 생활 한자 단어 사전(8급~3급)』, 김진남, 서울:
신라출판사. <392쪽. 건국대 상허기념도서관, 중앙대 서울 중
앙도서관 소장>

2008-11-14. 『가장 쉬운 가나다 한자 사전』, 원영섭, 서울: 이회문화사.
<980쪽. 일상생활에서 가장 많이 사용하는 한자 8.674자를 수
록하였다. 표제자를 획수 순서로 배열하지 않고 가나다순서로
배열하였다. 건국대 상허기념도서관, 경북대 중앙도서관, 고려
대 세종학술정보원, 국민대 성곡도서관 등 소장>

2008-11-20. 『한자어 의미 연원 사전』, 김언종·조영호, 서울: 다운샘. <510쪽>

2008-12-17. 『가나다 옥편』, 넥서스 사전 편찬 위원회, 서울: 넥서스 아카데미. <전자 사전. 486쪽. 3,000여 자를 표제자로 선정하였다.>

2008-12-17. 『급수 한자 사전』, 넥서스 사전 편찬 위원회, 서울: 넥서스 아카데미. <전자 사전>

2008-00-00. 『교학 신일용 옥편(敎學 新日用玉篇)』, 교학사 사시부(敎學社 辭書部) 편(編), 서울: 교학사(敎學社). <개정판. 7+854쪽. 국립중앙도서관 등 소장>

2008-00-00. 『금성판 실용 옥편』, 금성출판사 사전팀, 서울: 금성출판사. <704쪽. 국립중앙도서관 등 소장>

2008-00-00. 『어린이 속뜻 사전:우리말 한자어』, 전광진 편저, 서울: LBH 교육출판사. <1,043쪽. 동국대 중앙도서관, 부산교대 도서관, 울산대 도서관 등 소장>

2008-00-00. 『옥편을 겸한 실용 한자 3,000자』, 태을출판사 편집부, 서울: 태을출판사(太乙出版社). <재판. 278쪽. 창원대 도서관 소장>

2008-00-00. 『이치고의 관용어 표현 사전』, 임형경, 서울: BCM Media. <620쪽. 경기대 중앙도서관, 경남대 중앙도서관, 계명대 동산도서관, 이화여대 도서관, 청주대 도서관 등 소장>

2008-00-00. 『정선 새 실용 옥편(精選 새實用玉篇)』, 동화사 편집국, 서울: 동화사. <제15판. 672쪽. 숙명여대 도서관 소장>

2008-00-00. 『최신 명문 신옥편(最新 明文新玉篇)』, 김혁제(金赫濟) 저(著), 서울: 명문당(明文堂). <47판. 국립중앙도서관, 국회도서관 소장>

2008-00-00. 『한자어 빨리 찾기 사전』, 김동길, 서울: 교학사.

2008-00-00. 『한한 명문 대옥편(漢韓 明文大玉篇)』, 김혁제(金赫濟)·김성원(金星元) 공편저(共編著), 서울: 명문당(明文堂). <2,797쪽. 성신여대 도서관 소장>

2008-00-00. 『활용 대옥편』, HW 어문연구회 편(編), 파주: 혜원출판사. <1,151쪽. 국립중앙도서관 소장>

2009-01-05. 『정선 새 실용 옥편(精選 새實用玉篇)』, 동화사 편집국, 서울: 동화사. <672쪽>

2009-01-05. 『한한 대자전(漢韓大字典)』, 동화사 편집국, 서울: 동화사.

2009-01-10. 『금성 필수 한자 사전(金星 必須漢字 辭典)』, 김낙준 편저, 서울: 금성출판사. <제2판. 4+956쪽. 6,500여 자의 표제자를 수록하였다. 단국대 율곡기념도서관, 성신여대 도서관, 숙명여대 도서관, 한국외대 글로벌캠퍼스 도서관 소장>

2009-01-10. 『급수별 신 한자 사전』, 아테나 편집부, 서울: 아테나. <799쪽. 한자 능력 검정 시험에 나오는 한자 3,500자를 수록하고 표제자에 해당 급수를 표시하였다.>

2009-01-10. 『동아 백년 옥편(東亞 百年玉篇)』, 두산동아 사서편집국 엮음, 서울: 두산동아. <전면 개정판 제3판. 6+2,394쪽. 국립중앙도서관 소장> <1990-01-10(초판), 2005-01-10(전면 개정판. 제3판. 초판)>

2009-01-10. 『동아 신활용 옥편(동아 新活用玉篇)』, 두산동아 사서편집국 엮음, 서울: 두산동아. <제2판. 8+728쪽. 한양대 중앙도서관 소장> <1975-01-15(초판)>

2009-01-10. 『동아 한자 입문 사전(漢字入門辭典)』, 두산동아 편집부 엮음, 서울: 두산동아. <1996-01-31(초판)>

2009-01-10. 『민중 엣센스 실용 한자 사전』, 편집부, 파주: 민중서림. <1998-01-01(초판)>

2009-01-10. 『엣센스 한자 급수 사전』, 편집부, 파주: 민중서림. <2008-01-10(초판)>

2009-01-10. 『실용 옥편 엣센스 한자 사전』, 편집국 편(編), 파주: 민중서림. <1999-04-21(초판)>

2009-01-10. 『최신판 동아 실용 옥편(東亞 實用玉篇)』, 두산동아 사서편집국 엮음, 서울: 두산동아. <6+1,626쪽> <2007-01-10(초판)>

2009-01-10.『최신판 장원 활용 옥편』, 편집부, 서울: 장원교육. <640쪽>

2009-01-10.『한한 대자전(漢韓大字典)』, 민중서림 편집국(民衆書林編輯局) 편(編), 파주: 민중서림(民衆書林). <3판 1쇄. 전면 개정 증보판. 2,936쪽. 명지대 서울도서관 소장>

2009-01-10.「활용 자전(活用字典)」,『동아 새 국어 사전』, 두산동아 사서편집국 엮음, 서울: 두산동아. <5판. 12+2,871+244쪽. 국립중앙도서관 소장> <1989-01-10(초판)>

2009-01-20.『실용 대옥편(실용 大玉篇)』, 이가원(李家源)·차상원(車相轅) 감수(監修), 서울: 삼성교육미디어. <1,687쪽. 한자 35,000자를 수록하였다.>

2009-01-25.『교학 신일용 옥편(敎學 新日用玉篇)』, 교학사 출판부(敎學社 出版部) 편저(編著), 서울: 교학사(敎學社). <개정판 6쇄> <1985-09-15(초판)>

2009-01-25.『한자 활용 사전(漢字活用辭典)』, 김동길(金東吉) 편(編), 서울: 교학사(敎學社). <2004-01-25(초판)의 6쇄. 868쪽>

2009-02-03.『어린이 첫 한자 표현 사전』, 편집부, 서울: 글송이. <279쪽>

2009-02-12.『실용 한자 사전(實用 漢字사전)』, 육인자 한자사전편집위원회 편저, 파주: 성안당. <2+2+2+999쪽. 건국대 상허기념도서관, 경북대 중앙도서관, 세종대 도서관 등 소장>

2009-02-25.『일기로 배우는 영어·한자 표현 사전』, 정선희·김광호, 서울: 혜성출판사. <295쪽. 영어 일기 쓰는 방법과 한자를 동시에 공부할 수 있도록 구성하였다.>

2009-03-01.『한자 급수 사전』, 아이글터, 서울: 책빛. <120쪽>

2009-03-06.『어린이 첫 그림 한자 사전(2단계)』, 편집부, 서울: 글송이.

2009-04-15.『급수별 수험생을 위한 한자 학습 사전(1급 한자편)』, 이영례, 서울: 동양서적. <176쪽>

2009-04-20.『똑똑한 어린이 한자 사전』, 편집부, 서울: 지경사. <355쪽. 한

자 능력 검정회의 8급과 7급 한자 150자를 수록하였다.>

2009-06-28. 『한한(韓漢) 우리말 한자 사전』, 송병렬·이병주·남현희, 서울: 한문교육. <688쪽. 공주대 도서관, 세종대 도서관 등 소장>

2009-07-15. 『똑똑한 어린이 한자 사전』, 편집부, 서울: 지경사. <전자 사전. 360쪽>

2009-08-31. 『개념 잡는 초등 한자 사전』, 백승도·양태은, 파주: 주니어김영사. <627쪽. 한국어문회가 지정한 1,000자(8급~4급)를 수록하였다. 서울교대 도서관 소장>

2009-00-00. 『동아 백년 옥편(東亞 百年 玉篇)』, 두산동아 사서 편집국 엮음, 서울: 두산동아. <전면 개정판 제3판(비닐판). 6+2,394쪽. 16,000여 표제자와 65,000여 개의 한자어를 수록하였다. 국립중앙도서관 소장>

2009-00-00. 『민중 활용 옥편(民衆 活用玉篇)』, 민중서림 편집국 편(編), 파주: 민중서림(民衆書林). <1,112쪽. 서울장신대 도서관 소장>

2009-00-00. 『최신 명문 신옥편(最新 明文新玉篇)』, 김혁제(金赫濟) 저(著), 서울: 명문당(明文堂). <48판. 국립중앙도서관 소장>

2009-00-00. 『최신 홍자 옥편(修正 增補 最新弘字玉篇)』, 홍자출판사 편집부(弘字出版社編輯部) 편(編), 민중서림 편집국(民衆書林編輯局) 수정(修訂), 파주: 민중서림(民衆書林). <수정판 13쇄. 한국외대 글로벌캠퍼스 도서관 소장>

2009-00-00. 『컴퓨터 활용 옥편(活用玉篇)』, 현대중국학술연구원(現代中國學術研究院) 편(編), 서울: 민성사(民聲社). <13판. 983쪽. 부경대 도서관 소장>

2009-00-00. 『한한 대사전(漢韓大辭典)』 1, 단국대 동양학연구소 편(編), 용인: 단국대학교 출판부. <1,440쪽. 고려대 중앙도서관 등 소장>

2010-01-01. 『동아 현대 활용 옥편(現代活用玉篇)』, 두산동아 사서 편집국, 서울: 두산동아. <4판. 6+952쪽. 이병관(李炳官) 자원 집필.

7,000여 개의 표제자와 30,000여 개의 한자어를 수록하였다. 국립중앙도서관 소장>

2010-01-10. 『동아 가나다順 한자 사전』, 두산동아 사서편집국 엮음, 서울: 두산동아. <2+6+56+1,066쪽. 국립중앙도서관 소장> <2006-01-10(초판)>

2010-01-10. 『동아 백년 옥편(東亞 百年玉篇)』, 두산동아 사서편집국 엮음, 서울: 두산동아. <전면 개정판 제3판. 국립중앙도서관 소장> <1990-01-10(초판), 2005-01-10(전면 개정판. 제3판. 초판)>

2010-01-10. 『동아 신활용 옥편(동아 新活用玉篇)』, 두산동아 사서편집국 엮음, 서울: 두산동아. <제2판> <1975-01-15(초판)>

2010-01-10. 『동아 연세 초등 한자 사전』, 연세대학교 언어정보연구원 편(編), 서울: 두산동아. <36+1,052쪽> <2008-01-10(초판)>

2010-01-10. 『동아 현대 활용 옥편(東亞 現代活用玉篇)』, 두산동아 사서편집국, 서울: 두산동아. <4판. 6+952쪽. 이병관(李炳官) 자원 집필. 7,000여 개의 표제자와 30,000여 개의 한자어를 수록하였다. 국립중앙도서관 등 소장> <1972-10-15(초판), 1987-02-16(개정판 초판), 1994-01-10(개정 증보 제3판), 2001-01-10(제4판 초판)>

2010-01-10. 『엣센스 기초 한자 사전』, 편집부 편(編), 파주: 민중서림. <초판. 608쪽. 초등학생과 중학생을 위한 기초 한자 사전이다.> <2010-01-10>

2010-01-10. 『엣센스 한자 입문 사전』, 민중서림 편집국, 파주: 민중서림. <초판. 22+713쪽. 배재대 도서관, 서울여대 도서관, 전주대 도서관 소장> <2011-01-10(713쪽. 중학교 교육용 기초 한자 900자와 한자능력검정시험 8급에서 4급까지의 한자를 수록하였다.)>

2010-01-10. 『최신 활용 3,000 한자』, 편집부, 서울: 은광사. <206쪽. 6,000여 개의 한자어를 수록하였다.>

2010-01-10. 『최신판 동아 실용 옥편(東亞 實用玉篇)』, 두산동아 사서편집

국 엮음, 서울: 두산동아. <6+1,626쪽> <2007-01-10(초판)>

2010-01-10. 『한한 대자전(漢韓大字典)』, 민중서림 편집국(民衆書林編輯局) 편(編), 파주: 민중서림(民衆書林). <3판 3쇄. 전면 개정 증보판. 8+2,926쪽. 국립중앙도서관 소장>

2010-01-15. 『장원 활용 옥편』, 편집부, 서울: 장원교육. <640쪽>

2010-01-15. 『푸르넷 입문 한자 사전』, 김낙준, 서울: 금성출판사. <760쪽>

2010-04-20. 『플러스 실용 옥편』, 편집부, 서울: 윤미디어. <615쪽>

2010-05-20. 『옥편을 겸한 실용 한자 1,800자』, 편집부, 서울: 태을출판사. <271쪽>

2010-01-25. 『(교학) 신일용 옥편(教學 新日用玉篇)』, 교학사 출판부(教學社 出版部) 편저(編著), 서울: 교학사(教學社). <1985-09-15(초판)>

2010-05-30. 『옥편을 겸한 실용 한자 3,000자』, 편집부, 서울: 태을출판사. <279쪽>

2010-06-10. 『어린이 한자 사전(8·7급)』, 은하수 미디어 편집부, 서울: 은하수 미디어. <343쪽. 유아와 초등학생의 한자 급수 시험을 준비하는 데에 활용할 수 있도록 만들었다. 8급 한자 50자와 7급 한자 100자에 관한 기초 지식을 습득할 수 있도록 편집하였다.>

2010-08-30. 『초등 한자 사전』, 아울북 초등교육연구소, 서울: 아울북. <407쪽>

2010-09-17. 『초등 한자 사전』, 편집부, 서울: 북이십일 아울북. <한국어문회 5급 한자 500자, 서울시 교육청 선정 한자 600자, 초등학생이 알아야 할 한자 674자를 수록하였다.>

2010-12-10. 『성구·고사성어 포함 최신 실용 한자 사전(最新實用漢字辭典)』, 김웅남·전병금·김인호·박태현 편, 서울: 쿰란출판사. <927+3+2+1+6쪽. 국립중앙도서관, 울산대 도서관, 한신대 장공도서관 소장>

2010-12-29. 『생활 한자 사전』, 김영훈, 서울: 신원. <578쪽. 전자 책>

2010-00-00. 『21세기 한한 대자전(漢韓大字典)』, 동화사 사서부(東和社 辭書部) 편(編), 서울: 동화사(東和社). <개정 12판. 2,816쪽. 국립중앙도서관 소장>

2010-00-00. 『실용 대옥편(실용 大玉篇)』, 삼성교육미디어 편집부, 서울: 삼성교육미디어. <1,688쪽. 이가원(李家源)·차상원(車相轅) 감수(監修). 충남대 도서관 소장>

2010-00-00. 『실용 대옥편(實用大玉篇)』, 장삼식(張三植) 편(編), 서울: 교학사(敎學社). <1985-06-25(초판)>

2010-00-00. 『엣센스 민중 활용 옥편(民衆 活用玉篇)』, 민중서림 편집국 편(編), 파주: 민중서림(民衆書林). <제2판. 8+1,112쪽. 국립중앙도서관 소장>

2010-00-00. 『최신 홍자 옥편(修正 增補 最新弘字玉篇)』, 홍자출판사 편집부(弘字出版社編輯部) 편(編), 민중서림 편집국(民衆書林編輯局) 수정(修訂), 파주: 민중서림(民衆書林). <수정판 14쇄. 국립중앙도서관 소장>

2010-00-00. 『핵심 실용 옥편』, 윤미디어 편집부, 서울: 윤미디어. <제3판. 495쪽. 숙명여대 도서관 소장>

2010-00-00. 『현대 활용 옥편(現代 活用玉篇)』, 윤미디어 편(編), 서울: 윤미디어. <615쪽. 국립중앙도서관 소장>

2011-01-01. 『수정 증보 명문 신옥편(修正增補 明文新玉篇)』, 김혁제(金赫濟) 저(著), 서울: 명문당(明文堂). <1952-02-28(초판)>

2011-01-10. 『급수별 신 한자 사전』, 아테나 편집부, 서울: 아테나. <800쪽>

2011-01-10. 『동아 가나다順 한자 사전』, 두산동아 사서편집국 엮음, 서울: 두산동아. <2+6+56+1,066쪽. 이화여대 도서관, 중앙대 안성 캠퍼스 중앙도서관 소장> <2006-01-10(초판)>

2011-01-10. 『동아 간명 한자어 사전(簡明 漢字語 辭典)』, 두산동아 사서편집국, 서울: 두산동아. <15쇄> <1995-02-15(초판)>

2011-01-10. 『동아 백년 옥편(東亞 百年玉篇)』, 두산동아 사서편집국 엮음, 서울: 두산동아. <전면 개정판 제3판. 6+2,394쪽. 가천대 중앙도서관, 울산대 도서관, 을지대 대전캠퍼스 도서관, 전북대 중앙도서관 소장> <1990-01-10(초판), 2005-01-10(전면 개정판. 제3판. 초판)>

2011-01-10. 『동아 신활용 옥편(동아 新活用玉篇)』, 두산동아 사서편집국 엮음, 서울: 두산동아. <개정판 제2판. 8+728쪽> <1975-01-15 (초판)>

2011-01-10. 『동아 연세 초등 한자 사전』, 연세대학교 언어정보연구원 편(編), 서울: 두산동아. <36+1,052쪽> <2008-01-10(초판)>

2011-01-10. 『동아 한자 입문 사전(漢字入門辭典)』, 두산동아 편집부 엮음, 서울: 두산동아. <전면 컬러판> <1996-01-31(초판)>

2011-01-10. 『동아 현대 활용 옥편(東亞 現代活用玉篇)』, 두산동아 사서편집국, 서울: 두산동아. <4판 전면 개정판. 6+952쪽. 공주대 도서관, 을지대 대전도서관, 인하대 도서관, 충남대 도서관, 한국외대 서울도서관 소장> <1972-10-15(초판), 1987-02-16(개정판 초판), 1994-01-10(개정 증보 제3판), 2001-01-10(제4판 초판)>

2011-01-10. 『최신 명문 신옥편(最新 明文新玉篇)』, 김혁제(金赫濟) 저(著), 서울: 명문당(明文堂). <1,044쪽. 22.5×15.2센티미터>

2011-01-10. 『최신 홍자 옥편(修正 增補 最新弘字玉篇)』, 홍자출판사 편집부(弘字出版社編輯部) 편(編), 민중서림 편집국(民衆書林編輯局) 수정(修訂), 파주: 민중서림(民衆書林). <수정판 15쇄. 대판>

2011-01-10. 『최신판 동아 실용 옥편(東亞 實用玉篇)』, 두산동아 사서편집국 엮음, 서울: 두산동아. <6+1,626쪽. 숭실대 도서관, 을지대 대전캠퍼스 도서관 소장> <2007-01-10(초판)>

2011-01-10. 『한한 대자전(漢韓大字典)』, 민중서림 편집국(民衆書林編輯局) 편(編), 파주: 민중서림(民衆書林). <3판 크라운판>

2011-01-25. 『교학 신일용 옥편(敎學 新日用玉篇)』, 교학사 출판부(敎學社 出版部) 편저(編著), 서울: 교학사(敎學社). <1985-09-15(초판)>

2011-01-25. 『漢字語 빨리 찾기 사전』, 김동길(金東吉) 편(編), 서울: 교학사 (敎學社). <482쪽> <2005-02-25(초판)>

2011-01-30. 『실용 대옥편(實用大玉篇)』, 장삼식(張三植) 편(編), 서울: 교학 사(敎學社). <1985-06-25(초판)>

2011-02-10. 『기초 어린이 한자 사전』, 담터미디어 편집부, 서울: 담터미디어. <377쪽. 한자 능력 검정 시험 8급~7급 한자를 수록하였다.>

2011-02-28. 『한자 급수 사전』, 아이글터, 서울: 책빛. <126쪽. 전자 책>

2011-03-07. 『개정 호적법에 따른 인명용 한자 사전』, 이찬구, 서울: 명문 당. <295쪽>

2011-03-25. 『4만 4천 600자 옥편』, 김형곤 엮음, 서울: 일진사. <1,187쪽. 중고등학교 교육용 상용 한자 1,800자, 대법원 지정 최신 인명 용 한자 5,458자, 실용 및 고전에 쓰이는 한자 3 7,439자를 수 록하였다. 국립중앙도서관, 강원대 삼척도서관, 경북대 중앙도 서관, 경상대 도서관, 단국대 율곡기념도서관, 대전대 도서관, 동아대 도서관 등 소장>

2011-05-25. 『(국내 최초의 가나다순 옥편 한국어·한자·일본어·영어 요결 사 전) 한자 요결(漢字要訣)』, 안승제(安承濟) 편, 서울: 문예림(文 藝林). <2쇄. 614쪽. 약 2만 단어를 수록하였다. 가천대 중앙도 서관, 강원대 중앙도서관, 광주대 중앙도서관, 대전대 도서관, 동아대 도서관, 부경대 도서관, 순천향대 도서관, 연세대 학술 정보원 등 소장>

2011-06-15. 『최신판 장원 실용 옥편』, 편집부, 서울: 윤미디어. <1,214쪽. 12,000여 자를 표제자로 선정하였다.>

2011-07-05. 『최신판 장원 실용 옥편』, 편집부, 서울: 윤미디어. <1,214쪽>

2011-07-15. 『마법 천자문 초등 한자 사전』, 아울북 초등교육연구소, 서울:

아울북. <전자 사전. 412쪽>

2011-07-15. 『마법 천자문 한자 사전』, 아울북 에듀테인먼트연구소, 서울: 아울북. <전자 사전. 352쪽>

2011-07-25. 『예쁜 공주 첫 한자 사전』, 한자교재개발팀, 서울: 글송이. <345쪽. 3세부터 7세까지의 아이들을 위한 한자 사전이다. 초등학교 저학년 수준의 8~7급 한자는 물론 기초 한자를 주제별로 수록하였다.>

2011-10-30. 『한자 동의어 사전(漢字同義語辭典)』, 강혜근·강택구·유일환·한학중 편(編), 서울: 궁미디어. <636쪽. 농촌진흥청 농업과학도서관 소장>

2011-11-24. 『뉴에이스 활용 옥편(活用玉篇)』, 삼성서관 사서부(삼성서관辭書部) 편(編), 서울: 삼성서관. <18판. 646쪽. 계명대 동산도서관, 동아대 도서관, 부산대 부산캠퍼스 제1도서관, 부산외대 도서관 소장>

2011-00-00. 『찾으면 바로 외워지는 박원길의 한자 암기 사전』, 박원길 지음, 서울: 포힘. <전자 책. 계명대 동산도서관, 동아대 도서관, 부경대 도서관, 서울여대 도서관, 한서대 도서관, 한성대 도서관 소장>

2012-01-10. 『동아 간명 한자어 사전(簡明 漢字語 辭典)』, 두산동아 사서편집국, 서울: 두산동아. <1995-02-15(초판)>

2012-01-10. 『동아 백년 옥편(東亞 百年玉篇)』, 두산동아 사서편집국 엮음, 서울: 두산동아. <1990-01-10(초판), 2005-01-10(전면 개정판. 제3판. 초판)>

2012-01-10. 『동아 신활용 옥편(동아 新活用玉篇)』, 두산동아 사서편집국 엮음, 서울: 두산동아. <1975-01-15(초판)>

2012-01-10. 『최신판 뉴 에이스 실용 옥편』, 삼성서관 편집부 편(編), 서울: 삼성서관. <620쪽. 광운대 중앙도서관, 홍익대 문정도서관 소

장>

2012-01-10. 『최신판 동아 실용 옥편(東亞 實用玉篇)』, 두산동아 사서편집
국 엮음, 서울: 두산동아. <6+1,626쪽> <2007-01-10(초판)>

2012-00-00. 『강희 대옥편(康熙大玉篇)』, 아이템북스 편집부, 서울: 아이템
북스. <이기원(李家源)·차상원(車相轅) 감수(監修)>

2012-00-00. 『최신판 동아 실용 옥편』, 두산동아 엮음, 서울: 두산동아.
<1,626쪽>

2012-00-00. 『한한 명문 대옥편(漢韓 明文大玉篇)』, 김혁제(金赫濟)·김성원
(金星元) 공편저(共編著), 서울: 명문당(明文堂). <10판. 2,797+8
쪽. 전북대 중앙도서관 소장>

2013-01-10. 『동아 간명 한자어 사전(簡明 漢字語 辭典)』, 두산동아 사서편
집국, 서울: 두산동아. <1995-02-15(초판)>

2013-01-10. 『동아 백년 옥편(東亞 百年玉篇)』, 두산동아 사서편집국 엮음,
서울: 동아출판. <1990-01-10(초판), 2005-01-10(전면 개정판. 제
3판. 초판)>

2013-01-10. 『동아 연세 초등 한자 사전』, 연세대학교 언어정보연구원 편
(編), 서울: 두산동아. <36+1,052쪽> <2008-01-10(초판)>

2013-01-10. 『동아 한자 입문 사전(漢字入門辭典)』, 두산동아 편집부 엮음,
서울: 두산동아. <704쪽. 전면 컬러판. 국립중앙도서관 소장>
<1996-01-31(초판)>

2013-01-10. 『동아 현대 활용 옥편(東亞 現代活用玉篇)』, 두산동아 사서편집
국, 서울: 동아출판. <제4판. 이병관(李炳官) 자원 집필> <1972-
10-15(초판), 1987-02-16(개정판 초판), 1994-01-10(개정 증보 제3
판), 2001-01-10(제4판 초판)>

2013-01-10. 『최신 홍자 옥편(修正 增補 最新弘字玉篇)』, 홍자출판사 편집
부(弘字出版社編輯部) 편(編), 민중서림 편집국(民衆書林編輯
局) 수정(修訂), 파주: 민중서림(民衆書林).

2013-01-10.『최신판 동아 실용 옥편(東亞 實用玉篇)』, 두산동아 사서편집국 엮음, 서울: 두산동아. <6+1,626쪽> <2007-01-10(초판)>

2013-01-10.『학습 한자 사전』, 이가원 감수, 서울: 학이사. <640쪽>

2013-01-10.『한한 대자전(漢韓大字典)』, 민중서림 편집국(民衆書林編輯局) 편(編), 서울: 민중서림(民衆書林).

2013-01-20.『뉴 베스트 강희 옥편』, 편집부, 서울: 은광사. <616쪽>

2013-01-24.『실용 대옥편(實用大玉篇)』, 장삼식(張三植) 편(編), 서울: 교학사(敎學社). <859쪽> <1985-06-25(초판)>

2013-01-25.『교학 신일용 옥편(敎學 新日用玉篇)』, 교학사 출판부(敎學社 出版部) 편저(編著), 서울: 교학사(敎學社). <1985-09-15(초판)>

2013-00-00.『옥편을 겸한 뉴 베스트 국어 사전(玉篇을 兼한 뉴 베스트 國語辭典)』, 사서부(辭書部) 편(編), 서울: 은광사(恩光社). <486쪽. 성신여대 도서관 소장>

2013-00-00.『최신 한한 크라운 강희옥편(最新 漢韓 크라운 康熙玉篇)』, 삼성서관 사서부(辭書部) 편. 서울: 삼성서관. <29+756쪽. 성신여대 도서관 소장>

2014-01-10.『동아 가나다順 한자 사전』, 두산동아 사서편집국 엮음, 서울: 두산동아. <5쇄. 2+6+56+1,066쪽> <2006-01-10(초판)>

2014-01-10.『동아 백년 옥편(東亞 百年玉篇)』, 두산동아 사서편집국 엮음, 서울: 동아출판. <1990-01-10(초판), 2005-01-10(전면 개정판. 제3판. 초판)>

2014-07-30.『라이브 한+ 한자 사전』, 한자사전편찬위원회 저, 파주: 성안당. <6+1,441쪽. 개정판. 서울대 중앙도서관, 숙명여대 도서관 소장>

2014-01-10.『동아 신활용 옥편(동아 新活用玉篇)』, 편집부 편, 서울: 동아출판. <2판. 8+728쪽. 비닐 포켓판> <1975-01-15(초판)>

2014-01-10.『동아 현대 활용 옥편(東亞 現代活用玉篇)』, 자원 집필 이병관

(李炳官), 서울: 동아출판. <제4판 전면 개정. 6+952쪽>
<1972-10-15(초판), 1987-02-16(개정판 초판), 1994-01-10(개정 증보 제3판), 2001-01-10(제4판 초판)>

2014-01-10. 『민중 활용 옥편』, 민중서림 편집국 편(編), 파주: 민중서림. <제2판. 1,120쪽>

2014-01-10. 『최신판 동아 실용 옥편(東亞 實用玉篇)』, 동아출판 편집부, 서울: 동아출판. <6+1,626쪽> <2007-01-10(초판)>

2014-01-10. 『한한 대자전(漢韓大字典)』, 민중서림 편집국(民衆書林編輯局) 편(編), 파주: 민중서림(民衆書林). <3판>

2014-01-17. 『동아 실용 옥편』, 편집부, 서울: 두산동아. <1,632쪽.>

2014-00-00. 『교학 대한한 사전(敎學 大漢韓辭典)』, 대한한사전편집실(大漢韓辭典編輯室) 편(編), 서울: 교학사(敎學社). <9쇄. 3,952쪽. 강남대 도서관, 경북대 중앙도서관, 고려대 중앙도서관, 동아대 도서관 등 소장>

2014-00-00. 「활용 자전(活用字典)」, 『동아 새 국어 사전』, 두산동아 사서편집국 엮음, 서울: 두산동아. <5판. 12+2,871+244쪽. 배재대 도서관, 중앙대 서울캠퍼스 중앙도서관 등 소장> <1989-01-10 (초판)>

2015-01-10. 『동아 백년 옥편』(東亞 百年玉篇), 두산동아 사서편집국 엮음, 서울: 동아출판. <전면 개정판. 6+2,394쪽. 가천대 중앙도서관, 부산대 부산캠퍼스 제1도서관 등 소장> <1990-01-10(초판), 2005-01-10(전면 개정판. 제3판. 초판)>

2015-01-10. 『동아 실용 옥편』, 두산동아 편집부, 서울: 두산동아. <1,632쪽>

2015-01-10. 『동아 연세 초등 한자 사전』, 연세대학교 언어정보연구원 편(編), 서울: 동아출판. <36+1,052쪽> <2008-01-10(초판)>

2015-01-10. 『동아 현대 활용 옥편(東亞 現代活用玉篇)』, 자원 집필 이병관(李炳官), 서울: 동아출판. <제4판 전면 개정. 6+952쪽>

<1972-10-15(초판), 1987-02-16(개정판 초판), 1994-01-10(개정 증보 제3판), 2001-01-10(제4판 초판)>

2015-01-10. 『엣센스 한자 사전』, 민중서림 편집국 편(編), 파주: 민중서림. <중쇄본. 2,448쪽>

2015-01-10. 『최신 홍자 옥편(修正 增補 最新弘字玉篇)』, 홍자출판사 편집 부(弘字出版社編輯部) 편(編), 민중서림 편집국(民衆書林編輯局) 수정(修訂), 파주: 민중서림(民衆書林). <대판>

2015-01-10. 『최신판 동아 실용 옥편(東亞 實用玉篇)』, 동아출판 편집부, 서 울: 동아출판. <6+1,626쪽> <2007-01-10(초판)>

2015-01-10. 『한한 대자전(漢韓大字典)』, 민중서림 편집국(民衆書林編輯局) 편(編), 파주: 민중서림(民衆書林). <전면 개정 3판. 크라운판. 가죽 장정. 2,936쪽>

2016-01-10. 『동아 백년 옥편』(東亞 百年玉篇), 두산동아 사서편집국 엮음, 서울: 동아출판. <전면 개정판. 6+2,394쪽> <1990-01-10(초판), 2005-01-10(전면 개정판. 제3판. 초판)>

2016-01-10. 『동아 현대 활용 옥편(東亞 現代活用玉篇)』, 자원 집필 이병관 (李炳官), 서울: 동아출판. <제4판 전면 개정. 6+952쪽. 국회도 서관 소장> <1972-10-15(초판), 1987-02-16(개정판 초판), 1994-01-10(개정 증보 제3판), 2001-01-10(제4판 초판)>

2016-01-10. 『최신판 동아 실용 옥편(東亞 實用玉篇)』, 동아출판 편집부, 서 울: 동아출판. <10쇄. 6+1,626쪽> <2007-01-10(초판)>

2016-04-25. 『표점교감전자배판, 신자전(新字典)』, 하영삼 편, 부산: 도서출판3.

2016-04-25. 『표점교감전자배판 전운옥편(全韻玉篇)』, 왕평 편, 부산: 도서 출판3.

발행 시기 미확인 자전

0000-00-00.『내선 옥편(內鮮玉篇)』, 임규(林圭) 편(編), 안인식(安寅植) 교열
(校閱), 경성: 성문당(盛文堂).

1945-00-00 이전.『한일선 신옥편(漢日鮮新玉篇)』, 경성: 청조사(靑鳥社).

1945-00-00 이전.『포켓트 일선 자전(日鮮字典)』, 경성: 청조사(靑鳥社).

글을 마치며

이제 '한국 자전의 해제와 목록'이라는 주제의 작업을 마무리하면서 위에서 소개한 자전 목록을 활용하여 '한국 자전의 편찬 역사'를 간략하게 기술해보기로 한다.

우선 '한국'은 무엇인가? 한국은 대한민국의 약어인데, 보통 대한민국은 기원전 2333년에 성립된 한반도와 그 부속 도서로 이루어진 공화국으로 말해진다. 조금 풀어서 이야기하면 한국은 고조선, 고구려, 백제, 신라, 통일 신라, 고려, 조선, 일본 강점기, 그리고 대한민국과 조선인민공화국 등 전부를 가리키는데, 우리는 현재 분단 상태에 있으므로 이야기가 두 부분으로 나누어 진행되어야 한다. 다시 말하면 한국 자전이라면 고조선의 자전부터 현재의 대한민국의 자전과 북한 자전 등 모두를 가리킨다. 만주 주변의 부족 국가, 삼한, 또 일본은 독도 문제를 제기하고 있으니 우리 영토의 문제가 그리 간단하지는 않음을 짐작할 수 있다.

여기에서 '자전'은 다른 사전과 마찬가지로 편찬 시기, 제작 방법, 담고 있는 내용 등에 따라 구분할 수 있다. 우리는 자전 즉 한자 사전이나 한자어 사전, 그리고 한자 및 한자어 사전을 엄격하게 구분하지 않고 보통 '옥편(玉篇)'이라고 부른다. '옥편'은 중국의 고야왕(顧野王)이 펴낸 『옥편(玉篇)』이 보통명사로 사용된 단어로 중의성을 가지고 있어 전문용어로는 적합하지 않다고 볼 수 있다. 그럼에도 불구하고 실제로 '옥편'은

'한자 사전'보다 훨씬 더 많이 책명으로 사용되고 있고, 드물게 '한자어 자전', '한한 자전(漢韓字典)' 등이 사용되고 있다. 이런 이유는 '옥편'이 운서의 표제자를 검색하기 위한 보편으로 편찬되었고, 자전 편찬 전문가보다는 출판사 편집부에서 독자적으로 자전을 편찬하는 경우가 더 많았기 때문으로 생각할 수 있다.

그럼 '한국 자전'은 무엇일까? 한국에서 편찬된 다시 말하면 만들어지거나, 또는 인쇄되어 발행된 자전을 가리킨다. 책으로 발행되지 않은 채 원고로 남은 원고본과 책으로 발행하고자 하는 의도가 없이 만들어진 필사본 등이 있기에 문제가 조금 복잡해진다. 아무튼 '옥편'을 처음으로 한국 한자 사전의 책명으로 사용한 것은 한적본(전적)으로는『전운옥편(全韻玉篇)』(1796 이후)이고, 양장본으로는『국한문 신옥편(國漢文新玉篇)』(정익로, 1908, 야소교서원)을 들 수 있다. 여기에서 '국한문'을 붙인 것에 유의해야 한다. 그리고 '자전'을 책명으로 제일 먼저 쓴 것은『자전석요(字典釋要)』(지석영, 1909, 회동서관)이고, '사전'이라는 책명을 처음으로 사용한 것은『모범 선화 사전(模範鮮和辭典)』(정경철 외, 1928, 동양서원)이다. 또 '한자 자전'을 책명으로 처음 쓴 것은『보통학교 조선어사전(普通學校 朝鮮語辭典)』(심의린, 1925, 이문당)에 부록으로 수록된 '보통학교 한자 자전'인데,『상용 한자 숙어 자전(常用漢字熟語辭典)』(신애도 엮음, 1939, 조선기독교서회) 등도 찾아볼 수 있지만, '한자 자전'이라는 책명은 많이 사용되지는 않았다. 한편 드물게 사용된 '한자 사전'을 책명으로 처음 쓴 것은 대조사 편집부에서 1952년에 펴낸『한자 사전(漢字辭典)』인 것 같아 보이는데, 이런 책명 이외에도 '한한 사전, 한자어 사전' 등 1950년대부터는 더 다양한 자전 책명을 사용하게 된다.

'처음, 최초' 이런 단어들은 아주 조심해서 사용해야 하는데, 이런 표현을 하기 위해서는 한국에서 발행된 모든 자전의 목록을 작성하지 않고는 꺼내기 어려운 일이다. 게다가 새로운 자료가 발견되면 이런 단어들을 사용한 것이 틀릴 수도 있기 때문이다. 그래서 연구 대상인 자료 목록의 중요성을 인식하고 사전 자료를 수집하고 목록을 작성하는 일을 꾸준히 해야 할 것이다.

보통 역사는 어떤 것이 존재해온 기록을 가리키는데, 한국 자전의 역사에 이것을 적용시켜 본다면, 한국 자전이 언제 생겨나서 어떤 과정을 거쳐 현재에 이르렀으며, 또 앞으로는 어떻게 될 것인가 하는 점을 기록해야 한다. 한국 자전의 편찬 역사는 결론적으로 우리는 책명을 통해서도 자전의 역사를 설명할 수 있고, 또 인터넷 검색창에 '옥편(編), 사전, 자전, 한자 사전, 한자어 사전' 등의 검색어를 입력해야 '자전'에 관한 정보를 찾아볼 수 있다는 것도 알 수 있다.

지금까지는 사전의 형태 즉 표제자가 선정되어 부수, 획수, 음절 등의 기준으로 배열하고 음과 뜻을 기술해 놓은 책들을 중심으로 살펴보았지만, 형태, 음, 뜻을 가지고 있는 문자인 한자의 특성에 따라 훈고서, 자서, 운서 등 자전 내용의 일부만을 가진 것과 한자 학습서, 한자 어휘집 등도 고려하지 않을 수 없다. 국내에서 간행된 『천자문』의 한자 훈과 음의 제시 방법이 『국한문 신옥편』(정익로, 1908), 『자전석요』(지석영, 1909) 등의 자전에서 표제자의 의미와 음을 기술한 방법과 동일한 경우도 찾아볼 수 있기 때문이다. 자전과 더불어 고려해야 할 자료 몇 가지를 소개하면 다음과 같다.

① 경서 주석서·언해서: 『정본 집주논어(正本 集註論語)』(남궁준 편집, 1917. 본문 상단에 한자의 석음을 한글로 달아 놓았다(예: 樂 즐길락).) 등.
② 물명집: 「물명」, 『시경언해』(1585~1593) 『잡동산이』(안정복, 18세기), 『제물보』(이만영, 1798) 등.

③ 불경 현토서:『현토 초발심자경문(懸吐初發心自警文)』(1935, 안진호. '가', '각', '간', '감' 등 음절별로 분류한 한자 목록이 있는 '초발심자경음해(初發心自警音解)'가 부록으로 수록되어 있다. 각 한자 아래에 그 뜻을 한글로 적어 놓았다.) 등.

④ 성어 사전:『언문주히보통문즈집』(이주완, 1914), 『무쌍 주해 신구 문자집』(김동진, 1923), 『행용 한문 어투(行用漢文語套)』(1939), 『원문을 밝힌 한문 숙어 사전』(유창돈·박노춘 공저, 1962) 등.

⑤ 신문 기사:「이훈각비(俚訓覺非)」(『대한민보』, 1909, 1호~90호),「신래성어문답」(『대한민보』, 1909, 2호~136호),「명사집요(名詞輯要)」(『대한민보』, 1909, 90호~165호) 등.

⑥ 신어 사전:『현대 신어 석의』(최록동, 1922) 등.

⑦ 유서:『신보휘어(新補彙語)』(김진, 1653/1684. 고서에서 중요한 문자와 구절들을 뽑아 부문별로 배열하여 주석을 달았다.『玉海』를 모방한 백과사전적인 어휘집.『신보휘어』=『휘어』=『신편휘어(新編彙語)』),『문자유집』(1911. 문명서관) 등.

⑧ 전문용어집:『간명 법률 경제 숙어 사해』(신문사편집국 편, 1917) 등.

⑨ 중국어-한국어 대역 사전:『화어유초(華語類抄)』(1883), '중영 사전'(『한영즈뎐(韓英字典; A Korean-English Dictionary)』(Gale, J. S., 1911) 등.

⑩ 척독:『자전 척독 완편(字典尺牘完編)』(김우균, 1905) 등.

⑪ 한자·한문 교재와 참고서:『한자용법』(노명호, 1918),『보통학교 조선어 급 한문 독본 권3 난구 문자 숙어 해석』(노영호, 1921),『초학 시문 필독(初學時文必讀)』(이기형, 1923),『보통학교 전과 모범 참고서』제4학년 후편(1924),『보통학교 한문 자습 상해(普通學校 漢文自習詳解)』권5 전기용·(제5학년 전편)(오혜영(吳惠泳)·오석균(吳錫均), 1925),『한문 교수 첩경 주석(漢文敎授捷徑註釋)』(정익, 1929. '권지4 문자음의(文字音義)'에 자전과 같은 한자 풀이가 있다.),『중등 한문 독본』권2(김경탁, 1949).『현대 중등 한자어 독본(現代 中等漢字語讀本)』권1(민태식 편저, 1954),『상용 한자 교본(常用漢字敎本)』(백남규, 1955). 한문 교과서의 본문이나 본문 상단 또는 부록 등에서도 한자의 뜻을 풀이하여 놓은 것이 있다.『신

수 중등 한문』(김득초, 1950)에서는 부록으로 아래와 같이
과별로 한자의 뜻과 음을 붙여 나열하였다(第一科 熱 더울,
열 化 변화, 화 汽 증기, 기 昇 오를, 승 冷 찰 랭 變 변할
변) 등.

⑫ 한자·한문 학습서: 『천자문』, 『유합』, 『훈몽자회』, 『아학편』, 『속수
한문훈몽』, 『동몽선습』, 『명심보감』 등.

⑬ 한자어 목록·어휘집: 『언문(言文)』(지석영, 1909), 「조선어 국어 용자
비교 예」(『국어 조선어 자음 급 용자 비교(國語 朝鮮語 字音
及用字比較)』, 1911, 관립한성외국어학교), 『잘못 읽기 쉬운
상식 한자어』(1957, 대건출판사) 등.

⑭ 한자어-일본어 사전: 『조선 숙어 해역(朝鮮 熟語解譯釋)』(야마노이
린지(山之井麟治) 저, 1915) 등.

지금 소개한 이러한 자료는 일부에 지나지 않는다. 널리 알려지지 않
은 자료도 있겠지만, 자전 이외에도 고려해야 할 자료들이 많이 있다는
점을 기억해야 할 것이다.

그리고 자전과 관련된 전문 분야도 적지 않다. 조금 더 구체적으로
말하면, 우리 인간은 지구에서 집단을 이루고 살며 언어와 문자를 사용
하여 서로 소통하고 문화를 기록하여 보존하고 또 계승하고 창조하고
후손에게 전달하면서 살아가고 있다. 인간이 다른 생물과는 달리 직립
보행 이후로 말을 하게 되었고, 또 문자도 사용하고 있으므로 이 둘을
정확하게 이해한다면 인간이란 무엇인가라는 질문에 도움을 줄 수 있는
답을 제시할 수 있을 것이다. 그래서 지금 우리가 생각하는 자전이라는
문제는 넓게는 천체학, 우주학, 자연과학, 생물학뿐만 아니라 인류학(인
간학), 인문과학 등과 관련되어 있고, 좁게는 한자학과 사전학은 물론 문
자학, 서체학, 언어학(특히 음운론, 의미론, 언어 정책) 그리고 중국어학, 한
국어학 등과 깊은 관련을 맺고 있다.

지금까지 이야기한 용어, 자료, 관련 분야 등에 관한 문제를 염두에 두고, 한국 자전은 언제, 무엇이, 어떻게 편찬되어 왔는가를 살펴보기로 하는데, 자전이 편찬된 시기와 자전의 내용에 따라 선택한 대표적인 한국 자전을 통해서 간략하게 설명해보기로 하자.

1. 훈고서와 자서의 수입과 편찬(10세기~18세기)

통일 신라 시대 때에 강수(强首, ?~692년)가 『이아』 등을 읽었다는 기록이 있으나 이 책이 복각한 것인지 중국에서 수입한 것인지 알 수가 없다.[28] 그런데 『고려사』 '세가 10권'에는 1091년(선종 8년) 음력 6월 병오일에 중국에서 돌아온 이자의(李資義, ?~1095년) 등이 송나라 황제가 사신을 접대하는 관원에게 고려에서 펴낸 책을 구해 오라고 목록을 적어 주었다는 기록이 있다. 이 목록에는 『이아도찬(爾雅圖贊)』, 고야왕(顧野王)의 『고옥편(古玉篇)』, 여침(呂忱)의 『자림(字林)』 등이 포함되어 있어 이 훈고서와 자서들이 1091년 6월 이전에 고려에서 복각되었음을 짐작할 수 있다. 또 『구당서(舊唐書)』 '권199 상 열전, 제149 상 고려조'에서는 고려(918년~1392년)의 책으로는 『옥편(玉篇)』, 『자통(字統)』, 『자림(字林)』 등이 있다는 기록을 찾아볼 수 있어 고려 시대에 중국의 훈고서와 자서들을 복각한 사실을 알 수 있다.

국내에서 간행된 대표적인 훈고서로는 박선수의 『설문해자익징(說文解字益徵)』을 들 수 있다. 『설문해자익징』은 1912년 광문사(光文社)에서 14권 6책 석인본[29]으로 발행되었는데, 박선수는 중국 사람 허신(許愼)이

---

28) 번각본은 원본 그대로 제작한 것으로 본문은 원본과 같으나 다른 내용을 첨가한 판본이다. 복각본은 복각한 판으로 인쇄한 판본이다.
29) 석인본(또는 석판본)은 돌판(또는 석판)에 양각 또는 음각으로 글자를 새겨 인쇄한 책을

100년에 지은 중국 최초의 자서 『설문해자(說文解字)』의 오류를 수정하고 미비한 내용을 보완하여 『설문해자익징』의 원고를 집필하였다. 이 책은 종정문 이전의 자료인 갑골문까지 활용하는 현재의 한자 의미의 기술 방법과 비교하면 한계점이 드러나지만 조선 후기의 문자학, 훈고학, 고증학 등의 수준을 가늠할 수 있는 자료가 될 수 있다는 점에서 가치가 있다.

번각본 훈고서와 자서는 11세기 이전부터 간행되었으며, 번각본 운서는 18세기 후반까지 전적으로 간행되었다. 국내에서 간행된 번각본 훈고서, 자서, 운서는 우선 서지학적 측면에서 앞으로 보다 면밀히 논의가 이루어져야 할 것이다.

2. 운서의 편찬(10세기?~19세기)

고려 958년(광종 9년)에 과거시험이 실시되면서 시를 지을 때에 압운을 맞추기 위해 운서가 필요했다. 과거시험용으로 사용된 운서는 운목의 수가 106운인 『신간배자예부운략(新刊排字禮部韻略)』(1463/1524)을 많이 사용했다. 조선 시대에 운서를 편찬할 때에 가장 많이 사용한 운서는 『고

가리킨다. 양각의 경우에는 잉크를 글자의 표면에 바르고 인쇄하지만, 음각인 경우에는 잉크를 돌판에 붓은 다음에 표면을 닦아내고 홈에 남아 있는 잉크로 인쇄를 한다. 1883년 박문국에 활판 인쇄 시설이 설치된 이후 1899년 무렵에 대한제국의 농상공부 인쇄국이 설립되면서 석판 인쇄 시설을 처음으로 갖추게 되었다. 정부는 이 석판 인쇄 시설로 우표, 인지, 지폐, 증서 등을 인쇄하였는데, 1908년에는 광덕서관에서 석인본으로 『대가법첩(大家法帖)』을 펴내기도 하였다. 그러나 석판 인쇄 시설은 일반 서적의 간행에는 별로 활용되지 못하다가 1925년 무렵부터 100여 종류의 서적이 국내에서 석인본으로 발행되었다. 일본이 만주를 침탈하면서 1930년대 만주에서 활발하게 석인본이 간행되었으며, 1945년 광복 이후에는 석인본 문집과 족보가 발행되어 그 명맥을 유지하였다.

금운회거요』였다.

새로운 왕조의 정체성 확보 방안으로 언어 정책을 펼친 결과물로 제
작된 중국의 운서는 여러 가지가 있지만, 우리가 많이 사용한 운서로는
『예부운략(禮部韻略)』(정도 외, 1037), 『집략』(정도 외, 1039), 『평수신간예부운
략(平水新刊禮部韻略)』(왕문욱, 1229), 『임신 신간 예부운략』(유연, 1252), 『고금운
회거요』(웅충, 1297), 『신간배자예부운략』(1300), 『몽고자운』(주종문, 1308),
『중원음운』(주덕청, 1324), 『몽고운략』(팍스마 라마) 등을 들 수 있다.

① 중국 운서

위나라(220~265): 『성류』(이등)

진나라(265~420): 『운집』(여정)

남북조 시대(420~589): 『사성보』(심약), 『사성절운』(주언륜)

수나라(581~618): 『절운』(육법언, 601)

당나라(618~907): 『당운』(손면, 713~741 사이), 『절운』(이주) 등.

송나라(960~1279): 『광운』(진팽년 외, 1008), 『운략』(구옹 외), 『예부운
략』(정도 외, 1037), 『집략』(정도 외, 1039), 『임신
신간 예부운략』(유연, 1252) 등.

원나라(1271~1368): 『고금운회』(황공소, 1292), 『고금운회거요』(웅충, 1297), 『몽
고자운』(주종문, 1308), 『중원음운』(주덕청, 1324), 『몽
고운략』(팍스마 라마) 등.

명나라(1368~1644): 『운학집성』(장보), 『홍무정운』(악소봉 외, 1375), 『경림
아운』(주권, 1398), 『운략이통』(난무, 1442) 등.

청나라(1616~1912): 『운략회통』(필공진, 1642), 『오방원음』(변등봉, 1643~1722
사이) 등.

번각본 운서는 18세기 후반에도 간행되었는데, 국내에서 간행된 복각
본과 번각본 훈고서, 자서, 운서는 우선 서지학적 측면에서 보다 면밀히
논의가 이루어져야 할 것이다.[30]

그리고 고려 광종 때에 과거를 통해 선비를 뽑았으므로 운서는 중국의 『절운(切韻)』을 사용하였을 것이고, 조선 시대에는 고려 때의 운서를 그대로 사용하다가 세종 때에 『홍무정운역훈』와 『동국정운』을 편찬하도록 하였다고 한다. 이런 주장과는 달리 고려 시대부터 운서를 펴내기 시작하였는데, 고려 말기에 간행된 『삼운통고(三韻通考)』를 그 시초로 보는 경우도 있다.[31]

다음은 운서의 활용 문제에 관해서 살펴보도록 하자. 우선 중국 운서는 언문(훈민정음, 한글) 창제와 언문 해설본 『훈민정음』과 『동국정운』의 편찬에 활용되었다. 명나라 태조(太祖, 1368년~1398년 재위)는 중국의 남방음을 반영한 표준 한자음을 정하기 위하여 악소봉(樂韶鳳), 송렴(宋濂) 등에게 운서 『홍무정운』(1375)을 편찬하게 하였는데, 『훈민정음』과 『동국정운』을 지을 때에 이 운서를 참고하였다. 『조선왕조실록』에는 음력 1444년 2월 16일에 세종은 집현전 교리 최항, 부교리 박팽년, 부수찬 신숙주, 이선로, 이개, 돈녕부 주부 강희안 등에게 언문으로 『운회』를 번역하라는 명령을 내렸다는 기사를 찾아볼 수 있다. 또 음력 1444년 2월 20일 1번째 기사에 따르면 최만리 등이 언문 제작의 부당함을 상소하는 글을 올렸다. 이 상소문에는 "가볍게 옛 사람이 이미 이룩한 운서를 고치고 근거 없는 언문을 부회(附會)하여 공장(工匠) 수십 명을 모아 각본(刻

---

30) 이규경의 『오주연문장전산고』 경사편 1-경전류 2 소학−운서 '운서에 대한 변증설'에서는 삼국 시대에 중국과 통래하였고 문인이 있었으므로 중국 운서가 들어온 것도 이 무렵일 것이나 문헌이 없어 고증할 수는 없다고 하였다.

31) 『삼운보유』(박두세, 1702) '범례', 『지봉유설』(이수광) 권7 등에는 『삼운통고』는 일본에서 전해온 것이라는 내용을 찾아볼 수 있다. 또 『성호사설』(이익) 제28권 시문문 '운고'에서는 『운고』는 심약(沈約)의 『사성유보(四聲類譜)』를 증보한 것이라고 설명하였다. 그리고 『증보문헌비고』 권243에서는 『삼운통고』는 국내에서 간행된 최초의 운서라고 하였는데, 오구라 신페이(1964)에서는 이 책은 중국에서 만들어진 것은 아닌데 조선 또는 일본에서 편찬된 것인지는 분명하지 않다고 하였다.

本)하여서 급하게 널리 반포하려 하시니 천하 후세의 공의(公議)에 어떠 하겠습니까?"라는 내용을 찾아볼 수 있다. '운서를 고치고 근거 없는 언 문을 부회하여'에서 '운서'는 『고금운회거요(古今韻會擧要)』를 가리키고, '언문을 부회하여'는 언문으로 한자 발음을 기술하는 것을 가리킨다. 세종은 『고금운회거요』에서 중국 한자음을 반절로 제시한 것을 언문으로 표기하도록 명령하였는데, 이 운서에 기술된 한자음은 당시 중국의 한자 표준 발음과는 달랐다. 중국에서는 명나라(1368~1644)가 들어서면서 새로운 운서인 『홍무정운』이 편찬되었고, 『고금운회거요』에 기술된 중국 한자 발음은 세종이 운서를 언문으로 번역할 것을 명령한 당시의 중국어 학습에는 적합하지 못했다. 이런 이유에서인지 『고금운회거요』의 언문 번역 작업은 완성되지 못했다. 이 번역서 대신에 『동국정운』이 편찬되었다는 주장도 있다. 그리고 운서는 중국어 학습을 위하여 활용되었다. 중국어 학습을 위하여 중국 한자음을 한글로 제시한 『홍무정운역훈(洪武正韻譯訓)』(신숙주 외, 1455), 『사성통고(四聲通考)』(신숙주, 1455), 『사성통해(四聲通解)』(최세진, 1517) 등이 간행되었는데, 이 운서들은 중국어-한국어 사전 가운데 중국어의 발음 사전의 출발점으로도 볼 수 있다.

국내에서 편찬된 운서로는 우선 편자 미상이고 정확한 간행 시기도 미상인 『삼운통고(三韻通考)』를 들 수 있다. 이 운서는 고려 말기부터 조선 시대에 걸쳐 과거시험을 치를 때에 가장 많이 사용한 운 사전으로 압운을 맞출 수 있도록 표제자의 운을 검색하기 편리하게 편찬되었다. 이 운서는 반절이나 한글로 한자음을 제시하지는 않고 1면을 3단으로 나누어 평성, 상성, 거성으로 분류하여 표제자를 열거한 다음 한자 2자 또는 3자로 뜻풀이를 하고 입성자는 별도로 모아 책 뒷부분에 나열하였다. 『삼운통고』는 중국 운서 『예부운략(禮部韻略)』, 『운부군옥(韻府郡玉)』, 『홍무정운(洪武正韻)』(1375)을 참고하여 만들어졌는데, 『삼운통고』를 보완하여 간행한 것으로는 『삼운통고보유(三韻通考補遺)』(박두세, 1702)와 『증보삼운통고(增補三韻通考)』(김제겸·성효기, 1702~1720)를 들 수 있다. 이 운서는 중국 또는 일본에서 발행된 것으로 보는 의견도 있다.

『삼운통고』는 편찬자가 미상이고, 또 정확한 편찬 시기를 알 수 없어 보통 『동국정운(東國正韻)』(신숙주 외, 1448)을 한국 최초의 운서라고 한다. 『동국정운』은 관습 한자음을 채택한다는 편찬 지침과는 달리 송나라 등운학과 『홍무정운』을 편찬하게 한 언어 정책을 지나치게 따랐으므로 현실음과 거리가 있는 규범적인 조선 한자 발음 사전이 되고 말았다. 『동국정운』은 시를 지을 때에 운을 찾아보는 목적보다는 표준 발음을 정하기 위하여 만들어진 발음 사전으로 주로 불경 언해서 등에 한글로 한자음을 표기하기 위해 사용되었다가 16세기 초기부터는 아예 사용하지 않게 되었다.

15세기 중반에는 『홍무정운역훈』(신숙주 외, 1455)와 『사성통고』(신숙주 외, 1455 또는 1475년 이전)가 편찬되었다. 『홍무정운역훈』은 『홍무정운』의 형식을 그대로 따랐으며, 반절과 표제자를 뜻풀이한 내용도 그대로 인용하였는데, 표제자의 음은 언문으로 제시해 놓았다. 『사성통고』는 『홍무정운역훈』의 한자음 일람표처럼 만든 것으로 현전하지는 않는 운서이다.

16세기 초반에는 최세진이 『사성통고』를 증보하여 『사성통해(四聲通解)』(1517)를 만들었다. 『사성통해』는 최세진이 『홍무정운』을 토대로 삼아 표제자의 뜻풀이가 없는 『사성통고』의 미비점을 보완하여 2권 2책으로 편찬한 운서이다. 『사성통고』의 형식을 유지하면서 일치하지 않은 속음을 수정하였고, 모든 표제자의 중국 한자 발음을 언문으로 표기하였다. 또 최세진은 『홍무정운역훈』의 결함을 보완하여 『속첨홍무정운(續添洪武正韻)』(16세기 초기)도 펴냈다.

17세기 후반의 대표적인 운서로는 『옥휘운(玉彙韻)』(동호일인, 1691)을 들 수 있다. 본문은 상하 2단으로 나누어 상단에는 중국 음시부의 『운부군옥(韻府郡玉)』처럼 고사에서 찾은 숙어들을 운에 따라 배열하였다. 하단에는 106운계 운서와 같이 표제자를 배열하여 음과 뜻풀이를 제시하였다.

18세기 중반에는 『화음정음통석운고(華東正音通釋韻考)』(박성원, 1747)이 간행되었다. 이 책은 『증보 삼운통고』의 체재와 내용은 그대로 두고 18세기 조선 한자음(동음)과 중국 한자음(화음)을 처음으로 나란히 기술한 운서로 줄여서 『정음통석』으로 부르기도 한다. 중국 한자음은 『사성통해』를 토대로 삼아 기술하였는데, 화음과 동음 두 한자음을 제시한 운서로는 이 책이 처음이다. 박성원은 이 운서의 자매편인 『화음협음통석(華音叶音通釋)』(1788)도 지었다. 그리고 홍계희는 『삼운성휘(三韻聲彙)』(1751/1769)를 편찬하였다. 『삼운성휘』는 당시의 조선 한자음을 기술하기보다는 『홍무정운』의 한자음을 바탕으로 하여 편찬된 『사성통해』의 중국 한자음을 따랐기 때문에 당시의 현실음을 반영하지 못하고 규범적인 운서로 편찬되었다. 『삼운성휘』는 동음과 화음을 같이 제시하였는데, 한자 표제자를 한글 자모 글자의 순서로 배열하였다. 운서이지만 표제자의 뜻풀이를 기술하였는데, 『증보 삼운통고』의 뜻풀이와 대부분 동일하다.

18세기 후반에는 이덕무가 『어정 규장전운(御定奎章全韻)』(1796)을 편찬하였다. 『어정 규장전운』의 형식은 명나라 『운학집성(韻學集成)』을 따랐으며, 3단 형식인 『삼운통고』, 『삼운성휘』 등과는 달리 입성도 평성, 상성, 거성과 함께 묶어 1면을 4단으로 나누어 배열하였다. 『어정 규장전운』에서는 표제자의 화음과 동음을 같이 제시하였는데, 『어정 규장전운』에 수록된 한자들을 찾기 쉽게 만든 자전인 『전운옥편(全韻玉篇)』에서는 속음을 표시하였다.

19세기 초반에는 『옥휘운고(玉彙韻考)』(이경우(李景羽) 편(編), 1812/1857)이 간행되었는데, 『옥휘운고』의 운목 배열 방법은 『어정 규장전운』(1796년 이후)의 방법을 채택하였다. 본문을 상하 2단으로 나누어 상단에는 중국 음시부(陰時夫)의 『운부군옥(韻府郡玉)』[32]을 인용하여 고사에 나타난 숙어를 운에 따라 배열하였고, 하단에는 저자의 운고를 기술하였다. 『어정 규장전운』처럼 표제자를 운별로 배열하고 음과 의미를 기술하여 과거를 치를 때나 시부를 지을 때에 한자의 운을 편리하게 찾아볼 수 있도록 한 사전이다. 표제자의 배열로 보면 운서이고, 항목 내용으로 보면 자전인 혼합된 특징을 지니고 있다.

3. 옥편의 편찬(16세기~18세기)

부수와 획수별로 표제자를 배열한 운서의 보편으로 발행된 중국 옥편은 『집운』의 보편인 『유편』, 『예부운략』의 보편인 『신편직음예부옥편』, 『신간배자예부운략』의 보편인 『신간배자예부운략옥편』 등을 들 수 있다.

그리고 국내에는 현전하는 중국 자전의 번각본 『대광익회옥편(大廣益會玉篇)』, 『용감수경(龍龕手鏡)』 등과 번각본 운서 『신간배자예부운략(新刊排字禮部韻略)』(1463/1524), 『배자예부운략(排字禮部韻略)』(1540/1615/1678/1679/1734), 『고금운회거요』(1573), 『예부운략』(1573/1574?, 이겸로 소장본), 『홍무정운』(1752/1770) 등이 남아 있다.

특히 『배자예부운략』(1678)에는 중국 원본의 범례와 다른 내용이 포

---

32) 『운부군옥』은 중국의 백과사전으로 국내에서는 1437년 세종의 명령으로 강릉과 원주에서 간행되었다. 권문해는 1589년에 『대동운부군옥』을 편찬하였다.

함되어 있고, 권말에 '훈민정음서문' 등이 수록되어 있으며, 『홍무정운
(洪武正韻)』(1770)에는 영조가 말한 내용을 정리한 것이 서문으로 수록되
어 있는 점으로 미루어 보면 조선 시대에 중국 자전을 번각하여 사용한
사실을 확인할 수 있다.

그런데 중국 운서 『고금운회거요(古今韻會擧要)』는 보편이 없어 조선
시대에 최세진이 『운회옥편』(1538년 이후)을 펴냈는데, 이 『운회옥편』은
국내에서 편찬된 최초의 옥편이다. 조선 시대 운서의 보편으로 편찬된
옥편은 운서에 비해 편찬된 기간도 짧고 또 종류도 많지 않다. 조선 시
대의 옥편은 18세기 말엽에 『전운옥편』이 마지막으로 편찬되었다.

① 16세기~17세기

16세기부터 조선 사람으로는 처음으로 최세진이 중국 운서 『고금운
회거요』의 보편인 『운회옥편』(1537년 12월 이후)을 편찬하였다. 최세진(崔
世珍, 1473년~1542년)은 1536년에 『운회옥편』 원고를 완성하였으며, 1537
년 음력 12월 15일 이후에 책으로 간행되었다. 이 책은 한국인이 편찬한
최초의 옥편으로 알려져 있다.

16세기에서 17세기에는 중국 운서의 보편인 『대광익회옥편』(고야왕,
1537), 『배자예부운략』(1546~1608 사이), 『신간배자예부옥편』(1679) 등의
옥편을 복각하거나 번각하여 사용하였다.

② 18세기

18세기 중반에 들어서 홍계희(洪啓禧, 1703년~1771년)는 『삼운성휘보
옥편』(1751/1769)을 편찬하였고, 심유진은 미완성 필사본으로 남은 『제오
유』(1792)를 저술하였다.

18세기 말기에는 운서 『어정 규장전운』(이덕무, 1796)의 보편으로 『전

운옥편』(1796년 이후)이 간행되었는데, 옥편의 형태를 뛰어넘은 것이었으며, 한국 자전의 효시로 볼 수 있다.『전운옥편』의 간행은 19세기는 물론 20세기 초반에도 빈번히 이루어졌는데, 한국 근대 자전의 디딤돌이 되었다.

③ 19세기

　『전운옥편』(1796년 8월 이후/1819/1850/1889/1890/1898/1899/1903/1904/1905/1906/1908/1909/1910/1911/1912/1913/1916/1917/1918)과 『전운옥편』을 교정한 『교정 전운옥편』(황필수, 1898)도 간행되었다.『전운옥편』은 목판본으로 간행되었으며, 위와 같은 여러 종류의 이본들이 있으나 그 형식과 내용은 큰 차이가 없다. 정조(1777년~1800년 재위) 때에 간행된『전운옥편』은 자전의 체제를 갖춘 최초의 자전이며, 중국 청나라의 강희제(康熙帝, 1661년-1772년) 때에 진정경(陳廷敬), 장옥서(張玉書) 등이 지은『강희자전(康熙字典)』(1716)을 본떠서 만든 한자 사전이다. 이 책에는 서문과 발문이 없어 초판의 편찬 시기와 편찬자는 정확하게 알 수 없지만『어정 규장전운』의 초판이 1796년 가을(음력 8월)에 인쇄되었으므로,『전운옥편』의 초판은 1796년 가을이나 또는 그 이후에 간행되었음을 추측할 수 있을 뿐이다. 그리고 이 두 책을 동시에 펴냈을 가능성도 배제할 수 없다.『전운옥편』은 미시 구조의 정보를 한글과 한자를 혼용하여 기술한 최초의 한국 목판본 한자 사전이다.『어정 규장전운(御定奎章全韻)』의 표제자를 쉽게 찾아보기 위해 만든『전운옥편』은 운서의 보편으로 발행한 마지막 옥편으로 이전의 운서의 보편인 옥편과는 그 성격이 다르다.『전운옥편』은 표제자의 발음, 뜻풀이 등을 기술한 근대 한자 사전의 특징을 지니고 있다. 내용은 옥편에서 자전으로 혁신한 것이고, 형식은 목판본으로 예전의 모습 그대이다. 19세기는『전운옥편』의 시대라고 말할 수 있다.

이 시기에는 운서와 자전의 형태가 혼합된 『옥휘운고』(이경우, 1812)가 간행되었으며, 그리고 『옥성합부』(1849), 『규장자휘』(블랑, 19세기) 등도 저술되었다.

4. 자전의 편찬(18세기~)

조선 시대에는 『전운옥편』(1796년 8월 이후)에서 운서의 보편인 옥편에서 벗어나 자전으로서 갖추어야 할 독립적인 내용 변화를 이룩하였고, 자전의 형식적인 면에서는 『국한문 신옥편』(정익로, 1908)부터 그 변화가 시작되었다. 이러한 근대 자전의 출발은 다른 분야의 서적보다는 늦은 것이었다.[33]

① 1900년~1909년

20세기 초반에는 근대 자전의 효시로 『국한문 신옥편』(정익로, 1908)이 발행되었으며, 뒤이어 『자전석요』(지석영, 1909)가 발행되었다. 여전

---

33) 다른 서적의 출판 현황과 자전의 출판 현황의 비교 문제는 구체적으로 이루어져야 하는데 여기에서는 간략하게 1908년의 출판사, 인쇄소 현황을 언급하는 데에 만족하자. 1908년 7월 15일에 3판이 발행된 『중등 교과 동국사략(中等敎科 東國史略)』(현채(玄采), 편집 급 발행자)의 판권지에는 당시 교과용 도서 발행소로 중앙서관(中央書舘, 주한영(朱翰榮)), 회동서관(滙東書舘, 고유상(高裕相)), 황성 승동 야소교서사(耶蘇敎書肆, 정윤수(鄭允洙)), 박문서관(博文書舘, 노익형(盧益亨)), 고금서해관(古今書海舘, 김인규(金寅珪)), 박문서관(博文書舘), 현억(玄檍)), 영림서관(英林書舘), 신민서회(新民書會, 안준(安濬)), 대동서시(大東書市), 김기현(金基鉉)), 광학서포(廣學書鋪, 김상만(金相萬)), 광화서관(廣華書舘, 최창한(崔昌漢)), 평양 관동 야소교서원(耶蘇敎書院, 정익로(鄭益魯)), 대한서림(大韓書林)을 적어 놓았다. 그리고 1908년 당시 인쇄 시설을 갖춘 출판사로는 대한국문관(大韓國文舘), 대한매일신문사(大韓每日新聞社), 보문사(普文社), 보성관(普成舘), 신문관(新文舘), 우문관(右文舘), 탑인사(塔印社), 휘문관(徽文舘) 등이 있었다. 1908년 이전의 발행된 출판물은 박형익(2015ㄱ, 2015ㄴ)을 참고할 수 있다.

히 『전운옥편』(1903/1904/1905/1906/1908/1909)이 제일 많이 간행되었다. 목
판본 『전운옥편』과 연활자로 인쇄한 반양장본 자전으로 교체되기 시작
하는 시기인데, 『자전석요』에서 '자전'이라는 용어가 책명으로 처음 사
용되었다.

② 1910년~1919년

『자전석요』(1910ㄱ/1910ㄴ/1911ㄱ/1911ㄴ/1912ㄱ/1912ㄴ/1913/1914/1915/1916/1917
ㄱ/1917ㄴ/1918)의 시대였다. 『전운옥편』(1910/1911/1913/1914/1915/1916ㄱ/1916ㄴ
/1917/1919)은 여전히 방각본으로 꾸준히 간행되었고, 『한선문 신옥편』(현
공렴, 1913/1914/1917/1918/1919ㄱ/1919ㄴ)이 새롭게 발행되었는데, 몇몇 출판
사에서 내용을 바꾸지 않고 다시 발행하여 저작권의 분쟁이 일어날 소
지를 안고 있었다.

'자전' 『증보 척독 완편』(김우균, 1913)처럼 당시 베스트셀러였던 척독
(편지투) 서적의 부록으로 자전을 수록하기 시작하였다. 일본어 학습에
도움을 주기 위한 자전 『일선 대자전』(박중화, 1912)이 처음으로 발행되
었고, 휴대용 자전 『한일선 회중 신옥편』이 처음으로 등장하였다.

실학자 박선수는 허신의 『설문해자』를 수정하고 보완하여 『설문해자
익징』(1912)을 저술한 것도 특기할 만하다.

1900년대와는 달리 1910년대에 들어서면서 여러 종류의 자전이 발행
되었으며, 발행 횟수도 현저히 증가하였다.

한학자들이 원고를 집필한 『신자전』(유근 외 공편, 1915/1918)의 출현은
특기할 만한데, 『정정 증보 신옥편 보유』(정익로, 1911/1914/1918), 『교정
전운옥편』(1913ㄱ/1913ㄴ/1918), 『증보 자전 대해』(1913?, 광동서국), 『한일
선 회중 신옥편』(박건회, 1914), 『한일선 신옥편』(이종정, 1916), 『한선문
신옥편』(보문관 편집부, 1917/1918), 『일선화영 신자전』(이온·김광순 공편(編),

1917), 『수진 신옥편』(1917, 신구서림·공진서관), 『한일선 대자전』(이종정, 1918), 『일선 신옥편』(보문관 편집부, 1919) 등도 발행되었다.

③ 1920년~1929년

1910년대와는 달리 『전운옥편』의 간행은 더 이상 이루어지지 않았고, 『자전석요』(1920/1925/1928/1929)의 발행은 감소하였다. 『신자전』(유근 외, 1920/1924/1928), 『한선문 신옥편』(현공렴, 1920/1922ㄱ/1922ㄴ/1924), '보통학교 한자 자전'『보통학교 조선어 사전』(심의린, 1925) 등은 재간되었다.

그리고 『신정 의서 옥편』(김홍제, 1921/1928), 『회중 한선문 신옥편』(현공렴, 1921/1922), 『일선문 신옥편』(심의갑, 1921/1922/1923/1925/1927), 『한일선 신옥편』(정기성, 1921/1922/1923), 『자림보주』(유한익, 1921/1924), 『한일선 신옥편』(이종정, 1922), 『일선 회중 신옥편』(현공렴, 1923/1926/1927), 『증보 상해 신옥편』(노익형, 1925/1927), 『한일선 대자전』(1925, 조선도서주식회사), 『일선 신옥편』(1926/1927/1928, 보문관), 『모범 선화 사전』(정경철 외, 1928), 『포케트 일선 자전』(문상당 편집부 편(編), 1928), 『수정 일선 대자전』(1929) 등의 출현으로 새로운 자전의 간행은 1910년대에 비교해 조금 증가하였지만, 동일한 자전의 재발행 횟수는 감소하였다.

특히 『모범 선화 사전』(정경철 외, 1928)에서는 자전의 새로운 형식과 내용을 찾아볼 수 있다. '사전'이라는 용어를 책명에 사용하였으며, 표제자로 시작하는 한자어와 숙어 등을 부표제항으로 선정함으로써 한국 자전의 편찬사에서 획기적인 전환점을 이루게 되었다. 한자 중심의 자전에서 한자어 중심으로 옮겨지는 발판을 놓은 것이다. 표제자는 기존의 자전처럼 배열하였지만, 표제자로 시작하는 한자어와 숙어 등을 부표제항으로 선정하여 뜻풀이를 함으로써 사전 이용자들은 한국어 사전처럼 활용할 수 있게 되었다. 물론 이러한 방법은 이 이후의 모든 자전에서 적용된 것은 아니다. 이러한 방법을 적용한 자전은 1930년대 전반에서는 찾아보기 어렵고, 1930년대 후반에 발행된『신수 일한선 대사전』(송완식 편(編), 1937)에서 적용되었다. 앞으로 자전의 부표제항으로 선정된 한자어에 관한 논의는 보다 구체적으로 이루어져야 할 것이다.

④ 1930년～1939년

1930년대에『모범 선화 사전』(1933/1935/1936/1937)은 4차례 발행되었는데, 1930년대 자전 가운데에서 제일 자주 발행되었다.『한일선 신옥편』(현공렴, 1930)과『자전석요』(지석영, 1936)는 1회만 발행되었다.

1930년대에는 출판사 편집부에서 펴낸 자전이 증가하였다. 영창서관 편집부에서는『일선 신옥편』(영창서관 편집부 편(編), 1931/1935/1938),『(증보 상해) 한선문 부음고 신옥편』(1934, 영창서관),『실용 일선 대자전』(영창서관 편(編), 1938) 3종류를 펴냈고, 회동서관, 박문서관, 보문관, 문성당 등의 편집부에서도『일선 신옥편 부음고』(회동서관 편집부 편(編), 1931),『한일선 신옥편』(박문서관 편집부 편(編), 1935/1938),『한선문 신옥편』(보문관 편집부 편(編), 1937),『회중 일선 자전』(문성당 편집부 편(編), 1939) 등을 발행하였다. 사전 편찬 전문가의 힘을 빌리지 않고 출판사 편집부에서 자전을 발행하는 경우가 늘어난 것이다.

『최신 일선 대자전』(1935, 송완식)이 발행된 이후 같은 해 3월 20일에『일선 신옥편』(영창서관 편집부 편)과 3월 25일에『한일선 신옥편』(박문서관 편집부 편) 등이 발행되었다. 이 두 자전의 발음 정보의 기술 방법은 큰 차이가 나지 않는데, 전자는 표제자의 훈음(예: 一 하나 일)을 제시했고, 후자는 전자의 내용에 표제자의 중국 발음만을 첨가하였다(예: 一이). 게다가 두 자전의 나머지 항목 정보의 내용은 동일하다. 이 두 자전의 항목 정보는『일선 대자전』(박중화, 1912)의 한국어로 뜻풀이한 부분을 제외하면 『일선 대자전』과 유사한 점이 많으므로 출판사 편집부에서 편찬한 자전의 문제점이 드러난다.

출판사 편집부에서 펴낸 경우가 아닌 것으로는 「보통학교 한자 자전」 『보통학교 조선어 사전』(심의린, 1930), 『모범 선화 사전』, 『최신 일선 대자전』(송완식 편(編), 1935), 『(증정 부도)자전석요』(지석영, 1936), 『일선만 신자전』(이명칠 편집, 1937), 『신수 한일선 대사전』(송완식 편(編), 1937), 『실용 선화 대사전』(송완식 편(編), 1938), 『한화선 신자전』(임규, 1938), 『육서 심원』(권병훈, 1938), 『(부음고) 일선문 신옥편』(심의갑, 1939), 『상용 한자 숙어 사전』(신애도 엮음, 1939) 등이 있다.

⑤ 1940년~1945년

1941년부터 1944년 사이에는 일본식 이름으로 개명한 발행자나 편찬자의 이름이 적혀 있고, 또 '日鮮' 대신에 '內鮮'을 서명으로 사용한 책이 등장한다. 예를 들면, 『국한 신옥편』(鈴平琦炳, 1941), 『내선 신자전』(西源宗壽, 1942), 『내선 신옥편』(大山治永, 1942), 『내선만한 동양 대사전(신자전)』(平山泰正, 1943), 『실용 내선 대사전』(大山治永, 1943), 『언한문 부음고 신옥편』(大山治永, 1943), 『모범 대자전』(문세영, 1944) 등이 있다. 1944년에는 '內鮮'이 아닌 '和鮮'을 사용한 『증보 화선 신옥편 부음고』(서원성, 1944)도 찾아볼 수 있다. 이러한 현상은 1941년부터 1944년 사이에 집중적으로 나타나다가 1945년 이후에는 그 예를 찾아볼 수 없다. 따라서 1941년부터 1944년 사이에 일본의 조선총독부에서 경성에 있는 출판사에 이러한 인명과 서명의 일본식 변경을 강제로 요구하여 나타난 현상이 발생한 것임을 알 수 있다. 즉 '창씨 개명'뿐만 아니라 일본을 가리키는 용어를 '內'로 사용함으로써 '내선 일체' 즉 일본과 조선이 하나라는 사고를 서적에도 반영시킨 것이다.

대동인서관에서 1944년 5월 15일에 문세영이 편찬한『모범 대자전(模範大字典)』을 발행했다. 1938년에 문세영이 펴낸『조선어 사전』이 독자의 좋은 반응을 얻어 판수를 거듭하여 발행되므로 대동인서관에서 문세영 편찬의 자전을 발행한 것으로 보인다. 그런데 이 자전은 이전의 자전과는 다른 형식적 특징이나 독창적인 내용을 찾아보기 어렵다. 이 자전이외에도 문세영이 펴낸『회중 국한 신옥편』(1946),『국한문 신옥편』(1949),『신옥편』(1949) 등이 있다. 1920년대 이후로 포켓판 자전 발행이드물었던 상황에서『회중 국한 신옥편』(1946)이 발행됨으로써 이후에 소형 자전의 발행이 활발하게 이루어지게 되었다.

한편 일본어 정보를 기술한 자전으로는『일선 대자전』(박중화, 1912),『한일선 회중 신옥편』(1914),『일선화영 신자전』(1917),『모범 선화 사전』(1928/1933/1935/1936/1940/1944),『포케트 일선 자전』(1928),『최신 일선 대자전』(1935),『한일선만 신자전』(1937),『신수 일한선 대사전』(1937),『선화 신사전』(이정섭, 1940),『(증보 상해) 일선 신옥편』(영창서관 편집부 편(編), 1931/1935/1940) 등을 들 수 있다. 따라서 1910년대부터 일본어 정보를 수록한 자전이 발행되었음을 알 수 있는데, 이러한 방법은 1944년『모범 대자전』(문세영)까지 이어졌다. 1945년 11월 1일에 발행된『한선문 신옥편』(덕흥서림 편집부)에서는 일본어 정보를 수록하지 않았는데, 이 자전의 판권지에는 발행일이 단군 기원 4278년(1945년) 11월 1일로 되어 있다. '명치(明治)', '대정(大正)', '소화(昭和)' 등의 일본 연호를 사용하다가 '단군 기원'을 사용하였다. 이러한 현상은 1945년 8월 15일 일본이 패망하여 광복을 맞게 된 이후에 책이 발행되었기 때문으로 볼 수 있는데, 발행소 등의 주소도 '경성' 대신에 '서울'로 기록되어 있다.

5. 남은 문제

지금까지 1945년까지 국내에서 발행된 대표적인 자전들을 살펴보았다. 이 이후에도 한자 및 한자어 사전, 한자어 사전 등이 많이 발행되었다. 우리는 중국의 전통적인 자서로는 『설문해자』(허신, 100), 『옥편』(고야왕, 543), 『오음편해』(한효언·한도소, 1208), 『자휘』(매응조, 1615), 『정자통』(장자열, 1670) 등이 있고, 중국 왕조의 대표적인 운서로는 『광운』, 『집운』, 『운회』, 『정음』 등이 있음을 알고 있다. 그리고 중국의 자서와 운서의 통합된 중국 자전의 출발로 『강희자전』(장옥서 외, 1716)이 있으며, 20세기에 들어 『중화대자전(中華大字典)』(육비규 외, 1915), 『한어대자전(漢語大字典)』(한어대자전 편집위원회, 1991), 『중화자해(中華字解)』(냉옥룡 외, 1994) 등이 편찬되었다. 게다가 언어 사전인 중국어-중국어 사전, 중국어-한국어 사전, 한국어-한국어 사전 등도 발행되었다. 따라서 자전에 속하는 것뿐만 아니라 자전과 언어 사전들의 내용도 비교하여 검토해보아야 할 것이다.

위에서 우리는 훈고서와 자서의 번각본 시대를 거쳐 운서 편찬이 이루어졌으며, 운서의 보편으로 옥편이 간행되었다가 자전의 시대로 넘어오는 과정에서 발행된 대표적인 목판본, 반양장본과 양장본 자전을 간략하게 살펴보았다. 각 과정별, 시대별 대표적인 자전들의 보다 구체적인 구조적 분석이 이루어지면 자전들의 비교 작업과 한국 자전의 편찬 역사를 보다 정확하게 기술할 수 있을 것이다.

자전의 수집과 목록 작업도 매우 중요하지만 누구든지 인터넷에서 자전의 원문을 검색할 수 있도록 자전 아카이브 구축 작업과 코퍼스 구축 작업도 필요하다. 우선 피디에프 파일로 저장하여 원문의 이미지만이라도 볼 수 있도록 하는 아카이브 구축 작업이 선결되어야 한다. 원본의 저장, 보관, 연구, 활용 등을 위하여 필수적으로 이루어져야 할 것이다.

그리고 기존의 이체자 연구를 정리하고 또 새로운 이체자를 조사하여 이체자 목록을 만들어 자료에 적힌 모든 한자를 컴퓨터로 입력할 수 있도록 하고 또 검색할 수 있는 디지털 환경(ISO 한자 코드 마련 등)을 마련하여 앞으로 윈도를 업그레이드할 때에 반영하여 워드 파일이나 인터넷에서 한자를 입력하고 검색하는 데에 불편이 없도록 하는 작업이 필요하다.

또 디지털 자전 특히 웹 자전 등도 구축되어 활용되고 있으므로 웹 자전의 구축 문제, 컴퓨터에서 편집할 수 있는 자전 편집 프로그램의 개발, 그리고 종이 자전뿐만 아니라 전자 자전에 관한 문제 등도 함께 연구되어야 할 것이다.

참고논저

강민구, 2013, 학습 자전의 향방과 개발에 대한 제언, 『한문교육연구』 41.

곽현숙, 2016, 『한선문 신옥편』에 나타나는 한국 고유 한자의 특징고, 『중국인문학회 정기학술대회 발표 논문집』 6, 중국인문학회. 31-53

권덕주 편저, 2005, 『육서심원 연구 자료』, 서울: 해돋이.

권정후, 2009, 『근대 계몽기 한자자전 연구』, 석사논문, 부산: 부산대학교.

김무림, 2006, 『홍무정운 역훈』, 서울: 신구문화사.

김민수, 1997, 『신국어학사』 서울: 일조각.

김윤경, 1938/1954, 『조선 문자 급 어학사』, 경성: 조선기념도서출판관.

노용필, 2010, 한국 고대 문자학과 훈고학의 발달, 『진단학보』 110. 진단학회. 1-30.

단국대학교 동양학연구소 엮음, 2008, 『한한대사전 간행기』, 서울: 단국대학교 출판부.

동아일보사, 1962, 30년 동안 수집한 오한근 씨 유일본과 진귀서, 『동아일보』 6월 18일자.

박상균, 1986, 한국 「자서」의 서지적 연구, 『논문집』 19-1, 경기대학교 연구교류처. 243-269.

박용규, 2011, 『조선어 사전』 저자 문세영 연구, 『사총』 73권, 고려대 역사연구소. 77-102.

박찬규, 2012, 『한국 한자어 사전』에 수용된 이두, 구결, 차자어의 구성과 출전 문헌, 『동양학』 52집, 단국대 동양학연구원; 동양학연구원 편(編), 2013, 『동아시아 한자 사전과 『한한 대사전』』, 용인: 단국대학교 동양학연구원 편찬실.

박태권, 1976, 『국어학사 논고』, 서울: 샘문화사

박형익, 2004, 『한국의 사전과 사전학』, 서울: 월인.

박형익, 2012, 『한국 자전의 역사』, 서울: 역락.

박형익, 2014, 1945년 이전 한국의 중국어 학습서와 사전의 서지 조사, 『한국어학』 65, 한국어학회. 43-68.

박형익, 2015ㄱ, 근대 태동기(1864~1883)의 한글 자료 목록,『근대서지』 11, 근대서지학회. 57-89.

박형익, 2015ㄴ, 근대 전기(1883~1894)의 한글 자료 목록,『근대서지』 12, 근대서지학회. 79-133.

박형익, 2015ㄷ, 송완식의『최신 백과 신사전』(1927),『한국사전학』 25, 한국사전학회. 183-202.

방효순, 2013, 일제강점기 현공렴의 출판 활동,『근대서지』 8, 근대서지학회. 594-622.

서병국, 1973,『신강 국어학사』, 대구: 형설출판사.

안병희, 2007,『최세진 연구』, 서울: 태학사.

언더우드(H. G. Underwood), 1890,『한영ㅈ뎐(韓英字典; *A Concise Dictionary of the Korean Language in two parts Korean-English & English-Korean*』, 요코하마: Kelly & Walsh.

여승구, 1986, 일소 오한근 장서에 대하여,『고서 연구』 86, 한국고서동우회.

오구라 신페이(小倉進平), 1964,『朝鮮語學史』, 東京: 刀江書院.

요효수(姚孝遂) 지음, 하영삼 옮김, 2014,『허신과 설문해자』, 부산: 도서출판3.

유창균, 1997,『신고 국어학사』, 서울: 형설출판사.

이군선, 2013, 국내 한문 자전의 현황과 특징 -학습용 사전 편찬의 필요성과 관련하여-,『한문교육연구』 41, 한국한말교육학회. 45-73.

이준환, 2015, 정익로의『국한문신옥편』의 체재와 언어 양상,『대동문화연구』 89, 성균관대학교 대동문화연구원, 359-391.

전일주, 2002, 근대 계몽기의 사전 편찬과 그 역사적 의의 -특히『국한문신옥편』을 중심으로-,『대동학문학』 17, 대동한문학회. 77-104.

전일주, 2003,『한국 한자 자전 연구』, 대구: 중문출판사.

정경일, 2008,『규장전운·전운옥편』, 서울: 신구문화사

정재철, 2009,『한한 대사전』의 편찬 방향과 사전사적 의미,『동양학』 46집, 단국대 동양학연구소; 동양학연구원 편(編), 2013,『동아시아 한자사전과『한한 대사전』, 용인: 단국대학교 동양학연구원 편찬실.

정재철, 2013, 자전류의 역사와 한문 학습 자전의 필요성, 『한문교육연구』 41, 한국한문교육학회. 5-43.

정진석, 2011, 신문 수집가 일소 오한근 선생, 『근대 서지』 4, 근대서지학회. 391-404.

정진석, 2015, 『책, 잡지, 신문, 자료의 수호자』, 서울: 소명출판.

최범훈, 1976, 『자전석요』에 나타난 난해 자석에 대하여, 『국어국문학』 70, 국어국문학회. 47-75.

최현배, 1940/1961, 『한글갈』, 경성: 정음사.

하강진, 2005, 한국 최초의 근대 자전 『국한문신옥편』의 편찬 동기, 『한국문학논총』 41, 한국문학회. 237-266.

하강진, 2006, 한국 최초의 근대 자전 정익로의 『국한문신옥편』, 『한글한자문화』 79, 전국한자교육추진총연합회. 80-85.

하강진, 2010, 『자전석요』의 편찬 과정과 판본별 체재 변화, 『한국문학논총』 56, 한국문학회. 663-728.

하강진, 2014, 한국 근대 옥편의 효시, 정익로의 『국한문신옥편』(초판본), 『근대서지』 10, 근대서지학회. 510-514.

하수용, 2003, 『육서심원』의 저자 성대의 육서관 -수편을 중심으로-, 『한자한문교육』 10, 한국한문교육학회. 314-353.

하영삼, 1997, 한국 한자 자전(옥편)의 부수 체계에 관한 연구, 『중국어문학』 29, 영남중국어문학회. 323-367.

하영삼, 2012, 18세기 조선 자서 『제오유』의 체재 연구, 『중국어문학』 60, 영남중국어문학회. 443-480.

하영삼, 2014, 퇴계학과 퇴계학파: 한국 한자 자전사에서 허전 『초학문』이 갖는 의의, 『퇴계학논총』 24, 퇴계학부산연구원. 77-100.

한중선, 2015, 『한국의 일본어 사전 연구』, 박사 논문, 서울: 한국외국어대학교.

황지엔화(黃建華) 지음, 박형익·차이쯔용(蔡志永) 옮김, 2014, 『사전론』, 서울: 부키.

『브리태니커 백과사전』

『한국민족문화대백과』

찾아보기

ㄱ

이 도서는 2013학년도 경기대학교 연구년 수혜로 연구되었음.